BENNO GAMMERL

anders fühlen

Schwules und lesbisches
Leben in der Bundesrepublik.
Eine Emotionsgeschichte

Carl Hanser Verlag

1. Auflage 2021

ISBN 978-3-446-26928-6

Umschlag: Anzinger und Rasp, München
Motiv: © Igor Ustynskyy/Getty Images
Satz: Greiner & Reichel, Köln
Druck und Bindung: CPI books GmbH, Leck
Printed in Germany

MIX
Papier aus verantwortungs-
vollen Quellen
FSC® C083411

INHALT

VORWORT

Fühlen Lesben und Schwule wirklich anders als heterosexuelle Menschen? Oder bisexuelle? Natürlich nicht, werden viele ganz intuitiv antworten. Personen jederlei Geschlechts lieben einander, zweifeln aneinander, begehren einander, streiten sich, versöhnen sich, trennen sich. Der gefühlsgeschichtliche Blick legt jedoch die gegenteilige Antwort nahe: Selbstverständlich fühlen und fühlten Lesben anders als Schwule anders als Heterosexuelle anders als Bisexuelle anders als Pansexuelle anders als Asexuelle und so weiter. Unser Fühlen ist untrennbar verflochten mit der Position, die wir in der Gesellschaft einnehmen. Wenn sich mein Empfinden in einem zentralen Punkt von dem der großen Mehrheit unterscheidet, auf deren Wünsche alles ausgerichtet ist, von den Schulbüchern bis zu den Figurenpaaren für Hochzeitstorten, dann prägt das auch meine Gefühle, wie ich mit ihnen umgehe und wie ich sie zum Ausdruck bringe.

Und für die Organisation der gegenwärtigen Gesellschaft spielen sexuelle und geschlechtliche Differenzen nach wie vor eine wichtige Rolle. Akzeptanz und Gleichberechtigung bleiben Ziele, für die es sich zu streiten lohnt. Das gilt nicht nur, aber besonders für Trans- und Interpersonen sowie alle, die sich jenseits der zweigeschlechtlichen Ordnung bewegen. Allerdings, und das wird allzu oft vergessen: Auch wenn rechtliche Gleichheit irgendwann errungen sein sollte, bleiben die Unterschiede bedeutsam. Nicht als Hierarchien, eher als Variationen. In diesem Sinn kann man Diskriminierung bekämpfen, ohne auf Alterität zu verzichten, Gleichberechtigung fordern und Verschiedenheit leben. Das ist ein wichtiges Anliegen dieses Buches. Denn gerade das Gefühlsleben bietet Raum für ein solches Besonders-Sein, das sich nicht abgrenzen oder abheben will. Nicht besser oder spannender, nicht schlechter oder verwerflicher, sondern schlicht anders. Diese unaufgeregte Aufmerksamkeit für das Differente und Minoritäre spiegelt sich im kleingeschriebenen Titel dieses Buchs, der sich denjenigen offen zuwendet, die anders fühlen.

Genau das tut auch der historische Blick auf die Gefühlswelten früherer Zeiten. In den 1950er-Jahren, als viele Jugendliche noch freudig erregt den Berührungen entgegenfieberten, die ihnen ihr erster Tanzkurs ermöglichte, haben sich die Menschen anders ineinander verliebt als heute, wo so mancher intime Wunsch in den sozialen Medien ausführlich besprochen wird, lange bevor es zu ersten Körperkontakten kommt. Es gibt mehr Gelegenheiten, zärtliche Nähe zu suchen. Ob amouröse Annäherungen dadurch einfacher geworden sind, ist eine andere Frage. Für Lesben und Schwule hat sich die Lage besonders rasant gewandelt: Früher hatten sie große Angst, dass ›es‹ rauskommen könnte. Heute ist das Schwul- oder Lesbischsein meist kein Grund mehr für allzu große Aufregung. Dadurch veränderte sich auch das Fühlen. Emotionen sind nicht nur natürlich, nicht bloß genetisch festgeschriebene Reaktionsprogramme, die über Jahrhunderte immer dem gleichen Schema folgen. Emotionen sind auch von den sozialen und kulturellen Kontexten geprägt, in denen sie empfunden und gezeigt werden. Das ist der Reiz der Gefühlsgeschichte: Sie verknüpft diese beiden Dimensionen, überbrückt den vermeintlichen Gegensatz von Natur und Kultur, der das westliche Denken und Handeln schon seit geraumer Zeit in ein allzu festgefügtes Raster zwängt.

Sexuelle und geschlechtliche Identitäten bewegen sich auch im Spannungsfeld zwischen Naturen und Kulturen. Homosexuelle, Heterosexuelle, Lesben, Schwule, Bisexuelle, Transpersonen und intergeschlechtliche Menschen, LSBTI* und Queers: Solche Leute hat es ›natürlich‹ immer schon gegeben, und gleichzeitig gibt es sie erst, seit in diesen sprachlich-kulturellen Mustern von ihnen die Rede ist. Wie sinnvoll ist es, das vielfältige Gelände von Sex und Geschlecht mit zahllosen Kategorien immer penibler zu kartografieren? Müssen ambisexuelle, gender-non-konforme Cis-Männer und alle weiteren denkbaren Menschen wirklich genau wissen, wo ihr Platz ist und wo die Grenzen zu den anderen Gruppen verlaufen? *anders fühlen* berührt diese aktuellen Debatten, indem es die Zeitgeschichte der Homosexualitäten betrachtet, über die bisher nur wenig bekannt ist. Und das Buch erzählt diese Geschichte neu. Es handelt nicht nur von Verfolgung und Aktivismus, sondern vor allem vom Gefühls- und Alltagsleben. Diese dichte Beschreibung konzentriert sich auf die Bundesrepublik. Die Geschichte von Lesben und Schwulen in der DDR verdient ihr eigenes Buch. Denn man muss die Diversifizierung und Normalisierung dessen, was einst verpönt war, genau begreifen, um die Gegenwart besser zu verstehen. Immer wieder wurde um identitätspolitische Grenzen gerungen und wurden über alte Gräben hinweg neue Allianzen geschmiedet. Zwischen Sich-Auflehnen und Sich-Einfügen gab es verschiedene Strategien. Angesichts dieses Spektrums muss sich jede*r selbst für die eine, die andere oder eine Kombination unterschiedlicher Herangehensweisen entscheiden.

Das gilt auch für die Frage der Selbst- und Fremdbezeichnungen: schwul, lesbisch, homosexuell, anders, besonders … Im Buch ist auch oft von gleichgeschlechtlich liebenden und begehrenden Menschen die Rede. Aber schon der Unterschied zwischen Begehren und Liebe macht deutlich, dass es keine neutrale Formulierung gibt, mit der man über Intimität zwischen Männern oder zwischen Frauen sprechen könnte. Deswegen ist es wichtig, darauf zu achten, welche Ausdrücke meine 32 Gesprächspartnerinnen und Gesprächspartner selbst verwenden. 2008 und 2009 haben sie mir ihre Lebensgeschichten erzählt und damit dieses Buch ermöglicht. Um einen Eindruck von der Vielschichtigkeit ihrer Selbstentwürfe und Biografien zu vermitteln, kommen zwei Erzählpersonen, Frau Schmidt und Herr Meyer, in fünf O-Tönen ausführlich zu Wort. Diese Zwischenkapitel entsprechen dem Originalton der Interviews.

Den Gesprächspartnerinnen und Gesprächspartnern gilt mein größter Dank, für die Offenheit und die Bereitschaft, ihre Erinnerungen mit anderen zu teilen. Einige von ihnen sind mittlerweile verstorben. Ihrem Andenken ist dieses Buch gewidmet. Und dem Lebensmut all jener, die ihr eigenes Erleben in den folgenden Geschichten wiedererkennen.

ERSTER O-TON: **FRAU SCHMIDT & HERR MEYER**

Ich als Lesbe bin was Besonderes. Lesbischsein bedeutet für mich, ich zu sein. Es bedeutet, hat für mich bedeutet, politisch sehr aktiv zu sein. Lesbischsein bedeutet auch, ganz anders sein zu können. Als Lesbe fühle ich mich in der normalen Gesellschaft ganz fremd, das ist für mich 'ne Zwangsheterosexualität. Ich empfinde mein Lesbischsein nicht als unnormal, aber das Leben von heterosexuellen Menschen ist mir fremd. Ganz simples Beispiel. Ich bin mit meiner Freundin im Theater. Neben mir sitzt 'ne Heterotante. Ich halt es kaum aus, weil die riecht nach einem Parfum, entsetzlich. Fühl ich mich belästigt. Das erleb ich in lesbischen Kreisen nicht. Ich geh jetzt seltener, aber schon mal ins Lesbencafé und da fühl ich mich sofort wohl, da fühl ich mich unter meinesgleichen, und da hab ich keine fremden Gerüche um mich herum.

Ich werd jetzt 65. Ich bin, war sehr engagiert auch in der Szene und hab ganz viel aufgebaut in E. Ich bin 'ne Politlesbe, sag ich jetzt mal so salopp. Also ich hatte auch so 'nen Ruf, dass ich 'ne Mackerfrau wär, weil ich mich gegenüber Männern sehr energisch durchsetzen konnte. Ich hab auch ein sehr ausgeprägtes Rechtsbewusstsein. Wenn mir Unrecht geschieht, dann kann ich ziemlich wütend werden. Ich bin impulsiv. Und ich finde, Wut ist 'n befreiendes Gefühl.

Die Freundin-Liebe ist für mich gleichwertig mit der Partnerin-Liebe. Meine Freundinnen sind mir ganz wichtig. Da tue ich auch ganz viel für, und ich bin da eigentlich ganz treu. Für mich zählen Ehrlichkeit, Wahrhaftigkeit, keine Show. Wenn ich 'ne Beziehung eingehe, will ich doch wissen, was in der anderen vorgeht. Sexualität hat dabei für mich nicht so 'n Stellenwert. Das gehört dazu einfach. Das ist gut und richtig und wichtig, aber das ist nicht der einzige Grund, warum ich anderen Frauen nahe sein will. Bei mir spielt Verliebtheit und Anziehung immer 'ne Rolle. Manchmal sagen die Leute zu mir, du hast ja auch zwei Ehen hinter dir und bist dann auf Lesben gekommen, weil du sexuell mit den Männern nicht klargekommen bist. Dann sag ich immer, wie kommt ihr denn auf so 'nen Blödsinn? Ich hab mich damals einfach für Frauen, für diese Lebensweise entschieden.

Ich kann ganz schnell rausfinden, was mir in einer Beziehung guttut. Und wenn es mir nicht mehr guttut, also ob das nun die Sexualität betrifft oder das Emotionale, dann bin ich diejenige, die 'ne Änderung will, die dann auch anfängt, zu reden, Dinge zu benennen. Da bin ich sehr intuitiv, ich kann manchmal auch Dinge vorhersehen. Meine Mutter hatte auch so Fähigkeiten. Ich weiß es nicht, aber wenn ich spüre, dass etwas schiefläuft, dann sage ich das. Und ich zeige meine Gefühle. Als mir meine damalige Lebensgefährtin erzählt hat, dass eine Studienfreundin sich das Leben genommen hat, da bin ich weinend durch Berlin gelaufen. Da war es mir völlig egal, was andere denken. Es war mir schon immer gleich, was die Leute über mich reden oder denken. Ich zeig meine Gefühle, ich zeig auch der anderen, was ich von ihr halte, was ich von ihr will. Das geht manchen zu nahe.

Inzwischen bin ich überlegter geworden, lasse mich nicht mehr so von meinen Gefühlen leiten. Ich setze, je älter ich werde, mehr auch meinen Verstand ein. Und trotzdem find ich das gut, dass ich so bin, wie ich bin. Ich hätte auch, also heute hier beim Interview, ich hätte mich nicht von einem heterosexuellen Mann interviewen lassen. Als ich von dem Projekt gelesen hab, da hab ich schon 'nen Moment gedacht, och, schön wär's auch, wenn's 'ne Frau ist, die mich hier interviewt. Und ich hab sofort zu meiner Partnerin gesagt, der das macht, ist ein schwuler Typ, Punktum. Und wenn das keiner ist, dann merk ich das ganz schnell und dann geh ich raus aus der Situation. So bin ich nun mal.

Ich leb mittlerweile jetzt 14 Jahre mit meiner derzeitigen Lebenspartnerin, mit der ich auch auf dem Standesamt war. Also ich halt eigentlich nichts von Ehe und diesen Geschichten, aber das haben wir aus pragmatischen Gründen gemacht. Ich will sie beerben, wenn sie vor mir geht, und sie soll mich beerben. Das ist der einzige Grund.

Eigentlich mag ich solche Rituale nicht. Das ist für mich ja gerade der Unterschied zu heterosexuellen Beziehungen, dass da mehr auf Konventionen geachtet wird. Das leb ich schon lange nicht mehr, und ich will das auch nicht mehr leben. Also zum Beispiel beim Tischdecken: Das Messer muss so, und die Gabel muss so und der Löffel so. Das ist mir pupegal, Hauptsache, das Essen schmeckt. Oder auch mit der Religion. Ich bin zwar evangelisch, immer noch, und ich bin auch keine ungläubige Person, aber ich muss nicht in die Kirche rennen, um da irgendwas zu zeigen. Das ist doch gerade der Vorteil von lesbischen Beziehungen, dass es nicht so 'n Druck gibt, weil sich das jetzt gehört, müssen wir jetzt zusammen die oder die besuchen oder ins Theater gehen oder Weihnachten zusammen feiern mit der ganzen Familie, weil das macht man so.

Lesbischsein bedeutet für mich, mich aus Konventionen zu befreien. Diese schrecklichen heterosexuellen Rollenklischees. Manchmal ist es ja in schwulen und lesbischen Beziehungen nicht anders. Manchmal denk ich, meine Güte, wir spielen hier Rollen, wie Männer und Frauen das miteinander machen. Da hat sich auch bei uns so manches eingespielt, im Negativen wie im Positiven natürlich. Und oft gibt es auch Rollenzuschreibungen von außen: Da ist dann meine Partnerin die große starke Kluge, und ich bin die Emotionale und die Sozialtante. Ich bin ja auch so 'ne kleine nette Niedliche. Also jetzt ein bisschen ironisch. Das ging mir in der Heterozeit auch schon so. Ich musste immer beschützt werden. Also wenn man in Klischees denkt, dann wird mir eher der weibliche Part zugeschrieben und ihr der männliche. Das ärgert mich. Für mich ist das immer wieder 'n Aushandeln. Mir ist es ganz wichtig, dass wir ein Wir sind in der Partnerschaft. Aber auch, dass ich weiterhin mein Ich da behalte und meine Autonomie.

Familie wird jetzt mit zunehmendem Alter wieder wichtiger für mich. Also meine eine Schwester zum Beispiel, meine Mutter, die jetzt 90 geworden ist und im Altenheim lebt, meine beiden Töchter und ihre Partner und mein Enkelsohn. Dem ist es aber manchmal peinlich, mit mir ins Kino zu gehen, weil ich dann lache an Stellen, wo sonst niemand lacht, und dann sagt er: »Oma, lass das mal.« Aber Familie ist auch meine Wahlverwandtschaft. Morgen treffe ich hier in Berlin zum Beispiel meine frühere Lebensgefährtin, die meine jüngere Tochter mit großgezogen hat. Meine Familie war auch sehr stolz, dass ich als Volksschülerin und Einzelhandelskauffrau es bis an die Uni geschafft habe. Trotz meines Diploms in Pädagogik und obwohl Lesen ein Hobby von mir ist, bin ich aber keine Theoretikerin. Ich kann gut ackern. Ich bin sehr zielstrebig und kann gut im Team arbeiten. Ich hab auch immer gerne gearbeitet. Immer wenn ich erwerbslos war, ist mir das überhaupt nicht bekommen.

Übers Studium bin ich vor über 30 Jahren in E. gelandet, meiner Wahlheimatstadt. Das ist 'ne Kleinstadt und trotzdem 'ne Großstadt, und du hast da alles, was du dir wünschst. Das ist kulturell toll, und die Uni ist auch da. Ich hab meine Vertrautheit, meine sozialen Kontakte. Ich geh da übern Markt, und dann treff ich da Bekannte oder frühere Kolleginnen. Das ist einfach so 'n schönes Heimatgefühl. Früher gab's auch mal die Überlegung, in Berlin zu leben, aber das kann ich mir jetzt gar nicht mehr vorstellen. Das wär mir einfach zu unruhig, zu anstrengend. Ich bin eigentlich gar nicht ängstlich, aber durch meine Krankheit bin ich ängstlich geworden.

Vor drei Jahren bin ich an Brustkrebs erkrankt. Ich bin aber ganz zuversichtlich. Das ist jetzt erledigt. Das ist operiert und gut. Ich hatte noch mal Glück. Ich bin dadurch sehr aufmerksam geworden, was mein Körpergefühl angeht. Ich konnte wegen der Krankheit vor zwei Jahren in den vorzeitigen Ruhestand gehen und achte seither sehr auf 'n Rhythmus in meinem Leben. Und ich achte noch genauer als früher darauf, mit wem ich Umgang haben möchte. Gruppen kann ich schon gar nicht mehr ab. Ich war sehr aktiv in Lesbengruppen. Das ist nicht mehr meins. Aber ich suche jetzt immer mehr den Austausch mit älteren Lesben. Wenn ich mit älteren Lesben zusammen bin, fühl ich mich sehr aufgehoben. Wie ich jetzt lebe mit meiner Freundin, dieses ›nur wir beide‹, das will ich auf Dauer nicht mehr. Ich möchte gerne so 'nen Kreis haben, die sich das Leben im Alltag ähnlich vorstellen, nämlich in einer Hausgemeinschaft mit Gleichaltrigen, vielleicht auch mit jungen Lesben, oder mit schwulen Männern, also so 'n Mehrgenerationenhaus. So was wünsch ich mir eigentlich.

Ich bin Wolf-Peter Meyer und bin geboren und aufgewachsen in Spertal, einem Dorf in Hessen. Ich beherrsche auch die dortige Mundart noch ein bisschen. Ich komme nicht aus dem Bildungsbürgertum, sondern bin ein Sohn armer kleiner Leute. Meine Eltern waren Kleinstbauern, Fünf-Uhr-Bauern. Tagsüber arbeitete mein Vater im Hüttenwerk, und abends kümmerte sich die ganze Familie um die Landwirtschaft.

Mein Vater war ein nicht-eheliches Kind, die Frucht einer sanften Vergewaltigung, nehme ich an. Er war eigentlich ein Nichts. Und er war auch braun, also der war in der Partei. Da trug man nämlich eine Uniform, und in Uniform war er jemand. Er kam verletzt aus dem Krieg. Diese ewigen Kriegsgeschichten fand ich manchmal zum Kotzen. Tief in meinem Herzen war ich schon immer Pazifist. Die Mutter war jemand, wo man dachte, das ganze Leid der Welt musste sie tragen. Als hätte sie gerade eine Bombennacht in Dresden überlebt. Sie musste als Mädchen ihren Bruder versorgen, der im Dorf als Narr galt. Und sie erzählte immer, wie schlimm das war. Dieses Geklage der Mutter, die sonst 'ne starke Frau war. Nach dem Krieg das Haus zu bauen, was man alles gehungert hat. Ich konnte es nicht mehr hören, diese Opferrolle. Aber es ist natürlich ein Unterschied, ob man etwas selbst erlebt hat oder ob es ein Fremderleben ist.

Das hat mich geprägt, diese ewigen Kriegsgeschichten, die Kleinen-Leut-Geschichten, dieses Nach-unten-Treten und Nach-oben-Katzbuckeln. Das hat mich gehemmt auch später in meiner beruflichen oder persönlichen Entwicklung. Ich trug die Familienkrankheiten in mir, das Leicht-verletzt-Sein und die Ängstlichkeit. Sodass ich heute noch behaupte, ich hab's zu nichts gebracht vor lauter Angst und Mangel an Durchsetzungsfähigkeit. Diesen Mut, wenn was schiefgeht, dann geht's halt schief, hab ich nicht. Wenn es Probleme gab in der Schule, wurde nicht getröstet, sondern gedroht. Einmal, da war ich schon sechzehn, hatte ich geschwänzt. Ich war in der Schule permanent überfordert. Und als ich nach Hause kam, hatte mich meine Mutter sofort an den Haaren. Nach dem Motto, übern Kopf darfst du mir wachsen, aber nicht über die Hand. Beim Abendessen sagte sie es meinem Vater, und der stand auf, nahm den Stuhl, und schschitt. Ich konnte grade noch abtauchen. Ich wurde aufs Zimmer verbannt, und es passierte erst mal gewaltmäßig nichts weiter. Aber diese Angst hat mich geprägt.

Nach dem Realschulabschluss, da war ich siebzehn, hab ich mich von zu Hause abgesetzt und ging nach F. Einige Jahre später habe ich dann in O. studiert. Das war verrückt, weil ich ja ein Schulversager war, und dann an der Uni. Ich bin Diplomsozialpädagoge, Therapeut und Berater. Deswegen sind mir Interviews auch nicht fremd. Ich habe allenfalls Sorge, dass ich mich nicht gut und exakt genug ausdrücke. Und dann denk ich: »Mensch, du bist kein Germanist und hast auch kein Philosophiestudium. Sei doch mal zufrieden mit dir.« Aber hier in dieser Situation habe ich schon das Gefühl, dass Sie verstehen, was ich sage. Ich würde meinen, dass ich im Augenblick authentisch bin. Offenheit war mir immer sehr wichtig, auch geistige Beweglichkeit, dass man seine Umgebung wahrnimmt. Da gehört Aufmerksamkeit dazu, aber auch Allgemeinbildung oder politisches Wissen. Ich hab mich immer auch interessiert für Land, Leute, Sprache. Volkstum würde man das wohl nennen, ohne volkszutümeln.

Mein Lebensglück ist, dass ich schwul bin. Die Ängstlichkeit paarte sich mit Aufmüpfigkeit. Da konnte mir nichts Besseres blühen, als schwul zu sein. Ich habe viel gecruist, also massiv Sexualität outdoor erlebt. Dieser leichte Kick von Verbotenem hat mich gereizt. Und mit Männern flirten, das fand ich ja so toll. Allerdings bin ich eher wie die Prinzessin, der man den Hof macht. Bis auf den heutigen Tag habe ich nie jemand angesprochen, da war ich nie mutig genug. Aber ein schlechtes Gewissen hab ich auch nie gehabt. Nur manchmal dachte ich, Mensch, irgendwie geht das nicht, nachts treibst du dich mit ′nem Kerl rum, und am anderen Tag machst du fromme Worte vor deinen Studienkollegen und -kolleginnen. Hier in Berlin wollte ich dieser

Tage eigentlich auch gerne mal in 'n Pornokino oder in die schwule Sauna. Aber jetzt habe ich schon so viele andere Verabredungen, dass es dazu gar nicht mehr kommt.

Dass ich sexuell anders empfinde, wird mir von außen als etwas Negatives zugeschrieben. Da wird definiert, du bist ein 175er. Ich selber empfinde mein Schwulsein im positiven Sinn als etwas Besonderes. Wenn ich an Sexualität denke, da denke ich an Mann. Wenn ich an Schönheit denke, denke ich erst mal an Mann. Das ist ein Stück Wesenhaftigkeit von mir. Ich identifiziere mich selbst als jemand, der ganz schwul ist, der aber auch ganz Mann ist, der aber auch ganz Mensch ist, der viele Schwächen hat und viele Stärken. Die Art, wie ich mit anderen umgehe, wie ich mit meinen Händen rede, dass ich zum Barockisieren neige in meiner Sprache, dass ich zum Tagträumen neige, das gehört auch alles zu meinem Wesen.

Deswegen braucht auch nicht jeder zu wissen, dass ich schwul bin. Ich muss mich nicht dauernd mitteilen. Sexualität hat für mich auch nicht diese Bedeutung. Das ist nicht mein Ding, dass Menschen sich allein über Sexualität definieren. Umgekehrt bemesse ich Menschen auch nicht nach ihrer sexuellen Ausrichtung, sondern nach ihrem Verhalten. Wenn es allen irgendwie egal wäre, wenn man sagen würde, dass es einfach Menschen gibt, die unterschiedlich empfinden, und wenn man, wie es das Grundgesetz sagt, nicht diskriminieren würde, dann würde man halt drüber reden, wie andere übers Suppe-Kochen reden. Es wäre das Selbstverständlichste von der Welt.

Für mich war Homosexualität zeitweilig 'ne Belastung. Kein Hetero wird geboren und lebt nur mit schwulen oder lesbischen Menschen. Aber wir haben in der Regel Heteros um uns. Und wir müssen lernen, mit den Schwierigkeiten umzugehen. Da kann ich mich zurückziehen und sagen: »Gott, das braucht ja niemand zu merken.« Oder ich sage: »Nein, das ist mein Leben, und es gibt andere, die denken auch so.« Und die muss man sich suchen. Homosexualität ist dann etwas, wo man kämpfen muss, was zu einer ungeheuerlichen Befreiung führt. Darum gehe ich regelmäßig zum CSD in L. und trage dort vorne zusammen mit anderen die Regenbogenfahne. Es ist mir als Demonstration wichtig, nicht als Karneval. Ich würde nicht nackig auf so 'nen Wagen steigen. Ich bin nicht schrill, ich bin kein Lederkerl. Ich will nicht, dass der Eindruck entsteht, Schwulsein gleich öffentlich Schwanz im Arsch zeigen. Für mich ist das 'ne andere Demonstration. Es geht darum, sich Freiheit zu erkämpfen.

Und man muss Solidarität organisieren. Deshalb besuche ich auch 'ne 40-plus-Gruppe in Z. Als ich da zuerst hinkam, war diese Gruppe relativ ziellos. Inzwischen ist das aber besser organisiert, und es gibt einen Konsens über Themen und Vorhaben. Ich denke mal, das ist sicher auch mein Verdienst. Vorher wurde da vor allem prahlerisch über Fistfuck und so ein Zeugs geredet. Und ich dachte, das kann doch nicht alles sein. Man muss sich und sein sexuelles Verhalten doch auch mal infrage stellen, darüber nachdenken, ohne gleich ein schlechtes Gewissen aufzubauen. Und jetzt sprechen wir darüber, wie man schwul lebt, wenn man alt wird. Was gibt's da für Fantasien und Träume? Wohnen wir in WGs oder hab ich bis dahin 'n Kerl geheiratet? Wie will ich mit Sexualität umgehen? Ich bild mir immer ein, ich bin kein Opatyp, aber wie geh ich damit um, wenn ich merke, jetzt laufen sie nicht mehr alle hinter mir her.

Ich bin ja ganz verkirchlicht und fromm. Verrückter Protestant, und schwul bis dorthinaus. Dank meiner einfältigen Gläubigkeit haben mich schwere Schicksalsschläge – Syphilis, Hepatitis, HIV, Krebs et cetera – überhaupt nicht aus der Bahn geschmissen. Ich hab mir einfach gesagt: Leben wir, so leben wir dem Herrn, so übersetzt Luther; und sterben wir, so sterben wir dem Herrn. Und darum, ob wir leben oder sterben, sind wir des Herrn. Also Gott hüllt mich mit seinem Mantel ein. Ich kann mir gar nicht vorstellen, dass es Bereiche gibt, wo nicht für mich gesorgt ist. Die Regenbogenfahne hat deswegen für mich einen doppelten Sinn: das alte Bundeszeichen zwischen Gott und den Menschen und Symbol der Schwulenbewegung. Dabei ist es mir sehr wichtig, nicht doppelmoralisch zu sein. Ich bin ein schwuler Mann, der Sex mit anderen Männern macht. Und ich bin ein frommer Mann. Ein schwuler Christ, der in die Kirche geht. Unmögliche Kombination, aber ich stehe dazu.

Und aus dieser persönlichen inneren Freiheit und Gewissheit heraus lebe ich seit 1989 wieder in Spertal, in meinem Elternhaus. Ich habe mich bis zu ihrem Tod um meine Mutter und meinen Vater gekümmert. Mein älterer Bruder und meine ältere Schwester leben in der Nähe. Meine Verwandten wissen offiziell, dass ich schwul bin. Ansonsten denke ich nicht darüber nach, ob man über mich was denkt. Seit 2005 bin ich nicht mehr berufstätig. Ich engagiere mich im diakonischen Bereich, Stichwort Afrika, sammle Spenden für Staudämme und Schulprojekte. Ich schauspielere auch. Bei Erlebnisstadtführungen in I. stellen wir historische Szenen nach. Da wird dann gezeigt, dass der Adel oder hohe Bürgerssöhne zwar Geld, Arbeit und Brot brachten, aber auch Neid, Missgunst und Demütigungen. Außerdem habe ich eine Vorleseausbildung gemacht und lese seit zweieinhalb Jahren in einem Kinderhort in einem sogenannten Problemviertel mit sehr hohem Migrantenanteil. Bildung für bildungsferne Familien hieß das früher. Es geht darum, Neugierde zu wecken. Von der Sinnhaftigkeit dieser Arbeit bin ich voll und ganz überzeugt.

Ich habe einen Mantel von Freunden, der mich warm hält. Aber manchmal fühle ich mich etwas einsam und wünsche mir einen Freund, der mich umarmt. Zu Hause mit jemand zusammenzuleben oder sagen zu können: Das ist mein Freund, mein Mann, mein Partner. Wie in diesem alten Ännchen-von-Tharau-Lied: Ich bin dein und du bist mein, ach, was kann denn schöner sein. Das ist so was Inniges, wie ein Palmbaum, von Regen und Sturm gebeugt, so ähnlich. Manchmal sehne ich mich nach Geborgenheit. Aber dann hab ich auch Haus und Garten zu versorgen. Ich hab ja auch noch Freunde und bin auch integriert da, das füllt dann meine Zeit ganz gut aus.

EINLEITUNG
VERSCHLUNGENE PFADE

Kaum etwas hat sich in den letzten 70 Jahren so fundamental verändert wie die Situation gleichgeschlechtlich liebender Menschen. Damals, in der frühen Bundesrepublik, wurden Homosexuelle verfolgt und verachtet. Heute, in der Berliner Republik, feiert man die Akzeptanz sexueller Vielfalt. Zwei Schlaglichter verdeutlichen, wie rasant dieser Wandel vonstattenging. Am 23. Oktober 1950 begannen in Frankfurt am Main die sogenannten Homosexuellenprozesse. Nach § 175 StGB, der einvernehmlichen Sex zwischen erwachsenen Männern unter Strafe stellte, wurde gegen 280 Personen ermittelt, 100 wurden verhaftet und 75 angeklagt. Aus Angst vor Gefängnisstrafen und gesellschaftlicher Ächtung nahmen sich sechs Menschen das Leben.[1] Knapp 70 Jahre später, am 17. Mai 2019 – das Datum 17.5. erinnert an den § 175 – feierten LSBTI*, also Lesben, Schwule, Bisexuelle, trans* und intergeschlechtliche Menschen, mit ihren Freund*innen in Frankfurt an der Oder die Queer* Party. »Liebe Sex Respekt« hieß das Motto, unter dem sich »die schönsten Schmetterlinge der Region« tummelten.[2] Der Wandel ist unübersehbar. Dem einst Verwerflichen begegnet man heute mit Respekt.

Zumindest meistens. Nur selten und in bestimmten Milieus tritt Homosexuellenfeindlichkeit im heutigen Deutschland offen zutage, möchte man einschränkend hinzufügen und merkt schon, dass das vermeintliche Ende der Geschichte nicht ganz so glücklich ausfällt wie zunächst erhofft. Kein gleichmäßig ansteigender Pfad der »Fundamentalliberalisierung« führt von der Homo-Verfolgung der Adenauer-Ära zur Einführung der Homo-Ehe in den Merkel-Jahren.[3] Die Idee eines natürlichen Fortschritts hin zur gesellschaftlichen Inklusion ist historisch unzutreffend und politisch irreführend. Deswegen muss die Geschichte der Bundesrepublik und die der Homosexualitäten anders geschrieben werden. Erstens fallen emanzipatorische Erfolge niemandem in den Schoß, sondern sie werden in gesellschaftlichen Konflikten errungen. Und zweitens haben sich trotz unbestreitbarer Errungenschaften für gleichgeschlechtlich liebende Menschen nicht alle Probleme in Luft aufgelöst, wie der Blick auf das Gefühls- und Alltagsleben zeigt. Während manche nach wie vor mit Ausgrenzung konfrontiert sind, haben andere mit Schwierigkeiten zu kämpfen, die sich aus der neuen Normalität schwulen und lesbischen Lebens ergeben.

STIGMATISIERUNG, EMANZIPATION, NORMALISIERUNG

Diese Mischung widersprüchlicher Befindlichkeiten erkundet das Buch anhand von 32 Oral-History-Interviews. Der Alltag gleichgeschlechtlich begehrender Menschen war in den Nachkriegsdekaden nicht nur von Verfolgung geprägt und in der jüngsten Vergangenheit nicht nur von Anerkennung. Es gibt keine reibungslose Erfolgsgeschichte, die von der Ächtung der Homosexuellen über die schwule und lesbisch-feministische Befreiung der 1970er-Jahre zur gesellschaftlichen Akzeptanz sexueller Vielfalt führt. Stigmatisierung, Emanzipation und Normalisierung lassen sich nicht fein säuberlich auf drei Phasen verteilen. Sie prägten die Gefühls- und Lebenswelten frauenliebender Frauen und männerliebender Männer vielmehr in spannungsreicher Gleichzeitigkeit. Nur wer diese vielschichtige Komplexität ernst nimmt, kann die Zeitgeschichte der Homosexualitäten richtig verstehen. Und passende politische Strategien für die Gegenwart entwickeln.

Stigmatisierung, Emanzipation und Normalisierung sind zentrale analytische und auch umstrittene Begriffe. Stigmatisierung meint gesellschaftliche Ächtung. Wenn eine Mutter im Scheidungsverfahren auf das Sorgerecht für ihr Kind verzichten muss, weil ihr Ehemann droht, andernfalls Freund*innen, Verwandten und Richter*innen gegenüber ihr Lesbischsein zu offenbaren, dann ist das ein Effekt der Stigmatisierung. Diese äußerte sich auch als medizinische oder psychiatrische Pathologisierung und – insbesondere im Fall der männlichen Homosexualität – als juristische Bestrafung und Kriminalisierung. Das gleichgeschlechtliche Begehren galt als Sünde, als Krankheit, als Verbrechen.[4] Wie gingen männerliebende Männer und frauenliebende Frauen mit dieser gesellschaftlichen Abwertung um? Akzeptierten sie das Stigma, schämten sich ihrer sexuellen Veranlagung und versuchten diese zu verbergen? Oder widersprachen sie der Verachtung, begriffen ihr gleichgeschlechtliches Begehren als etwas Gutes und zeigten es ohne Scheu? Zwischen diesen beiden Polen, dem verschämten Verstecken und dem selbstsicheren Zeigen, gab es unzählige Möglichkeiten, Homosexualität mehr oder weniger deutlich zu artikulieren.[5]

Mit dem unzweideutigen und oft provokativen Betonen des Schwul- oder Lesbischseins ist der Begriff der Emanzipation eng verknüpft. Indem sie eigensinnig handelten, setzten sich sogenannte Außenseiter gegen homophobe Ausgrenzung zur Wehr und beharrten selbstbewusst auf ihrem Anderssein. Wenn Demonstrant*innen gegen die Diskriminierung von Lesben und Schwulen und für deren Recht auf ein selbstbestimmtes Leben auf die Straße gingen, obwohl oder gerade weil sie dort mit homophoben Beschimpfungen rechnen mussten, dann zeugt das von emanzipativer Verve. Im Unterschied zur Idee einer Liberalisierung, die von abstrakten Faktoren wie dem Übergang zur Konsumgesellschaft vorangetrieben wurde, unterstreicht der Begriff Emanzipation also das politische Handeln von Einzelnen und von sozialen Bewegungen. Wie radikal oder vorsichtig die Befreiung ins Werk gesetzt werden sollte, war dabei umstritten. Gleiches gilt für die Frage, ob Emanzipation als universales oder partikulares Projekt betrieben werden sollte. Galt es, die gesamte Gesellschaft von sexuellen und anderen Zwängen zu befreien, oder reichte es, Schwulen und Lesben ein angstfreies Leben zu ermöglichen? Unterschiedliche Positionen gab es auch mit Blick auf das richtige Mischungsverhältnis zwischen utopischer Offenheit und pragmatischer Erreichbarkeit der emanzipatorischen Ziele. Diese Spannungen prägen die Debatte über Emanzipation bis heute.[6]

Nicht weniger umstritten ist der Begriff der Normalisierung.[7] Wenn das gleichgeschlechtliche Begehren den Schrecken des Ruchlosen verliert und zu einer Option neben vielen anderen in einem breiten Spektrum sexueller Möglichkeiten wird, wenn also in der RTL-Show *Bauer sucht Frau* ein schwuler Landwirt seinen zukünftigen Ehemann trifft, dann ist das ein Ausdruck von Normalisierung. Diese Dynamik ist eng mit der Entkriminalisierung und der Entpathologisierung der Homosexualität verknüpft. Letztlich verliert die Homo-Hetero-Unterscheidung dadurch insgesamt an Bedeutung. Während manche das als einen Erfolg betrachten, verfolgen andere diese Entwicklung mit großer Skepsis, weil sie, so die Sorge, die sexuelle Alterität ihres utopischen und politischen Potenzials beraube.[8] Jenseits dieses simplifizierenden Gegensatzes zwischen Integration und Widerstand ist bisher jedoch erschreckend wenig darüber bekannt, wie sich Normalisierungsdynamiken tatsächlich auf den Alltag der Einzelnen auswirkten.

Die Frage nach der Spannung zwischen Stigmatisierung, Emanzipation und Normalisierung ist für viele Gruppen von Belang, die um gesellschaftliche Partizipation kämpfen: alleinerziehende Eltern, Psychiatriepatient*innen, Deutsche mit sogenanntem Migrationshintergrund – die Reihe ließe sich fortsetzen. Die Stigmata verschwinden allenfalls allmählich, nicht zuletzt dank emanzipatorischer Anstrengungen, während gleichzeitig Normalität entsteht. Für ein besseres Verständnis dieser Dynamiken kann die Geschichte der Homosexualitäten wichtige Anregungen liefern.

DIE VERSCHIEDENHEIT GLEICHGESCHLECHTLICH LIEBENDER MENSCHEN

Die langwierige Beschreibung, gleichgeschlechtlich liebende Menschen, resultiert aus dem Versuch, auf einem umkämpften Begriffsfeld eine möglichst inklusive Formulierung zu finden. Sie umfasst die oft abwertende Fremdbezeichnung »Homosexuelle« ebenso wie die Worte, mit denen meine Interviewpartner*innen über sich selbst sprechen – von »anders« und »verzaubert« bis »schwul« und »lesbisch«. Gleichzeitig schließt die Formulierung bisexuelle Orientierungen nicht aus, denn ein Mann, der Männer liebt, kann auch eine Frau lieben. Der Ausdruck erschwert jedoch die Integration von trans* oder non-binären Personen, die sich jenseits der Zweigeschlechtlichkeit von Mann und Frau verorten.[9] Dieses Problem fällt hier nur deswegen weniger ins Gewicht, weil sich unter meinen Gesprächspartnerinnen und Gesprächspartnern keine Menschen finden, die sich als non-binär begreifen. Dort, wo die Erzählungen feminine Männlichkeiten und maskuline Weiblichkeiten thematisieren, kommt die Überschreitung der zweigeschlechtlichen Grenze aber trotzdem in den Blick. In diesem breiten Sinn spricht das Buch also von gleichgeschlechtlich liebenden oder, wenn der sexuelle Aspekt stärker im Vordergrund steht, begehrenden Menschen.

Diese Gruppe war und ist jedoch alles andere als einheitlich. Schwule befinden sich in einer anderen Situation als Lesben, die als Frauen nach wie vor benachteiligt sind. Auch Differenzen zwischen wohlhabenden und prekären Existenzen, Einheimischen und Migrant*innen zerfurchen die sogenannte Community. Die intersektionalen Verflechtungen zwischen hetero-sexistischen, klassistischen und rassistischen Hierarchisierungen erschweren oder erleichtern es den Einzelnen, ihren Alltag erfolgreich zu meistern. Ein selten bedachter, aber ebenso wichtiger Unterschied ist der zwischen gleichgeschlechtlich liebenden Menschen auf dem Land und in der Stadt.[10] Meist wird vermutet, dass die Angehörigen sexueller Minderheiten in der Großstadt Freiräume finden, während sie auf dem Dorf von Unterdrückung betroffen sind. Diese Annahme ist aus zweierlei Gründen problematisch. Zum einen reproduziert sie konservative Darstellungen des Landes als einer Gegend, wo vermeintlich natürliche Werte noch Gültigkeit besäßen und homosexuelles Leben dementsprechend unmöglich sei. Zum anderen läuft die Verknüpfung von Homosexualität und Großstadt Gefahr, homophobe Diskurse über die Stadt als Moloch zu verstärken. Deswegen sollte die Metropole nicht zum Maßstab der Homosexualitätenforschung gemacht werden, gemessen an dem die Provinz sich als defizitär erweist. Auch auf dem Land wurde um Emanzipation gerungen und normalisierten sich die Homosexualitäten. Diese Prozesse liefen hier aber anders ab als in der Stadt. Man muss also die urban geprägte Brille abnehmen, um sie sehen zu können.

Die Vielfalt der Lebenswelten gleichgeschlechtlich liebender Menschen spiegelt sich auch in den verschiedenen Szenen, die sie besuchten: das homophile Lokal, der Frauenbuchladen, die Lederbar, die Lesbenparty, die Schwulensauna und so weiter.[11] Jeder dieser Orte hat eine eigene Geschichte, nicht selten geprägt von Reibungen zwischen unterschiedlichen Subkulturen. Ob diese szenische Vielfalt seit den 1970er-Jahren zunahm und, falls ja, wie diese Diversifizierung die Situation gleichgeschlechtlich begehrender Menschen veränderte, diese Fragen sind entscheidend für ein adäquates Verständnis der queeren Gegenwart. Im Unterschied zum Begriff der Pluralisierung betont Diversifizierung den kontroversen Charakter des Prozesses. Anstatt beim schieren Befund einer Vervielfältigung stehen zu bleiben, richtet sich die Aufmerksamkeit dann auf Konflikte und Ausschlüsse.[12]

Die Entfaltung eines breiten Spektrums queerer Lebensentwürfe zwischen Regenbogenfamilien und Sexpartys kann einerseits die Akzeptanz sexueller Vielfalt befördern, indem sie verdeutlicht, dass sich alle Identitäten, auch die heterosexuelle, mit einer Fülle von Spielarten kombinieren lassen. Andererseits kann Diversifizierung aber auch aus Kämpfen innerhalb der LSBTI*-Community resultieren, wobei sich die vermeintlich anständigen und familienaffinen Lebensstile auf Kosten der angeblich radikalen und sexaffinen Gegenentwürfe um gesellschaftliche Akzeptanz bemühen. Diese Diversifizierungen prägen die Homosexualitätengeschichte vor allem in ihren räumlichen Dimensionen. Zwischen sich verändernden Szeneorten, zwischen dörflichen und großstädtischen Umgebungen sowie zwischen semi-öffentlichen und semi-privaten Situationen entstand im Lauf der Zeit eine Vielzahl von Zwischenräumen, in denen sich verschiedenste schwule, lesbische, queere und andere Lebensentwürfe entfalten konnten.

JENSEITS DER LIBERALISIERUNG: NEUE PERSPEKTIVEN AUF DIE GESCHICHTE DER BUNDESREPUBLIK

So vertrackt wie die Räume und Szenen, in denen sich gleichgeschlechtlich liebende und begehrende Menschen bewegten, sind auch die Dynamiken der Homosexualitätengeschichte. Es führt keine gerade Linie von der Unterdrückung zur Befreiung. Anders als hoffnungsfrohe liberale oder reformerische Narrative es vorsehen, verlief die Entwicklung nicht immer auf- und vorwärts. Es gab Beschleunigungen, Verlangsamungen, Rückschritte, Seitwärtsbewegungen und Sprünge. Deswegen nährt die Homosexualitätengeschichte auch Zweifel an der Liberalisierung als dem zentralen Paradigma bundesrepublikanischer Geschichte insgesamt. Trifft es wirklich zu, dass es in den Nachkriegsdekaden zunächst nur zögerliche Lockerungen gab, bevor das Jahr 1968 einen gesamtgesellschaftlichen Befreiungs- und Demokratisierungsschub einläutete, der schließlich in die freiheitlich-pluralistische Stabilität der Gegenwart mündete?[13]

Diese Darstellung, so gängig sie auch ist, wird der Komplexität der Zeitgeschichte nicht gerecht und ist auch politisch problematisch. Historiker*innen haben verschiedene Einwände erhoben: Die Konsumgewohnheiten lockerten sich bereits in den frühen 1960er-Jahren. Migrant*innen und andere Gruppen profitierten mitnichten von der Befreiungsdynamik der 1970er-Jahre. Und rechtsextreme Terrorist*innen trieben auch in den 1980er- und 1990er-Jahren nach wie vor ihr Unwesen. Vor allem aber traten nach 1968 mit Umweltschutz, Digitalisierung und kultureller Vielfalt Themen in den Vordergrund, für deren Bearbeitung der emanzipatorische Impetus von damals, der Widerstand gegen das Alte und Etablierte, nicht mehr ausreichte.[14] Die 1968er konnten, gerade weil sie alles anders machen wollten als ihre Eltern, der Vergangenheit oder ihrer eigenen Vorstellung davon nicht entkommen. Mit Blick aufs Sexuelle bedeutet das, dass die Revoltierenden der ausgehenden 1960er-Jahre dachten, die Nationalsozialisten hätten mit repressiven Maßnahmen das Triebleben der älteren Generation total gestört. Deswegen müssten sie nun die Libido von allen Zwängen befreien.[15] Das wollten auch die schwule und die lesbisch-feministische Emanzipationsbewegung.

Diese Auflehnung verlor jedoch durch die Normalisierung der Homosexualitäten einen Großteil ihrer Wirksamkeit. Wie viel Radikalität ließ eine Welt noch zu, in der offen lebende Schwule und Lesben sich nicht mehr automatisch im gesellschaftlichen Abseits, sondern innerhalb eines Spektrums legitimer Lebensstile bewegten? Manche hielten am radikalen Gestus fest. Aber der erschöpfte sich immer öfter im Vorwurf der Entpolitisierung gegenüber jenen Lesben und Schwulen, die sich über Errungenschaften wie die Homo-Ehe freuten. Diese Freude entspringe, so die Unterstellung, einem Rückzug ins Private, einer Anpassung an bürgerliche Normen und einem Verrat am Projekt der Befreiung.[16] In diesem Zwist gerinnt Widerstand zu einem unüberlegten Prinzip, während auf der anderen Seite eine selbstzufriedene Unfähigkeit zu subversivem Verhalten um sich greift. Im Ergebnis geraten queere und andere emanzipatorische Bewegungen in eine orientierungslose Situation, in der sie nicht zwischen erfreulichen und kritikwürdigen neuen Entwicklungen unterscheiden können. Einen Ausweg kann da die Einsicht bieten, dass die Probleme des 21. Jahrhunderts ganz andere sind als die der 1970er und dass es deswegen politischer Strategien bedarf, die der neuen Komplexität gerecht werden.

Aus historischer Sicht sollten die 1970er-Jahre deswegen nicht mehr als Scharnier zwischen den repressiven Nachkriegsdekaden und der Freiheit des ausgehenden 20. Jahrhunderts betrachtet werden. Sie waren vielmehr eine Phase, in der der radikale Widerstand gegen das Überkommene diesem ein letztes Mal zur Geltung verhalf, bevor andere Themen in den Vordergrund traten. Diese oft weniger spektakulären, aber umso fundamentaleren Neuerungen geraten zwischen dem Aplomb der Auflehnung von 1968 und der weltpolitischen Wende von 1989 leicht in Vergessenheit. Die Normalisierung der Homosexualitäten gehört ebenso dazu wie die Erfindung der Umweltpolitik und die Digitalisierung. Die scheinbar von Stagnation geprägten 1980er-Jahre, die erste Hälfte der Regierungszeit von Helmut Kohl, geraten so als Zeit signifikanten Wandels neu in den Blick.[17] Damals traten viele Entwicklungen erstmals deutlich in Erscheinung, deren Relevanz für die Geschichte der Gegenwart kaum überschätzt werden kann.

Dieses Buch konzentriert sich auf die Bundesrepublik, weil die Geschichte der Homosexualitäten in der DDR anders verlief und eine eigene Betrachtung verdient.[18] Nur davon, wie westdeutsche Schwule und Lesben die Lage ihrer Gefährt*innen jenseits der innerdeutschen Grenze betrachteten, wird hier die Rede sein. Dennoch muss an dieser Stelle betont werden, welche weitreichenden Implikationen die neue Perspektive auf die 1980er-Jahre für die gesamtdeutsche Geschichte hat. Die Annahme, dass sich 1989/90 für die Bürger*innen der DDR alles veränderte, während in der BRD alles beim Alten blieb, ist unzutreffend. Auch im Westen kam es zu einem grundlegenden Wandel, dieser vollzog sich hier jedoch eher allmählich, während er im Osten mit Rasanz vonstattenging. Pornofilme hatten in der Bundesrepublik – nicht zuletzt dank VHS – nach 1980 schrittweise immer mehr Verbreitung gefunden. In der DDR wurden sie mit der Wende dagegen sehr plötzlich verfügbar. Zugleich bot sich die Gelegenheit, große und öffentlich agierende schwul-lesbische Organisationen zu gründen. Aber die Normalisierung der Homosexualitäten hatte auf beiden Seiten der deutsch-deutschen Grenze bereits zuvor begonnen. Zuerst wurde die strafrechtliche Diskriminierung der Homosexuellen 1988 in der DDR abgeschafft. Im Zuge der Vereinheitlichung des gesamtdeutschen Rechts vollzog dann 1994 auch die Bundesrepublik diesen Schritt.

Trotz solcher Erfolge reicht ein simples Liberalisierungsnarrativ nicht aus – weder um die Geschichte der Homosexualitäten noch um die der Bundesrepublik angemessen zu beschreiben. Gerade die Komplexität der 1980er-Jahre fügt sich keiner Erzählung, die teleologisch auf ein Mehr an Freiheit zuläuft. Aids und die panischen Reaktionen darauf passen ebenso wenig in dieses Bild wie die von der konservativ-liberalen Regierung proklamierte geistig-moralische Wende. Zugleich etablierten sich immer klarere Vorstellungen davon, wie Lesben und Schwule als Singles oder in Beziehungen glücklich werden sollten. Dadurch wurden Spielräume gleichzeitig geschaffen und eingeengt. Diese Vielschichtigkeit wird erst durch eine Geschichte sichtbar, die das Gefühls- und Alltagsleben sowie die ambivalenten Effekte von Diversifizierung und Normalisierung ernst nimmt.[19] Nur so lassen sich die Widersprüche der Gegenwart begreifen und jenseits von leeren Gesten der Radikalität und behaglicher Inspirationsarmut neue politische Interventionen ermöglichen.

AMBIVALENZEN: GEFÜHLE ALS THEMA UND LEBENSERZÄHLUNGEN ALS QUELLE

Deswegen stehen hier die Gefühle und der Alltag gleichgeschlechtlich liebender Menschen im Zentrum und nicht Strafverfolgung oder Emanzipationsbewegungen. Im Emotionalen spiegeln sich die Widersprüche, die das Leben der einzelnen Akteur*innen prägen. Die simple These, dass man sich früher geschämt habe und heute stolz sei, schwul oder lesbisch zu sein, greift deutlich zu kurz. Ängste verschwinden nicht einfach, sie verändern sich. Schwule und Lesben fürchten sich heute anders und vor anderen Dingen als vor 60 Jahren, und ihre Sorgen mischen sich mit einer neu gewonnenen Selbstsicherheit. Solche widersprüchlichen Gefühlslagen verdeutlichen die Gleichzeitigkeit von Stigmatisierung, Emanzipation und Normalisierung.[20]

Gleiches gilt für die biografischen Erzählungen. Der Blick auf das eigene Leben verflicht schmerzliche und lieb gewonnene Erinnerungen mit Zukunftshoffnungen und -sorgen.[21] Nach einer heftigen Trennung wird man den Beginn einer Beziehung mit anderen Augen sehen als vorher. Das kreative Wechselspiel zwischen einstigem Erleben und aktuellem Selbstentwurf macht die Interpretation von Oral-History-Interviews zu einem ebenso schwierigen wie lohnenden Unterfangen.[22] Damit sie ihre verwickelten Lebensgeschichten in Ruhe entfalten können, habe ich mit allen Erzählpersonen zwei ungefähr dreistündige Gespräche geführt. Außerdem wurden die Abschriften pseudonymisiert, sodass die Erzähler*innen nicht identifiziert werden und deswegen sorglos über ihre Beziehungserfahrungen und Familiengeschichten sprechen können. Insgesamt habe ich mich mit 32 Menschen unterhalten. Im quantitativ-statistischen Sinn ist diese Gruppe nicht repräsentativ. Die Gesprächspartner*innen spiegeln aber die Vielfalt schwullesbischen Lebens. Die 15 Frauen und 17 Männer sind zwischen 1935 und 1970 geboren und kommen aus unterschiedlichen Milieus und Regionen. Dank ihrer Geschichten und mittels der Lektüre von homophilen, schwulen und lesbischen Zeitschriften der Jahre zwischen 1960 und 1990 konnte ich für bestimmte Zeiten und Gruppen typische emotionale Muster und Praktiken aufspüren. So verfolgt das Buch, wie sich das Gefühlsleben gleichgeschlechtlich begehrender Menschen im Lauf der Zeit verändert hat.

Sich mit der Geschichte der Gefühle zu beschäftigen ist aus zweierlei Gründen besonders spannend. Erstens erschließt sich die historische Betrachtung so Dimensionen vergangener Wirklichkeit, die über politische Debatten, ökonomische Interessen und kulturelle Konventionen hinausreichen. Gefühle werden von diesem gesellschaftlichen Rahmen zwar geformt, lassen sich aber nicht auf ihn reduzieren. Sie changieren vielmehr zwischen unmittelbar körperlichem Empfinden und sozialer Prägung. In der Gefühlsforschung betonen affekttheoretische Ansätze die körperliche Unmittelbarkeit, konstruktionistische Ansätze dagegen die Macht gesellschaftlicher Regeln.[23] Letztlich muss man beides zusammendenken, wenn man Gefühle wirklich begreifen will. Das Fühlen der Einzelnen orientiert sich an sozio-kulturellen Vorgaben, ist aber nicht an diese gebunden. Deswegen merkten einige meiner Gesprächspartner*innen selbst in einer Umgebung, in der das Modell der heterosexuellen Kleinfamilie alternativlos war, dass sie sich etwas anderes wünschten. Sie fühlten anders, ohne diese Emotion in Worte fassen zu können. Dieses uneindeutige Fühlen ist für die Geschichte der Homosexualitäten absolut zentral. Manches Paar bester Freundinnen unterlief die Heteronorm, indem sie die Freundschaft mit der heimlichen Liebe mischten. Oft konnten die Beteiligten selbst ihre Gefühle nicht eindeutig beschreiben. Dieses undeutliche Fühlen bringt die Emotionsgeschichte in den Blick, ohne den Anspruch zu erheben, es komplett erklären zu können.

Die zweite spannende Einsicht: Gefühle können den Lauf der Geschichte verändern. Das war einigen homopolitischen Strategen bereits in den 1960er-Jahren bewusst. In der programmatisch betitelten Zeitschrift *Der Weg zu Freundschaft und Toleranz* hieß es, die Homophilen könnten die »Duldung bei den Normalen« nur erreichen, wenn sie »Ordnung« in ihre »intimen Beziehungen« brächten.[24] Und rund 50 Jahre später war die öffentliche Wahrnehmung gleichgeschlechtlicher Beziehungen als stabil, liebevoll und verantwortungsbewusst tatsächlich entscheidend für die Durchsetzung der Eingetragenen Lebenspartnerschaft und der Ehe für alle. Die Möglichkeit der Homo-Ehe veränderte dann wiederum das Gefühlsleben frauenliebender Frauen und männerliebender Männer, weil sie bei ihnen selbst und in ihrem Umfeld bestimmte Hoffnungen oder Befürchtungen weckte.

Ein anderes geschichtsmächtiges Gefühl war die Wut über homophobe Strukturen, die viele Schwule und Lesben zu Protesten antrieb. Zugleich lernten sie, ihre Ängste offensiv anzugehen, anstatt sich furchtsam zu verstecken. Diese Arbeit an den eigenen Gefühlen war in den 1970er-Jahren Teil einer breiteren Therapeutisierung. Immer mehr Menschen fanden es sinnvoll, sich mit ihrer Scham oder Trauer auseinanderzusetzen. Es galt, offen und bewusst mit den eigenen Gefühlen umzugehen.[25] Manche kritisierten diesen Trend als entpolitisierenden »Psycho-Boom«. Die Emanzipationsbewegungen würden, so der

Vorwurf, ihre gesellschaftspolitischen Ansprüche aufgeben und sich nur noch mit subjektiven Befindlichkeiten beschäftigen. Diese Sicht ist jedoch einseitig. Denn die nur scheinbar rein persönliche Arbeit an den Gefühlen zog selbst politische Effekte nach sich. So lernten Lesben und Schwule, sich offensiv gegen homophobe oder sexistische Äußerungen zur Wehr zu setzen. Eine Geschichte, die die Ambivalenzen gefühlshistorischer Prozesse und biografischer Erzählungen ernst nimmt, kommt genau solchen Dynamiken auf die Spur.

ANDERS FÜHLEN: EINE GESCHICHTE IN DREI TEILEN

Mit der zweiten Hälfte des 20. Jahrhunderts betrachtet das Buch drei prägnante Phasen der westdeutschen Homosexualitätengeschichte. In den Nachkriegsdekaden galt der § 175 StGB nach wie vor in seiner 1935 vom nationalsozialistischen Regime verschärften Form. Männerbegehrende Männer wurden verfolgt und zu Haftstrafen verurteilt. Homophile Zeitschriften unterlagen der Zensur, und homophile Lokale waren von der Schließung bedroht, beispielsweise wenn die Polizei bei einer Razzia tanzende Männerpaare antraf. Dennoch warben auch in dieser Zeit verschiedene, behutsam agierende Organisationen für die Entkriminalisierung der Homosexualität und um das Wohlwollen der Mehrheitsgesellschaft. Diese Phase beleuchtet der erste Teil: Ausweichen.

1969 und 1973 kam es dann zu Reformen des Sexualstrafrechts, und für einvernehmlichen Sex mussten erwachsene Männer fortan kein Gefängnis mehr befürchten. Gleichzeitig formierten sich in den 1970er-Jahren die Schwulenbewegung und die lesbisch-feministische Bewegung, die offensiv gegen repressive Moralvorstellungen und für die Belange gleichgeschlechtlich liebender Menschen eintraten. Die Aktionen emanzipationsbewegter Gruppen, die zunehmende mediale Sichtbarkeit von Schwulen und Lesben sowie der allgemeine Wandel gesellschaftlicher Einstellungen zur Sexualität veränderten die Situation gleichgeschlechtlich begehrender Menschen. Diese Phase beleuchtet der zweite Teil: Aufbrechen!

Im Lauf der 1980er-Jahre verkomplizierte sich die Gemengelage zwischen Schwulen, Lesben und der sogenannten Mehrheitsgesellschaft. Aids führte zu verschärften Auseinandersetzungen, aber auch zu neuen Formen der Zusammenarbeit. Angesichts des Regierungswechsels befürchteten viele Schwule und Lesben eine Rückkehr konservativ-homophober Wertewelten. Gleichzeitig lässt sich jedoch eine Normalisierung der Homosexualitäten beobachten. Die Debatte über die Homo-Ehe nahm an Fahrt auf, und in schwul-lesbischen Szenen wurde immer heftiger über das Für und Wider einer Anpassung an heterosexuell geprägte Lebensstile gestritten. Diese Phase beleuchtet der dritte Teil: Ankommen?

Die drei Teile betrachten zunächst generell die homosexualitätenhistorische Entwicklung. Dann beschäftigen sie sich genauer mit den Räumen, in denen sich gleichgeschlechtlich liebende Menschen bewegten: Homolokale und Lesbenkneipen; Dorfstraßen, Kleinstadtmarktplätze und Großstadtbahnhöfe; Wohnzimmer, Toiletten und Beratungszentren. Abschließend widmen sich alle drei Teile den Emotionen und fragen, wie die Einzelnen Angst, Scham, Selbstbewusstsein, Wut, Freude, Liebe und Trauer empfanden, wie sie mit diesen Gefühlen umgingen und wie sie sie zum Ausdruck brachten. So zeigt das Buch, auf welch verschlungenen Pfaden sich die Gefühls- und Lebenswelten frauenliebender Frauen und männerliebender Männer seit der Mitte des vorigen Jahrhunderts verändert haben. Nur wer die Vielschichtigkeit und Widersprüchlichkeit dieses Wegs ernst nimmt, kann die gegenwärtigen Herausforderungen für queere Politik und queeres Leben wirklich begreifen, kann Gleichberechtigung fordern und Verschiedenheit leben.

TEIL 1
NACHKRIEGSDEKADEN: AUSWEICHEN.

ZWEITER O-TON: **HERR MEYER & FRAU SCHMIDT**

Als Kind hatte ich keine Freunde. Fußball, Buden im Wald bauen, Räuber und Gendarm – das war alles nicht mein Ding. Und der Nachbarsjunge hat häufig gesagt: »Du kannst net mitgehen.« Wenn die anderen Kinder draußen spielten, musste ich auch oft meinen Eltern helfen; da wurde Heu eingefahren oder gemäht und all so 'n Kram. Ich hab viel Zeit für mich alleine verbracht. Meine Mutter hatte aus einem Professorenhaushalt, wo sie Putzfrau war, einen Holzkoffer voller Bücher bekommen: ein Lesebuch mit Ludwig-Richter-Stichen, der Hase und der Igel, aber auch Geschichten aus fernen Ländern und von Indianern in Amerika. Es ging was Geheimnisvolles für mich von diesem Holzkoffer aus. Da kann ich mich gut erinnern. Aber irgendwann war dieser Koffer weg. Wir hatten lange Zeit Flüchtlingsleute im Haus oder Vertriebene oder Mietleute, es wechselte immer, und das kleine Haus war voller Leute, und dann war mir das Liebste, was ich als Kind hatte, genommen, dieser Holzkoffer mit diesen Büchern.

Zu Hause gab es überhaupt keine Informationen über Sexualität. Die Eltern waren unfähig, hatten nicht gelernt, über diesen wichtigen Teil ihres Lebens zu reden. Nur ein kleines Erlebnis gab's. Als ich 14 war, heiratete mein Bruder, und der hatte so ein Aufklärungsbuch, in dem auch meine Mutter manchmal las, aber es war so geheimnisvoll. Einmal kriegte ich das zu fassen und nahm es auch noch mit in die Schule. Da auf'm Klo haben wir in dem Ding gelesen, und dann kam der Lehrer rein. Ich drohte von der Schule zu fliegen. Wir hatten alle Angst. Das war das einzige Mal, dass das Thema Sexualität gestreift wurde. Ich war so unaufgeklärt, dass ich mit 15 fest und steif behauptet habe, es könne nicht sein, dass die Königin Elisabeth von England ihre Kinder auf dem Weg empfängt wie unsere Kühe daheim. Ich war völlig uninformiert, was auch einen ganz wichtigen Vorteil hatte:

Ich wusste nicht, dass man das Empfinden, was ich wohl früh hatte, andersrum, 175er, vom anderen Ufer, dass man das nicht macht. Es gab wohl den Gedanken, dass es Sünde ist, Lust zu empfinden. Und als ich so 14, 15, 16 war, hab ich ganz lange bewusst nicht onaniert. Aber ich hab nie so 'ne Urphobie gehabt, du könntest ja schwul sein. Ich wusste ja damals nicht, dass ich schwul bin.

Die erste Begegnung mit einem Mann, da war ich vielleicht zehn; der sogenannte böse Onkel, dabei tat der gar nichts. Ich war mit dem Nachbarjungen am Fluss. Und vis-à-vis kam jemand mit 'ner Lambretta an, zog sich aus, splitternackt, hatte ordentlich was in der Hose, würde ich heute mal sagen, zog dann 'ne Badehose an und schwamm. Dann kam er rüber, fragte uns kleine Buben, ob wir ihm den Rücken eincremen würden. Was wir dann auch getan haben. Er bedankte sich und schwamm dahin. Gar nichts geschah, war nichts Arges. Ich hab's nicht zu Hause erzählt. Für mich war das eine prägende Situation. Das fand ich sehr faszinierend, und ich hab mir immer gewünscht: »Mensch, hätte der mich doch mitgenommen.« Im Nachhinein würde ich schon sagen, dieses Erlebnis mit diesem Mann war in meiner Fantasie was sehr Erotisches.

Ich wusste lange nicht, was ich werden wollte. Ich wusste nur, hier willst du weg. Und dann hatte ich mit 16 ein Gespräch mit unserem Pfarrer: »Haste denn net mal Lust, das diakonische Jahr in F. zu machen?« Und ich sagte: »Ja.« Als ich von zu Hause weg war, fing ich an aufzublühen. Durch die Distanz besserte sich auch das Verhältnis zu meiner Familie. Ich hatte nie Heimweh. In dem evangelischen Kinderheim, wo ich arbeitete, erlebte ich das erste schöne Weihnachtsfest. Und ich fing an, die Ängstlichkeit des Vaters zu überwinden, den ich als das Darfmannichtchen bezeichnete. Ich hab gelernt, Lösungen für Probleme zu finden. Ich fand andere Menschen, die ich sehr bewunderte, und eine Form von Freiheit. Von '63 bis '65 hab ich dann ein evangelisches Seminar besucht und wurde zu einer Art Gemeindehelfer ausgebildet.

Und da gab es Situationen, die deutlich gemacht haben, dass ich auch sicher schwul bin. Ich hab immer von Männerfreundschaften geträumt, wie in der Biedermeierzeit, wo man sich Gedichte vorliest und so. Und ich hatte damals einen freien Tag auf einer Jugendfreizeit und lernte einen jungen Mann kennen. Dem hab ich relativ schnell einen glühenden, heute würde ich das so sagen, Liebesbrief geschrieben, in dem der Begriff Freundesliebe auftauchte. Später hab ich gedacht, dass sich das irgendwie gar nicht schickt. Aber ich hatte halt diese romantische Sehnsucht nach einem Freund. Das war da sicher noch nicht erotisch geprägt, denke ich. Gut, es gibt so Sachen, die sind verschwommen. Ich denke vielleicht bei Romantik nicht immer gleich an Sexualität.

Daheim hab ich lang als Neutrum gelebt. Später hat es dann auch einen Teil bunte Welt gegeben. Während eines Praktikums, das war im Frühjahr 1964, stieg ich in H. um und musste mal pinkeln. Die Pinkelrinne der Bahnhofstoilette war voll besetzt. Und als ich wieder zurückkam, war immer noch voll. Und auf einmal merke ich, das sind ja dieselben von eben. Es läuft bei mir nichts, wenn jemand danebensteht, aber diese berühmten 10 oder 20 Pfennig für eine Kabine hatte ich auch nicht. Gut, dann hab ich's halt mal versucht. Dann habe ich halt links und rechts geguckt, und ich war ja derart eher erschrocken, dass die da so fleißig am Rumwichsen waren. Ich war auch fasziniert. Da war ein älterer Mann, der dort bei laufendem Publikumsverkehr 'nem anderen einen abgelutscht hat. Ich war sprachlos, aber doch bewundernd. Also verrückt, bunt, unerhört, bis hin zu: »Gott, so was machen die.« Ich dachte, ich mach mal so was alleine nur. Das war ein Schlüsselmoment.

Ich wollte das wieder erleben, aber diesmal ohne Koffer und Eile. Ich bin dann noch mal hin, und es war dasselbe Schauspiel. Dann dachte ich, dass es das ja auch in F. geben muss, und habe immer häufiger solche Plätze aufgesucht und mich auf Klappen rumgetrieben. Das war damals noch ganz viel üblich, dass auf den öffentlichen Toiletten reihenweise Männer standen, vor allem nach vier, wenn die vom Büro kamen. Ungeniert. Einmal tippte der Toilettenwärter den Einzelnen auf den Rücken: »Du, du, du – raus!« Ich fand das furchtbar entwürdigend. Doch es hatte auch was Freches.

Nach diesem Erlebnis in H. nahm ich rasch das erste Mal jemand mit nach Hause. Das war so ein arg haariger Typ, der nicht viel wusste. Und ich meinte schon immer, ich müsste auch 'n gescheites Gespräch führen. Das törnt ja vielleicht auch ab. Jedenfalls, das war überhaupt gar nichts. Das fand ich noch nicht einmal geil. Also da war das da auf der Klappe, das war spannend; und das andere da halt nicht. Mit nach Hause zu gehen, das waren manchmal auch unglückliche Erlebnisse. Ich hab natürlich auch völlig ungeschützt. Mit 23 hatte ich eine Syphilis. Auf einmal fing da was an zu jucken. Da bin ich zu einem Doktor in F., von dem ich damals wusste, der ist schwul.

Das erste Mal, wo ich mich wiederholt mit jemandem getroffen hab, das war ein sehr viel älterer Typ. Man traf sich im Hotel, und dann machte der mich an und brachte Geld oder irgendwas. Ich hatte ja selber keins. Das kam mir alles seltsam vor. Und mal rief er da an, wo ich arbeitete. Ich hatte mir vorgenommen, mich von ihm zu trennen. Dann hab ich ihn gesiezt. Ich wusste mir nicht anders zu helfen, wollte 'ne Grenze setzen: »Ich möchte dass Sie nicht mehr anrufen.« Mit anderen Leuten, die ich beim Cruisen kennenlernte, entwickelten sich Freundschaften, wo dann das Sexuelle so ausklang, und es blieben dann Freunde wie dieser Alfred zurück, mit dem ich ja über viele Jahre mal mehr und mal weniger zu tun hatte.

Ab 1966 war ich für 18 Monate Zivildienstleistender. Die Unikliniken wimmelten damals von schwulen Krankenpflegern. Einer davon war ein kuhwimpernäugiger und schwarz behaarter Hans, mit dem ich nichts hatte. Der brachte mich zum ersten Mal in eine schwule Kneipe, ganz spontan. Wir fuhren zu einem Lokal, und da musste geklingelt werden. Oh Gott, wie in so einer verruchten Bar. Dann kamen wir in diese etwas plüschige, rötlich wirkende Einrichtung hinein, und ich hatte das Gefühl, alle gucken jetzt nach dir. Glücklicherweise war ich nicht alleine, dieser Hans war dabei. Konnte ich so ganz vorsichtig bisschen rumgucken. Das war Ende der 60er. Ich bin anfangs ganz wenig in Kneipen gegangen, weil ich als Zivi ganze 70 Mark im Monat hatte. Ich hab mich mehr so in Parks rumgetrieben, was den Vorteil hatte, dass es nichts kostete.

Dann lernte ich auch einen ganz schüchternen Arzt kennen. Da war plötzlich 'ne völlig andere Seite. Der war sehr sensibel. Ein verheirateter Mann, der sehr ungeoutet lebte. Dieter Braun war das, Arzt irgendwo. Hatte mir am Anfang auch 'n falschen Namen angegeben. Das war üblich. Manchmal hatte ich den Eindruck, der hatte 'n schlechtes Gewissen, weniger weil er es mit Männern machte, sondern weil er seine Frau betrog. Auf jeden Fall war der unendlich zärtlich. Das waren die endgültigen Erlebnisse, wo mir wirklich klar wurde, dass ich schwul war. So was von Schönheit. Was man vielleicht in billigen Romanen lesen kann, die ich nie las: dass man im siebten Himmel schwebt. Das ganze Ritual, wie man sich gegenseitig auszog und sich jeden Fleck am Körper eroberte; also der brauchte mich nur leicht mit seinem Atem berühren, das fand ich schon märchenhaft; selig, heiß, wild, geil, behutsam. Nach dem hab ich mich verzehrt.

Leider sah ich ihn kaum. Ich glaub, ich hab ihn dreimal – es waren tolle Glücksmomente. Er hat mir 'ne Adresse gegeben, und ich hab ihm geschrieben. Irgendwann ging auf Arbeit das Telefon, und seine Frau war am Apparat. Sagte mir auf den Kopf zu: »Sie kennen doch meinen Mann.« Die muss den Brief gelesen haben. Ich wusste gar nicht, was ich machen sollte. Ich hatte damals auch so Vorstellungen, zwar nicht der Welt Adieu zu sagen, aber doch in eine protestantische Gemeinschaft, eine Art Kloster zu gehen. Das hab ich mir von meinen Eltern ausreden lassen. Ich war natürlich diesen Dieter Braun dann los, was mich lange Zeit sehr betrübt hat.

Danach war ich bis 1970 in F. in einer Gemeinde tätig: Konfirmandenunterricht, Religionslehrer, Frauenhilfe und so was alles. Nachdem ich so erste Männererfahrungen hatte, wurde es wohl irgendwie ruchbar bei meiner Kirche, und da erst habe ich gelernt: Was du tust, schickt sich offensichtlich gar nicht. Da wurde ich zum Chef zitiert. Der fuhr übrigens jahrelang mit dem Rentamtsleiter in den Urlaub und hatte sich erst jenseits der 50 verheiratet. Dieser Pfarrer Hoffmann sagte leicht stotternd, man habe ihm zugetragen, dass ich ein 175er wäre. Ich wusste gar nicht, was das ist. »Sie haben wohl Verhältnisse mit Männern.« Ich war erst mal so gebügelt. Er würde mir gerne helfen, einen anderen Job zu finden. Diese scheinheilige Doppelmoral. Ich bin da nicht sehr lang geblieben, drei Jahre. Das war das erste Donnerwetter. Es gab damals auch noch viele Polizeirazzien, im Schlosspark in F., da lief nachts ganz ordentlich was. Diese Razzien waren sehr entwürdigend, mit aufgeblendetem Licht und so. Dann stob alles auseinander. Oder auch wenn Randale gemacht wurde. Da hat keiner dem anderen geholfen.

Meine Eltern haben einen sehr unterschiedlichen Bildungsstand. Mein Vater war Bauern- und Arbeitersohn, von Beruf Schlosser und hat als Briefträger gearbeitet. Und meine Mutter war so einzige Tochter und Lyzeum. Ich hab da sehr profitiert von so unterschiedlichen Eltern. Ich hatte die einfachen Großeltern auf dem Land, die hatten 'nen Bauernhof, das war irgendwie ganz exotisch. Da war das deftige Leben. Und ich hatte die anderen Großeltern in der Stadt. Mein Großvater war Gewerkschaftssekretär bei der Post. Der hat dann versucht, alle Familienmitglieder da reinzukriegen, ne. Diese Großeltern hatten auch ein bisschen Geld, und da war dann alles so vornehm. Das weiß ich noch genau: Ich war 'n ganz fröhliches Kind und hab gerne gepfiffen, was man als Mädchen nicht darf. Also kriegt ich dann so Sachen zu hören: Mädchen, die pfeifen, und Hühner, die krähen, denen soll man beizeiten den Hals umdrehen. Ich wurde dann trotzig. Ich war kein Mädchen in dem Sinne. Ich war viel draußen. Ich hab viel Sport gemacht, hab Fußball gespielt. Ich hab mich gerauft und so; also alles, was Mädchen eigentlich nicht dürfen.

Über uns, also unsere Familie, wurde damals viel geredet. Das war in so einer Siedlung, die die Post für ihre Arbeiter und Angestellten gebaut hatte, direkt nach dem Krieg, ne. Und meine Eltern waren in manchen Dingen sehr liberal. Also meine Schwester hatte mal 'nen Schwarzen zum Freund damals, das war so in den frühen 60ern. Und das war kein Thema für meine Eltern. Also im Gegenteil, der war genauso herzlich willkommen wie die anderen Freunde. Und das war damals schon ungewöhnlich. Dann hat mein Vater angefangen zu trinken, war alkoholabhängig. Und an Weihnachten kam er immer nicht nach Hause, und wir als Jugendliche haben uns dann auf die Suche nach ihm gemacht. Also völlig daneben. Die Leute haben das natürlich mitgekriegt. Mir war das auch peinlich, und ich hab mich oft geschämt. Ich konnt am besten mit dem Papa umgehen. Wenn der betrunken nach Hause kam, dann war mein Vater laut und poltrig, und dann gab's auch immer ordentlich Streit. Da konnte meine Mutter gar nicht mit klarkommen. Und dann hieß es: Du machst das schon. Als Kind und Jugendliche war ich damit überfordert.

Mein Vater war 'n fröhlicher und geselliger Mann, also nach außen hin. Das war ein schicker Typ, sah einfach gut aus. Der hatte auch immer Außenbeziehungen, mit Frauen und mit Männern. Ist mir später klar geworden, dass er bisexuell war. Für mich war das furchtbar, weil ich hab das ja mitgekriegt, dass er Geliebte hatte. Einmal waren wir an der Nordsee, und ich bin rumgestromert, wie Kinder das so machen, und auf der anderen Seite vom Deich seh ich auf einmal meinen Vater, wie er da mit dieser Frau knutscht. Sie und ihr Mann waren mit meinen Eltern befreundet. Und er kriegt mit, dass ich das sehe, kommt auf mich zu und sagt: »Erzähl aber Mutti nix.« Im Nachhinein find ich, das ist psychischer Missbrauch. Das ist sehr belastend. Ich hab mich oft gefragt, warum meine Mutter nicht geht, ne. Also in meiner Kindheit war beides: ein Gefühl von Geborgenheit, aber auch dieses Wünschen, dass sie sich trennt von diesem Mann, der nicht treu ist, der oft trinkt.

Als Jugendliche hab ich mich auch engagiert in der evangelischen Kirchengemeinde. Und einmal wurde ich, weil ich immer so sehr zierlich und dünn war, in ein Erholungsheim geschickt. Da wurd ich von Jungs umschwärmt und hab dann mal das Knutschen mit 'ner Frau geübt. Das fand ich sehr angenehm. Aber mehr kann ich dazu nicht sagen. Ich denk, das war eher wie Doktorspielen im Sandkasten. Zum ersten Mal von Homosexuellen gehört hab ich dann in meinem – ich sag immer – ersten Leben als Einzelhandelskauffrau. Da hatte ich 'ne Kollegin, und die erzählte, dass sie Liebesbriefe bekommen hat von Frauen und so. Da war das Thema, aber ich war grade 20 oder 21. Ich hatte immer gute Beziehungen zu Frauen. Mein erster Beruf ist ja auch ein spezifischer Frauenberuf. Gelernt hab ich in so 'nem netten kleinen Kaufhaus. Und da hatte ich 'ne supertolle Chefin. Die war schon damals feministischer als manche Feministin. Die hat uns unglaublich gut geschützt und gefördert. Und da gab's ganz viele tolle Kolleginnen. Ich hatte schon immer gute Kontakte zu Frauen.

Mit 22 war ich im Krankenhaus und hatte so schwärmerische Gefühle für eine Krankenschwester und für eine Mitpatientin. Im Nachhinein würd ich sagen, da hab ich schon für Frauen gefühlt, das waren schon erotische Gefühle und Verliebt-Sein. Aber damals wusst ich das überhaupt nicht. Da hab ich nicht gedacht, ich fühl jetzt lesbisch. Mit meinem ersten Ehemann hab ich damals nie drüber gesprochen. Es ist schwer zu beschreiben, dieses Gefühl in der Ehezeit, hier stimmt was nicht. Das kann ich nicht so mit Bestimmtheit sagen. Bei dem Ersten war das eher so: Meine Schwester war ziemlich frühreif und die hatte 'nen Freund und da ging das ganz früh los, so mit Knutschen und diesen ganzen Teenager-Geschichten. Und ich sollte dann auch 'nen Freund haben. Mein erster und ihr Freund, das waren Freunde. Da war das eher so: Alle hatten einen und du hast jetzt auch einen. Das war unser Nachbarsjunge, erster Freund und erster Sexualpartner. In Wirklichkeit wollt ich gar nicht, aber hab halt gedacht, ich mach's mit, ne. Und mit 17 war ich dann schon verlobt mit dem.

Als ich dann geheiratet hab, war ich 20. Da mussten die Eltern zustimmen, damals warst du erst mit 21 volljährig. Ich wollte raus zu Hause. Du kriegtest keine Wohnung. Du musstest verheiratet sein. Und das war natürlich Liebe, ne, wie das so is. Das erste Mal war auch richtig kirchlich getraut. Das zweite Mal dann nicht mehr. Drei Jahre ging die ganze Geschichte. Ich würd das gar nicht als Ehe bezeichnen. Der war Frisör. Und er war alkoholabhängig, und das wurd immer schlimmer. Dann gab's 'n entscheidendes Erlebnis. Mein Vater starb, und ich wollte meiner Mutter das schön machen und hab die zu mir geholt. Und der fing an, sich zu betrinken, und wird laut und frech. Da hab ich meine Klamotten gepackt, ganz schnell, und irgendwas zu essen mitgenommen und hab gesagt: »Mutter, weg hier.« Also ich bin da manchmal ganz rigoros. Und natürlich wollt ich mich dann scheiden lassen. Immer wenn der alkoholisiert war, wurde der ja auch gewalttätig. Nach dem alten Scheidungsrecht wurdest du zu einem Versöhnungsgespräch aufgefordert. Da trank er Sinalco und Korn. Ich dachte: Junge, du bist vielleicht blöd. Das war's natürlich, blablablup, und ich war weg. Das war dann meine erste Scheidung.

Danach hab ich ausprobiert. Da wusst ich ja von Frauenliebe noch nichts. Ich hatte verschiedene Partner. Ich wollte erst mal keinen Kerl mehr. Ich war ja noch jung und wollte jetzt das Leben leben. Und dann lern ich den Vater meiner Töchter, meinen zweiten Ehemann kennen, beim Tanzen. Vielleicht war ich auch verliebt, das kann ich gar nicht mehr sagen. Eher so flirten; ist doch toll, der hat mich begehrt. Wir hatten dann Sexualität, und ich hab nicht verhütet. Mit dem Ersten klappte das ja nicht mit einem Kind, also mocht ich auch nicht verhüten. Und Pille und so gab's ja alles noch gar nicht damals. Dann war ich aber schwanger, war die Große unterwegs, und das wollte ich eigentlich gar nicht. Ich wollte den Mann auch nicht mehr. Ich wollte nicht schon wieder gebunden sein. Aber Abtreibung kam auch nicht infrage. Ja, und dann hab ich geheiratet. Der war auch nett, der gefiel mir. Der war ganz anders, und das war auch gut. Während der Schwangerschaft hatte ich unstillbares Erbrechen, musste ich ins Krankenhaus. Und da hatt ich das Gefühl, er flirtet mit 'ner anderen. Und da war ich eifersüchtig, waren also doch Gefühle für ihn. Aber Liebe? '68 war meine Tochter dann geboren.

Dann bin ich, sind wir in so 'n richtig kleines Dorf gezogen, das war 1969. Da war ich natürlich nich sehr glücklich. In der Ehe war ich sehr abhängig. Ist ja jetzt auch schon fast 40 Jahre her. Er war so traditionell erzogen, also er bringt das Geld nach Hause, Akademiker, leitende Position, hat gut verdient damals schon. Und ich kriegte mein Geld zugeteilt. Das war ganz fürchterlich. Ich bin dann dort auch zu einer Gymnastikgruppe gegangen. Die Frau, die das gemacht hat, die hat das ganz super gemacht, und in die hab ich mich verliebt. Huch, was ist das denn? So. Konnt ich erst mal nichts mit anfangen. War ein schönes, ein tolles Gefühl, aber auch eher so: Das geht doch gar nich. Es war auch so gesellschaftlich: Es darf nicht sein, das ist nicht normal, die sind ja alle krank. Das kann doch gar nicht krank sein, so ein Blödsinn damals! Da gab's ja auch noch diesen Paragrafen, obwohl der nur Männer betraf. Ich weiß noch, als ich zum ersten Mal 'ne Frau gesehen hab, die 'ne Frau geküsst hat, fand ich das merkwürdig, obwohl ich da auch schon so gefühlt hab; und in der Öffentlichkeit fand ich das noch komischer.

Und damals war ich schwanger mit der zweiten Tochter. Ich war verheiratet, und sie war Lehrerin und katholisch. Hab ich mich nicht getraut, diese Gefühle auszuleben. Da wurde auch zwischen uns nicht drüber gesprochen. Das war einfach unausgesprochen klar, das war bei ihr sicherlich auch so. Und ich konnt auch mit niemand sonst drüber reden. Nicht mal mit meinem damaligen Ehemann, natürlich nich. Klar hab ich gesagt, dass ich die gerne hab und dass es eine Freundin von mir ist, aber ich hab nie gesagt, dass ich verliebt bin oder dass ich erotische Empfindungen hab. Das hab ich mir selber gar nicht zugestanden. Frauen, die Frauen lieben, wo gibt's denn so was? Nach der Geburt meiner zweiten Tochter kam dann meine Großmutter, um mir behilflich zu sein, das war '72. Und ein paar Wochen später haben wir meine Mutter besucht, und dann sagte die: »Oma hat erzählt, du hast da 'ne Freundin auf dem Dorf und du bist lesbisch.« Ich sag: »Wie kommt die da denn drauf?« Und dann erfuhr ich, dass meine Großmutter wohl auch mal was in der Richtung erlebt hat. Aber ich konnt mit diesen Gefühlen damals nicht so umgehen. Ich sah die Frau einmal in der Woche beim Sport. Wir sind dann auch Freundinnen geworden. Sie ist die Patentante von meiner jüngeren Tochter.

STIGMATISIERUNG UND SELBSTBEHAUPTUNG

»Bloß die Schwulen«, sagt Walter, »die haben wir vergessen.« Hoffnungslos blickt der ältere Mann in Heiner Carows DEFA-Film *Coming Out* von 1989 auf die Nachkriegsgeschichte der Homosexualitäten zurück. Er sitzt in einem Ost-Berliner Lokal vor einem Tisch mit leeren Weinbrandgläsern. Nach der Niederlage des nationalsozialistischen Deutschland und nach der Gründung der DDR, sagt er, seien alle vom NS-Regime verfolgten Gruppen rehabilitiert und in die sozialistische Gesellschaft integriert worden, alle bis auf die Schwulen. Zwar distanzierte sich die DDR-Justiz, anders als ihr westdeutsches Pendant, von der nationalsozialistischen Fassung des § 175 und kehrte 1950 zu den weniger drakonischen Bestimmungen der Weimarer Zeit zurück. Einvernehmlicher Sex zwischen erwachsenen Männern wurde ab 1957 nur noch selten bestraft. Aber alle Versuche von Homosexuellen, als Opfer des Faschismus anerkannt zu werden, scheiterten. Die Vereinigung der Verfolgten des Nazi-Regimes, das spätere Komitee der antifaschistischen Widerstandskämpfer, sperrte sich gegen die Aufnahme von Menschen, die wegen ihrer Sexualität in Konzentrationslager geschickt worden waren. Männerliebende Männer passten nicht ins heroische Selbstbild des Verbands kommunistischer Kämpfer.[1]

In der Bundesrepublik war an eine Rehabilitierung, geschweige denn an eine Entschädigung der homosexuellen Opfer ebenfalls nicht zu denken. Erst 2002 hob der Bundestag die NS-Urteile nach § 175 auf. In den 1950er- und 1960er-Jahren blieb die NS-Version des Paragrafen in Kraft. Die westdeutschen Behörden setzten die Verfolgung männerliebender Männer bruchlos fort. Zwischen 1950 und 1965 wurden ungefähr 45 000 Personen verurteilt. Einen Höhepunkt stellte die Frankfurter Verfolgungswelle von 1950 und 1951 dar.[2] Die Nachkriegsdekaden waren hart für männerliebende Männer. Frauenliebende Frauen mussten zwar keine Gefängnisstrafe befürchten, aber gesellschaftliche Ächtung. Angst vor Entdeckung, Sich-Verstellen und Sich-Verbergen waren die Folge. Lebensentwürfe, die nicht dem Idealbild der heterosexuellen Familie entsprachen, waren unsichtbar. Von Homosexuellen war in der Öffentlichkeit allenfalls die Rede, wenn man sie verächtlich als Kranke oder Kriminelle desavouierte. Aber beschreiben diese düsteren Einschätzungen zutreffend das Leben gleichgeschlechtlich begehrender und liebender Menschen in den Nachkriegsdekaden? Oder gestalteten sich die tatsächlichen Lebensgeschichten und Gefühlslagen vielschichtiger? Angst und Diskriminierung waren ein wesentlicher Teil der homosexuellen Lebenswirklichkeit, aber eben nur ein Teil. Daneben gab es weitere Gefühle und Möglichkeiten, Nischen zu schaffen, in denen – meist unter den Bedingungen des Verschweigens – andere Lebensentwürfe Platz fanden. Dieses Spannungsfeld zwischen Stigmatisierung und Selbstbehauptung ist charakteristisch für die 1950er- und 1960er-Jahre. Wer es genauer betrachtet, beginnt auch, die gesamtgesellschaftliche Realität dieser Zeit besser und differenzierter zu begreifen. Die Wucht der Unterdrückung, der sich gleichgeschlechtlich liebende Menschen ausgesetzt sahen, spielt dabei eine ebenso zentrale Rolle wie die verschiedenen Möglichkeiten von Schwulen und Lesben, mit diesen Herausforderungen umzugehen – von körperlichen Reaktionen über politische Strategien bis hin zur Kultivierung bestimmter Selbstbilder.

VERFOLGT UND AUSGEGRENZT

Besonders krass benachteiligt waren in den frühen Jahren der Bundesrepublik homo- und bisexuelle Männer. Wenn sie miteinander schliefen, drohte ihnen eine Gefängnisstrafe. Das Bundesverfassungsgericht rechtfertigte diese Kriminalisierung im Jahr 1957. Damals wiesen die Richter eine Klage ab, die gegen §175 einwandte, dass er nur männliche und nicht auch weibliche Homosexualität bestrafte. Somit verstoße er gegen das Gleichheitsgebot des Grundgesetzes. Das Gericht verwarf diesen Einwand jedoch. Aufgrund »biologische[r] Verschiedenheiten« zwischen den Geschlechtern sei weibliche Homosexualität weniger gefährlich als männliche. Deswegen sei die Ungleichbehandlung vertretbar. Ferner bezeichnete das Gericht die NS-Fassung des § 175 als »ordnungsgemäß erlassen[es]« und nicht »nationalsozialistisch geprägtes Recht«, das auch »in einem freiheitlich-demokratischen Staate« legitimerweise Gültigkeit behalte.[3] Der Paragraf diene nach wie vor der »gesunde[n] und natürliche[n] Lebensordnung im Volke«.[4] Die Bundesregierung unter Konrad Adenauer bemühte 1962 in ihrem Strafrechtsentwurf ebenfalls nationalsozialistisches Vokabular und warnte vor einer »Entartung des Volkes«, falls § 175 abgeschwächt würde.[5] Diese Entscheidung und Formulierungen zeigen, wie tief die Kriminalisierung männerbegehrender Männer im Rechtssystem der frühen Bundesrepublik verwurzelt war.

Herr Schumann ist der einzige meiner Interviewpartner, der direkt darunter zu leiden hatte. Mitte der 1950er-Jahre, er war damals Anfang 20, wurde er zu neun Monaten Haft verurteilt. Das Verfahren resultierte, was damals nicht selten war, aus einem Beziehungsstreit. Herr Schumann war mit einem 30 Jahre älteren Mann liiert und ließ sich auf ein »sexuelles Abenteuer« mit einem 18-Jährigen ein. Weil er seinen festen Freund nicht verlassen wollte, sagt Herr Schumann, zeigte sein junger Geliebter ihn aus Eifersucht bei der Polizei an. Diese Konstellation erklärt auch, warum Herr Schumann seine Bestrafung in gewisser Weise als berechtigt darstellt: nicht weil er Sex mit einem anderen Mann hatte, sondern wegen seines »Seitensprungs«. Der 1943 geborene Herr Weber musste zwar nicht ins Gefängnis, litt aber ebenfalls unter der Kriminalisierung. Er erzählt von zahlreichen Polizeirazzien in den einschlägigen Lokalen: »Es war nach außen hin lustig und aufregend, wenn man nicht erwischt wurde. Andererseits war's eigentlich ein sehr peinliches Gefühl, dass du als erwachsener Mensch aus dem Klofenster klettern musst, bloß weil da jemand Kontrolle machte.«

Aber nicht nur im Rechtssystem, auch in der Bevölkerung waren homosexualitätenfeindliche Einstellungen weitverbreitet. Herr Weber erinnert sich, dass manche »rabiate Leute« dachten: »paar Schwule kannst du schon mal niederschlagen«, und dann beim »Tuntenticken«

an den Treffpunkten homosexueller Männer zur brutalen Tat schritten.[6] Unter homophober Gewalt und gesellschaftlicher Ächtung hatten frauenbegehrende Frauen ebenfalls zu leiden, wie Frau Lippold im Interview berichtet. Ihre Mutter überraschte sie um 1958 herum im Alter von ungefähr 15 Jahren, als sie mit ihrer Freundin »rumgeknutscht« habe. Abends berichtete die Mutter dann dem von der Arbeit heimkehrenden Vater davon. Dieser habe sie »aufs Übelste beschimpft«, dass »er so was nicht großziehen würde, zu der Zeit, als [...] der Adolf noch da war, hätte man so was ins KZ gesteckt und vergast«.

Die Ablehnung gleichgeschlechtlich begehrender Menschen wurde nicht nur mit Verweisen auf die nationalsozialistische Weltanschauung begründet. Oft wurde auch die christliche Moral bemüht. In der Öffentlichkeit vertrat der katholische Volkswartbund, der sich dem Kampf für die Aufrechterhaltung der sittlichen Ordnung verschrieben hatte, solche Positionen besonders prominent.[7] Der 1943 geborene Herr Weber führt die Unfähigkeit, sein gleichgeschlechtliches Begehren zu akzeptieren, auf die »katholische Verziehung« zurück, die »Sex« generell als »was Dreckiges« dargestellt habe. Ähnliches berichtet der fünf Jahre jüngere Herr Melling. Auf einer evangelikalen Jugendfreizeit habe ein Pfarrer erzählt, wie ihm ein junger Mann während eines Austauschjahrs in den USA Avancen gemacht habe. Sobald er dessen sexuelle Absichten durchschaut hatte, so der Pfarrer, habe er den Kontakt abgebrochen. Die pastorale Botschaft war klar: »Das ist Sünde, das [...] darf nicht sein.«

Solche Ansichten blieben jedoch auch in den Nachkriegsdekaden nicht unwidersprochen. Manche Autoren versuchten, homophobe Vorurteile argumentativ zu entkräften. Es fiel ihnen allerdings schwer, sich Gehör zu verschaffen. Sie fanden zunächst in kleinen Zeitschriften ein Forum, mit denen gleichgeschlechtlich liebende Redakteure ein Publikum ansprachen, das sich derselben Gruppe zurechnete. Sie selbst bezeichneten sich nicht als homosexuell, sondern als homophil, um den geistig-idealen Aspekt der zwischenmännlichen Zuneigung zu betonen. Die Hefte hatten unverfängliche Titel und wurden oft direkt an die Abonnenten verschickt. Dennoch bekämpften Gerichte und Behörden diese Publikationen mit allen Mitteln. Weil ihre Verleger wegen der Verbreitung ›unsittlicher‹ Schriften und ›unzüchtiger‹ Bilder verurteilt wurden, mussten sie ihr Erscheinen meist nach kurzer Zeit schon wieder einstellen. *Die Freundschaft* machte 1950 den Anfang. 1951 folgte *Die Freunde*, 1952 in *freond* umbenannt und 1953 als *Vox* zugrunde gegangen. *Humanitas – Monatszeitschrift für Menschlichkeit und Kultur* erschien von 1953 bis 1955, *Der Ring* von 1955 bis 1957. 1951 und 1952 gab es mit *Wir Freundinnen. Monatsschrift für Frauenfreundschaft* auch ein Blatt für frauenliebende Leserinnen. Neben *Der Kreis*, der von 1942 bis 1967 in der liberaleren Schweiz erschien, war *Der Weg zu Freundschaft und Toleranz* – kurz: *Der Weg* – die einzige deutschsprachige Homophilen-Zeitschrift, die durchgängig von 1952 bis 1970 herauskam. Aber auch sie kämpfte angesichts einer auf 1000 Exemplare zusinkenden Auflage in den 1960er-Jahren ums Überleben.[8]

1961 wandte sich ein Artikel in *Der Weg* gegen die Idee, dass Homosexualität der »gottgewollten Naturordnung« widerspreche. Die Autoren führten die Ablehnung des gleichgeschlechtlichen Begehrens auf einen archaischen, durch die christliche Moral verstärkten »Ekelaffekt«, einen »Abwehrreflex« zurück, der heterosexuelle Menschen befalle, wenn sie »in eine entsprechende Begegnung« hineingerieten. Der Artikel schlug sich interessanterweise gegen den Affekt auf die Seite der Vernunft und forderte eine aufgeklärte, »objektiv-rationale[] Bewertung der Homosexualität«. Diese sei keine Sünde, sondern eine »Mutante inmitten der mannigfaltigen Variationsmöglichkeiten der Natur«.[9] Solche positiven Einschätzungen des gleichgeschlechtlichen Begehrens fanden jedoch kein großes Publikum. *Der Weg* erreichte deutlich weniger Leser*innen als die homophoben Pamphlete, die der Volkswartbund damals in großen Mengen drucken ließ.[10]

Auf dem medizinisch-psychiatrischen Feld herrschte noch lange die von dem in die eugenischen Zwangssterilisationen des Nationalsozialismus verstrickten Hans Bürger-Prinz und anderen vertretene Meinung vor, dass Homosexualität eine pathologische Erscheinung sei, die behandelt werden müsse. Der Psychiater Hans Giese propagierte das Modell einer asexuellen Freundschaft, die homophile Männer davor bewahren sollte, ihr Begehren auf körperlicher Ebene auszuleben. Und psychoanalytische oder egopsychologische Ansätze begriffen das gleichgeschlechtliche Begehren als Ausdruck der Unreife, die die Einzelnen überwinden sollten, um ihre sexuelle Entwicklung zu vollenden.[11] So argumentierten auch viele Jugendratgeber in den 1960er-Jahren: Homosexuelle Erfahrungen unter Heranwachsenden seien so lange nicht problematisch, wie sie sich vor dem Erwachsenenalter verflüchtigten und sich nicht zu einer »entwicklungsbedingte[n] Fehlform« verfestigten.[12] Ähnliche Vorstellungen spiegeln sich auch in der Erzählung der 1943 geborenen Frau Lippold, die ihre ersten intimen Kontakte mit Mädchen als »pubertäre Spielchen« bezeichnet. Der zwei Jahre jüngere Herr Ückert maß »dem auch nicht so viel bei«, weil er dachte, danach käme »irgendwo die Richtige«. Erst rückblickend, so beide, hätten sie begriffen, dass die gleichgeschlechtliche Neigung in ihrem speziellen Fall nicht vorübergehend gewesen sei. Allerdings scheinen die anderen beteiligten Jugendlichen das Ganze in der Tat als ein pubertäres »Spielchen« begriffen zu haben. Nur Frau Lippold und Herr Ückert reklamieren nachträglich eine früh vorhandene lesbische oder schwule Identität für sich. Die Abwertung des adoleszenten gleichgeschlechtlichen Begehrens scheint hier also immer noch durch, ist aber bei Weitem nicht so ausgeprägt wie in den Jugendratgebern und im psychiatrischen Diskurs.

Die wissenschaftlich begründete Ablehnung der Homosexualität kritisierten die homophilen Zeitschriften ebenfalls scharf. Nichts, hieß es dort, rechtfertige die Annahme, dass nur die andersgeschlechtliche Orientierung Zielpunkt einer ›gesunden‹ sexuellen Entwicklung sein könne.[13] Andere Beiträge wandten sich gegen die Unterstellung, dass gleichgeschlechtlich liebende Menschen psychisch krank seien und der Heilung bedürften.[14] Sie nahmen die »überwältigende Mehrheit derjenigen Homosexuellen, welche in ihrem übrigen psychischen Habitus niemals aufgefallen sind«, also sozusagen die normalen Homos, in Schutz. Diese sollten vor therapeutischen Eingriffen wie der »Entmannung« verschont bleiben. Gegen die Anwendung solch brutaler Methoden zur Behandlung von »Sexualpsychopathen«, von Sadomasochisten, Fetischisten, Leichenschändern, Flagellanten sowie »sexuell hemmungslosen und verwahrlosten Menschen«, hatten die homophilen Autoren dagegen nichts einzuwenden.[15] Damit setzten sie sich zwar gegen die eigene Psychiatrisierung zur Wehr, beteiligten sich zugleich aber an der Pathologisierung anderer Gruppen. Um die Unauffälligkeit und Anständigkeit der homosexuellen Mehrheit herauszustreichen, verwehrten sie den vermeintlichen Extremfällen sexueller Devianz umso rücksichtsloser den Schutz der Normalität. Damit reproduzierten sie die Logik der Ausgrenzung innerhalb des Feldes der nicht-heteronormativen Sexualitäten.

Neben religiös und psychiatrisch motivierten Abwertungen des gleichgeschlechtlichen Begehrens gewannen sozialwissenschaftliche Perspektiven an Bedeutung. Auch hier überwogen homophobe Positionen, wie die des einflussreichen Soziologen Helmut Schelsky, der in einem sehr erfolgreichen Buch von 1955 einen »Zusammenhang zwischen Kriminalität, Asozialität und Homosexualität« herstellte. Letztere betrachtete er als eine Gefahr für die traditionelle Gesellschaftsordnung, die er zu verteidigen meinte.[16] Jenseits der Bundesrepublik gab es unter Soziolog*innen und Sozialpsycholog*innen jedoch schon früh eine Minderheit, die nicht das abweichende Sexualverhalten der Homosexuellen, sondern deren gesellschaftliche Diskriminierung als das eigentliche Problem betrachtete. Dazu gehörten die US-amerikanischen Forscher*innen Erving Goffman, der die Effekte der Stigmatisierung untersuchte, und Evelyn Hooker, deren Arbeiten entscheidend dafür waren, dass die American Psychiatric Association 1973 Homosexualität von der Liste der psychischen Störungen strich.[17]

Um zu beweisen, dass homosexuelle Männer weder psychisch krank noch geistig minderbemittelt seien, verglich Hooker die Persönlichkeitsmerkmale sowie die kognitiven Fähigkeiten von Homo- und Heterosexuellen. Dabei fand sie, aus heutiger Sicht wenig überraschend, keine signifikanten Unterschiede. Spannender ist die Frage, welche männerliebenden Männer Hooker für ihre Studie auswählte. Für die Psychologin verhinderten das Verstecken des eigenen Begehrens und die Abkapselung in der Subkultur ein gesundes und erfolgreiches Leben. Deswegen suchte Hooker nach Probanden, die sich offen zu ihrer Homosexualität bekannten und trotzdem gesellschaftlich integriert waren. Auf diese Weise zog sie auch eine Grenze zwischen den sozusagen normalen, selbstbewusst geouteten Homosexuellen und denjenigen, die am Stigma zerbrochen waren oder sich in subkulturelle Nischen zurückgezogen hatten.

Genau diese Unterscheidung griffen die homophilen Autoren in der Bundesrepublik begeistert auf, um das homophobe Vorurteil vom asozialen Wesen männerbegehrender Männer zu widerlegen. 1960 veröffentlichte *Der Weg* einen Artikel von Evelyn Hooker in deutscher Übersetzung. Dort wurden diejenigen als »normal« bezeichnet, die keiner Therapie bedurften, ihren eigenen Lebensunterhalt finanzierten und offen zu ihrer Veranlagung standen. Problematisch waren dagegen diejenigen, die von der »üblichen Geschlechtsrolle« abwichen und ein »hanswurstartiges Betragen« zeigten.[18] Diese Störungen seien allerdings nicht notgedrungen mit dem gleichgeschlechtlichen Begehren verknüpft, sondern resultierten aus dem »soziale[n] Druck«, unter dem die Betroffenen alltäglich litten.[19] Das eigentliche Problem war mithin nicht die Homosexualität, sondern die gesellschaftliche Ausgrenzung der Homosexuellen.

Vorbilder für gleichgeschlechtlich liebende Menschen, die nicht unter ihrer ›Veranlagung‹ leiden, sondern selbstbewusst und erfolgreich ihr Leben meistern wollten, waren jenseits der homophilen Zeitschriften jedoch rar gesät. Negative Stereotype prägten das Bild vom Homosexuellen in den populären Medien der Nachkriegsdekaden. Die in der Bundesrepublik gezeigte Fassung von Veit Harlans Film *Anders als du und ich (§ 175)* stellte 1957 die Figur des homosexuellen Jugendverführers ins Zentrum und gleichgeschlechtlich begehrende Männer damit in die pädophile Ecke. Und selbst Filme, die Verständnis für gleichgeschlechtlich liebende Menschen wecken wollten, zeichneten ein düsteres Bild. Im Remake von *Mädchen in Uniform* mit Romy Schneider, das 1958 in die Kinos kam, führte die erotische Attraktion zwischen einer Schülerin und ihrer Lehrerin zum Selbstmordversuch der jungen Protagonistin. Vom Freitod war auch in den homophilen Zeitschriften immer wieder die Rede. Dabei reichte das Spektrum vom ästhetisch überhöhten »selbstgewählten Tode« Klaus Manns über einen »Blutpakt unter Jünglingen«, deren gemeinsamer Abschied vom Leben ihre »Freundestreue« bewies, bis zum Suizid angesichts polizeilicher Ermittlungen.[20]

Von Selbstmordgedanken berichten auch einige meiner Gesprächspartnerinnen. Sie schildern die Selbsttötung entweder als eine Gefahr, der sie glücklicherweise entronnen seien, oder als einen letzten Ausweg, den zu beschreiten sie in früheren Lebensphasen erwogen hätten. Die 1952 geborene Frau Gruberova berichtet von ihrer Verzweiflung, als sie sich Mitte der 1970er-Jahre in eine Frau verliebte, die sie zurückwies, und gleichzeitig ungewollt von ihrem Mann schwanger wurde. Damals sei sie »'ne Zeit [...] suizidgefährdet« gewesen. Und die 19-jährige Frau Eitner hatte Ende der 1960er-Jahre während ihrer ersten Beziehung mit einer anderen Frau »ganz starke Ängste«, dass »das rauskommt«. Damals hegte sie den fast als tröstlich beschriebenen Gedanken, dass sie sich im schlimmsten Fall ja immer noch »umbringen« könne.

Frau Eitners Erzählung spiegelt die Erinnerung an Diskriminierung und Stigmatisierung auch in anderen Passagen. Sie schildert ein ganzes Spektrum von Situationen, die ihr vor Augen führten: »das darf nicht sein«. Mitunter reichten ein Blick und eine rasche körperliche Reaktion aus, um diese Botschaft zu transportieren. In den frühen 1960er-Jahren war Frau Eitner zusammen mit ihrer Mutter, ihrer Tante und ihrer ein paar Jahre älteren Cousine im VW-Käfer unterwegs. Sie legte ihren Kopf auf den Schoß der Cousine und »zwischen ihre Brüste«. Als sich die Mutter zur Rückbank umdrehte, »zuckte meine Cousine hoch und ich auch, ich dachte, [...] irgendwas haben wir jetzt gemacht, was verboten ist«. Die Ächtung ging hier wortlos vonstatten. Wortreich verdeutlichten dagegen die »Schwulenwitze«, die die Gäste in der Gaststätte von Frau Eitners Mutter »jeden Tag« rissen, dass intime Nähe zwischen Menschen des gleichen Geschlechts »nicht der Norm« entsprach. Diese Vorgaben prägten ein Stück weit auch Frau Eitners Verhalten. Mit Anfang 20 traf sie sich mit Männern und verheimlichte ihre lesbische Beziehung. Um nicht als »abnorm« zu gelten, habe sie sich damals »auf irgendwelche Heterostrukturen eingelassen«.

Dieses Einlassen auf heteronormative Erwartungen spielt in vielen Erzählungen eine Rolle. Bei elf meiner Gesprächspartner*innen führte es zu Ehen. Im Alltag der Einzelnen hinterließen Verfolgung und Ausgrenzung entsprechend tiefe Spuren. Allerdings ließ der Anpassungsdruck im Lauf der Zeit nach. Fast alle Erzählpersonen, die geheiratet haben, sind vor 1960 geboren. Einige der Jüngeren waren als Teenager oder junge Erwachsene mit andersgeschlechtlichen Partner*innen liiert, aber nur zwei, Herr Gärtner und Frau Brehme, haben geheiratet. Das liegt auch daran, dass die Ehe ihre Bindungskraft als einzig legitime Form der Zweierbeziehung ab den 1960er-Jahren zu verlieren begann. Die jüngeren Gesprächspartner*innen konnten ihre amourösen Biografien deswegen freier und experimenteller gestalten, während die Älteren genötigt waren, sich früher und dauerhafter festzulegen. Manche dieser Ehen waren dann auch erstaunlich stabil. Bei Herrn Melling, Herrn Wisneck, Herrn Harrer und Frau Schneider überdauerten sie sogar das Coming-out gegenüber dem Gatten oder der Gattin.

Meist dienten diese Ehen der Errichtung einer heterosexuellen Fassade für die Familie und das Umfeld. Der 1951 geborene Herr Harrer betont, wie »hochzufrieden« seine Eltern gewesen seien, als er 1972 heiratete, und wie wichtig es für sie war, dass die silberne Hochzeit 1997 groß gefeiert wurde. Herr Melling heiratete 1977 im Alter von 28 Jahren. In seinem Fall war der Vater ausschlaggebend. Kurz vor der Hochzeit – »die Gäste waren eingeladen, die Kuchen waren gebacken« – sprach Herr Melling mit ihm in verklausulierter Form über seine Zweifel. Als der Vater jedoch den »Skandal« an die Wand malte, den eine Absage herbeiführen würde, fügte er sich in sein Schicksal: »Dann ist das eben Gottes Wille, dass ich dann heirate.«

Hinweise auf das Sich-Verstellen und Sich-Verstecken finden sich bei allen Erzählpersonen, die die 1950er- oder 1960er-Jahre als junge Erwachsene erlebt haben. Kriminalisierung, Demütigung und Gewalt generierten ein Klima der Angst unter männerliebenden Männern und frauenliebenden Frauen. Aber birgt die Betonung der Stigmatisierung die Gefahr, ein allzu düsteres Bild der Nachkriegsdekaden zu zeichnen, das an der Vielgestaltigkeit damaliger Lebenslagen und Wirklichkeiten vorbeigeht?

INTELLIGENTE KÖRPER, AHNUNGSLOSE FASSADEN UND SCHMIEGSAME ANEIGNUNGEN

Um diese Gefahr zu vermeiden, sollte man nicht vorschnell annehmen, dass soziale Normen das Leben der Einzelnen durchgängig bestimmen. Gerade die Gefühle zeigen, wie viel komplexer Selbst und Gesellschaft aufeinander wirken. Diese Interaktion lässt sich nicht auf Unterwerfung, Anpassung oder Widerstand reduzieren. Der für das Gefühlsleben so wichtige Körper ist weder ein bloßes Objekt soziokultureller Prägungen noch ein Garant unbändigen Eigensinns.[21] Emotionen wie Angst, Ekel oder Wut zeigen, dass die Einzelnen sich oft auf überraschende und wenig geradlinige Weise mit gesellschaftlichen Vorgaben auseinandersetzen.[22] Das Wechselspiel wird noch vielschichtiger, wenn man das Selbst nicht als ein widerspruchsfreies Ganzes und die Gesellschaft nicht als eine monolithische Formation begreift. Das Selbst kann sein eigenes Fühlen nie gänzlich verstehen. Und zugleich gibt es kein einheitliches und konsistent durchgesetztes Ensemble sozio-kultureller Gefühlsregeln.[23] Wie gingen gleichgeschlechtlich liebende Menschen also mit dem mehr oder weniger eindeutigen Verbot ihrer Neigungen um? Wie setzten sie sich mit dem mehr oder weniger klaren Wissen um ihre eigene Stigmatisierung auseinander? Jenseits von Gehorchen und Auflehnen, wie lässt sich das Handeln, Denken und Fühlen der Einzelnen beschreiben?

Das Konzept der internalisierten Homophobie geht davon aus, dass viele Homosexuelle – gerade unter den Bedingungen massiver Verfolgung und Ausgrenzung – sich mit der gesellschaftlichen Ablehnung identifizieren und sich selbst hassen.[24] Dieses Paradigma prägt auch die Erzählung von Frau Jäger. Mit ungefähr 13 Jahren, also Ende der

1960er-Jahre, habe sie bemerkt, dass sie ihre Mitschülerinnen attraktiv fand. Sie habe sich damals innerlich gefragt, ob sie »überhaupt so leben« könne, ob »das überhaupt legitim« und ob sie selbst »psychisch noch normal« sei. Mehrere Erzählpersonen verknüpfen solche negativen Selbstwahrnehmungen mit einem gestörten Verhältnis zum eigenen Körper. Alkoholabhängigkeit und der Versuch, die inneren Konflikte im Rausch zu vergessen, spielen dabei oft eine wichtige Rolle. Andere dachten, ihr vermeintlicher Makel hafte in wahrnehmbarer Form ihrem eigenen Körper an. Herr Riedel hatte als junger Mann in den frühen 1960er-Jahren nach »sexuellen Kontakte[n]« das Gefühl, er müsse sich »doppelt waschen«, weil: »Man riecht's.« Der 1951 geborene Herr Harrer hatte als Jugendlicher »Minderwertigkeitskomplexe«, weil er »der Hässliche« war, der als Einziger keine Freundin hatte. Seine »krumme Nase« wurde für ihn zu einer Art Menetekel seiner Andersartigkeit, ein Manko, das ihn »unheimlich belastet« habe.[25] Und der 20-jährige Herr Kuhn empfand körperliche Abscheu, als er Ende der 1950er-Jahre erstmals zwei Männer sah, die einander küssten. Homosexualität sei für ihn damals »abartig« gewesen und er habe geglaubt, küssen dürften sich nur Mann und Frau. Andere Formen zwischenmännlicher Intimität praktizierte er jedoch ohne Skrupel, denn jenseits des Küssens, so habe er damals gedacht, sei alles »ganz legal«, da sei man »nicht ganz schwul«.

Herrn Kuhns Geschichte zeigt, dass die Deutung der internalisierten Abscheu als Übernahme homophober Muster, so einleuchtend sie auf den ersten Blick auch sein mag, letztlich doch zu kurz greift. Zunächst ist diese These problematisch, weil sie unterstellt, dass Herr Kuhn sich irrt. Sein Ekel wäre so gesehen ein falsches Gefühl, Resultat seiner internalisierten Homophobie: Er habe es nicht geschafft, sich zu seinem Schwulsein zu bekennen. Dieser Vorwurf beruht auf einer sehr engen Vorstellung von einer gelungenen schwulen Biografie. Sie betrachtet Lebensentwürfe jenseits der selbstbewussten schwulen Offenheit als unzulänglich und ist schon allein deswegen fragwürdig. Vor allem aber ist diese Sichtweise anachronistisch. Denn was wäre wohl passiert, wenn Herr Kuhn in den 1950er-Jahren seinem vermeintlich eigentlichen Wunsch nachgegeben hätte, andere Männer zu küssen? Letztlich ist es unmöglich, diese Frage zu beantworten. Aber es ist durchaus denkbar, dass ihn dieser Wunsch an Orte geführt und zu einem Verhalten verleitet hätte, die das Risiko einer Verhaftung erhöht hätten. Denn ein Kuss konnte eine Anzeige nach sich ziehen, und die einschlägigen Lokale standen meist unter polizeilicher Beobachtung. Stattdessen hatte Herr Kuhn in dunklen Parks Sex mit ihm unbekannten Männern, ließ sich also nur auf flüchtige Kontakte ein, die das Risiko der Entdeckung minimierten.

Der Ekel vor Männerküssen lässt sich also auch als ein intuitiver Selbstschutz begreifen, als eine körperliche Intelligenz, die es Herrn Kuhn erlaubte, bestimmte Gefahren zu meiden, ohne sich ihrer gänzlich bewusst zu sein. So gesehen hat ihn seine Abscheu nicht davon abgehalten, sondern sie hat es ihm ermöglicht, bestimmte Formen zwischenmännlicher Intimität zu erleben. Das Konzept der internalisierten Homophobie und die Annahme, dass die Inkorporierung bestimmter Regeln die heteronormative Ordnung sozusagen bruchlos ins Fleisch der Einzelnen hinein verlängert, verstellen den Blick auf diese Vielschichtigkeit der Bezüge zwischen Selbst und Gesellschaft. Dort, wo ein stigmatisiertes Verhalten, bewusst oder nicht bewusst, abgelehnt wird, eröffnen sich immer auch alternative Handlungsmöglichkeiten. Ihre den gesellschaftlichen Verboten entsprechenden emotionalen Reaktionen hielten die Erzählpersonen nicht nur vom Rebellieren gegen ihr Umfeld ab. Sie ermöglichten es ihnen auch, bestimmte Formen gleichgeschlechtlicher Intimität überhaupt einzuüben, ohne mit Sanktionen konfrontiert zu werden.

Herrn Kuhns Ekel zeigt diese Schmiegsamkeit ebenso wie Herrn Meyers intuitive Entscheidung, den Eltern nicht von seinem homoerotischen Erweckungserlebnis – der Mann mit Lambretta am Fluss – zu erzählen. Er war sich nicht im Klaren darüber, wie seine Eltern reagieren würden, und hat darüber auch gar nicht nachgedacht. Zusammen mit einer unbewussten Sorge erlaubte ihm jedoch gerade diese Ahnungslosigkeit, eine verschwiegene Fassade zu errichten, hinter der sich sein auf den männlichen Körper gerichtetes Begehren ungestört entfalten konnte. Auch Herr Harrer betont, dass sein Nicht-Wissen ihm erste naiv-unbefangene Begegnungen mit Freunden erlaubte. Er und seine Spielkameraden hätten sich am »Sack« gegriffen – das war »normal«. Als er 13 war, hätten er und sein etwas älterer »Kumpel« einander öfters im Wald »angefasst«. Er habe sich »eigentlich nix dabei« gedacht und meinte, »das gehört sich so«, weil weder in seiner Familie noch anderswo von Homosexualität jemals die Rede war. Erst als sein Freund sagte, sie könnten sich nicht mehr treffen, weil er »ja nicht schwul« sei, begriff Herr Harrer, dass solche Kontakte als etwas Verwerfliches galten. Rückblickend sagt er, dass er seit diesem Erlebnis »geistig auf der Schiene« gewesen sei, und meint damit sein Selbstverständnis als männerliebender Mann.

Ahnungslosigkeit ermöglichte manchen Erzählpersonen in ihrer Kindheit und Jugend also gleichgeschlechtliche Erfahrungen, während genaues Wissen diese Annäherungen verhinderte. Unkenntnis führte nicht zu Unmachbarkeit, sondern eröffnete sexuelle Möglichkeiten. Solange das gleichgeschlechtliche Begehren tabuisiert wurde, konnte es unbefangen ausgelebt werden. Ähnlich wie bei der Figur vom Reiz des Verbotenen: Die Verinnerlichung heteronormativer Vorgaben kann diese nicht nur verstärken, sondern – mittels intuitiver emotionaler Reaktionen – auch unterlaufen.

Manche Erzählpersonen machten sich zudem negative Bilder von Homosexualität auf schmiegsame Weise zu eigen. Ohne diese abschreckenden Stereotype von Krankheit und Kriminalität positiv zu wenden, nutzen sie sie, um einen gangbaren Selbst- und Lebensentwurf als männerliebender Mann oder als frauenliebende Frau zu entwickeln. An Furcht einflößenden Darstellungen herrschte in den Nachkriegsdekaden kein Mangel. Da waren zunächst literarische Variationen des Themas, deren Autor*innen zwar häufig um mehr Verständnis für Homosexuelle warben, die aber dennoch keine positiven Vorbilder für gleichgeschlechtliches Lieben boten. Dazu gehören Klaus Manns 1937 geschriebene und 1960 erstmals in Deutschland veröffentlichte Novelle *Vergittertes Fenster* über den Tod König Ludwigs II. von Bayern; Jean Genets 1947 uraufgeführte Tragödie *Die Zofen* über die abgründigen Beziehungen zwischen zwei Diener*innen und ihrer Herrin; sowie Genets ebenfalls 1947 publizierter Roman *Querelle de Brest* über einen von Männern wie von Frauen begehrten Schmuggler und Mörder, der 1955 auch auf Deutsch erschien und ein Jahr später wegen Unzüchtigkeit von einem deutschen Gericht verboten wurde. Solche Werke, die Homosexualität mit Tod, Wahnsinn und Verbrechen verknüpften, wurden in den homophilen Zeitschriften prominent, teils begeistert besprochen. Dabei kam ein elitäres Kunstverständnis zum Tragen, das das Genial-Schöpferische mit der sexuellen Devianz verband. Aus Sicht der homophilen Rezensenten fing Kunst dort an, wo das »Reich des Gesunden« aufhörte.[26] Dennoch orientierten sich manche Leser*innen am Vorbild dieser ›kranken Genies‹.

Ein anderer Quell für potenziell abschreckende Darstellungen der Homosexualität waren die zahlreichen Groschenromane, die das Scheitern der Beziehung zwischen einer älteren und einer jüngeren Frau schilderten. Meist endete die Jüngere im sicheren Hafen der Ehe, während die Ältere verzweifelt zurückblieb.[27] Als bedauernswert und krank wurden Homosexuelle auch in den gängigen Konversationslexika geschildert. Und zu guter Letzt waren da noch die hinter vorgehaltener Hand zirkulierenden Gerüchte über entfernte Verwandte oder Arbeitskolleg*innen sowie die oft unflätigen Bemerkungen über vermeintlich verabscheuungswürdige Schwule und Lesben. Obwohl oder besser gerade weil dieses beiläufige Sprechen das gleichgeschlechtliche Begehren mit Leid und Verachtung assoziierte, konnten einige Zuhörende daran anknüpfen und Selbstbilder entfalten, die mit den damaligen Gegebenheiten kompatibel waren. Anstatt abzuschrecken, ermöglichten solche abfälligen Bemerkungen die Artikulation von Liebe und Begehren unter Männern und unter Frauen.

Verschiedene Erzählpersonen begegneten auf diesem Weg dem Wissen über Homosexualität. Als Kind suchte die 1943 geborene Frau Lippold in den Eheratgebern und Lexika ihrer Eltern nach Hinweisen. Zunächst wurde ihr »mulmig«, weil sie scheinbar »eine seltene Krankheit« hatte. Aber dann habe sie ihr Frauenbegehren zu dem »Haufen« an Eigenschaften gerechnet, die bei ihren Eltern nicht auf »Gegenliebe« stießen. Fortan nutzte sie jede Möglichkeit, »mehr darüber zu erfahren« und sich »auszuprobieren«. Frau Fischer erfuhr als Zwölfjährige Ende der 1950er-Jahre von ihrer älteren Schwester, dass es eine »Krankheit« gebe, die »lesbisch sein« heiße. Sie fand es »natürlich nicht so einfach, das als Krankheit definiert zu bekommen«, war aber letztlich doch »ganz erbaut davon, dass diese Gefühle in mir [...] einen Namen« hatten.

Die 1951 geborene Frau Eitner besuchte als Jugendliche eine Aufführung von Genets *Die Zofen*. Dabei hörte sie, wie eine Besucherin raunte: »Das sind doch Lesben, [...] die eine Frau ist doch abhängig von der anderen.« Diese Bemerkung betrachtet sie als einen Meilenstein auf ihrem Weg zum Lesbischsein. Mindestens ebenso wichtig ist für Frau Eitner der Film *Mädchen in Uniform*, den sie mit ungefähr zehn Jahren erstmals sah – in der Version von 1931. Damals dachte sie: »So geht's mir auch.« Wenn man ihre gesamte Erzählung im Licht dieser Bemerkung betrachtet, fallen weitreichende Ähnlichkeiten zwischen dem Film und Frau Eitners Biografie ins Auge: Als Jugendliche wollte sie in ein Internat gehen und schwärmte für ihre Lehrerinnen; als Studentin tröstete sie sich mit dem Gedanken an den Freitod als letztem Ausweg; und in den frühen 1990er-Jahren ging sie selbst als Lehrerin eine Beziehung mit einer 18-jährigen Schülerin ein. Man könnte also sagen, dass das filmische Vorbild in diesem Fall in mehrfacher Hinsicht zum Ausgangspunkt für die Entfaltung eines lesbischen Selbst- und Lebensentwurfs wurde.

Von der Annahme, dass gesellschaftliche Gefühlsregeln in den Körpern und Gedanken der Einzelnen ungebrochen und unweigerlich ihre Wirksamkeit entfalten, sollte man sich also verabschieden. Vielmehr konnte die Aneignung heteronormativer Verbote es den Einzelnen ermöglichen, ihr gleichgeschlechtliches Begehren einzuüben und auszuleben. An der Schnittstelle zwischen Gesellschaft und Körper, die den Ort der Gefühle ebenso wie den des Subjektiven markiert, erweist sich der letztlich unbestimmte und unbestimmbare Charakter des Sozialen wie des Leiblichen. Indem sie diese Schwelle betreten, verlieren Verbote ihren klar artikulierten Sinn und werden mehrdeutig. Anders gesagt: Nicht obwohl, sondern gerade weil sie inkorporiert werden, geraten sie ins Wanken. Jenseits von Unterwerfung, Anpassung oder Widerstand zeichnen sich so ganz andere Dynamiken ab: intuitiver Selbstschutz, ahnungslose Unbefangenheit und schmiegsam-schlaue Aneignung. Die Bezüge zwischen Selbst und Gesellschaft – auch das ein Ergebnis des gefühlshistorischen Blicks auf die Geschichte der Homosexualitäten – sind mithin vielschichtiger, als es die einfachen Gegensätze von Gehorsam und Auflehnung oder von gesellschaftlicher Prägung der Emotionen und körperlicher Unmittelbarkeit des Affekts nahelegen. Dort, wo soziale Normen internalisiert werden, lassen sie sich auch unterlaufen.

ZWISCHEN LEISETRETEREI UND KÄMPFERISCHER MINDERHEITENRHETORIK

Allzu einfach gestrickt waren lange Zeit auch die Begriffe, mit denen Historiker*innen die politischen Aktivitäten gleichgeschlechtlich liebender Menschen in den Nachkriegsdekaden beurteilten. Angesichts der radikalen Geste, mit der die Schwulen- und Lesbenbewegung ab den 1970er-Jahren die hetero-patriarchale Ordnung attackierte, schien es zuvor gar keinen Protest gegen die Diskriminierung sexueller Minderheiten gegeben zu haben. Frauenliebende Frauen und männerliebende Männer, so die Annahme, hätten stattdessen versucht, sich an die gesellschaftliche Mehrheit anzupassen und möglichst unentdeckt ihr Leben zu fristen. Dieser Eindruck beruhte jedoch auf einem simplen Verständnis des Politischen, das zwischen lautstarkem Widerstand und kleinlauter Unterordnung keinerlei graduelle Übergänge erkennen konnte. Sobald man den Blick für solche Graustufen schärft, beginnt man die Logik des homopolitischen Engagements in den 1950er- und 1960er-Jahren zu begreifen. Es mag aus heutiger Perspektive leisetreterisch erscheinen, aber es war umfang- und auch erfolgreich. Schließlich waren es die homophilen Aktivisten und ihre Verbündeten, die dafür sorgten, dass einvernehmlicher Sex zwischen erwachsenen Männern 1969 entkriminalisiert wurde.

Die politischen Interventionen, mit denen sie dieses Ziel verfolgten, beruhten auf dem zurückhaltenden Werben um Verständnis und Toleranz. »Unaufdringliche Publizität (öffentliche Vorträge durch namhafte Wissenschaftler)« und »immer engere Zusammenarbeit mit Behörden [und] Kirchen« sollten ein Klima der objektiven Unvoreingenommenheit gegenüber »Hs« schaffen.[28] Zentral waren ein aufklärerischer Duktus und die Widerlegung homophober Vorurteile durch wissenschaftlich fundierte Gegenargumente. Das Stereotyp vom homosexuellen Jugendverführer, das für die Befürworter des § 175 entscheidend war, konterte man mit Verweisen auf die Arbeiten des US-amerikanischen Sexualforschers Alfred Kinsey und des Dresdner Psychiaters Rudolf Klimmer. Diesen zufolge sei »der junge Bursche zwischen 15 und 17 Jahren erotisch festgelegt« und könne »zu homosexueller Wesensart (was etwas anderes ist als homosexuelle Handlungen) nicht mehr ›verführt‹ werden«.[29] Solche Erkenntnisse wollten die homophilen Aktivisten wichtigen Entscheidungsträgern nahebringen, um die Lage der zu Unrecht Verachteten zu verbessern.

Den Homophilen war nicht unbedingt daran gelegen, gesellschaftliche Mehrheiten für ihre Anliegen zu gewinnen. Im Gegenteil, offensive Auseinandersetzungen in der Öffentlichkeit versuchten sie zu vermeiden. Ihre Interventionen folgten keinem demokratischen Politikverständnis, sondern einem liberal-elitären, demzufolge wenige Aufgeklärte die breite Masse zu führen hatten. Diese sollten der Toleranz durch rechtliche Reformen den Weg bahnen, und erst dann, so die Überzeugung, lasse sich gegen die in der gemeinen Bevölkerung tief verwurzelte Homosexuellenfeindlichkeit etwas ausrichten. Deswegen standen »Diskussionen im kleinsten Kreis« und die geduldige Überzeugung Einzelner im Zentrum der Bemühungen.[30] Auch Herr Schumann erinnert sich, wie man »in bestimmten Hinterzimmern« Argumente gegen die strafrechtliche Verfolgung austauschte.

Dabei sollten vor allem auch Fürsprecher gewonnen werden, die selbst nicht homosexuell waren. Sie könnten sich, so die Annahme, überzeugender für die Belange gleichgeschlechtlich liebender Menschen einsetzen als diese selbst. Denn ein allzu offensiver Ton »interessierter Kreise« laufe Gefahr, die »angegangenen Stellen [...] erheblich« zu verärgern.[31] Mit dieser Vorgehensweise begaben sich die Homophilen in eine patronageartige Abhängigkeit von Eliten, an deren heteronormativer Vorbildlichkeit die Öffentlichkeit keinen Zweifel hegte. Und als Bittsteller konnten sie sich dabei noch nicht einmal sicher sein, ob ihre Gönner die in den Hinterzimmern geteilten Positionen auch in parlamentarischen und anderen Debatten vertreten würden. Denn viele Adressaten der homophilen Überzeugungsarbeit pflegten eine doppelbödige Toleranz: Privat zeigten sie sich aufgeschlossen, während sie öffentlich auf homophoben Positionen beharrten. Ein Beispiel hierfür könnte Konrad Adenauer sein, an dessen Kaffeetafel – so Herr Schumann, der dort zusammen mit seinem prominenten Freund zu Gast war – sehr offen über die gleichgeschlechtliche Liebe gesprochen wurde. Diese Offenheit hielt den Kanzler allerdings mitnichten davon ab, im Strafrechtsentwurf von 1962 an der Verfolgung homosexueller Männer festzuhalten.[32]

Drei Argumente lassen sich im homophilen Werben um Toleranz unterscheiden. Erstens betonte man die Natürlichkeit des gleichgeschlechtlichen Begehrens. Jemanden für eine angeborene Eigenschaft zu bestrafen sei unvernünftig. Zweitens verwies man auf die Menschenrechte, die auch Homosexuellen zustünden. Und drittens forderte man als Minderheit gesellschaftliche Anerkennung. Die erste Position zielte defensiv darauf ab, Ausgrenzung und Diskriminierung einzudämmen. Die zweite formulierte in offensiverer Manier einen Anspruch auf Schutz. Die dritte unterstrich schließlich selbstbewusst die Besonderheit gleichgeschlechtlich liebender Menschen und konfrontierte die gesellschaftliche Mehrheit mit dem Vorwurf der Homophobie. Bei der Wahl der argumentativen Strategie verfügten die Homophilen also über ein abgestuftes Spektrum zwischen Unterordnung und Widerstand.

Indem sie die Homosexualität als ein natürliches Phänomen darstellten, versuchten homophile Autor*innen, die ablehnende Haltung ihrer Adressat*innen abzumildern: »Homosexualität ist eine Veranlagung, nicht ein Verbrechen.«[33] Dieses Argument wurde häufig mit Statistiken untermauert, die den Anteil homosexueller Menschen an der Bevölkerung in verschiedenen Epochen und Kulturen konstant auf drei bis vier Prozent bezifferten.[34] Zugleich berief man sich auf evolutionsbiologische Theorien, denen zufolge das gleichgeschlechtliche Begehren der Arterhaltung diene; oder auf endokrinologische Ansätze, die den Ursprung der Homosexualität im Mutterleib verorteten. Von einer »Experimentiervoraussetzung der Schöpfung« war die Rede, vom Effekt eines »gynäkomorphen Körperbautyps«, von »intersexe[n] Einsprengungen« oder von einer »rezessiv wirkende[n] Erbanlage«, deren ausufernde Verbreitung aus erbbiologischen Gründen nicht zu befürchten war.[35] Auch aus christlicher Sicht wurde vereinzelt in diesem Sinn gegen die moralische Verurteilung einer »›natürlichen‹« Anlage plädiert.[36]

Allerdings zeigen sich hier auch die problematischen Seiten dieses Arguments. Denn selbst Theolog*innen, die das gleichgeschlechtliche Begehren als angeboren betrachteten, fühlten sich bemüßigt, es dennoch »sittlich zu mißbilligen«.[37] Homosexuellen wurde dementsprechend empfohlen, ihre Veranlagung nicht auszuleben. Ähnliche Ratschläge erteilten auch Ärzte und Psychiater, die Homosexualität zwar als eine angeborene und unheilbare, aber immer noch als eine Krankheit betrachteten. Gleichgeschlechtlich begehrende Menschen wurden also nicht mehr durchgängig verteufelt oder brachial therapiert. Viel mehr als dieses Mindestmaß an Schonung und ein herablassend-mitleidiges Verständnis für ihr schweres Schicksal konnten die Homophilen mit dem Natürlichkeitsargument allerdings kaum erreichen.

Deswegen ging die Rede von der angeborenen Homosexualität häufig Hand in Hand mit dem Hinweis darauf, dass sich ihre Erscheinungsformen durchaus verändern könnten. Die Ausrichtung auf Partner*innen des eigenen Geschlechts sei festgelegt. Aber sie sei keinesfalls unausweichlich mit sexuellen Verhaltensmustern verkoppelt, die die Mehrheit als deviant bewertete. Deswegen sei es Unsinn zu glauben, dass alle Homosexuellen einen übersteigerten Sexualtrieb hätten, keine festen Partnerschaften eingehen wollten oder zur Gewalttätigkeit neigten, ein vor allem mit Blick auf Lesben verbreitetes Vorurteil. Insofern solche Vorwürfe überhaupt zuträfen, so das Argument, sei daran nicht die homosexuelle Veranlagung schuld, sondern die gesellschaftliche Stigmatisierung. Diese mache es gleichgeschlechtlich liebenden Menschen unmöglich, ein normales Leben in einer ehe-ähnlichen Beziehung zu führen. Erst nachdem die Homophobie überwunden sei, könnten die Homosexuellen den gängigen Regeln des Anstands folgen.[38] Auch Politiker, die sich für eine Entkriminalisierung einsetzten, wie der SPD-Bundestagsabgeordnete Wilderich Freiherr Ostman von der Leye, betonten, dass sich die Lebensweise gleichgeschlechtlich begehrender Menschen dadurch verändern würde.[39] Die Kombination der scheinbar widersprüchlichen Argumente, dass Homosexualität angeboren sei und dass homosexuelles Verhalten von gesellschaftlichen Bedingungen geprägt werde, erwies sich in den 1960er-Jahren als eine ausgesprochen wirksame politische Strategie.

Eine zweite Möglichkeit, sich gegen die Kriminalisierung und für die Anliegen frauenliebender Frauen und männerliebender Männer auszusprechen, eröffnete der Menschenrechtsdiskurs. Die Allgemeine Erklärung der Menschenrechte war 1948 proklamiert worden und entfaltete in den Nachkriegsdekaden in der Bundesrepublik allmählich ihre Wirkung. Insbesondere säkulare und kosmopolitisch orientierte Kreise betonten, dass Homosexuelle so wie alle anderen Menschen auch das Recht hätten, sich frei zu bewegen und zu äußern, Vereinigungen zu gründen und vor Diskriminierung geschützt zu werden. Dieses Argument bestimmte die sogenannte Pfingst-Eingabe, die der »humanitäre« Verein Club Elysium 1961 an den ehemaligen Bundespräsidenten Theodor Heuss von der FDP, den Generalbundesanwalt und CDU-Rechtsexperten Max Güde sowie an Fritz Bauer als SPD-Mitglied und hessischen Generalstaatsanwalt richtete. Der offene Brief betonte die grundgesetzlichen Werte der »Menschenwürde« und der »Gleichberechtigung«. Zugleich kritisierte er das Bundesverfassungsgericht, das diese Normen in seiner Entscheidung von 1957 zur Beibehaltung des §175 falsch interpretiert habe.[40] Dank solcher universal- und menschenrechtlichen Begründungen konnten die Homophilen ihre Anliegen offensiver formulieren. Doch letztlich blieb auch dieser Ansatz auf wohlwollende Behörden und Gerichte angewiesen, die Schutz gewährten und den beanspruchten Rechten effektiv Geltung verschafften.

Ein drittes Argument stellte männerliebende Männer und frauenliebende Frauen schließlich als eine »verfolgte Minderheit« dar, die sich gegen ihre Unterdrückung durch die heterosexuelle Mehrheit wehren müsse.[41] Es gelte gegen Homosexuellenfeindlichkeit und für gesellschaftliche Anerkennung zu streiten. Diese kämpferische Rhetorik orientierte sich nicht zuletzt an der afro-amerikanischen Bürgerrechtsbewegung und verglich Homophobie mit Rassismus, wobei man entscheidende Unterschiede im Ausmaß und in der Unentrinnbarkeit der Diskriminierung geflissentlich übersah.[42] So wie die Schwarzen in den USA sollten auch die Homosexuellen in der BRD aufbegehren. Interessanterweise wurde die so angeprangerte Ausgrenzung gleichgeschlechtlich begehrender Menschen auch darauf zurückgeführt, dass die Hetero-Mehrheit mit der eigenen Sexualität unzufrieden sei. Anstatt sich mit ihren uneingestandenen Wünschen ehrlich auseinanderzusetzen, missgönnten die Heterosexuellen der Minderheit ihr vermeintlich freieres Sexleben. So gesehen könnten auch andersgeschlechtlich begehrende Menschen von der Überwindung der eigenen Vorurteile profitieren. Denn dadurch würde das Sexuelle insgesamt von sinnlosen moralischen Normen befreit.[43] Hier war im Kern bereits jene bürgerrechtliche Strategie angelegt, die Debatten um die Anerkennung sexueller Vielfalt und die Forderung nach der Ehe für alle ab den 1990er-Jahren prägen würde.

Der Vergleich zwischen Homofeindlichkeit und Antisemitismus spielte für das Minderheits-Argument in der Bundesrepublik ebenfalls eine wichtige Rolle. Mitunter wurde die Brutalität der nationalsozialistischen Homosexuellenverfolgung sogar maßlos übertrieben, um eine Ähnlichkeit mit der Ermordung der Juden herzustellen. So heißt es an einer Stelle, homosexuelle Männer seien »im Dritten Reich zu Massen [...] vergast« worden.[44] Andere Autoren verzichteten auf solche Unwahrheiten und stellten umso plausibler einen Zusammenhang zwischen Faschismus und Homophobie her. Eine genaue Auseinandersetzung mit dieser Verbindung sei »für einen sinnvollen Kampf gegen Unterdrückung« unverzichtbar.[45] Die Diskussion darüber, wie genau Rassismus, Homophobie und andere Formen der Diskriminierung miteinander verkoppelt waren, rückte jedoch erst in den 1970er-Jahren ins Zentrum der Aufmerksamkeit. In der homophilen Debatte der Nachkriegsdekaden waren faschismuskritische Positionen eher die Ausnahme.

Insgesamt betrachtet war das Verhältnis zum Nationalsozialismus gelinde gesagt ambivalent. Neben Darstellungen der Zeit vor 1945 als dunkler Epoche der Unterdrückung finden sich auch positive Bezüge. Besonders deutlich zeigen das Artikel in homophilen Zeitschriften, die versuchten, Adolf Hitlers Homosexualität zu belegen. Wenn auch er, so das implizite Argument, Männer begehrt habe, dann müsse diese sexuelle Orientierung ja etwas Gutes sein.[46] Andere Beiträge erinnerten begeistert an die soldatisch-männerbündischen Aspekte der nationalsozialistischen Vergangenheit, wie eine 1960 erschienene Erzählung über den Heimaturlaub eines Freundespaares während des Zweiten Weltkriegs, die gleich eine ganze Reihe von nationalistischen Topoi bemühte: Die beiden Soldaten müssen zwischen ihrem privaten Glück und der Rückkehr an die Front wählen. Letztlich fällen sie die aus der Sicht des Textes richtige Entscheidung und besinnen sich ihrer »Pflicht« zur Rettung der »Ehre« ihres »gemarterten Volkes«.[47] Die Homophilen distanzierten sich also – im Einklang mit großen Teilen der damaligen Gesellschaft – mitnichten klar vom nationalsozialistischen Erbe. Nur einige Autoren setzten sich kritisch mit dem Faschismus auseinander. Andere bedienten sich dagegen einer NS-affinen Rhetorik, um die Anständigkeit gleichgeschlechtlich liebender Menschen vor Augen zu führen, die mindestens ebenso aufopferungsvoll für die deutsche Sache gekämpft hätten wie ihre heterosexuellen Landsleute.

Das Spektrum der argumentativen Strategien, mit denen die Homophilen gegen Kriminalisierung und Diskriminierung vorgingen, reichte also von nationalistischen Tönen bis zum kosmopolitischen Menschenrechtsdiskurs, von der Bitte um mehr Verständnis für eine angeborene Veranlagung bis zum kämpferischen Aufbegehren einer Minderheit gegen ihre Unterdrückung. Die Anliegen gleichgeschlechtlich liebender Menschen wurden im Gestus lautstarken Widerstands und im Gewand kleinlauter Unterordnung vorgetragen. Je nachdem, welchen politischen Traditionen sie sich verpflichtet fühlten, an welchen zeitgenössischen Vorbildern sie sich orientierten und an welches Publikum sie sich richteten, agierten die homophilen Aktivist*innen angriffslustig oder vorsichtig. Aber in jedem Fall haben männerbegehrende Männer und frauenbegehrende Frauen auch in den Nachkriegsdekaden politisch für eine Verbesserung ihrer Lage gestritten.

IDENTITÄTSENTWÜRFE UNAUFFÄLLIGER MÄNNER UND EIGENTÜMLICHER FRAUEN

Zwischen Wagemut und Zurückhaltung changierten auch die Selbstentwürfe gleichgeschlechtlich begehrender Menschen in den 1950er- und 1960er-Jahren. Viele versuchten, in allen anderen Aspekten ihres Lebens den gesellschaftlichen Erwartungen voll zu entsprechen und so den Makel ihrer sexuellen Orientierung wettzumachen. Manche legten sich zudem nicht eindeutig auf eine homosexuelle Identität fest oder sprachen nur verklausuliert über ihr So-Sein. Diesem Zweck diente auch die Vermeidung des Begriffs der Homosexualität. Stattdessen verwendeten die Zeitschriften meist das Adjektiv »homophil (wie die Homosexuellen selber lieber sagen)«.[48] Dieses Wort sollte das »Inferno der Gefühllosigkeit und Geistlosigkeit« vermeiden, in welches der sexuelle Aspekt vermeintlich führte. Um sich von derlei Niederungen abzuheben, betonte man das »Aufgehen im [...] Gefährten« als ein »hohes Ideal der Lebensführung«.[49]

Allerdings bezeichnet sich keine der Erzählpersonen selbst als homophil. In den 2000er-Jahren, als die Interviews geführt wurden, war das Wort schlichtweg nicht mehr gebräuchlich. Dennoch verwenden die älteren Gesprächspartner mitunter weniger eindeutige Begriffe als die jüngeren. Die nach 1960 Geborenen bezeichnen sich fast durchgängig als ›schwul‹ oder ›lesbisch‹. Diese Begriffe haben sich seit den 1970er-Jahren als positive Selbstbezeichnungen durchgesetzt. Die Älteren sprechen von sich selbst auch als ›anders‹ oder ›besonders‹. Herr Riedel, der 1943 zur Welt kam, würde »nicht sagen, ich bin homosexuell, ich bin schwul«, sondern »ich leb mit'm Mann zusammen«. Und die 1955 geborene Frau Jäger beschreibt sich selbst als »'ne Frau, die Frauen liebt«, und vermeidet so den für sie negativ konnotierten Ausdruck »Lesbe«. Viele Ältere erinnern sich noch allzu lebhaft an die Zeit, als die Worte ›Schwuler‹ und ›Lesbe‹ nur mit Angst und Demütigung verknüpft waren. Zugleich spiegeln die alternativen Formulierungen aber auch, welche Deutungsabsicht hinter der homophilen Ausdrucksweise stand: Sie legt weniger Wert auf das Sexuelle und betont stattdessen den emotionalen Beziehungsaspekt der gleichgeschlechtlichen Orientierung.

Aufgrund ihrer Vorsicht wollten viele gleichgeschlechtlich liebende Menschen in den Nachkriegsdekaden zudem unauffällig und ›anständig‹ wirken. Sie wollten gängigen Erwartungen so weit als möglich entsprechen, gerade mit Blick auf hegemoniale Muster von Maskulinität und Bürgerlichkeit.[50] Männerbegehrende Männer galten damals als unfähig, sich innerhalb der Rangordnung der Geschlechter und der Klassen eine erstrebenswerte Position zu erarbeiten. Sie seien, hieß es, verweiblicht und zum Fristen verkrachter Existenzen verdammt. Um diese Vorurteile zu entkräften, strebten viele Homophile nach vorbildlicher Männlichkeit und beruflichem Erfolg.

Ganz deutlich distanzierten sich die Inserenten in Kontaktanzeigen von femininen und wenig prestigeträchtigen Formen der Männlichkeit. Da suchten maskuline Männer nach virilen Kameraden. Geschlechtergrenzen überschreitende und feminin wirkende Freunde waren alles andere als gerne gesehen.[51] Auch für Herrn Riedel waren »diese Tunten« ein Grund dafür, dass er sich »immer geschämt« habe, ein männerbegehrender Mann zu sein. Deswegen strebten er und viele andere nach einer respektablen Männlichkeit. Man wollte ganz so sein wie die Mehrheit der frauenbegehrenden Männer. Es galt, »so wenig wie möglich aufzufallen«.[52] Manche trugen diese konventionelle Maskulinität jedoch eher wie eine Maske. Der 1943 geborene Herr Weber gab sich »nach außen hin« ganz »bewusst männlich«: »Bart getragen und von der Kleidung her«. Hinter dieser Fassade verbarg er seine feminine Seite.

Obwohl sie die Figur des weibischen Homosexuellen ablehnten, verknüpften viele dennoch ihr gleichgeschlechtliches Begehren mit der Überschreitung von Geschlechtergrenzen. Herr Melling erzählt, dass er als Kind, also in den 1950er-Jahren, »so 'n bisschen weicherer« gewesen sei, und deutet das als einen frühen Hinweis auf seine Homosexualität. Er habe nicht Fußball, sondern Kochen und im »langen Flanellhemd bis zum Knie« »Mädchen gespielt«. Die homophilen Zeitschriften assoziierten das Männerbegehren ebenfalls mit Femininität. Da war von »Buben-Mädchengeburten«, also weder eindeutig männlichen noch eindeutig weiblichen Kindern die Rede, vom Überwiegen weiblicher Hormone und vom »gynäkomorphen Körperbautyp[]«.[53] Die Ambivalenz zwischen dem Ablehnen und dem Aufrufen der Weiblichkeit prägt auch Herrn Riedels Erzählung. Obwohl er sich für die ›Tunten‹ schämte, ist er überzeugt, dass »dieser femininere Teil [...] eigentlich das Schwule« ist. Dementsprechend hat er Menschen, die die Grenzen der Männlichkeit und der Respektabilität überschritten, auch bewundert. Diese »Leute« hätten sich »'n Deubel drum« geschert, »was die anderen [...] über sie denken«. Herr Riedel, für den Parfum typisch weiblich ist, war fasziniert und zugleich abgestoßen: »Es gab so tolle Parfums, ich hab keene Parfums genommen.«

Trotz solcher Ambivalenzen entsprachen die meisten Homophilen den gängigen Vorstellungen von Männlichkeit. Die Privilegien, welche die Geschlechterhierarchie Männern in den Nachkriegsdekaden zusprach, nahmen sie gerne für sich in Anspruch. Deswegen orientierten sie sich an demjenigen Vorbild, welches das meiste gesellschaftliche Ansehen genoss. Nicht der Fabrikarbeiter, nicht der Landwirt, nicht der Bohemien und schon gleich gar nicht der Halbstarke standen Modell, sondern der Bürger: Hut und Krawattennadel, Kurzhaarfrisur und gepflegtes Äußeres, gehobene Bildung und beruflicher Erfolg, das war das bestimmende Ideal. Mit »hemmungslosen und verwahrlosten Menschen« wollte man nicht in einen Topf geworfen werden.[54] Als wohlanständiger Bürger war man der sexuellen Devianz weit weniger verdächtig und man genoss zudem die Privilegien der dominierenden sozialen Schicht.

Aufgrund dieses habituellen Distinktionswillens prägte ein elitärer Geschmack die homophilen Zeitschriften. Sofern der Sport dort überhaupt zur Sprache kam, war nicht vom Fußball die Rede, der sich in den 1960er-Jahren gerade zu einem Massenphänomen entwickelte. Man favorisierte eher den »Ringkampf« oder das noch kaum populäre »Body-Building«. Diesen distinguierten Körperkult spiegelten die Aktbilder der bei den Homophilen sehr beliebten US-amerikanischen *Physique Magazines*, die schlanke oder muskulöse junge Männer in erotischen oder sportlichen Posen zeigten.[55] Zugleich orientierte man sich am antiken und bildungsbürgerlichen Schönheitsideal des Athleten. 1960 pries ein Artikel die Ausstellung *Der Sport in der bildenden Kunst*. Die in der badischen Kleinstadt Schwetzingen bei »ältesten« Leibesübungen gezeigten »Jünglingskörper« zelebrierte der Autor als Sinnbilder der Verbindung von »Körper und Geist«, wie dereinst »unter reinem blauen Himmel in Hellas«.[56]

Neben bildungsbürgerlichen waren auch wirtschaftsbürgerliche Werte bestimmend. Selbstständige Unternehmer, gehobene Angestellte, Ärzte, Anwälte, Architekten dienten als Leitbilder. Dem beruflichen Erfolg maß man größte Bedeutung bei. Nur wer durch seine Arbeit »gefestigt« sei und »mitten im Leben« stehe, so die Annahme, vermöge das »Homoerotentum« mit einer »ausgewogenen Persönlichkeit« und mit »moralische[r] Würde« in Einklang zu bringen.[57] Zudem müssten viele Homosexuelle ihre »Anlage unter großen inneren Kämpfen und Qualen [...] in beruflichen Zielen und Aufgaben sublimier[en]«.[58] Diesen Mustern entsprechend betonen vor allem ältere Gesprächspartner ihre erfolgreichen beruflichen Karrieren. Herr Riedel hat es vom Landschullehrer bis zum erfolgreichen Manager gebracht, nicht zuletzt aufgrund seines Pflichtbewusstseins und seines Leistungsethos. In dieser Hinsicht bezeichnet er sich selbst als »wahnsinnig bürgerlich«.

Aber nicht alle männerbegehrenden Männer folgten diesem bürgerlichen Wertehimmel. Manche stammten schlichtweg aus anderen Milieus, manche scheiterten beim Versuch, den Ansprüchen zu genügen, und manche lehnten das Korsett der wohlanständigen Bürgerlichkeit ganz bewusst ab. Oft bewegten sich diese unterschiedlichen Gruppen in verschiedenen Szenen: in der Halbwelt der Rotlichtviertel, im Umkreis der künstlerischen Boheme und in Bars, in denen man Leder und Jeans statt gediegener Anzüge trug. In den homophilen Zeitschriften spiegeln Kontaktanzeigen und Liebesgeschichten diese Vielfalt. Von der Attraktivität nicht-bürgerlicher Männer ist dort die Rede, von gut situierten Herren, die nach einfachen Handwerkern suchen, und von der Liebe zwischen einem erfolgreichen Steuerberater und einem jungen Herumtreiber.[59] Hier zeigt sich eine Faszination für das Anrüchige, die letztlich die eigene Bürgerlichkeit nur umso nachdrücklicher unter Beweis stellte.

Ähnliches lässt sich mit Blick auf nicht-deutsche und nicht-weiße Männer beobachten. Meist wird implizit angenommen, dass der im homophilen Sinn ideale, maskuline und bürgerliche Mann ein Deutscher und ein Weißer war. Diese nationalistische und rassistische Verengung zeigt sich nicht zuletzt dort, wo mediterrane und andere ausländische Männer als besonders attraktiv inszeniert wurden.[60] Denn derlei Darstellungen schaffen immer auch eine exotisierende Distanz. Aber nicht nur das tatsächliche oder imaginierte Reisen in die Ferne bot Anlässe für solche Distanzierungen. Das Gleiche gilt für die – in historischen Darstellungen oft vergessene – Präsenz von Menschen unterschiedlicher Herkunft in der Bundesrepublik selbst. So erzählt Herr Melling von der besonderen Anziehungskraft, die »amerikanische Soldaten« und ein »Saisonarbeiter« aus Marokko auf ihn als Jugendlichen Mitte der 1960er-Jahre ausübten. Und etwa zur selben Zeit lernte Herr Riedel in Paris Karim kennen, einen arbeitslosen Lebenskünstler aus Tunesien, der dann für ein paar Wochen bei ihm in der Eifel wohnte. Ob absichtlich oder nicht, gerade im kontrastreichen Nebeneinander mit Karim betont Herr Riedel sein eigenes Selbstverständnis als deutsch und arbeitsam. Um das Stigma seiner sexuellen Orientierung zu kompensieren, beanspruchte er, so wie die meisten männerliebenden Männer in den Nachkriegsdekaden, umso nachdrücklicher die Privilegien, die ihm als weißem, bürgerlichem Mann vermeintlich zustanden.

In einer ganz anderen Situation befanden sich frauenliebende Frauen. Den vermeintlichen Makel gleichgeschlechtlich begehrender oder unverheirateter Frauen konnten sie nur schwerlich durch beruflichen Erfolg wettmachen. Denn Frauen, die Karriere machten, galten damals per se als verdächtig, ihre Errungenschaften wurden nicht anerkannt, geschweige denn bewundert. Der berufliche Ehrgeiz wurde ihnen vielmehr vorgeworfen. Entweder hieß es, sie hätten keine Zeit, einen Mann zu finden und eine Familie zu gründen, weil sie so viel arbeiteten. Oder es hieß, falls sie Kinder hatten, sie würden diese sträflich vernachlässigen, als sogenannte Rabenmütter. Für Frauen, die nicht an einen Mann gebunden und von ihm abhängig sein wollten, war es deswegen auch unmöglich, dem gängigen Ideal bürgerlicher Weiblichkeit zu entsprechen, denn dieses war untrennbar mit Ehe und Mutterschaft verknüpft. Eine vorbildlich feminine Frau war fürsorglich und konkurrierte nicht erfolgreich mit Männern um berufliche Chancen.

Diese Erwartungshaltungen spiegelt die Geschichte von Frau Lippold. Sie kam 1943 zur Welt und ist die einzige meiner vor 1950 geborenen Gesprächspartnerinnen, die nicht geheiratet hat. Sie legt großen Wert auf ihre finanzielle Unabhängigkeit und ihre beachtlichen beruflichen Leistungen. Die Möglichkeit, diesen Weg zu gehen, musste Frau Lippold sich allerdings hart erkämpfen, gegen den Widerstand ihrer Familie. Den Auszug aus ihrem Elternhaus im Jahr 1964 beschreibt sie als einen radikalen Bruch, der mit ihrer Volljährigkeit und dem Abschluss ihres Design-Studiums zusammenfiel. Bereits vor dem 21. Geburtstag hatte sie sich heimlich eine Arbeitsstelle in einer anderen Stadt besorgt, um fortan unabhängig von ihrem Vater zu leben. 1967 verlobte sich Frau Lippold dann mit einem Mann, der über mehrere Jahre sporadisch ihr Freund gewesen war, obwohl sie nach anders- und gleichgeschlechtlichen Erfahrungen eigentlich keine »bisexuelle[n] Spielchen« mehr wollte. Ein Jahr darauf löste sie die Verlobung, vier Wochen vor der Hochzeit. Wieder hatte sie sich zuvor eine neue Arbeitsstelle – diesmal im Ausland – besorgt und ließ ihr bisheriges Leben abrupt hinter sich. Diesen Bruch beschreibt Frau Lippold als zentralen Wendepunkt. Sie begann sich als Lesbe und Butch, also als eine maskuline Frau, zu identifizieren. Sie entsorgte ihre Kleider und Kostüme, hörte auf, sich zu schminken, schnitt ihre Haare kurz und trug fortan Stiefel, Jeans und T-Shirts.

Dass Frauen sich in ihrer geschlechtlichen Identitätsfindung, im Sex- und Beziehungsleben sowie im Beruf so erfolgreich und selbstbestimmt durchsetzen konnten, war in den 1960er-Jahren außergewöhnlich. Ihre sozio-ökonomische Position machte es vielen Frauen unmöglich, einen unabhängigen Haushalt zu etablieren. Sie erhielten einen deutlich geringeren Lohn als ihre männlichen Kollegen, eine weiterführende Ausbildung oder ein Studium konnten sie sich meist nicht leisten, und die sexistische Diskriminierung bei Bewerbungen und Beförderungen erledigte den Rest. Schon eine Wohnung zu finden war für alleinstehende Frauen ein großes Problem. Deswegen heirateten die meisten meiner älteren Gesprächspartnerinnen, um zunächst der väterlichen Aufsicht zu entkommen. Danach barg dann die Scheidung ein enormes finanzielles und gesellschaftliches Risiko. Das bis 1976 geltende Scheidungsrecht erschwerte es Frauen, Unterhaltsansprüche durchzusetzen. Deswegen waren sie abermals mit dem Problem konfrontiert, sich ein ausreichendes Einkommen zu verschaffen. Zudem liefen sie Gefahr, dass man sie aufgrund ihrer sexuellen Orientierung oder allein aufgrund ihres Wunsches, sich vom Ehemann zu lösen, für das Scheitern der Ehe verantwortlich machte. Selbst wenn die ›Schuld‹ so offensichtlich beim alkoholabhängigen Ehemann lag wie bei Frau Schmidts erster Scheidung, waren geschiedene Frauen mit Stigmatisierung konfrontiert. Daher fiel es vielen Frauen schwer, ein von Männern unabhängiges Leben zu wagen.

Für frauenbegehrende Frauen war es also deutlich problematischer als für männerbegehrende Männer, sich an den für ihr Geschlecht gängigen, bürgerlich geprägten Idealvorstellungen zu orientieren. Denn dieses Weiblichkeitsideal brachte ihnen keinerlei Privilegien ein. Es zwang sie vielmehr in die Abhängigkeit von Männern. Zwar versuchten viele Frauen trotzdem, den Erwartungen zu entsprechen: Sie kleideten sich adrett, heirateten und kümmerten sich um ihre Familien. Aber anders als die männlichen Erzählpersonen, von denen einige bis heute an ihrer bürgerlichen Männlichkeit festhalten, distanzieren sich diese Gesprächspartnerinnen in der Rückschau von ihrer damaligen Rolle, in der sie sich nie richtig wohlfühlten. Frau Fischer erzählt, wie sie sich als junge Frau in den späten 1960er- und frühen 1970er-Jahren immer »ganz doll geschminkt« habe, um ihrem Ehemann und anderen Männern zu gefallen. Im Zuge der Frauen- und Lesbenbewegung habe sie dieses Heischen um männliche Aufmerksamkeit dann aber abgelegt.

Damit beschreibt Frau Fischer, ganz ähnlich wie Frau Lippold, eine entscheidende Wende in ihrem Leben. Ab Ende der 1960er-Jahre zeigten sich Risse in der bisherigen Ordnung der Geschlechter. Es ist daher alles andere als ein Zufall, dass Frau Lippold ihre Verlobung 1968 löste. Sie bezeichnet sich als ein Kind der Hippiezeit und damit als Teil einer Bewegung, die hierarchische und bürgerliche Familienstrukturen ablehnte. In den 1970er-Jahren formulierte dann die Lesben- und Frauenbewegung ihre radikale Kritik an der traditionellen Femininität. Dabei wurden Röcke, Lippenstift und Stöckelschuhe zu Symbolen der patriarchalen Unterdrückung, die frau zerschlagen wollte. Die Schwulen- und die kritische Männerbewegung distanzierten sich in den 1970er-Jahren zwar ebenfalls von hetero-patriarchalen Männlichkeitszwängen, aber diese Kritik entfaltete nicht ansatzweise dieselbe Wirksamkeit wie ihr feministisches Pendant. Deshalb ist Maskulinität für viele meiner Gesprächspartner nach wie vor eine unproblematische Kategorie, während sich die meisten Gesprächspartnerinnen nachdrücklich von der femininen Konformität abgrenzen, die ihr Leben in den Nachkriegsdekaden prägte.

Weil sie die traditionelle Femininität ablehnen, gibt es unter Lesben auch kaum Berührungsängste mit Geschlechtergrenzen überschreitender Maskulinität. Mehrere Erzählpersonen betonen, wie burschikos sie früher gewesen seien. Bei der 1955 geborenen Frau Opitz äußerte sich das als Technikbegeisterung. Sie experimentierte mit den

Rädern ihres Puppenwagens. Und Frau Lippold waren »Lederhosen« lieber als »Röcke«: »Ich hab immer im Dreck gelegen, ich hab mit den Jungs Fußball gespielt, ich war auf den höchsten Bäumen, ich hab mich mit denen geprügelt, all so was.« Hier verknüpft sie gleichgeschlechtliches Begehren mit weiblicher Maskulinität und kritisiert zugleich das herkömmliche Muster unterwürfiger Femininität.

Dass dadurch das homophobe Vorurteil vom lesbischen Mannweib bestätigt werden könnte, sorgt die Gesprächspartnerinnen nicht. Denn ihre Männlichkeit hat mit der hegemonialen Maskulinität nichts zu tun. Davon distanzieren sie sich noch nachdrücklicher als von traditioneller Femininität, insbesondere dort, wo von Männern als sexuellen Gewalttätern die Rede ist. Frau Eitner berichtet von »Missbrauchserfahrungen« in ihrer Kindheit. Einen dieser Vorfälle kommentierte ihr damals zehnjähriger großer Bruder mit den Worten: »So gehen Männer mit Frauen um.« Diese brutale und verletzende Männlichkeit wollten Geschlechtergrenzen überschreitende Frauen keinesfalls verkörpern. Dementsprechend reden die Erzählpersonen weder einer gängigen Weiblichkeit noch einer spiegelbildlichen Vermännlichung das Wort. Rückblickend stellen sie sich weder als unauffällig noch als spektakulär dar. Ihre geschlechtlichen Selbstentwürfe bewegten sich vielmehr in einem eigentümlichen Zwischenraum.

Ähnliches gilt für ihre sexuelle Identität. Frauenbegehrende Frauen waren in den 1950er- und 1960er-Jahren genauso benachteiligt wie alle Frauen. Deswegen mussten viele von ihnen heiraten oder sich zwischen gleich- und andersgeschlechtlichen Konstellationen bewegen. Dadurch entsteht mitunter der falsche Eindruck, dass unter Frauen eine bisexuelle Offenheit vorherrschte, während bei Männern klarer zwischen Homo- und Heterosexualität unterschieden wurde. Das liegt auch daran, dass die Identitätsentwürfe männerbegehrender Männer besser dokumentiert sind. Sie lassen sich aus den homophilen Zeitschriften und den Strafverfolgungsakten rekonstruieren. Zum Leben frauenliebender Frauen existieren deutlich weniger Quellen aus den Nachkriegsdekaden. Allerdings waren sie mitnichten unsichtbar. In einigen Städten gab es durchaus Lokale und Treffpunkte für Lesben.[61]

Aber trotzdem hieß es oft, bei »der Frau« seien »Homophilie und Heterophilie nicht so scharf geschieden« wie beim Mann.[62] Das lag auch an dem damals weitverbreiteten Vorurteil, dass das sexuelle Begehren bei Frauen weniger stark ausgeprägt sei. Aufgrund dieser Annahme erregte zwischenfrauliche Intimität weniger Verdacht als Nähe zwischen Männern. Es gab beste Freundinnen, Gefährtinnen und »Herzensfreundschaften«, die auch verheiratete Frauen pflegen konnten, ohne dass ihr gleichgeschlechtliches Begehren ruchbar geworden wäre.[63] Dass dieses Changieren möglich war, zeigt Frau Fischers Erzählung. Ende der 1960er-Jahre kam es zwischen ihr und einer Freundin zu einem leidenschaftlichen Kuss, während die Männer der beiden Frauen schlafend danebensaßen. Von einem Nebeneinander homo- und heterosexueller Bindungen berichten jedoch auch männliche Gesprächspartner. Diese Ambivalenzen gründeten mithin nicht in einer typisch weiblichen A- oder Bisexualität, sondern in den Zwängen, mit denen Frauen in den Nachkriegsdekaden konfrontiert waren. Zudem verfolgten frauenliebende Frauen dieselbe Strategie wie homophile Männer, um gesellschaftliche Ausgrenzung zu vermeiden: Sie verschwiegen die sexuellen und betonten die emotionalen Aspekte ihrer gleichgeschlechtlichen Beziehungen.

Das Leben männerliebender Männer und frauenliebender Frauen war also in der Phase des Ausweichens keineswegs eindeutig und umfassend von Verfolgung und Stigmatisierung geprägt. Vielmehr gab es auch in der vermeintlich so restriktiven und bleiernen Zeit der frühen Bundesrepublik gleichgeschlechtlich begehrende Menschen, die mutig ihre Ziele verfolgten und selbstbewusst für ihre Rechte eintraten. Sie konnten ›ahnungslos‹ und ›schmiegsam‹ die Heteronormativität der damaligen Gesellschaft unterlaufen. Und sie konnten als Aktivist*innen in der politischen Öffentlichkeit gegen ihre Unterdrückung aufbegehren und dafür kämpfen, wenn schon nicht in ihrem So-Sein akzeptiert, so doch zumindest gleichberechtigt behandelt zu werden. Letztlich erreichten sie so, dass § 175 Ende der 1960er-Jahre reformiert und Sex zwischen Männern weitgehend entkriminalisiert wurde.

Gleichzeitig bemühten sich viele homophile Männer um ihre Integration in die bestehende Gesellschaft, indem sie sich an der bürgerlichen Wohlanständigkeit orientierten. Wie sich dieses Aufbegehren, dieses Engagement und diese Aneignung gesellschaftlicher Vorgaben in den Räumen spiegelten, in denen sich männerliebende Männer und frauenliebende Frauen in der Phase des Ausweichens bewegten, untersucht das folgende Kapitel.

NISCHEN, FLUCHTEN UND ANDERE RÄUME

So verschieden wie die Selbstentwürfe gleichgeschlechtlich begehrender Menschen waren auch die Räume, in denen sie sich bewegten, und die Orte, an denen sie sich trafen. Die Szene war zwar noch nicht so groß und sichtbar wie heute, aber viel lebhafter, als es das Bild von den düsteren Nachkriegsdekaden nahelegt. Das Spektrum reichte vom Kaffeekränzchen Canasta spielender Fräulein über Tanzdielen für elegante Damen und Frauen im Anzug, Lokale für distinguierte Herren und Kneipen für Lederkerle bis hin zu den offen-klandestinen Terrains wie städtischer Parkanlagen. Diese Szenen prägten das Selbstverständnis, aber auch die gesellschaftliche Wahrnehmung gleichgeschlechtlich begehrender Menschen. Wie privat und geschützt oder wie öffentlich und gewagt waren sie? Wo waren sie moralisch-geografisch verortet: an sogenannten Aborten, in der Nähe des Rotlichtmilieus oder in gutbürgerlichen Gegenden? Wie waren diese Lokalitäten eingerichtet und wie prägten diese Einrichtungen das Verhalten derjenigen, die in ihnen verkehrten? Und schließlich eine bisher kaum gestellte Frage: Welche Rolle spielten Unterschiede zwischen Land und Stadt für die Lebenswelten frauenliebender Frauen und männerliebender Männer? Welche Hoffnungs- oder Angsträume, welche Möglichkeiten zur Flucht oder zum Ankommen bestimmten ihren Alltag?

ZWISCHEN ÖFFENTLICHEN UND PRIVATEN SZENEN DER SICHTBARKEIT

Die Unterscheidung zwischen öffentlichen und privaten Sphären war entscheidend für das homophile Leben. Diese Trennung war insbesondere für die Debatte über die Entkriminalisierung der männlichen Homosexualität ausschlaggebend. Was im Privaten passiere und wobei niemand zu Schaden komme, dürfe nicht vom Staat verboten werden. Denn solche Handlungen verletzten keinerlei schützenswertes Rechtsgut. Der liberale Staat, so das Argument, sollte seinen Bürger*innen keine christlichen Moralvorstellungen aufzwingen, sondern ihre Freiheit garantieren.[64] Dementsprechend betonten die homophilen Zeitschriften, dass der Sex zwischen Männern in den allermeisten Fällen innerhalb der eigenen vier Wände stattfand. Nur einige wenige verkehrten miteinander in Parks oder auf öffentlichen Toiletten.[65] Um das Reden über Homosexualität in aller Öffentlichkeit zu verhindern, sprachen sich auch einige Vertreter*innen homofeindlicher Positionen gegen die Strafbarkeit aus. Denn diese zerre das gleichgeschlechtliche Begehren aus dem Verborgenen in die Publizität der Medien und der Gerichtssäle. Ob in dieser konservativen oder in der liberalen Variante, in jedem Fall bereitete die Trennung zwischen Öffentlichkeit und Privatheit der Reform des Sexualstrafrechts den Weg.

Solange sie aber kriminalisiert und stigmatisiert wurden, vermieden gleichgeschlechtlich liebende Menschen Gesten intimer Nähe in der Öffentlichkeit. Manche fanden es selbst befremdlich, wenn Frauen oder Männer einander vor aller Augen küssten. So erzählt Herr Kuhn, es habe ihn »abgestoßen«, als er in den späten 1950er-Jahren mit Anfang 20 zum ersten Mal ein küssendes Männerpaar sah. Und 1969, also gut zehn Jahre später, sei er schockiert gewesen, als ihn erstmals ein Freund »in der Öffentlichkeit« auf den Mund küsste. Man wollte nicht gesehen werden. Die Präsenz fremder Beobachter*innen machte den öffentlichen zu einem heteronormativ strukturierten Raum. In ländlichen Gegenden verstärkte der Umstand, dass man dem Gerede kaum entgehen konnte, diese Angst vor der Sichtbarkeit. Wo jede jeden kannte, konnten die Beobachtungen Einzelner schnell zum Gegenstand allgemeiner Vermutungen werden. Aus Angst vor solchen Gerüchten schloss Herr Riedel noch 1972, damals war er 29 Jahre alt, die Vorhänge, als er sich in seiner Landschullehrerwohnung *Nicht der Homosexuelle ist pervers, sondern die Situation, in der er lebt* ansah, einen der ersten Filme über männliche Homosexualität, die das westdeutsche Fernsehen ausstrahlte. Trotz dieser Vorsichtsmaßnahme erschrak er am nächsten Tag, als ein Nachbar ihn darauf ansprach, dass bei ihm am Vorabend noch lange Licht gewesen sei. Aber auch in der Stadt hatten gleichgeschlechtlich begehrende Menschen Angst davor, beim Betreten eines einschlägigen Lokals oder beim Kauf einer ebensolchen Zeitschrift gesehen zu werden.

Neben dem Ruchbar-Werden der eigenen Veranlagung fürchteten frauenliebende Frauen auch noch einen anderen Aspekt der heteronormativen Öffentlichkeit: das von Männern beanspruchte Recht, sozusagen unbeaufsichtigten Frauen ihre Begleitung aufzunötigen. Wenn zwei Frauen in den 1960er-Jahren zusammen in einem Café saßen, sagt die 1947 geborene Frau Fischer, konnte es durchaus passieren, dass »irgendein Mann ankam« und fragte: »Wieso allein und kein Mann, […] soll ich mich zu Ihnen setzen?« Bis heute fühlt sich Frau Fischer in der Nutzung öffentlicher Räume eingeschränkt, weil sie dort fürchten muss, von Männern angemacht zu werden. Dieser Hinweis korrigiert die weitverbreitete Annahme, Frauenpaare hätten in den Nachkriegsdekaden weniger Aufsehen erregt als Männerpaare. Für das Teilen einer Wohnung mag das zwar zutreffen, aber in der Öffentlichkeit verhielt es sich genau andersherum. Solange sie intime Gesten vermieden, mussten zwei Freunde keine Intervention seitens fremder Männer – und schon gleich gar nicht seitens fremder Frauen – befürchten. Zwei Freundinnen setzten sich dagegen der Gefahr ungewollter Annäherungsversuche aus. Was Öffentlichkeit für eine Person bedeutet, hängt nicht zuletzt von ihrem Geschlecht ab.

Angesichts solcher Sorgen und Ängste zogen sich viele gleichgeschlechtlich liebende Menschen in ihre Privatsphäre zurück, um fremden Blicken zu entgehen. Frau Opitz, die 1975 20 Jahre alt wurde, konnte damals in der Öffentlichkeit keine Zärtlichkeiten mit ihrer Partnerin austauschen. Aber, sagt sie, es gab »ja immer die Möglichkeit [...], das dann zu vertagen und [...] in die eigenen vier Wände mitzunehmen«. In den wohnraumknappen Nachkriegsdekaden konnten sich allerdings nur wenige Frauen eine eigene Heimstatt leisten. Insofern war auch die Verfügbarkeit privater Rückzugsräume vom Geschlecht – und vom Einkommen – abhängig. Junge Männer fanden oft in möblierten Zimmern ihre erste Unterkunft jenseits des Elternhauses. In einem solchen Quartier empfand Herr Riedel als Student erstmals »richtige Freiheit«. Sein Leben lang habe er gedacht, »wenn die Fenster zu sind und die Tür, dann [...] nach mir die Sintflut«. Die Räume, die er später als Landschullehrer bewohnte, waren ideal zum Sich-Abschotten. Das Haus lag abseits, und es gab keine Nachbar*innen. Der Zugang zu absperrbaren Privat- und Fluchträumen war jedoch bis weit in die 1970er-Jahre hinein alles andere als eine Selbstverständlichkeit. Deswegen betonten viele Kontaktanzeigen, dass eine eigene Wohnung oder eine sturmfreie Bude für ein eventuelles Treffen zur Verfügung stehe.[66]

Allerdings war man auch in solchen Rückzugsräumen nicht unbedingt vor Störungen gefeit. Das gilt insbesondere für die sogenannten möblierten Herren. Herr Kuhn nahm 1962, im Alter von 25 Jahren, eine Stelle in der norddeutschen Großstadt K. an, um seinem Elternhaus in einer süddeutschen Kleinstadt zu entkommen. Seine Zimmerwirtin sei »stutzig« geworden, als ihn sein elf Jahre älterer, »erste[r] große[r] Liebhaber« besuchte. Herr Kuhn stellte ihn als einen Freund vor, worauf die Vermieterin meinte, sie habe sich seinen Freund »viel jünger« vorgestellt. Diese Bemerkung ließ ihn fürchten, sie habe »gemerkt, was da läuft«. Deutlich übergriffiger verhielt sich Herrn Kuhns zweite Zimmerwirtin, bei der er Mitte der 1960er-Jahre Quartier bezog. Er beschreibt sie als eine »üble« Witwe, die das »Schnüffeln« nicht lassen konnte. Vermutlich las sie sogar seine Post. Deswegen stellte Herr Kuhn ihr eine Falle. Er baute in seinem Zimmer ein Versteck, einen zweiten Rückzugsraum *en miniature*, und verbarg seine Liebesbriefe auf dem Schrank in einem Koffer. In den Verschluss klemmte Herr Kuhn ein Haar, und als dieses eines Tages nicht mehr da war, sagte er seiner Wirtin »aufn Kopf zu«, dass sie seine Sachen durchsucht habe, und kündigte. Über die Verletzung seiner Privatsphäre war er so erbost, dass er damals sogar das Bekanntwerden seiner Homosexualität riskierte. Er weigerte sich, die noch ausstehende Miete zu bezahlen, obwohl die Vermieterin ihn auf der Arbeit anrief und damit drohte, ihn anzuzeigen.

Selbst ihre privaten Rückzugsräume waren für gleichgeschlechtlich begehrende Menschen also alles andere als sicher. Herr Kuhn besorgte sich eine eigene Wohnung, übrigens bevor er seine Wirtin zur Rede stellte. Doch auch dort achtete er penibel darauf, dass es nichts »Verfängliches« gab, keine »Männerbilder«, keine Hinweise auf seine sexuelle Orientierung. Schließlich konnte man ja nie wissen, wer vorbeikommen oder sich Zutritt verschaffen würde. Außerdem nahm er bis in die 1980er-Jahre keine Liebhaber mit in seine Wohnung, nicht nur aus Angst, bestohlen oder ermordet zu werden, sondern auch weil er befürchtete, seine Nachbar*innen könnten etwas bemerken. Oft wird angenommen, homophile Männer hätten ihre sonst sorgfältig verborgene Neigung in privaten Wohnungen frei ausgelebt und dort mit Gleichgesinnten rauschende Feste gefeiert.[67] Herrn Kuhns Geschichte zeigt jedoch, dass das nicht in jedem Fall zutrifft. Für viele gleichgeschlechtlich liebende Menschen war auch das eigene Heim kein sicherer Ort.

Das galt besonders für verheiratete Homosexuelle. Oft war die Ehe die einzige Möglichkeit, einen elternunabhängigen Haushalt zu gründen. Herr Harrer heiratete, 1972 im Alter von 20 Jahren, weil es für Ehepaare sehr viel leichter war als für Alleinstehende, eine bezahlbare Wohnung zu bekommen. Einen privaten Rückzugsraum für gleichgeschlechtliche Begegnungen bot ihm dieses mit seiner Ehefrau geteilte Zuhause allerdings nicht. Stattdessen war er gezwungen, sich in der heimlichen Öffentlichkeit von Kneipen und Parkplätzen mit anderen Männern zu treffen. Herr Harrer entwickelte ein Doppelleben. Damit seine Frau nichts von den Besuchen »an der Klappe« erfuhr, hat er für sie ein »Gebäude« aus Lügen »eingerichtet«. Besonders »anstrengend« sei es gewesen, dieses zweite Leben mit langen Abenden im Büro und anderen »Ausreden« in sich »schlüssig« zu gestalten, ohne sich in Widersprüche zu verwickeln. Andere verheiratete Gesprächspartner wie der 1935 geborene Herr Schumann nutzten ebenfalls beruflich begründete Abwesenheiten von zu Hause – Fortbildungen, Gewerkschaftsveranstaltungen und dergleichen –, um sich heimlich mit Männern zu treffen.

Die Unterscheidung von Berufs- und Privatleben war für den Alltag vieler gleichgeschlechtlich begehrender Menschen zentral. Verheiratete Männer schufen sich verstohlene Stunden in ihren Terminplänen, die sie vor ihren Kollegen als Frei- und vor ihren Frauen als Arbeitszeit ausgaben. Unverheiratete Gesprächspartner wie Herr Kuhn zogen dagegen eine räumlich wie zeitlich fast lückenlose Grenze zwischen ihrem öffentlichen Berufs- und ihrem privaten Liebesleben. Im Arbeitsumfeld sollte seine Homosexualität keinesfalls bekannt werden. Und Sex mit Männern hatte er meist auf Wochenendtrips nach Amsterdam oder im Urlaub auf Sylt oder Mykonos. Die Trennung zwischen Arbeits- und Freizeit als Tarnung zu nutzen fiel Männern deutlich leichter als Frauen. Als Hausfrauen und Mütter verfügten viele von ihnen, so wie Frau Schmidt, gar nicht über eine von der privaten deutlich geschiedene berufliche Sphäre. Außerdem fiel es Frauen, die ein berufliches Umfeld hatten, deutlich schwerer, sich dort einer Thematisierung ihres Privatlebens zu entziehen. Frau Lippold konnte »spitze Bemerkungen« und »Frotzeleien« von Handwerkern, mit denen sie als Designerin zusammenarbeitete, nicht einfach ignorieren. Sie habe dann nichts verheimlicht, sondern »zurückgefrotzelt«. Diese offensiven Reaktionen hätten meist wieder eine gangbare Arbeitsatmosphäre geschaffen.

Die meisten berufstätigen Frauen arbeiteten jedoch, gängigen Weiblichkeitsidealen entsprechend, nicht im technischen, sondern im pflegerischen oder erzieherischen Bereich, wo vermeintlich die ganze Person gefordert war. Krankenschwestern und Kindergärtnerinnen sollten ihre Gefühle und ihre Lebenserfahrung sozusagen mit zur Arbeit bringen. Zudem waren viele von ihnen bei kirchlichen Trägern angestellt, die sich auf besonders dreiste Weise für den Lebenswandel ihrer Mitarbeiter*innen interessierten. Deswegen fiel es auch vielen meiner Gesprächspartnerinnen schwer, das Private eindeutig vom Dienstlichen zu trennen. Manche von ihnen fühlten sich wie Frau Opitz gerade aufgrund ihrer Berufstätigkeit dazu verpflichtet, ihre gleichgeschlechtlichen Neigungen zu unterdrücken und jeglichen Kontakt mit anderen Lesben zu meiden. Andere ließen große Vorsicht walten und lüfteten erst in späteren Phasen ihres Lebens ihre Tarnung. In den späten 1970er-Jahren zog sich Frau Eitner als 28-jährige Referendarin in den »Schrank« zurück. Erst seit sie »nicht mehr in der Schule« sei, könne sie »offener« mit ihrem Frauenbegehren umgehen. Oft prägten solche beruflichen Zwänge den privaten Alltag gleichgeschlechtlich liebender Menschen. Berufs- und Privatleben waren also keineswegs immer deutlich voneinander geschieden.

Letztlich war die Mischung des Öffentlichen und des Privaten für das Leben frauenbegehrender Frauen und männerbegehrender Männer mindestens ebenso entscheidend wie die Trennung der beiden Sphären. Nur scheinbar war die Aufspaltung in eine äußere, offizielle Fassade und ein im Inneren verborgenes oder nur im Geheimen gezeigtes Fühlen typisch für die homophile Lebenswelt. Sieht man genauer hin, zeigen sich allenthalben Übergänge und Unschärfen. Da ist Herr Kuhn, der sich selbst in seiner eigenen Wohnung noch davor fürchtete, ertappt zu werden. Da ist Herr Harrer, dessen Doppelleben die Grenze zwischen Arbeits- und Freizeit verwischte. Und da sind die frei zugänglichen, doch geheimen Klappen und Treffpunkte, die weder als eindeutig öffentlich noch als rein privat gelten können.

Zwischen öffentlichen und privaten Sphären verlief also keine klar gezogene Grenze, sondern eine prekäre Trennlinie, die frauenliebende Frauen und männerliebende Männer ständig ängstlich überwachten oder mit der sie gekonnt spielten. Die Vorläufigkeit dieser Unterscheidung zeigt sich gerade da, wo Einzelne mit größter Sorgfalt die Spuren ihres Begehrens verwischten. Herr Harrer versuchte als Jugendlicher, die Erinnerung an seine Gefühle für Ulrich, einen Schulfreund, aufzubewahren und sie zugleich vor Zugriffen von außen zu schützen. Er vermerkte in seinem Tagebuch, wie sehr ihn der Anblick von Ulrichs Erektion faszinierte, und er tat das in gespiegelter Stenoschrift. Metaphern für dieses Verbergen finden sich in zahlreichen Erzählungen. Frau Eitner spricht von dem gedachten Ort, an dem sie ihre wertvollen Gefühle vor anderen verbarg, als ihrem »Schatzkästchen«. Solche Bilder und Praktiken verweisen nicht nur auf ein Verwahren der Gefühle im blickdichten Innenraum des Selbst. Vielmehr zeigen sie, dass die Erzählpersonen den Blick von außen ständig mitbedachten, wenn auch als katastrophale Bedrohung. Die Räumlichkeit dieses Verbergens war also nicht von Unsichtbarkeit, sondern von potenzieller Sichtbarkeit geprägt: keine unüberwindbare Mauer zwischen Innen und Außen, sondern eher eine Reihe von Grenzposten, deren Kontrolle für die Einzelnen selbst erotisch und emotional aufgeladen war. Diese prekäre Grenze stand im Zentrum der homophilen Gefühlsarbeit.

Auf der nach außen hin gezeigten Seite, so könnte man annehmen, stand das vorgetäuschte, den gesellschaftlichen Erwartungen entsprechende Bild einer Person, während sich auf der Innenseite ihr authentisches Selbst verbarg. Diese Unterscheidung ist jedoch vor allem unseren heutigen Vorstellungen geschuldet. Viele gleichgeschlechtlich liebende Menschen haben in der Phase des Ausweichens anders empfunden. Das zeigt ein Vergleich zwischen den Erzählungen jüngerer und älterer Gesprächspartner über ihre Zeit als männerliebende Ehemänner. Keiner verbindet die scheinbar widersprüchliche Orientierung auf gleich- und andersgeschlechtliche Partner*innen in einem bisexuellen Selbstentwurf. Stattdessen betrachten jüngere Erzählpersonen ihre Ehen im Rückblick als Fehlentscheidungen, so wie Herr Gärtner, der 1979 mit Anfang 20 heiratete. Wie es Emanzipationsbewegungen seit den 1970er-Jahren forderten, bekennt er sich nach seinem Coming-out im Interview eindeutig zu seiner schwulen Identität, sozusagen rückwirkend. Die frühere Ehe wird so zu einem Versuch, sein schon immer vorhandenes, wahres Wollen und Fühlen zu unterdrücken. Erst nachdem er auf diesem Irrweg gescheitert war, konnte er sich, so Herr Gärtner, endlich dazu durchringen, sich selbst und anderen gegenüber zu seinem Schwulsein zu stehen.[68]

Ältere Erzählpersonen wie der 1949 geborene Herr Melling gehen dagegen in ihrer biografischen Erinnerung ganz anders mit dem scheinbaren Widerspruch zwischen Ehe und Männerbegehren um. Das zeigt sich schon daran, dass er, anders als Herr Gärtner, zum Zeitpunkt des Interviews nicht geschieden, sondern nach wie vor mit seiner Frau verheiratet ist. Rückblickend spricht er nicht von einem eigentlichen Schwulsein und einem nur vorgetäuschten Eheleben. Stattdessen unterscheidet er auf viel ambivalentere Weise das »richtige« und »reale[]« Leben mit seiner Frau und seinen Kindern von seinen Besuchen in der »Schwulensauna«, einem »Paradiesgarten«, der für ihn »mit der Wirklichkeit nichts zu tun« hatte. Damit markiert Herr Melling ebenfalls eine Grenze, die allerdings keineswegs ein wahrhaftiges Innen von einem verlogenen Außen trennt. Vielmehr war die schwule Seite trügerisch und verlockend zugleich, während die eheliche Seite Anstrengung erforderte, aber auch Verlässlichkeit versprach. Auf einen plumpen Gegensatz zwischen einem eigentlichen Männerbegehren und einem nur vorgetäuschten Familienleben lässt sich das Bild von der unwirklich-paradiesischen Schwulensauna nicht reduzieren.

Auf ähnlich komplexe Weise unterscheidet Frau Eitner zwischen Alltag und lesbischer Szene. Während sie tagsüber als Referendarin und Lehrerin ihr Frauenbegehren verbergen musste, besuchte sie nachts einschlägige Lokale. Allerdings schildert sie diese Besuche nicht als ein befreiendes Ausbrechen aus beruflichen Zwängen. Vielmehr spricht Frau Eitner von der »Alltagswelt« und dem »Nachtleben« als »zwei Schränken«, in denen sie sich verbarg. Die Lesbenszene bot ihr also kein ungezwungenes Umfeld, wo sie ihre Maske ablegen konnte. Sie betrachtete Frauenlokale als Verstecke, die ihr eine andere, aber dennoch auch eine Maskierung abverlangten. Es war für gleichgeschlechtlich liebende Menschen in der Phase des Ausweichens also nicht so einfach, dem Sich-Verbergen zu entrinnen, wie es psychologische Ratschläge in den homophilen Zeitschriften nahelegten. Dort wurde ihnen empfohlen, die »schwere Last« der Geheimhaltung abzulegen und ihre »Isolation« und ihre »Ängste« in Räumen zu überwinden, die von Gleichgesinnten bevölkert waren.[69] Aber auch diese semi-privaten oder semi-öffentlichen Orte waren geprägt von der Kontrolle und dem Spiel mit der Grenze zwischen Innen und Außen – und von komplizierten Verquickungen zwischen Verbergen und Zeigen.

LOKALE, KLAPPEN UND DIE RÄUMLICHE PRÄGUNG EMOTIONALER STILE

Die Treffpunkte männerbegehrender Männer und frauenbegehrender Frauen betrachteten diese selbst oft mit zwiespältigen Gefühlen. In der sogenannten Szene konnten sie bei »Artgenossen moralische Unterstützung, Sympathie und Kameradschaft« finden. Aber sie mussten das an klandestinen Orten tun und sich dort dem szene-internen Konformitätsdruck unterwerfen, die szene-üblichen Masken anlegen. Diese räumliche Absonderung und die Aneignung von Verhaltensmustern, die typisch für die jeweilige Subkultur waren, verstärkten wiederum die gesellschaftliche Ausgrenzung. Deswegen forderten die homophilen Zeitschriften ihre Leser*innen dazu auf, sich nicht »unkonventionell bis zum Extrem« zu verhalten, um in der Szene zu reüssieren. Man brauche keine Bars mit variierenden »Gruppenstandard[s]«, die Männer und Frauen »von eigentümlicher Art« hervorbrachten.[70] Herr Weber beschreibt die Vor- und Nachteile der Szene drastischer: Einerseits habe die Stigmatisierung die »Gemeinde« zusammengeschweißt, andererseits sei man als Neuling »Frischfleisch« gewesen und »durchgereicht« worden. Solidarität und Rücksichtslosigkeit: Die Subkultur war für die, die sich in ihr bewegten, ein geschützter und zugleich ein bedrohlicher Ort.

Ein typisches Homophilenlokal hatte eine Klingel am Eingang und Vorhänge verwehrten Passant*innen den Blick ins Innere. Aber gerade diese Verborgenheit generierte Sichtbarkeit. Denn Klingel und Vorhänge markierten die Orte als verrucht. Ob ihrer opaken Erscheinung spekulierte die Allgemeinheit darüber, was in den Bars wohl vorgehen mochte. Und viele Menschen wussten ganz genau über die einschlägigen Lokale Bescheid. So fanden auch viele Erzählpersonen das Tor zur Szene. Allerdings war es damit nicht getan. Sie mussten auch noch den Mut fassen, über die Schwelle zu treten. Die älteren männlichen Erzählpersonen berichten mit auffallend ähnlichen Formulierungen von der Angst, die sie überwinden mussten, bevor sie es zum ersten Mal wagten, um Einlass zu bitten. Herr Kuhn sagt – dreimal mit dem unscheinbaren Wörtchen »da« auf den berüchtigten Ort verweisend –, er sei »da schon x-mal vorher da vorbeigelaufen«, bevor er »herzklopfend da reingegangen« sei. Herr Riedel ist »den ganzen Abend nur [...] um [...] den Eingang rumgegangen«, weil er sich »nicht reintraute vor lauter Verklemmtheit«. Und auch Herr Harrer ging »an den Lokalen immer auf und ab«, bevor er sich »hineingetraut« hat.

Die angstbesetzten Schwellen der Bars markierten den Eingang in die homosexuelle Welt. Herr Kuhn mied »schwule Lokale« lange Zeit, weil er Angst hatte, »noch tiefer da rein« zu geraten und »ganz schwul« zu werden. Außerdem fürchteten sich die Zögernden, beobachtet oder erwischt zu werden. Immerhin bestand bis weit in die 1970er-Jahre hinein die Gefahr, in eine Razzia zu geraten. »Rafft die Röcke, Mädels, die Sitte kommt«, habe es dann geheißen, erzählt Herr Weber, und alle hätten versucht, durchs Kellerfenster oder auf anderen Wegen zu entwischen. »Man musste schon aufpassen, wenn die Polizei kam«, sagt auch Herr Harrer, der um 1970 als 19-jähriger Bundeswehrsoldat in einer mittelgroßen Stadt in Bayern die Szene erkundete. Ihn betraf die 1969 vermutlich mit Blick auf Wehrdienstleistende beschlossene Sonderregelung, die Homosexuelle zwischen 18 und 21 Jahren bis 1973 kriminalisierte.[71] Den Wirten drohte zudem der Entzug der Schanklizenz, insbesondere wenn die Polizei tanzende Männerpaare antraf. Das war in vielen Städten auch in den 1970er-Jahren noch verboten und führte immer wieder zur Schließung homophiler Lokale.

Doch die Erzählpersonen fürchteten sich als junge Männer nicht nur vor Razzien, sondern auch vor denen, die sie hinter den klingelbewehrten Türen erwarteten. Würde man den Anforderungen genügen oder bereits am Eingang abgewiesen werden? Herr Weber hatte Sorge, weggeschickt zu werden, weil er »nicht fein genug oder sonst was«

sei. Und Herr Harrer wollte, nachdem er die Hürde des Einlasses überwunden hatte, »im Boden versinken«, weil er »ganz allein« an einem Tisch saß und das Gefühl hatte, die anderen Gäste würden ihn wie »Frischfleisch« mustern: »Da waren dann Männer, [...] die mich aufgefordert haben und die mir 'nen Drink gezahlt hätten [...]. Da hab ich dann viel zu viel Angst gehabt, bin ich wieder abgehaut.« Diese Angst vor übergriffigen älteren Männern verweist auf das Vorurteil vom homosexuellen Jugendgefährder, das auch unter jungen Schwulen seine Wirkung nicht verfehlte. Herr Pohl sagt, er habe Mitte der 1970er-Jahre mit ungefähr 20 gedacht: »Wenn du da durch die Türe durchgehst, ne, da wirst du sofort vergewaltigt.«

Allerdings erschöpfte sich das emotionale Spektrum, das mit Bars und Lokalen verknüpft war, nicht in Angst und Schrecken. Diesen standen der Reiz des Verbotenen und die Aussicht auf Vergnügen gegenüber. Deswegen wagten letzten Endes alle Erzählpersonen den Schritt über die Furcht einflößende Schwelle. Dahinter wartete für viele dann auch ein Gefühl der Erleichterung, Erleichterung darüber, nicht »der Einzige« zu sein, wie Herr Harrer sagt: »Da gibt's Männer, die tanzen miteinander, die schmusen miteinander, ich bin ja nicht allein.« Diese Erkenntnis, Teil einer größeren Gruppe zu sein, stärkte bei vielen das Selbstbewusstsein und erlaubte es ihnen, sich in einem positiven Sinn als männerliebende Männer zu begreifen. Für die Art und Weise, wie sie das taten, wie sie anderen Männern näherkamen und wie sie ihr gleichgeschlechtliches Fühlen auslebten, waren die Orte ganz entscheidend, an denen sie all das Schritt für Schritt erlernten. In diesem Sinn prägte nicht zuletzt die räumliche Struktur der homophilen Lokale den emotionalen Stil männerliebender Männer in der Phase des Ausweichens.

Herr Harrer lernte im Verlauf mehrerer Besuche in Schwulenkneipen, wie man dort anderen Männern näherkam. Man könnte auch sagen, er übte zu flirten. Schritt für Schritt verfeinerte er sein Können durch »Testen« und »Probier[en]«: Versuch, Scheitern und erneuter Versuch. Auf die Körperlichkeit dieses Trainings, dieses Einübens bestimmter Gesten und Verhaltensweisen verweist das Stöhnen, das ihm entfährt, während er davon berichtet. Um den Charakter der mündlichen Rede besser nachzuvollziehen, werden dieses und alle längeren Interview-Zitate in der transkribierten Fassung wiedergegeben, die sehr genau alle Pausen, Betonungen, Wiederholungen, jedes Verhaspeln, jedes Stocken und jedes Lachen notiert.[72] Das erfordert beim ersten Lesen ein wenig mehr Aufmerksamkeit, aber es bewahrt den Stimmen der Erzählpersonen in der verschriftlichten Form ihre Echtheit und Lebendigkeit. Sie kommen hier so zu Wort, wie wir alle im Alltag reden. Jetzt also Herr Harrer:

> und, und, da hast dich halt so von, von mal zu mal nach vorne getastet, bist halt immer mehr, (pause) immer sicherer geworden. das heißt, du hast immer geschaut, wie das so läuft, dann hast du gewusst, aha, so geht das, dann hast du wieder eins draufgesetzt, und jedes mal hast du immer eins draufgesetzt. (stöhnt)

Im Zentrum des emotionalen Stils, den Herr Harrer und andere in Bars und Lokalen erlernten, stand das Spiel mit Blicken. Fremde gleich welchen Geschlechts bahnen Kontakte mit Blicken an, aber die Homophilen trieben diese Kulturtechnik zur Perfektion und spielten besonders gekonnt mit dem Zeigen und Verbergen, auch des eigenen Schauens. Wie wichtig dafür die Struktur der Räume war, in denen Blicke getauscht wurden und Annäherungen stattfanden, zeigt eine längere Passage aus Herrn Meyers Erzählung:

> und wir standen vor irgendeinem lokal, […] und da konnt mer net einfach rein, da musste geklingelt werden. […] jedenfalls guckte man, wahrscheinlich sicher, von innen da in den spion und machte auf. ja, wir kamen da in diese etwas plüschige, äh, (.) rötlich wirkende einrichtung da hinein, und ich hatte das gefühl, alle gucken jetzt nach dir. (pause) […] nun war ich ja glücklicherweise nicht alleine, sondern dieser hans war dabei. das heißt, ich musste dann doch auch nicht gleich in den boden irgendwohin versinken. das war schon, ich konnte ja mich mit dem 'n bisschen unterhalten und, äh, äh, die augen auf ihn richten, halt wie das so im gespräch

> ist, aber ich konnte auch so ganz vorsichtig bisschen rumgucken, diesen hier, ja, was ich später spaaannend fand, herr gammerl. FLIRTEN, das fand ich ja, das, d-d, mit MÄNNERN flirten, da, also das fand ich ja so toll, ne. das geht ja, wenn man heute chattet, haben sie doch d-das ganze schöne vorspiel gar nicht. die suchen sich da aus. und guck mal, der hat und der macht das und der macht das nicht, aber dieses, ahm, jemand kennenLERNEN oder zuklimpern, und da war das [...] üblich, einen AUSzugeben. das, der wirt sagt dann, das ist von DEEM da hinten, das ist jetzt für DICH. und dann saß dann da jemand und hat dann so ein bisschen (leise) ganz vorsichtig, äh, so. (lacht) herr gammerl, das, jaa, das war dann, (.) äh, ja, das war ende der 60er.

Das Spiel der Blicke begann bereits, bevor der Erzähler selbst sehen konnte, ob ihn jemand und wer ihn durch den Spion betrachtete. Die Unsichtbarkeit des Innenraums und die privilegierte Perspektive desjenigen, der die um Einlass Bittenden musterte, gehörten bereits zum räumlich-optischen Regime der homophilen Lokale. Bereits vor dem Eintreten war der Besucher Objekt eines Blicks. Das Gefühl des Betrachtet-Werdens verstärkte sich dann nach dem Übertreten der Schwelle: »Alle gucken jetzt nach dir.«[73] Den zugleich scham- und lustvollen Charakter dieser Situation verdeutlicht Herrn Meyers Wunsch, im Boden zu versinken, gefolgt von der Feststellung, dass er das Flirten spannend fand. In jedem Fall war Blickkontakt zentral. Wohin er seinen Blick wenden konnte, ist das wesentliche Problem des Erzählers: zunächst auf das Gesicht seines Bekannten und dann ganz unverbindlich in den Raum. Dieses »Rumgucken« zeigt, dass das Lokal groß genug war, um darin den Blick schweifen zu lassen. Zudem konnten Gäste von ihrem Standort oder Sitzplatz aus – wenn sich Herr Meyer beim »Rumgucken« bewegt hätte, würde er vom Herumgehen oder Sich-Umschauen sprechen – in verschiedene Richtungen blicken, ohne sich in allzu auffälliger Weise umzudrehen. Der Raum, der zu einem solchen Spiel mit Blicken einlud, musste also zugleich übersichtlich und komplex sein, ein Effekt, den die plüschige Atmosphäre und Spiegel befördern konnten (vgl. Abbildung 1). Auf diese Weise entstanden Spielräume zwischen Nähe und Distanz, zwischen absichtlichen Blickwechseln und zufälligen Blickkontakten. Diese generierten die Unschärfen und erlaubten die Vorsicht, die Herrn Meyers Schilderung prägen: »Wahrscheinlich sicher« habe ihn jemand durch den Spion gemustert, und er habe »das Gefühl« gehabt, dass ihn alle ansähen. Und »vorsichtig« war sowohl sein eigenes »Rumgucken« als auch – an dieser Stelle dramatisiert Herr Meyer das Zurückhaltende, indem er seine Stimme senkt – die damals übliche Geste, ein Getränk auszugeben. Die bildliche Nähe zwischen dem Augenklimpern und dem Klimpern mit dem Geld für das Getränk verengt dann das Spektrum der Deutungsmöglichkeiten. Es ergibt sich eine bestimmte Erwartung und eine potenziell hierarchische Beziehung zwischen dem, der vermutlich etwas entfernt an einem Tisch sitzt und einen ausgibt, und demjenigen, der die Einladung annimmt.

Die Einrichtungen typisch homophiler Etablissements ermöglichten also vielfältige Bewegungen zwischen Distanz und Intimität und forderten die Gäste so dazu auf, sich einander anzunähern. Den emotionalen Stil, der diesen Räumen entsprach, beschreibt Herr Meyer als Flirten. Er denkt, dass junge Menschen diese Kulturtechnik heute gar nicht mehr erlernten, weil sie über mobile Apps – »der macht das und der macht das nicht« – Kontakte knüpfen und sich zu kennen meinen, bevor sie einander treffen. Auch wenn das flirtende Spiel der Blicke sicherlich nicht komplett verschwunden ist, so zeigt dieser Vergleich doch, dass neue räumliche und technische Strukturen immer wieder neue Gefühlsstile prägen, die die älteren verdrängen, überlagern oder sich mit ihnen mischen. Das homophile Spiel der Blicke unterscheidet sich deutlich vom Gewühl der Körper in einer Disco – davon wird später noch die Rede sein – und vom Tanz des wischenden Fingers, der in der Dating-App manche Kandidaten ablehnt und andere auswählt. Diese verschiedenen Arten, sich einander zu nähern, prägen später auch das Erleben der Intimität und der Gefühle. Steht dabei das gegenseitige Anschauen, das Einander-Berühren oder der Vergleich des aktuellen Partners mit den Bildern anderer potenzieller Partner im

Abbildung 1: Interieur einer homophilen Bar: Ausschnitt aus einer Annonce für das Café de Paris in der West-Berliner Kleiststraße, die das Lokal als »Treffpunkt des ›Chic-Set‹« bezeichnete und die »schwere[n] Vorhänge vor hübschen Wolken-Gardinen« besonders hervorhob, aus: *Du & Ich* 2 (1970), 4, 16.

Vordergrund? Genau diesen Dynamiken spürt die Emotionsgeschichte nach.

Auch in der lesbischen Szene gab es ältere und neuere emotionale Muster. Frau Lippold besuchte bei ihren ersten Erkundungen der »Sub« in den frühen 1970er-Jahren eine »Plüschkneipe« alten Stils und einen »etwas moderneren Laden«. In diesem war die Einrichtung weniger schnörkelig, und es liefen keine Schlager, sondern Rock und Pop-Musik, zu der das gemischte, also schwule und lesbische Publikum nicht in Paaren, sondern als Menge tanzte. Zu diesen beiden trat im Lauf der 1970er-Jahre noch eine dritte Art von Lokalen: die lesbisch-feministische Kneipe. Dort galten die älteren »schwulen Frauenlokale mit ihren französischen Namen« und ihrer »Kitschsentimentalität« als Relikte eines »Ghettos der Subkultur«, das frau hinter sich lassen sollte.[74] Die lesbischen Aktivistinnen warfen den ›Sub-Frauen‹ vor, dass ihnen nur an ihrem privaten Glück und ihrem Vergnügen gelegen sei. Sie selbst kämpften dagegen gegen die hetero-patriarchale Unterdrückung und versuchten die politische Utopie einer gerechteren Gesellschaft auch und gerade in ihren persönlichen und intimen Beziehungen zu verwirklichen. Deswegen kam es in den Lokalen alten Stils mitunter zu Konflikten »zwischen den Stammgästen und den Feministinnen«.[75] Als 1979 einer Gruppe aus dem »Frauenzentrum« in Düsseldorf der Zutritt zu einer »Lesben-Monopolbar« verwehrt wurde, endete dieser Streit sogar in Handgreiflichkeiten.[76]

Einige meiner Gesprächspartnerinnen erinnern sich durchaus gern an die Lokale alten Stils. Die 22-jährige Frau Eitner besuchte 1973 mit ihrer Freundin die Szene in Berlin. Sie waren in einer Bar »mit Klingel und schwüle[r] Atmosphäre, Plüsch und Plumm« und in einem ähnlichen, »mehr familiär[en]« Etablissement, wo sie »so richtig toll aufgenommen« wurden. Die Plüschigkeit war offenbar ein zentrales Merkmal dieser Lokale, gleich ob Frauen oder Männer sie frequentierten, was vermutlich mit zeitgenössischen Vorstellungen von Behaglichkeit und von anrüchiger Intimität zu tun hat. Aber auch in anderer Hinsicht ähneln sich die Beschreibungen frappierend. Die 1952 geborene Frau Gruberova berichtet im Folgenden zwar von einem Besuch Anfang der 1980er-Jahre, aber sie besuchte »das älteste Lokal am Platze [...], das mittlerweile damals schon 20 Jahre existierte«. Zuerst dachte sie: »Baaah, lauter Frauen, toll«. Und dann:

> am anfang hab ich erst mal beobachtet. (pause) äh, das war wie so 'ne kleine kneipe, und da hab ich mich erst mal an die theke gesetzt [...]. und da hab ich mir gedacht, jetzt halt ich mich mal an 'nem getränk fest, und dann guck ich mal vorsichtig UM mich, (pause) äh, wer da WIE (.) mit wem UMgeht, und [...] ich bin 'n paarmal dort gewesen, ich bin natürlich dann auch beim zweiten mal sicherer gewesen [...]. das erste mal hat mich 'ne GANZ, ganz große überwindung gekostet, da reinzugehen, weil ich nicht wusste, was da passiert. was ja blöd ist, es hat sich ja keiner auf mich gestürzt oder

gesagt, hurra, 'n neues, frischfleisch oder was. (leicht amüsiert) ähm, (.) und ich bin dann [...] sicherer geworden und hab dann auch mal, äh, (.) mit 'ner anderen frau geSPROCHEN einfach. wie lang (.) weißt du schon von dir und (.) so was halt. (pause) ich hab mich da auch lange zeit (.) zurückgehalten, (pause) weil das für mich so ganz NEU war dieses (.) terrain. und ich wusste auch nicht wie, wie VERHALTE ich mich da? (.) was ist üblich? äh, (pause) ich hab mir das ANgeguckt erst mal, wie in so 'nem film.

Der Vergleich der eigenen Perspektive mit der einer Kinobesucherin und das vorsichtige Sich-Umgucken betonen hier ebenfalls das Visuelle, das Spiel mit den Blicken. Weitere Parallelen zu den Erzählungen der männlichen Gesprächspartner fallen ins Auge: Frau Gruberova hatte Angst, bevor sie das erste Mal in die Kneipe hineinging, sie freute sich, dort so viele frauenbegehrende Frauen zu sehen, sie fürchtete, als »Frischfleisch« betrachtet zu werden, und sie erlernte mit der Zeit bestimmte Praktiken der Annäherung, tastete sich vor, bis sie sich auf ein erstes Gespräch einließ. Für dieses Reden mit der neuen Bekanntschaft über die Selbstfindung als Lesbe – »wie lang weißt du schon von dir« – fehlen Entsprechungen bei den männlichen Erzählpersonen. Herr Meyer betrachtet sich sogar als eine Art Exot innerhalb der schwulen Szene, weil er immer »'n gescheites Gespräch« führen wollte. Es kann durchaus sein, dass ernsthafte Unterhaltungen für Frauen wichtiger waren als für Männer, die sich einander annäherten. Allerdings verweist das Reden über das eigene So-Sein auch auf den zeitlichen Abstand zwischen Herrn Meyers und Frau Gruberovas Geschichten. Er spricht über die späten 1960er, sie dagegen über die frühen 1980er-Jahre, eine Phase intensiver Debatten über schwule und lesbische Identität.

In einem anderen Punkt unterschieden sich die lesbische und die schwule oder homophile Szene viel deutlicher: Lokale für frauenliebende Frauen waren weniger bekannt und vor allem weniger zahlreich. Frau Lippold wusste in den 1960er-Jahren nicht, wo sie andere Lesben »hätte treffen sollen«. Auch Frau Opitz war lange Zeit nicht klar, dass es überhaupt »extra Treffs« gab. Die meisten weiblichen Erzählpersonen kamen in der Phase des Ausweichens noch nicht einmal auf die Idee, nach einem Lesbenlokal zu suchen. Solche gab es zwar durchaus in einigen Städten, aber sie waren offensichtlich weniger Gegenstand des allgemeinen Geredes als die schwulen Bars. Und wenn die Gesprächspartnerinnen später doch einschlägige Kneipen fanden, dann mussten diese oft bald schon wieder schließen. Das lag nicht zuletzt daran, dass »Frauen [...] nicht so ausgehen wie die Männer [und] nicht so viel Geld in Lokalen lassen«, wie Frau Gruberova meint. Weil Frauen weniger verdienten als Männer, waren Lesbenlokale oft nicht rentabel und konnten sich nur für kurze Zeit halten. Von einem Mangel an zahlungskräftiger Kundschaft in schwulen Bars berichten die Gesprächspartner nicht, eher davon, dass sie sich als junge Männer aufgrund ihrer persönlichen finanziellen Situation den Besuch einschlägiger Lokale nicht leisten konnten. Dann suchten sie Orte auf, wo sie Männer treffen konnten, ohne teure Getränke kaufen zu müssen.

Auf sogenannten Klappen, meist öffentlichen Toiletten, und in Cruising Areas, meist bestimmten Teilen öffentlicher Parks oder Parkplätze, konnten männerbegehrende Männer einander ebenfalls näherkommen. Herr Riedel erzählt von einer »Stelle in C. am Ufer«, wo man sich in den 1950er-Jahren »in der Dunkelheit getroffen« habe. Und der 1943 geborene Herr Weber berichtet von einer Talsperre nahe der Kleinstadt, in der er aufwuchs. Dort hatte er als Jugendlicher seine »ersten sexuellen Kontakte«. Später habe er dann in der nächstgelegenen größeren Stadt »auf den öffentlichen Toiletten den Sex kennengelernt« und einen »Spazierweg« entdeckt, wo »nachts an jeder Ecke irgendein Kerl stand«. Der Sex an solchen Orten, sagt Herr Weber, sei »natürlich immer 'ne ganz schnelle Angelegenheit und ohne großes Gefühl« gewesen, weil man Angst haben musste, »überrascht« zu werden. Ähnlich den homophilen Lokalen waren diese Treffpunkte also auch von emotionalen Ambivalenzen zwischen dem Reiz des Verbotenen und der Angst vor Bloßstellung geprägt. Diese Zwiespältigkeit findet ein Echo darin, wie die Klappen im Rückblick entweder überhöht oder verteufelt werden. Manche bedauern ihr allmähliches Verschwinden und sehnen sich nach einer sexuellen Kultur zurück, die aufregender gewesen sei als die heutige. Für andere waren die Klappen eine schäbige Notwendigkeit, die aus der Verfolgung der Homosexuellen resultierte und auf die man inzwischen glücklicherweise nicht mehr angewiesen sei.

Bei den Erzählungen über Klappenerlebnisse fällt auf, dass sie weniger das Visuelle und stärker das Olfaktorische betonen. Das Riechen war wichtiger als das Schauen. Dass die klandestinen Orte schlechter beleuchtet waren als die homophilen Lokale, ist sicher ein Grund dafür. Gleichzeitig ermöglichten und erforderten die Klappen auch eine unmittelbarere Form der Intimität. Herr Weber ekelte sich oft vor den Geschlechtsteilen der Männer, mit denen er Sex hatte, weswegen er immer »irgendwelche Erfrischungstücher« dabei hatte. Herr Riedel verortete den üblen Geruch am eigenen Körper. Nach dem Cruisen wusch er sich besonders gründlich, weil er befürchtete, seine Eltern könnten sonst erriechen, wo er gewesen war. In gewisser Weise erklärt die Betonung des Geruchssinns auch, warum die einschlägigen Orte, obwohl sie für jeden frei zugänglich waren, nicht von allen Passanten gesehen wurden. Man musste quasi den richtigen Riecher haben, um zu bemerken, wo man andere männerbegehrende Männer treffen konnte.

Für diese partielle Unsichtbarkeit des Unverhüllten gibt es mehrere Gründe. Die Begegnungen und Berührungen fanden meist im Schutz der Dunkelheit und »wirklich sehr verdeckt« statt, wie Herr Harrer sagt. Aber Herr Meyer berichtet auch von Männern, die Anfang der 1960er-Jahre in einer Bahnhofstoilette Oralsex hatten – vor laufendem »Publikumsverkehr«. Warum die Passanten das nicht sahen oder warum sie sich nicht anmerken ließen, dass sie es sahen, diese Fragen lassen sich letztlich nicht beantworten. Aufschlussreich ist jedoch, dass Herr Meyer selbst zunächst nicht begriff, was da vor sich ging, als er zufällig zum ersten Mal auf eine Klappe geriet. Ohne ein gewisses Wissen und eine gewisse Übung ließ sich das Offensichtliche also durchaus übersehen. Diese bedingte Sichtbarkeit und die Notwendigkeit, die eigene Aufmerksamkeit zu schärfen, betonen auch andere Gesprächspartner. »Irgendwann«, sagt Herr Weber, »hast du gemerkt, welche öffentliche Toilette von irgendwelchen Leuten [...] frequentiert wurde«, und »irgendwann hattest du 'n Blick dafür«. Auch Herr Harrer entwickelte nur allmählich ein Gespür für die einschlägigen Orte. »Das mit dem Park« habe er »zufällig« bemerkt, als er »mal abends« dort vorbeikam, verschiedene Männer sah und sich dann dachte, »da läuft irgendwas«. Dieses Gespür, das – so die meist implizite Annahme – nur männerbegehrende Männer besaßen, machte Klappen und Cruising Areas zu Orten, die das Intime und das Öffentliche, das Geheime und das Offensichtliche auf eigentümliche Art und Weise miteinander verknüpften.

DAS LAND ALS IDYLLE UND DIE STADT ALS ZIEL?

Treffpunkte für gleichgeschlechtlich begehrende Menschen gab es vor allem in größeren Städten. Aber sehnten sich deswegen alle nach einem urbanen Umfeld? Meist geht man davon aus, dass junge Männer und Frauen nur in Großstädten erfolgreich einen schwulen oder lesbischen Selbst- und Lebensentwurf verwirklichen konnten.[77] Die tatsächlichen Verhältnisse zwischen Land und Stadt waren jedoch vielfältiger. Welche Bilder und Narrative bestimmten die Wahrnehmung von Ruralität und Urbanität in der Phase des Ausweichens? Wenn man in homophilen Zeitschriften und in den Erzählungen der älteren Gesprächspartner*innen nach Antworten auf diese Frage sucht, gerät ein spannungsreiches Feld in den Blick. Diese Komplexität resultiert nicht zuletzt aus der generellen Vielschichtigkeit der Land-Stadt-Bezüge in den Nachkriegsdekaden. Das Urbane galt als modern, das Rurale als rückständig. Doch gleichzeitig war das Land für die Städter*innen weder abstoßend noch angsteinflößend, weder exotisch noch faszinierend. Sie empfanden Dörfer und Kleinstädte vielmehr als eine immer schon vertraute Umgebung, auch wenn sie sie kaum aus eigener Anschauung kannten. In den Nachkriegsdekaden propagierten zahlreiche Heimatfilme das idyllische Bild der großstadtfernen Landschaft als Hort des Guten und Schönen. Umgekehrt galt die Metropole als ein gefährlich-verlockender Moloch.

Genau diese Vorstellungen prägten auch die Darstellung von Land und Stadt in den homophilen Zeitschriften. 1960 veröffentlichte *Der Weg* André Gides kurze Novelle *Bernardino*. Deren Ich-Erzähler beschreibt die Dörfer und Täler im italienischen Vorgebirge und ruft dann aus: »Ach, wie fern fühlte ich mich von Paris, und wie wenig Lust verspürte ich, dorthin zurückzukehren!« Bald gesellt sich zur »Schönheit des Landes« der titelgebende »Knabe«, zu dem der Erzähler eine »Neigung« fasst. Zahlreiche ähnliche Geschichten priesen die ländliche Idylle und verknüpften sie mit echtem Liebeglück sowie wahlweise knabenhafter Unschuld oder ruraler Virilität.[78] Als abstoßende Kontrastfolie diente die große Stadt. Das Urbane verbanden die Erzählungen mit Morden, Prostitution und Verhaftungswellen oder mit flüchtigen sexuellen Begegnungen, die Melancholie und Verzweiflung schürten.[79] Ein Protagonist blieb nach ein paar Schnäpsen mit einem Burschen, der sein »Begehren [...] geweckt« hatte, »mit gebrochenem Herzen und ohne Brieftasche« in einer Bar zurück.[80] Ein anderer verbrachte – »wie an tausend Abenden« – eine Nacht mit einem Fremden und fühlte sich danach »einsam und leer«.[81]

Durch die Verschränkung mit dem Gegensatz von Sex und Liebe gewann der Kontrast zwischen Landparadies und Stadthölle noch mehr Überzeugungskraft. Die Ineinssetzung von Ruralität und erhabener Liebe illustrieren auch ein Sonett und eine Zeichnung aus *Der Kreis* (vgl. Abbildung 2). Von einer früheren »Liebe« ist hier die Rede, deren Rückkehr »unser Leiden« dereinst »segnen« werde. Vermutlich scheiterte diese Liebe zunächst an der Stigmatisierung der Homosexualität, denn warum sonst sollte eine homophile Zeitschrift das Gedicht auf seinen Titel drucken. Und ganz sicher ereignet sich die Wiedergeburt der besungenen Zuneigung in ländlicher Umgebung. Umrahmt von der Zeichnung einer antikisierten Landschaft spricht das Gedicht, fest im Bildrepertoire der deutschen Romantik verwurzelt, vom Blütenregen »auf Feld und Wiesen«, von »beblümten Spuren« und vom »Waldesrande«.

Das Land also ein Sehnsuchtsort und die Stadt ein Verzweiflungsgelände? In den biografischen Erzählungen sind die Verhältnisse kom-

Ob mich auch Schatten trostlos trüb umfangen,
Ich lasse nicht den Glauben, den verwegnen:
Einst wird die Liebe unser Leiden segnen,
Und wiederkehrt, die traurig einst gegangen.

Wenn golden erst die Himmel wieder prangen,
Auf Feld und Wiesen Blütenschauer regnen,
Muss noch einmal das Wunder uns begegnen,
An dem wir sehnend Tag und Nächte hangen.

Du kehrst zurück vom meerumspülten Strande,
Wir schreiten auf den neu beblümten Spuren,
Wie ehmals grüssen die erwachten Fluren.

Wir harren wortlos an dem Waldesrande,
Und alle Schmerzen, die uns widerfuhren,
Verweht der Wind in lenzesblaue Lande.

Otto Damm

Abbildung 2: Erhabene Liebe in ländlicher Umgebung?
Otto Damm: ohne Titel, aus: *Der Kreis* (1961), 3, Titelblatt.

plizierter. Viele Gesprächspartner*innen, die auf dem Land aufwuchsen, setzten ihre Hoffnungen auf die große Stadt. Frau Opitz fehlten auf dem Land nicht-heterosexuelle »Perspektiven«, die ihr eine »große Stadt« hätte bieten können. Und Herr Harrer empfand sein Heimatdorf Schloßbreitenforst als »kleinkariert« und »provinziell«, voll »Tratscherei« und »gespickt mit Verwandtschaft«. Er wollte »immer in die Stadt« und zog bereits als 16-jähriger Lehrling in die Metropole B. Sein dortiges Leben unterschied sich jedoch nicht diametral von dem in Schloßbreitenforst: »In der Stadt hat man das [...] ausleben können. Zwar auch verdeckt, aber man hat's leben können.« Die neue Freiheit war allenfalls eine eingeschränkte. Für Herrn Weber war das Urbane ebenfalls ambivalent. Als 18-Jähriger empfand er seinen ländlichen Wohnort als »fürchterlich langweilig«. Er fühlte sich dort isoliert, es gab keine »Gleichgesinnten«. Ende der 1960er-Jahre zog er mit Mitte 20 nach Berlin: »Es war richtig Amerika. (lacht) Ja, ich fühlte mich da wie Kolumbus.« Aber das Großstadtleben löste beileibe nicht alle Probleme. Seine »Trauer und Verzweiflung« begleiteten Herrn Weber auch im Berliner Nachtleben, durch »Spaß, Lust und Freude« sowie Alkohol gelang es ihm nur, diese Gefühle besser zu »verdrängen« und zu »betäuben«. Für ihn war die Metropole also Sehnsuchtsort und Verzweiflungsgelände zugleich.

Andere Gesprächspartner*innen können dem Landleben durchaus positive Seiten abgewinnen, ohne jedoch die Vorteile der Stadt zu leugnen. Herr Meyer assoziiert das Rurale mit der idealen Liebe. Als 10-Jähriger begegnete er am dörflichen Flussufer dem Mann mit der Lambretta, nach dem er sich später sehnte. Und auf die Frage, was Romantik für ihn bedeute, antwortet er: zwei Männer, die Händchen haltend über eine »Löwenzahnwiese« laufen. Das Urbane verknüpft Herr Meyer stattdessen mit Männersex. Am Bahnhof einer Großstadt entdeckte er die Lust, die ihm das Cruisen auf Klappen zeitlebens bereitete. Eingespannt zwischen das ländlich-liebliche Sehnen und den städtisch-erregenden Genuss, gibt seine Erzählung keinem der beiden Pole den Vorzug. Herr Meyer wollte beides gleichzeitig erleben. Mit dem verheirateten Arzt Dieter Braun kam er diesem Ideal sehr nahe. Wenn er von dieser Beziehung spricht, mischen sich urbane und rurale Orte: »Wir haben uns zwar im billigen Hotel getroffen, aber es hätte auch 'ne Blumenwiese sein können.« Die Sex-Absteige in der Stadt verwandelt sich in ein romantisches Liebesidyll auf dem Land, und so versucht Herr Meyer, den Gegensatz zwischen ruraler Liebe und urbaner Lust erzählerisch zu überwinden, weil er beides gleichermaßen wertschätzt.

Frau Jäger verweist ebenfalls auf Vorteile sowohl des Land- als auch des Stadtlebens. Sie wuchs auf einem Bauernhof auf, und wegen ihrer Maskulinität – »ich bin auch mehr so der gestandene Typ« – genoss sie es, Hosen zu tragen. »Jeder hatte«, sagt sie, männliche Pronomina verwendend, »sein Blauzeug an und Gummistiefel, und dann ging das los.« Erst als die 15-Jährige ab 1970 die Schule in E., einer nahe gelegenen größeren Stadt, besuchte, musste sie »'n Kleid anziehen«, was ihr »sehr fremd« war. Aber mit der bäuerlichen Arbeitskleidung ließ sie auch die Armut hinter sich, die ihr Leben bisher geprägt hatte. Beim Eisessen redete sie mit ihren Schulkameradinnen über Frisuren und Klamotten. Und sie hatte in E. eine beste Freundin, mit der sie Zärtlichkeiten austauschte. Neben der Bildung, die ihr den sozialen Aufstieg zur Krankenpflegerin ermöglichte, bot ihr die Stadt also auch die Gelegenheit, andere frauenliebende Frauen und später die lesbische Szene kennenzulernen, wo wiederum ein eher androgyner Kleidungsstil vorherrschte. Frau Jäger beschreibt Vorzüge und Mankos des Ruralen wie des Urbanen. Welches Umfeld besser ist, hängt in ihren Augen vor allem von lebensphasenspezifischen Bedürfnissen ab: Als Kind genoss sie die ländlichen Freiheiten, als Jugendliche brauchte sie die städtischen Bildungsmöglichkeiten, und als erwachsene Frau schätzte sie die urbane Lesbenszene.

Der 1935 geborene Herr Schumann wohnte dagegen sein Leben lang auf dem Dorf und zieht dieses Milieu eindeutig allen anderen vor. Als selbstbewusst geouteter Schwuler lebe man »aufm Land [...] sehr viel sicherer und aufgehobener als in der Stadt«, denn dort fehlten die vertrauten Nachbarn, die einen vor Angriffen von außen, vor Fremden schützten. Damit verkehrt Herr Schumann die Vorstellung vom Land als Ort unentrinnbarer sozialer Kontrolle, die gleichgeschlechtliche Kontakte unmöglich mache, in ihr genaues Gegenteil. Weil er als Jugendlicher alle Gleichaltrigen im Dorf sexuell, wie er sagt, »benutzt« habe, hätte es seither niemand gewagt, ihn offen als Homosexuellen anzugreifen. Abgesehen von der größeren Sicherheit auf dem Land, sieht Herr Schumann nur graduelle Unterschiede zwischen dem ruralen und dem urbanen schwulen Leben. »Ich glaube, dass die Gefühle der Menschen zwischen Stadt und Land nicht sehr unterschiedlich sind«, sagt er. »Der eine lebt es offen aus, der andere lebt es etwas versteckter.« Allenfalls dauere »das Sich-Outen aufm Land [...] etwas länger«, weil die Gesellschaft »etwas homogener« sei. Deswegen gäben sich Schwule auf dem Dorf meist erst dann zu erkennen, wenn »sie sich [...] verlieben«. Auch Herr Schumann hatte während seiner Ehe nur bedeutungslose Affären. Erst nach dem Tod seiner Frau ließ er sich mit Mitte 50 wieder auf ernsthafte Männerbeziehungen ein und zeigte offen sein Schwulsein.

Dass Herr Schumann verheiratet war, ebenso wie fast alle männlichen Gesprächspartner, die dauerhaft auf dem Land lebten, zeigt dann aber doch, dass der Druck dort größer war, sich in die heteronormativen Verhältnisse zu fügen. Die einzige Ausnahme macht Herr Pohl, der seit 1977, damals war er 21, zusammen mit seinem Partner auf dem Dorf wohnt. Umgekehrt ging von den Erzählpersonen, die als junge Männer in die Stadt zogen, nur Herr Harrer eine Ehe ein. Alle anderen entkamen durch den Wechsel ins Urbane auch dem Drängen ihres Umfelds auf eine Heirat. Die meisten weiblichen Erzählpersonen wechselten deutlich häufiger zwischen ländlichen und städtischen Wohnorten hin und her. Ihre oft prekäre finanzielle und berufliche Situation war ein Grund dafür. Einige zogen wegen der billigeren Mieten aufs Land, andere wegen der Kinderbetreuungsangebote in die Stadt. Zudem ließen sich die verheirateten Gesprächspartnerinnen oft früh scheiden, was, wie bei Frau Schmidt, zu Brüchen in ihren Bildungs- und Arbeitsbiografien und damit einhergehenden Umzügen führte.

Vier der sechs Erzählpersonen, die dauerhaft auf dem Land lebten, teilen drei Eigenschaften, die es ihnen erlaubten, sich trotz ihres gleichgeschlechtlichen Begehrens auf dem Dorf zu etablieren: Der 1935 geborene Herr Schumann, der 1949 geborene Herr Melling, der 1957 geborene Herr Wisneck und der 1963 geborene Herr Gärtner sind oder waren Männer, Ehegatten und Grundeigentümer. Sie legen Wert auf ihr maskulines Auftreten und distanzieren sich vom Stereotyp des weibischen Homosexuellen. Herr Wisneck erzählt von einem schwulen »Paradiesvogel« im Dorf, dessen Nähe er sorgfältig vermied. Um »schwul« zu sein, findet er, müsse man sich nicht »als Frau verkleiden«.[82] Für Herrn Melling können Schwule auch »gestandene Männer« mit »Führungsqualitäten« sein.[83] Als solche trugen er und die anderen aktiv zum Gemeindeleben bei, waren wichtige Mitglieder der Dorfgemeinschaft. Zudem gaben sie innerhalb der Ehe den Ton an. Sie konnten von ihren Frauen Toleranz einfordern und sich Freiräume verschaffen.

Außerdem stammten sie alle aus alteingesessenen und grundbesitzenden Familien oder haben in eine solche Familie eingeheiratet. Herr Schumann erbte das »denkmalgeschützte Haus«, in dem auch das Interview stattfand. Herr Melling wuchs in einem »Fachwerkhaus mitten im Ort« auf. Später baute er ganz in der Nähe ein Eigenheim für seine Familie. Und Herr Wisneck und seine Frau bekamen – ganz traditionell – nach der Geburt des ersten Kindes von ihrem Onkel ein Grundstück überschrieben, wodurch »das Objekt in die nächste Generation gebracht« wurde. Dadurch geriet Herr Wisneck, der selbst aus einer Flüchtlingsfamilie stammt, in eine gewisse Abhängigkeit von der Familie seiner Frau. Nicht umsonst hielten »Überlebensängste« ihn lange von einem Coming-out ab. Er fürchtete um die »gewachsenen Strukturen«. Nicht zuletzt weil sie solche Sorgen nicht hatten, verließen gerade Gesprächspartner aus armen und zugezogenen Familien das Land, sobald sich eine Gelegenheit ergab. Herrn Webers Eltern kamen aus der Nähe von Berlin und ließen sich 1946, nach der Rückkehr des Vaters aus der Gefangenschaft, in einer kleinen niedersächsischen Gemeinde nieder. Das sei für ihn aber nie »'ne Heimat« gewesen, sagt Herr Weber. Mit 20 floh er zur Marine, und fünf Jahre später zog er nach West-Berlin.

Die biografischen Erzählungen zeichnen also ein vielschichtigeres Bild, als es der Kontrast von ruralem Idyll und urbanem Moloch nahelegt. Sie sprechen nicht von *der* Stadt oder *dem* Land und vermeiden eindeutige Wertungen. Stattdessen beschreiben die Gesprächspartner*innen aus sehr unterschiedlichen Perspektiven die Sonnen- wie die Schattenseiten des städtischen und des ländlichen Lebens. Abhängig vom Lebensalter, vom Geschlecht, vom Familienstand und vom sozialen Status gaben und geben manche eher dem Land oder eher der Stadt den Vorzug. Eine einheitliche Präferenz für das Rurale oder das Urbane lässt sich daraus für die Phase des Ausweichens nicht ablesen. Vielmehr dominieren ambivalente Einschätzungen des Ländlichen als befreiend und einengend, als Ort der Liebe und der Angst, als Heimat und als Elend.

Der simple Gegensatz zwischen liberaler Stadt und konservativem Land verzerrt also die tatsächliche Komplexität der Lebenswelten frauenliebender Frauen und männerliebender Männer in der Phase des Ausweichens. Gleiches gilt für die kategorische Trennung zwischen öffentlichen Situationen, die zum Verstecken des inneren Fühlens zwangen, und privaten Rückzugsorten, die dessen Ausdruck erlaubten. Die Räume, in denen gleichgeschlechtlich begehrende Menschen einander trafen, förderten vorsichtige Annäherungen. Das Risiko, von übel meinenden Zeitgenoss*innen beobachtet zu werden, wurde immer mitbedacht. Aber zugleich eröffneten vielfältige Unschärfen – die Unsichtbarkeit des Unverhüllten und die Sichtbarkeit des Verborgenen – den Einzelnen immer wieder Gelegenheiten für unerlaubte Begegnungen. Lust- und Angsträume lagen eng beieinander, waren sogar ineinander verflochten. Prägte diese Vielschichtigkeit auch das Gefühlsleben gleichgeschlechtlich liebender Menschen in den Nachkriegsdekaden?

KULTIVIERUNG DER GEFÜHLE ODER UNWILLKÜRLICHE NATÜRLICHKEIT

Als verfemte Minderheit hatten frauenliebende Frauen und männerliebende Männer in der Phase des Ausweichens mit Scham und Angst zu kämpfen. Aber lässt sich ihr Empfinden tatsächlich auf dieses enge Spektrum reduzieren? Der Versuch, den emotionshistorischen Blick zu weiten, wirft eine Reihe von Fragen auf: Wie verorteten die Einzelnen ihr gleichgeschlechtliches Lieben oder Begehren im Spannungsfeld zwischen Sex und Gefühl? Welche Absichten verfolgten sie dabei? Mindestens ebenso grundlegend ist die Frage, welches Verständnis von Emotionen das Selbstbild der Homophilen und der Erzählpersonen bestimmte. Waren Gefühle für sie im affekttheoretischen Sinn natürliche, unmittelbare, urwüchsige Kräfte oder im sozial-konstruktionistischen Sinn von erlernten Mustern und gesellschaftlichen Erwartungen geprägte Phänomene? Hatten die Einzelnen überhaupt eine Wahl, wenn sie sich zu einem Gegenüber hingezogen fühlten und wenn sie eine Beziehung eingingen? Hier entfaltet sich zwischen dem unwiderstehlichen Zauber und festen Vorstellungen davon, wie eine Partnerschaft auszusehen habe, ein weites und mitunter schwer zu navigierendes Feld. Nicht zuletzt deswegen prägten in den Nachkriegsdekaden vielfältige Ambivalenzen das Gefühlsleben gleichgeschlechtlich liebender Menschen.

SEX ODER GEFÜHL?

Die damals gängige Selbstbezeichnung gleichgeschlechtlich liebender Menschen als ›homophil‹ – von *philia,* einem der altgriechischen Wörter für Liebe – betonte den emotionalen Aspekt und vermied bewusst das Adjektiv ›homosexuell‹. Einen Roman über die Liebe zwischen einem Mann und einem Jungen im spanischen Bürgerkrieg lobte *Der Weg* als »gefühlvoll«, verbunden mit dem Hinweis darauf, dass »die Worte homosexuell u. dgl.« in dem Buch nicht vorkämen.[84] Mehreren Gesprächspartner*innen ist das Emotionale ebenfalls besonders wichtig. Sie erklärten sich bereit, zu meinem Projekt beizutragen, weil es die Gefühle gleichgeschlechtlich liebender Menschen ins Zentrum stellte. Sie wollten der gängigen Sexualisierung insbesondere schwuler Männer etwas entgegensetzen und zeigen, dass deren Leben nicht allein von der Lust auf körperliche Befriedigung bestimmt ist. Auf die Frage, was Schwulsein für ihn bedeute, antwortet etwa Herr Ückert nach reiflicher Überlegung: »Gefühle haben anderen Männern gegenüber.«

Die Unterscheidung zwischen emotionalen und sexuellen Aspekten spielt in den Erzählungen vor allem der älteren Gesprächspartner eine herausragende Rolle. Herr Schumann sagt, er habe als Jugendlicher »Sex ohne Ende«, aber »kein Gefühl für die Menschen« gehabt, mit denen er verkehrte. Und Herr Harrer ließ bei seinen außerehelichen Männerkontakten das »Herz« außen vor. Der schwule Sex war für ihn »zum Abreagieren da«. Beide Gesprächspartner betrachten die Gefühllosigkeit rückblickend als ein Manko, das sie glücklicherweise überwinden konnten. Für Herrn Schumann war dabei die zehnjährige Beziehung mit einem über 40 Jahre älteren Mann entscheidend, den er 1953 kennenlernte, und für Herrn Harrer die Begegnung mit Jens Anfang der 1990er-Jahre, für den er »plötzlich« ein »tiefgehendes Gefühl« empfand.

Doch nicht alle älteren Gesprächspartner erzählen davon, dass sie Intimität mit anderen Männern anfangs auf ihre sexuellen Dimensionen reduziert und dieses Manko dann im Lauf ihres Lebens erfolgreich überwunden hätten. Die Lebensgeschichte des 1938 geborenen Herrn Kuhn nimmt eine ganz andere Wendung. Er hatte jahrelang Sex mit verschiedenen Partnern, bevor er sich Anfang der 1970er-Jahre zum ersten Mal »total« in einen Mann »verliebt[e]«. Diese Beziehung mit Michael beschreibt er als sexuell wie emotional sehr intensiv. Michael war verheiratet, hatte vier Kinder und schrieb nach sechs Monaten, dass er den Verlust seiner Familie nicht riskieren könne und deswegen die Beziehung beenden müsse. Zunächst bewunderte Herr Kuhn Michaels Opfer für seine Familie. Ein Jahr darauf fand er allerdings heraus, dass er inzwischen mit einem anderen Mann eine Affäre hatte. Herr Kuhn war »tief verletzt« und stellte Michael in einem Café zur Rede. Außer sich »vor lauter […] Wut« habe er ihn angebrüllt, sodass sich aller Augen auf die beiden richteten: eine veritable Szene. In diesem Augenblick erlosch Herrn Kuhns Verliebtheit. Es war »das Ende [s]einer Gefühle«. Das Leid, das Michael ihm zufügte, habe ihn hart gemacht. Weder Zuneigung noch Trauer konnte er mehr empfinden. Der Sex sei ihm seither wichtiger »als große Liebesgeschichten«. Das erspare ihm den »Stress« einer »festen Freundschaft« mit »Zusammenziehen und wieder auseinander und so«. Deswegen verkehrt er auch heute noch bevorzugt in Hetero-Pornokinos, wo Männer zwar Sex, aber keine Beziehung mit ihm haben wollten. Solche unverbindlichen Kontakte stehen klar im Zentrum seines biografischen Selbstentwurfs: »Mir hat Sex immer unglaublich viel bedeutet.«

Anders gestaltet sich das Verhältnis zwischen den sexuellen und den emotionalen Dimensionen in der Erzählung des 1943 geborenen Herrn Weber. Er war lange Zeit vergeblich auf der Suche nach Liebe und einer festen Beziehung. Sex war für ihn etwas, das er in Kauf nahm, um anderen Männern nahezukommen. Im Lauf der Jahre ließ er sich auf »'n paar Tausend Männer« ein, die in seinen Augen allerdings nur auf »schnelle Vergnügungen« aus waren und Sex mit einem gefühllosen »Leistungssport« verwechselten. Er dagegen sei »viel zu romantisch« gewesen und wollte »Händchen halten und küssen«. Gerade wenn er verliebt war, habe er »total sexuell versagt«. Seine Zuneigung, denkt Herr Weber, war oft übertrieben. Er habe seine Geliebten bedingungslos angehimmelt, sie »auf 'n Podest gesetzt« und sich dann daran gestört, dass sie ihn ausnutzten oder doch nicht perfekt waren. In diesem paradoxen Schwärmen wuchs Distanz aus der Nähe. Herrn Webers Verhältnis zur Lust war ebenfalls zwiespältig: Er wollte Sex, empfand ihn aber als »erniedrigend«. Er bezeichnet sich als »sexsüchtig« und verknüpft die Suche nach Männern mit seiner Alkoholabhängigkeit. Es habe ihm sehr gutgetan, sagt er, als er mit Ende 40 während einer Entzugstherapie ein halbes Jahr »fast ohne Sex« verbrachte. Damals verabschiedete er sich vom Alkohol und auch vom Traum der großen Liebe. Seither betrachtet er Sex eher pragmatisch als ein »normales Bedürfnis«, das »befriedigt werden sollte«, ohne darüber nachzudenken, ob »da 'ne Beziehung rauskommt«. Verschiedene Männer kommen regelmäßig »für 'n Quickie« vorbei, was ihm »ganz angenehm« sei. Nur selten erinnert er sich noch der »ersten Beziehungen« und überlegt, ob er »wieder Kontakt aufnehmen« und es »noch mal probieren« solle. Er belässt es aber bei dem nostalgischen Gedanken.

Diese biografischen Selbstentwürfe gipfeln entweder im Glück einer sexuell und gefühlsmäßig engen Beziehung, oder sie münden in ein pragmatisches Sich-Begnügen mit dem Sexuellen. In jedem Fall betonen sie, dass zwischenmännliche Intimität auch eine intensive emotionale Dimension haben kann. Ähnlich wie die homophilen Zeitschriften reagieren die älteren Gesprächspartner mit dieser Gefühlsemphase auf die insbesondere vor 1970 weitverbreitete, abwertende Sexualisierung männerbegehrender Männer, die man als zur Liebe nicht fähige Lustmolche abstempelte.[85] Gegen diese Zuschreibung von außen setzen die Erzählpersonen ihre Erinnerung an die tiefen und ehrlichen Gefühle, die sie für andere Männer empfunden haben.

Die Gesprächspartnerinnen reagieren auf ein anderes Problem, wenn sie auf die sexuellen und emotionalen Dimensionen zwischenfraulicher Intimität zu sprechen kommen: die lange gängige Entsexualisierung von Frauen. Während das sexuelle Potenzial zwischenmännlicher Begegnungen außer Frage stand, wurden Frauenbeziehungen als rein geistige Gefährtinnenschaften überhöht oder als alltägliche Freundinnenschaften verniedlicht. Frauen hätten, so eine weitverbreitete hetero-sexistische Annahme, kein selbstbestimmtes sexuelles Wollen. Ihre Lust sei lediglich ein Echo des männlichen Begehrens. Frauen könnten daher keinen richtigen – das bedeutet hier penetrativen – Sex haben. So rechtfertigte das Bundesverfassungsgericht 1957, dass weibliche Homosexualität, anders als die männliche, nicht bestraft wurde: Der »lesbisch veranlagten Frau« gelinge »das Durchhalten sexueller Abstinenz leichter« als dem homosexuellen Mann, der dazu neige, »einem hemmungslosen Sexualbedürfnis zu verfallen«.[86] Dieses Herunterspielen weiblicher Sexualität erschwerte es frauenbegehrenden Frauen, als solche wahrgenommen zu werden.

Solange Lesben als perverse Frauen verschrien waren, barg diese Unsichtbarkeit natürlich auch Vorteile. Deswegen spielt die nicht-sexuelle, sozusagen rein emotionale Zuneigung zu anderen Frauen gerade bei älteren Gesprächspartnerinnen eine wichtige Rolle, insbesondere wenn von jugendlichen Schwärmereien für Lehrerinnen die Rede ist.[87] Frau Fischer empfand eine solche nicht »körperliche«, sondern »pure Liebe« für ihre Deutschlehrerin. Und Frau Eitner sagt, sie sei andauernd in Frauen verliebt gewesen, die für sie unerreichbar waren und von deren Nähe und Zuwendung sie lediglich träumte. Allerdings hatte diese geistige oder virtuelle Intimität auch eine sexuelle Dimension. Frau Fischer zeigt mittels einer auffällig mehrdeutigen Szene – »und ich hab dann in ihrem Arm, also, wir haben dann da so gestanden« –, dass die Zuneigung »auch über Körperebenen ging«. In eindeutigeren Worten beschreibt Frau Eitner die Annährung an ihre Freundin Elli im Alter von 19 Jahren. Die beiden führten zunächst »tiefe Gespräche«, aus denen sich Berührungen – anfangs ganz »harmlos« und »mit Klamotten« – ergaben, gefolgt vom ersten Kuss und dann von immer intensiverer körperlicher Intimität. Ganz ähnlich kam die 1950 geborene Frau Schneider als Jugendliche ihrer Freundin Alma in »Millimeter«-Schritten immer näher, bis ein Kuss unausweichlich wurde.

Mit solchen behutsamen Steigerungen lösen sich die Erzählpersonen von der quasi gewöhnlichen Freundinnenschaft und konturieren immer deutlicher ihren biografischen Selbstentwurf als frauenbegehrende Frauen. Frau Gruberova unterscheidet explizit zwischen dem »Schwarm für 'ne Lehrerin«, den »vielleicht« jedes Mädchen »mal hat«, und den Gefühlen, die sie mit Mitte 20 für ihre Kollegin Lore hegte. Zwar kam es zu keinem engeren körperlichen Kontakt, aber sie habe »wild« und »erotisch« von Lore geträumt, und dadurch sei ihre Regel aus dem Takt geraten. Als heute selbstbewusste Lesben betonen die Gesprächspartnerinnen rückblickend die sexuellen Aspekte ihrer frühen gleichgeschlechtlichen Erfahrungen und widersprechen damit der Entsexualisierung frauenliebender Frauen. Das tun sie auch in ihren Antworten auf die Frage, was Lesbischsein für sie bedeute. Frau Schneider fühlt sich anderen Frauen »auch körperlich, sexuell [...] zugewandt«. Für Frau Gruberova heißt Lesbischsein, »Sexualität mit Frauen« zu leben. Und Frau Eitner sagt, sie fühle sich als Lesbe »sexuell« von Frauen angezogen.

Gleichzeitig weisen die Gesprächspartnerinnen die Annahme zurück, dass Lesben keinen Sex haben könnten, ohne eine dauerhafte Beziehung eingehen zu wollen. Frau Eitner findet die Idee »eigenartig«, dass Frauen, die »miteinander ins Bett gehen, [...] gleich ihr Leben zusammen leben« müssten. Warum sollten Lesben keine unverbindlichen sexuellen Kontakte pflegen können? Mit Anfang 20 reiste Frau Eitner ohne ihre Partnerin nach Berlin und ging mit einer Frau nach Hause, die sie in einer Bar kennengelernt hatte. Sie wollte »einfach nur mal mit 'ner anderen Frau schlafen« und beschreibt dieses Erlebnis als

»absolut« befreiend für ihre eigene Sexualität. Frau Lehmann wollte ebenfalls Sex mit einer Fremden ausprobieren und nahm die Dienste einer Sexarbeiterin in Anspruch. Ein anderes Experiment wagten Frau Gruberova und Frau Schneider, die zum Zeitpunkt des Interviews ein Paar waren. Sie gestatteten einander eine »sexuelle Erfahrung« außerhalb ihrer Beziehung.[88]

So verschafften die Gesprächspartnerinnen sich Spielräume und widerlegten die Annahme, dass Frauen sexuell weniger umtriebig seien als Männer. Allerdings bedeutet der Wunsch nach unverbindlicher Intimität nicht, dass die Erzählpersonen das Sexuelle auf Kosten der Gefühle betonen. Die emotionale Dimension unterschiedlichster Formen zwischenfraulicher Nähe steht außer Frage. In diesem Sinn betrachtet Frau Schmidt das Gefühl der Verliebtheit als eine Voraussetzung für sexuelle Intimität, auch wenn diese sich spontan ergebe und keine Beziehung daraus entstünde. Statt Sex und Gefühl zu trennen, verknüpfen viele Gesprächspartnerinnen beide Aspekte im Begriff der körperlichen Intensität. Wobei das Mischungsverhältnis der beiden Komponenten individuell oder je nach Alter variieren kann. Frau Lippold legte im Lauf ihres Lebens immer weniger Wert auf Leidenschaft und immer mehr auf intensive Freundschaften. Frau Opitz war körperliche Nähe zwar wichtig, aber die sexuellen Bedürfnisse ihrer Partnerinnen gingen oft über das von ihr gewünschte Maß hinaus. Aufgrund dieser vielfältigen Bewegungen zwischen Sex und Gefühl ist es auch kein Widerspruch, dass die Gesprächspartnerinnen den körperlichen Aspekt ihrer Beziehungen und zugleich deren emotionale Intensität hervorheben.

Letztlich betonen die weiblichen wie auch die männlichen Erzählpersonen die Kombination oder zumindest die Kombinierbarkeit von Sex und Gefühl in gleichgeschlechtlichen Beziehungen. Die älteren Gesprächspartnerinnen wenden sich dabei gegen die lange gängige Entsexualisierung von Frauen und gegen das Verbergen ihres Begehrens in gleichsam entschärften, bloß emotionalen Freundinnenschaften. Die älteren Gesprächspartner wehren sich stattdessen gegen die in den Nachkriegsdekaden übliche Abwertung homosexueller Männer als triebgesteuerte Soziopathen, die in den Worten des Bundesverfassungsgerichts von 1957 allzu leicht und ohne Rücksicht auf andere ihrem »hemmungslosen Sexualbedürfnis« folgen. Aus heutiger Sicht ist es glücklicherweise wenig überraschend, aber damals war es nicht für alle Leute selbstverständlich, dass sich gleichgeschlechtlich orientierte Menschen sowohl lust- als auch gefühlvoll aufeinander beziehen.

HOMOPHILE GEFÜHLSBEGRIFFE ZWISCHEN WESEN UND WERDEN

Aber was war überhaupt gemeint, wenn von Gefühlen die Rede war? Welches Verständnis des Emotionalen prägte homophile Debatten und das Gefühlsleben der Gesprächspartner*innen? Wegen der Quellenlage lässt sich diese Frage für den männlichen Teil des gleichgeschlechtlichen Spektrums besser und dichter beantworten. Daher lohnt zunächst ein Blick in die homophilen Zeitschriften. Dort waren Gefühle nicht per se etwas Gutes. Nicht jedes Fühlen wurde gleich wertgeschätzt. Die Liebe zwischen Männern zelebrierte man ausführlich. Aber der Hass auf gleichgeschlechtlich liebende Menschen galt als eine gefährliche, auf unvernünftigen Ängsten beruhende Emotion, die man mit aufklärerischen Gegenargumenten bekämpfte. Homophobe Haltungen wurden delegitimiert, indem man sie in einem »emotionalen Horizont« verortete. Die Verantwortung lag damit beim Einzelnen, der seine Gefühle nicht kontrollierte, der dem »affektiven Schock« nachgab, dem Ekel, der ihn bei der Begegnung mit dem gleichgeschlechtlichen Begehren überkam, und der deswegen die Homosexuellen verachtete.[89] Lange Zeit konnte dieser Schock Angriffe auf männerbegehrende Männer rechtfertigen: Er versuchte, so wurde vor Gericht argumentiert, mich anzufassen, und ich wusste mir nicht anders zu helfen. Selbst Totschläger oder Mörder konnten auf diese Weise sehr milde Urteile erwirken.[90]

Aber auch jenseits von Hass und Homophobie waren unwillkürliche, nicht durch die Vernunft gebändigte Gefühlsausbrüche keineswegs *comme il faut*. Wildes Fühlen galt generell als gefährlich, selbst zwischen männerliebenden Männern. Man befürwortete einen kultivierten emotionalen Stil: eher ein vergeistigtes Fühlen als ungezügelte Körperlichkeit. Unter dem Titel »Sinn der Liebe« wurde in *Der Weg* »der große, der einfache Mensch« gelobt, der »mit der Kraft seines lauteren Willens dem Trieb eine Grenze setzt und das glühende Feld des Geistes öffnet«. Zugleich pries der Text den Knaben, der »aus einem tieferen, eingeborenen Wissen das Göttliche des Körpers begreift und die Lust [...] in solchem Maße dämpft, daß sie wie süßer, silberner Morgenwind die Schönheit des Leibes beseelt und erhöht«.[91] Aus dem Gegeneinander zwischen höherem, ordnendem Geist und niederem, unbändigem Körper entsteht das ideale, das gepflegte Gefühl. Und allein auf diesem ließen sich stabile Beziehungen gründen: »Leidenschaft« reiche nicht aus, meinte ein anderer Artikel, nur durch »enorme Willenskraft« könnten Männerpaare ein »gemeinsames harmonisches Leben« erringen.[92]

Während dem Hass auf die Homosexuellen als einem irrigen, nicht wesentlichen Gefühl durch Aufklärung die Grundlage entzogen werden sollte, war das gleichgeschlechtliche Verlangen seinem Wesen nach zwar richtig, aber es bedurfte der Einhegung, der, wie es hieß, kultivierenden Bildung. In jedem Fall war ein formendes Eingreifen vonnöten, durch das die Gefühle zu dem werden oder reifen konnten, was sie sein sollten. Durch diesen heroischen Kraftakt, die Bändigung der Leidenschaften, wurde das homophile Fühlen auch zu einer sehr männlichen Angelegenheit. Nur so ließ sich das Emotionale ernst nehmen, ohne den Vorwurf zu riskieren, einer schwächlichen und weibischen Sentimentalität das Wort zu reden. Männerliebende Männer waren mithin gefühlvoller und zugleich maskuliner als ihre frauenliebenden Geschlechtsgenossen. Daher bedienten sich homophile Kontaktanzeigen auch eines Gefühlsvokabulars, das nicht Zärtlichkeit, sondern Herzlichkeit, Kameradschaft und Charakterstärke betonte.[93] Mit dieser Willenskraft bändigte der homophile Mann nicht nur seine Leidenschaften, sondern dank ihrer überwand er zudem die gesellschaftlichen Widerstände, die seinem Lieben den Weg versperrten: heroische Stärke nach innen und nach außen.

Dieses heldenhafte Fühlen betont auch Herr Schumann. Männerliebende Männer müssten die »Angst vor dem eigenen Gefühl« überwinden, sagt er, und den Mut finden, sich in ihr »eigenes Gefühl fallen [zu] lassen«. Er habe sich selbst »ganz verzweifelt [...] gewehrt«, als er sich mit 18 Jahren in einen 35 Jahre älteren Mann verliebte, aber »es nützte nichts«, gegen die Kraft seines Fühlens kam er nicht an. Seither hat er sich die inneren und äußeren Freiräume erkämpft, die es ihm ermöglichen, seine Gefühle zuzulassen und auszudrücken. Hier braucht das Lieben keinerlei Bildung oder Formung. Es ist ein natürliches Wollen, das im Innern unvermittelt aufscheint und in seinem eigentlichen Wesen keinerlei Zweifel duldet. Herr Schumann vergleicht das Fühlen mit einem blühenden Holunderstrauch und seine Kraft mit der eines heraufziehenden Gewitters. »Das Gefühl ist innen«, sagt er, »für Gefühl gibt es keine Gründe« und »das Gefühl selber ändert sich nicht«. Die Liebe ist grundlos, unwandelbar und von Anfang an richtig; falsch sind allein die Ängste, die sich ihr in den Weg stellen. Im Kampf mit äußeren Prägungen und Vorgaben erweist sich das Selbst im Idealfall als heroisch und autonom: »Der Umgang mit Gefühlen, der ist steuerbar, aber das Gefühl selbst nicht.« Entweder, so Herr Schumann, man lebt im authentischen Einklang mit seinen Gefühlen, oder man passt sich an, verleugnet sein inneres Wesen und wird »todunglücklich«. Freiheit, Ehrlichkeit und Selbstbewusstsein sind für ihn absolut unabdingbar: »Das ist ja *mein* Empfinden, *mein* Fühlen und *mein* Sex.« Und »das Wichtigste bei allem Gefühl« sei es, »dass man für sich erkennt, ich bin so«.

Herr Schumann betonte wiederholt und nachdrücklich diesen besonderen Begriff von Gefühl als einem identitätsstiftenden Empfinden, das allen Regeln trotzt. Damit widersprach er meiner forschungsleitenden Hypothese, dass emotionale Muster und Praktiken kulturell geformt und historischem Wandel unterworfen seien. Insofern sie die gesellschaftliche Prägung der Gefühle betont, entspricht diese Position dem konstruktionistischen Paradigma. Herr Schumann vertrat dagegen einen essenzialistischen Standpunkt. Für ihn sind Gefühle universelle, naturgegebene Phänomene, die sich in ihrem Wesen, ihrer Essenz immer und überall gleichen. Daher mache es für das Gefühlsleben keinen Unterschied, ob man auf dem Land oder in der Stadt wohne, wann man geboren oder wie man erzogen worden sei. Die These, dass sich die Gefühle männerliebender Männer im Übergang von den Nachkriegsdekaden zu den 1970er- und 1980er-Jahren verändert hätten, ließ Herr Schumann ebenfalls nicht gelten. Und von kultur- und zeitspezifischen Vorbildern für sein eigenes Fühlen wollte er schon gleich gar nichts wissen. Als ich ihn fragte, welche Filme und Bücher ihn geprägt hätten, wies er zunächst den Begriff der Prägung zurück. Allenfalls von Einflüssen könne man sprechen. Und dann sagte er, das passive Geprägt-Werden bemerkenswerterweise ins Aktive wendend: »Geprägt hat mich, habe ich mich eigentlich nur selber.«

Allerdings ging unser Gespräch über einen Schlagabtausch zwischen einander widersprechenden Gefühlstheorien hinaus. Herr Schumann diskutierte diese Frage auch auf der lebenspraktischen Erfahrungsebene und appellierte dabei an mich nicht nur als Forscher und Historiker, sondern auch als einen empfindenden und liebenden Menschen:

> das verändert sich nicht, wirst du GARANtiert auch am eigenen leib noch spüren, es gibt dinge, (.) die passieren mit dir. und das ist UNABhängig von alter, (.) von, von stand, von intelligenz, von intellektualität, VÖLLIG. gefühl ist etwas, das spielt sich in dir ab.

Mit solchen Bemerkungen und Fragen zu den Gefühlen, die ich für meinen Partner empfinde, machte Herr Schumann meine Erfahrungen zum Gegenstand seiner Überlegungen. Er vertauschte unsere Positionen, machte sich zum fragenden Forscher und mich zum antwortenden Studienteilnehmer. Damit brachte er mich in eine Position, die derjenigen der jungen Männer glich, die regelmäßig seinen Rat suchten und dann »hier sitzen«, genau wo ich in diesem Moment saß. Wegen dieser Parallele empfand ich sein Beharren auf der unmittelbaren Natürlichkeit des Fühlens als eine unangemessene Kritik an meinem eigenen, vorgeblich verkopften Gefühlsbegriff. Führte meine wissenschaftliche Erforschung dessen, was Herr Schumann für unergründbar hielt, dazu, dass meine eigenen Gefühle weniger intensiv und authentisch wurden? Diese Frage verunsicherte mich, und ich nahm eine Abwehrhaltung ein. Wie meine Notizen zu den Gesprächen mit Herrn Schumann zeigen, ärgerte ich mich über seine Art des Erzählens, die auf mich sehr eingeübt und allzu kohärent wirkte. Zudem weckte seine Tendenz zur Selbstheroisierung meine Skepsis. Ich reagierte zum Teil unangemessen aggressiv und konfrontierte ihn mit den Widersprüchen, in die er sich in meinen Augen verwickelte:

ERZÄHLPERSON: […] ich bin gerne schwul. ja.
INTERVIEWER: du hast jetzt zweimal die depressionen erwähnt […].

Da er als Ehemann und Familienvater sein Männerbegehren 26 Jahre lang nicht offen auslebte, fiel es mir offensichtlich schwer zu glauben, dass sein Schwulsein für ihn immer unproblematisch gewesen sei. Deswegen unterstellte ich relativ spät im zweiten Gespräch einen Zusammenhang, den er selbst nie hergestellt hatte, zwischen seinen Depressionen und dem Verbergen seines gleichgeschlechtlichen Liebens. Auch jenseits des Interviews wollte ich seine Emotionalität als Schauspielerei und als pseudo-authentisch entlarven. Als er mir nach der ersten Unterhaltung – wie ich hinterher notierte – schwulstige Schlager vorspielte, die ihn an seine früheren Geliebten erinnerten, schien es mir, als ob er hinter den im Gestus schwelgender Versenkung halb geschlossenen Lidern genau beobachtete, wie ich auf seine emotionale Darbietung reagierte.

Dieses fast schon paranoide Misstrauen meinerseits zeigt, dass zwischen Herrn Schumann und mir nicht nur unterschiedliche Emotionstheorien aufeinanderprallten. Ich reagierte so heftig, weil ich mich persönlich angegriffen fühlte. Ich vermutete, dass er meinte, ich ginge nicht richtig mit meinen Gefühlen um. Man kann diese Reibungen als Konflikt zwischen generationenspezifischen emotionalen Stilen begreifen.[94] Ich kam 1976 zur Welt. Dass ich Emotionen als gesellschaftlich geprägte, oft ambivalente Phänomene begreife, hängt eng mit dem Gefühlswissen zusammen, dem ich in den 1990er-Jahren in Filmen, Büchern und Jugendmagazinen begegnete. Äußere Umstände verursachten dort emotionale Probleme, die die Einzelnen mit einem pragmatischen Emotionsmanagement lösen konnten. Herr Schumann wurde 1935 geboren und traf in den Nachkriegsdekaden auf eine Kultur der Gefühlsemphase, die unhinterfragbare Innerlichkeit betonte. So begreift er auch das gleichgeschlechtliche Begehren als eine unveränderliche Neigung. Schwule Befreiung heißt für ihn dementsprechend: Jeder sollte sein immer schon vorhandenes Schwulsein erkennen und offen zeigen. Meiner Erfahrung und Überzeugung nach verlaufen schwule Identifikationsdynamiken weniger geradlinig, zumindest seit den 1990er-Jahren, als in der Folge der Emanzipationsbewegungen sexuelle Vielfalt immer normaler wurde. So gesehen hat der Streit zwischen Herrn Schumann und mir auch eine historische Dimension: Wir rieben uns als Vertreter unserer jeweiligen Generationen aneinander.

Allerdings sollte man Herrn Schumanns Gefühlsbegriff nicht nur als Effekt einer bestimmten Zeit und Kultur deuten. In seinem Reden über Gefühle vermengen sich verschiedene historische Schichten. Neben der Emphase des unhinterfragbaren Fühlens prägen mit Authentizität und schwulem Selbstbewusstsein auch Begriffe aus den 1970er-Jahren seine Erzählung. Zudem weicht Herr Schumann mitunter von seinen eigenen Prämissen ab. Angst – insbesondere vor dem eigenen Begehren – ist für ihn kein natürliches, sondern ein gesellschaftlich fabriziertes Gefühl, das man hinterfragen und überwinden muss. In diesem Sinn kontrolliert er auch seine Depression mithilfe von Medikamenten. Vor allem aber zeigen die Reibungen zwischen Herrn Schumann und mir, dass mein Konstruktionismus ebenso auf historisch spezifischen Annahmen beruhen kann wie sein Essenzialismus. Meine Annahmen sind nicht per se objektiver, auch wenn sie von heute aus betrachtet plausibler erscheinen mögen als seine, weil sie jüngeren Datums sind. Verfährt die Gefühlsgeschichte also anachronistisch, wenn sie ein Emotionsverständnis von der Wende zum 21. Jahrhundert auf frühere Zeiten und Epochen überträgt? Und da sich heutige Historiker*innen meist auf das konstruktionistische Paradigma stützen: Reicht dieses aus für eine Geschichte der Gefühle, die der Komplexität ihres Gegenstands gerecht werden will?

Jede Untersuchung der Homosexualitäten in der Phase des Ausweichens ist von diesem Problem unmittelbar betroffen. Denn wenn man annimmt, dass zeitgenössische Vorbilder das Fühlen der Einzelnen prägen, wie konnten Menschen dann etwas empfinden, für das es keine Vorbilder gab? Auf dem westdeutschen Land standen in den Nachkriegsdekaden keine Muster für intime Nähe zwischen Personen des gleichen Geschlechts zur Verfügung, an denen sich Heranwachsende hätten orientieren können. Trotzdem entwickelten einige von ihnen solche unaussprechlichen Gefühle. Hier kommt der Konstruktionismus an seine Grenzen. Als hilfreich erweisen sich dagegen affekttheoretische Ansätze. Ähnlich wie Herr Schumann betonen diese die spontane, nicht sprachlich vermittelte Intensität eines Fühlens, das sich jenseits gesellschaftlicher Prägungen im Unbestimmten bewegt. Allerdings entspringt dieses Fühlen aus affekttheoretischer Sicht nicht im Inneren des Einzelnen. Die affektiven Kräfte durchströmen die Subjekte von außen und stoßen sie so in bestimmte Richtungen. Wenn man auf den Anspruch verzichtet, alle Phänomene vollständig und rigoros nur mittels eines einzigen Modells zu erklären, dann erweist sich die Spannung zwischen affekttheoretischen und konstruktionistischen Zugängen als ausgesprochen produktiv für die Geschichte der Gefühle.[95]

Mehrere Erzählpersonen berichten von vorbildlosen, unbestimmbaren, aber quälend intensiven Gefühlen der Zuneigung zu Personen des gleichen Geschlechts, die sie zuallererst dazu brachten, sich mit ihrer sexuellen Orientierung zu beschäftigen. Solche Momente des Changierens zwischen artikulierbaren Empfindungen und uneindeutigen Affekten eröffneten dem Fühlen neue Möglichkeiten. Hier eine Passage aus der Erzählung des 1938 geborenen Herrn Kuhn:

> und als ich mit 18 in der lehre war, ähm, ha-hab ich zum ersten mal halt (.) gemerkt, dass mit mir was anders ist, [...] und (.) ich war f-f-furchtbar irritiert, (.) weil ich gar nicht richtig wusste, w-was mit mir ist. [...] das erste mal, wo ich gemerkt, w-wo, äh, also wenn ich jetzt zurückdenke, hm, [...] denk ich, na ja, das w-, das war, also d-das, das war eindeutig, aber damals war ich v-völlig irritiert. [...] damals, äh, hab ich zum ersten mal, äh, äh, mich mit einem betreuer, der natürlich 20 jahre älter war als ich, äh, m-mich, äh, angefreundet. und, äh, hab dann GEMERKT, [...] äh, äh, äh, d-dass ich (.) richtig sehnsucht hatte nach DEM. es hat mich v-vollkommen irritiert [...], weil ich meine gefühle gar nicht (.) richtig sortieren konnte. ich glaube, ich hab damals (.) auch noch gar nicht richtig gewusst, dass ich, dass ich, dass ich SCHWUL bin.

Selbstverständlich ist die damalige Verschwommenheit des Affekts, wie Herr Kuhn betont, im erinnernden Rückblick geklärt. Inzwischen weiß er, was er früher empfunden hat. Aber dennoch bewegen sich das Stottern, das Zögern und die Wiederholungen – die sich hier auffällig häufen – am Rand des Formulierbaren. Zudem wechselt das Tempus zwischen Perfekt, Präteritum und Präsens hin und her. Sechsmal spricht Herr Kuhn grammatisch in der Gegenwartsform. Mit »wenn ich jetzt zurückdenke«, »denk ich« und »ich glaube« meint er den Moment des Interviews und des Erinnerns. Die übrigen, auffällig parallelen Wendungen – »ich hab gemerkt, dass mit mir was anders *ist*«, »ich wusste nicht, was mit mir *ist*« und »ich hab nicht gewusst, dass ich schwul *bin*« – beziehen sich auf den erinnerten Moment, das über 50 Jahre zurückliegende Erlebnis. Die Verben ›(zurück)denken‹, ›glauben‹ (im Sinn von vermuten), ›merken‹ und ›wissen‹ beschreiben kognitive Vorgänge. Die Eindeutigkeit der Kenntnisse, auf die sich dieses Denken bezieht, wird jedoch durchgängig infrage gestellt. Alle Formulierungen sprechen von einem ungefähren Wissen über den und ein Nicht-Wissen im erinnerten Moment. Das, was Herr Kuhn damals nicht oder nicht genau wusste, beschreiben drei Nebensätze, die alle von finiten Formen des Verbs ›sein‹ im Präsens bestimmt sind. Es geht um das, was ›mit mir ist‹ und was ›ich bin‹. Nur bei einem vierten, ebenfalls parallel konstruierten Satz – »hab dann gemerkt, dass ich richtig Sehnsucht hatte nach dem« – wechselt er nicht in die grammatische Gegenwart, sondern verharrt in der Vergangenheit.

So gesehen liegt das unbestimmte Gefühl der Sehnsucht dem erinnerten Moment zeitlich am nächsten und entspricht am ehesten dem, was Herr Kuhn damals empfand. Die gegenwärtige schwule Identität verhilft diesem irritierenden Fühlen lediglich im Rückblick zur Eindeutigkeit. Allerdings vermitteln die Präsenswendungen – »dass mit mir was anders ist«, »was mit mir ist« und »dass ich schwul bin« – zugleich eine gewisse Unsicherheit über den Beginn des eigenen Schwulseins. Es bleibt offen, ob Herr Kuhn damals nicht wusste, dass er in Zukunft schwul sein wird, oder ob er nicht wusste, dass er damals bereits schwul war. Die Verschwommenheit des vergangenen Affekts geht einher mit einem uneindeutigen Anfang der schwulen Identität. Alles zusammen, die Sehnsucht, die Freundschaft, die Gefühle und das Schwulsein, gehört – Herrn Kuhns Wortwahl entsprechend – zur irritierenden Sphäre dessen, was ist oder war. Zwischen diesen Phänomenen und dem Denken schafft er eine Spannung, indem er im permanenten Wechsel von dem spricht, was er weiß respektive wusste, und dem, was ist respektive war. Das kognitive Denken – gleich ob im Moment des Erinnerns oder im erinnerten Moment – wird so zum nie gänzlich erfolgreichen Versuch, die Phänomene und die Empfindungen zu »sortieren«, sie eindeutig zu begreifen.

Herr Kuhn spricht hier also im affekttheoretischen Sinn von einem unbestimmten Fühlen, das er im konstruktionistischen Sinn mittels sprachlich und gesellschaftlich vorgeprägter Muster fassen will. Auf ähnliche Weise erzählt auch Frau Lippold von einem unklaren Gefühl, das »immer wieder auftaucht[e]« und das sie nicht benennen konnte. Sie versuchte, sich »kundig zu machen«: »Ich wollt es wissen.« Und Frau Schmidt entsinnt sich früherer Empfindungen, die sie nicht »mit Bestimmtheit« beschreiben konnte. Erst »im Nachhinein« denkt sie, dass sie »verliebt« gewesen sei. Die Erzählungen heben die Spannung zwischen Erklärung und Unverständnis jedoch nicht auf, sondern behalten sie bei. Auch im Rückblick lässt sich nicht alles lückenlos klären. Auf eine für die Phase des Ausweichens charakteristische Weise oszilliert das vergangene Fühlen zwischen bestimmtem Wesen und offenem Werden.

PLÖTZLICHE LIEBE, DAUERFREUNDSCHAFTEN UND ANDERE BEZIEHUNGEN

Die für die Nachkriegsdekaden typische Uneindeutigkeit des gleichgeschlechtlichen Liebens ging oft mit einer rasanten Plötzlichkeit einher. Herr Weber schildert zwischenmännliche Kontakte als »billardkugelmäßig: Man berührte sich, man hielt sich mal fest und dann ging man weiter.« Und Herr Riedel spricht von »Hauruck-Geschichten« und »Glücksmomente[n]«, in denen ihm »der Verstand flöten« ging. Für kurze Zeit übernahm das »Kribbeln« das Ruder, und er vergaß die sonst allgegenwärtige Angst, entdeckt zu werden. In den Briefen, die Michael Anfang der 1970er-Jahre an Herrn Kuhn schrieb, stellt er sein Fühlen ebenfalls als rasant und unvermittelt dar. Vom Aufbrausen ist dort die Rede, von »Heftigkeit« und vom »Schock«. Für den Briefeschreiber war es ein Problem, dass sich diese gewaltigen Gefühle kaum in »klare[], ehrliche[] Worte« kleiden ließen. So entging den Fühlenden die Chance, ihr »Glück« als »etwas Ganzes« und »Erfüllendes« in ihr Leben zu integrieren. Michael ringt mit der Schwierigkeit, das Unbegreifliche auszudrücken, das Plötzliche zu verstetigen.[96] Im Alltag war das unmöglich, weil Michael mit Herrn Kuhn eine außereheliche Affäre hatte. Die beiden konnten einander immer nur kurz und heimlich treffen. Lediglich im Medium der Handschrift konnte Michael seinen Gefühlen eine dauerhaftere, ausführlichere und eindeutigere Form geben.

Der Versuch, das Unsagbare zu Papier zu bringen, dem Flüchtigen Dauer zu verleihen, konnte auch ins Floskelhafte abgleiten. Das zeigen Liebesgeschichten wie *Herbstsommer*, 1961 in *Der Weg* erschienen, die das »nicht genau Feststellbare« des Fühlens erzählerisch fassen wollten. »Alle Gedanken«, hieß es da, »alle Worte, die er mitteilen wollte, waren verschwunden. Nur sein Herz arbeitete und gab die merkwürdigsten Klopfzeichen von sich.«[97] Das unbegreifliche Gefühl wird hier paradoxerweise als ein klar umrissener literarischer Topos erkennbar. An dieser Formel vom unbeschreiblichen Fühlen orientierten sich vielleicht auch die Erzählpersonen, denen es schwerfiel, ihrem Empfinden einen klaren Ausdruck zu verleihen. Das literarische Motiv vom Gefühl, das mit Worten nicht angemessen beschrieben werden kann, ist eng mit der Vorstellung vom plötzlichen Augenblick verknüpft. Die Novelle *Herbstsommer* entfaltet sich dementsprechend aus einem flüchtigen, entscheidenden Moment heraus: der Begegnung zwischen den beiden Protagonisten, die – wie der Erzähler die Lesenden wissen lässt – »das Wort ›kennenlernen‹« kaum zutreffend beschreibt. Der eine – »in Gedanken nannte er ihn ›Baby‹« – bricht zusammen und fällt ohnmächtig in die Arme des anderen – des Seemanns Morten. Damit ist das Schicksal der beiden im Nu besiegelt. Nachträglich bestätigt Baby dieses sprachlose Einverständnis mit den Worten, Morten sei »der Mensch«, mit dem er in seinem »Orplid schon seit langem zusammenlebe«.[98]

Weniger gekünstelt, aber ähnlich rasant erzählen einige Gesprächspartnerinnen davon, wie sie früher anderen Frauen näherkamen. Frau Eitner sagt, sie habe sich immer »ratzifatzi« verliebt. Frau Fischer schildert ihre »allererste erotische Erfahrung«, die sie mit Anfang 20 in den späten 1960er-Jahren machte, ebenfalls als sehr plötzlich. Sie und eine Bekannte saßen auf dem Sofa und redeten miteinander: »Und auf einmal gucken wir uns an und [...] kommen uns näher und fangen an, uns so, wie zu küssen.« Sie habe, sagt Frau Fischer, sich das »überhaupt nicht erklären« können, es habe sie »überfallen«. Ähnlich erging es ihr wenige Jahre später, als zwischen einer Kollegin und ihr ganz unvermittelt »was Helles« aufgetaucht sei. Die narrative Struktur verstärkt an dieser Stelle den Eindruck des plötzlichen Herausragens. Anfang und Ende der Passage, in der Frau Fischer die beiden Ereignisse schildert, sind mit »also es gab diese eine Frau, Helga« und »so war das da mit der Helga« klar markiert. Dazwischen gleicht die Geschichte in ihrem regelmäßigen Aufbau einem in sich geschlossenen Rondo. Dieses hebt sich deutlich vom Rest des Interviews ab und taucht damit ebenso unvermittelt in der Erzählung auf wie die Helligkeit zwischen den beiden Frauen in Frau Fischers Erinnerung.[99]

Neben solchen plötzlichen und unausweichlichen Begegnungen gab es auch Annäherungen, die sich langsamer entwickelten, man erwog die Attraktivität des Gegenübers und entschied sich entweder für oder gegen ein weiteres Treffen. Wenn Herr Weber einen fremden Mann ansprach – »haste mal Feuer?« –, konnten sich die Dinge in zweierlei Richtung entwickeln. Entweder ging die »erste Berührung [...] durch und durch«, dann kam es unmittelbar zum Sex. Oder man hat sich »kennengelernt«, dann »zum Kaffee« verabredet, »um sich zu beschnuppern«, dann etwas zusammen unternommen – »so richtig über diese Verabredungsschiene« –, »bis man denn irgendwann« entschied: »Na gut, heute Nacht [...] schlaf ich mal bei dir.« In diesem Sinn lassen sich plötzliche von allmählichen Annäherungen unterscheiden. Als rasant und unausweichlich beschreiben die älteren Gesprächspartner*innen vor allem ihre frühen Begegnungen in der Phase des Ausweichens. Später entwickelten sich ihre Beziehungen dann auf allmählichere Weise.

Ganz anders als ihre ersten Erfahrungen beschreibt Frau Fischer die Begegnung mit Gesine, die sie in den späten 1990er-Jahren kennenlernte und mit der sie zum Zeitpunkt des Interviews zusammenlebte. Sie näherte sich Schritt für Schritt und dachte dabei darüber nach, was sie sich wünschte, warum ihre aktuelle Beziehung ihr nicht behagte und wie sie möglichst unverfänglich in Gesines Nähe gelangen könnte.[100] Der Wechsel vom plötzlichen zum allmählichen Annähern hängt sicherlich damit zusammen, wie sich Frau Fischers Fühlen im Lauf ihres Lebens generell verändert hat. Früher sei sie schnell »im siebten Himmel« gewesen, sagt sie, heute sei ihr Fühlen dagegen »geerdeter«. In anderen Worten, mit der Reife schwand der Überschwang. Der Weg vom Plötzlichen zum Allmählichen hat neben der biografischen aber auch eine historische Dimension. Anders als bei den älteren, ergaben sich bei den jüngeren Erzählpersonen oft auch ihre ersten gleichgeschlechtlichen Erfahrungen aus schrittweisen, wohlüberlegten Annäherungen. In den 1980er- und 1990er-Jahren, als die Akzeptanz sexueller Vielfalt zunahm, kamen sie ihren Partner*innen unter ganz anderen Bedingungen näher als die älteren Gesprächspartner*innen in den Zeiten ausgeprägter Stigmatisierung.

Den Unterschied zwischen beiden Situationen verdeutlicht ein Vergleich zwischen Frau Fischers frühen Erfahrungen und ihrer Annäherung an Gesine. In den späten 1960er-Jahren küssten sie und ihre Bekannte sich auf dem heimischen Sofa, während ihre betrunkenen Partner schlafend danebensaßen. Gesine lernte Frau Fischer stattdessen in einem Frauenseminarhaus kennen, also an einem Ort, der Frauen vorbehalten war und an dem diese einander in Ruhe näherkommen konnten, ohne die Angst, schlafende Männer zu wecken. Solche geschützten Orte für schwule oder lesbisch-feministische Aktionsgruppen, Jugendtreffs und Beratungszentren entstanden erst ab den 1970er-Jahren. Davor boten sich Chancen für Annäherungsversuche deutlich seltener. Wenn sich doch einmal ein enges Zeitfenster öffnete und eine kleine Nische fand, dann galt es, diese Gelegenheit unverzüglich zu ergreifen, bevor sie ungenutzt verstrich, bevor die gewohnten Ängste und Zwänge sich wieder Geltung verschafften. Deswegen entstand zwischenfrauliche und zwischenmännliche Intimität in der Phase des Ausweichens oft plötzlich und unvermittelt.

Aber nicht alle Begegnungen verliefen so rasant. Einen alles andere als flüchtigen Gegenentwurf propagierten die homophilen Zeitschriften: die Dauerfreundschaft. Sie galt als ein ideales Modell für gleichgeschlechtlich liebende Menschen, die unbehelligt in trauter Zweisamkeit leben wollten (vgl. Abbildung 3). Lediglich manche Homosexuelle, so ein Artikel in *Der Kreis*, seien aufgrund ihrer charakterlichen Unstetigkeit nicht in der Lage, eine solche stabile Freundschaft aufrechtzuerhalten. Diese Bedauernswerten seien dazu verdammt, ihre Bedürfnisse in zügigen Kontakten zu befriedigen.[101] Andere Autoren machten nicht die Einzelnen, sondern gesellschaftliche Zwänge für die mangelnde Konstanz der Beziehungen verantwortlich. In *Der Weg* wurde bezweifelt, dass Homophile eine »stärkere Sexualität« hätten

Abbildung 3: Ein häusliches und treues Freundespaar? Ohne weitere Angaben abgedruckte fotografische Illustration zu Helmut F. H. Bauer: Wer kann uns denn heute die Liebe verbieten?, aus: *Du & Ich* 1 (1969), 1, 18.

als andere Menschen. Allerdings erschwere die Stigmatisierung es ihnen, »in ein eheähnliches Verhältnis mit einem Freunde« zu kommen.[102] Dieses Argument reagierte auf eine Frage, die die vorherige Ausgabe aufgeworfen hatte: »Ist die Erotik unser tägliches Brot?« Unter diesem Titel war in anklagendem Ton von der »Treue« die Rede, die »unter den Menschen unserer Art so wenig gefragt« sei, und vom uneigennützigen »Opfer für den Freund«, zu dem kaum einer bereit sei.[103]

Diese anti-hedonistische Haltung predigte »Moral, Ethik und feste Bindung« statt »›süße[m] Leben‹« und stieß sich in kulturpessimistischer Manier daran, dass »augenblicklich der Genuß höher bewertet« werde als der Verzicht. Aus dem Ruf nach Opferbereitschaft, mit der »jede echte Gemeinschaft« stehe und falle, lassen sich auch nationalistische und anti-amerikanische, konsumkritische Töne herauslesen.[104] So weit gingen aber nicht alle Autoren. Manche betonten stattdessen die »Mannigfaltigkeit der Homosexualität« und stellten lapidar fest, dass die Zahl derjenigen, die ständig auf der Suche seien, diejenige der treuen Paare bei Weitem übertreffe. Das sei aber nicht unbedingt bedauerlich, und statt sich aufzuregen, solle man lieber »dankbar« sein, »daß neben tausenden von Bedürfnisanstalten eine Freundesliebe vielleicht existiert, daß neben Hunderttausenden von ›Schäferstündchen‹ vielleicht eine Treue wartet«.[105] Die meisten Autoren waren jedoch weniger gelassen. Einer schlug sogar vor, »Homophile zur ›Monogamie mit einem Mann‹ zu erziehen«.[106] Und ein anderer forderte, »Ordnung in unsere intimen Beziehungen zu bringen«, um so die »Duldung bei den Normalen« zu erreichen.[107]

In der Tat stand das Verbot sexueller Kontakte außerhalb der monogamen Zweierbeziehung in den Nachkriegsdekaden auch bei den ›Normalen‹ hoch im Kurs, zumindest dort, wo Eltern und andere Ratgeber zu guter Lebensführung mahnten. So wie die homophilen Moralapostel auf der Treue beharrten und gegen die Promiskuität wetterten, bestanden ihre heterophilen Kollegen auf der Ehe als dem allein selig machenden Ort für das sexuelle Begehren. Frau Opitz sagt, in ihrem Elternhaus sei es »mindestens ebenso verpönt« gewesen, »Sexualität mit 'nem Mann vorehelich auszuleben«, wie der Gedanke »an gleichgeschlechtlichen Kontakt überhaupt nicht vorhanden« gewesen sei. Und in ähnlichen Worten wie die homophilen Zeitschriften verurteilten Ratgeber für ein andersgeschlechtlich liebendes Publikum außerehelichen Sex als Folge einer »Diktatur der Triebe«, die im Namen der »echten [...] Liebe« bekämpft werden müsse. Das erfordere »Macht des Willens« und eine strenge »Schule der Enthaltsamkeit«. Weh denen, die »sich gehen lasse[n] und süße Stunden ergreife[n]«, wann immer sich eine Gelegenheit bietet.[108] Andere Ratgeber warnten ebenfalls vor dem »wahllose[n] Wechsel der Sexualpartner«, der immer gängiger zu werden drohe, und vor »technisierten Konkubinatsverhältnisse[n]«, die man neuerdings als feste »Beziehungen« bezeichne.[109] So gesehen waren die homophilen Autoren Teil einer breiteren Phalanx, welche die sexualmoralische Liberalisierung aufzuhalten versuchte.

Die homophilen Kommentatoren standen jedoch vor dem Problem, dass das hegemoniale Modell der Ehe für sie unerreichbar war. Daher mussten sie sich mit der Dauerfreundschaft als Surrogat begnügen. Sie betonten jedoch, dass Letztere gerade in puncto Dauerhaftigkeit der Ehe deutlich überlegen sei. Einige argumentierten, der Mensch sei von Natur aus »polygam veranlagt«, und deswegen halte das offene »Verhältnis« der Dauerfreundschaft länger als die von Rechts wegen sexuell exklusive Ehe.[110] Die meisten waren aber der Ansicht, dass die größere Bereitschaft zur »Treue« den Dauerfreundespaaren den entscheidenden Vorsprung verschaffe.[111] Dahinter steckte letztlich die Überzeugung, dass die homophile Freundschaft nicht nur haltbarer, sondern auch erhabener sei als die Ehe. Solche Überhöhungen der zwischenmännlichen Beziehung beriefen sich auf das antike Modell des heroischen Freundespaares, auf romantische Vorstellungen von Freundesliebe und auf militärisch geprägte Kameradschaftsideale. Während die Liebe zwischen Mann und Frau »Kriege« mit sich bringe, so hieß es, sei »die Freundschaft eine Kunst«, die einen dauernden »Frieden« bewirke.[112] Herr Meyer idealisiert die Männerfreundschaft ebenfalls, greift als schwuler Christ aber zu anderen Sternen. Er verweist im Interview auf David und Jonathan – »du warst mir mehr, als Frauenliebe ist«[113] – und auf eine spätmittelalterliche Holzskulptur von Christus und Johannes (vgl. Abbildung 4), um seine Idealvorstellung von Männerliebe zu illustrieren. Das sei »so innig dargestellt«, sagt Herr Meyer: »Christus mit leicht geneigtem Haupt [...] sieht eher in sich als nach draußen«. Und Johannes liegt »sehr vertraut mit seinem Haupt« auf der Schulter Christi. An einer »bestimmten Stelle« sei der Mantel aufgeschlagen, und durch das rote Futter wirke es, also ob »ein gemeinsamer [...] Blutstrom« die beiden verbinde.

Solche überhöhenden Modelle der Freundschaft zwischen Männern konnten auf zweierlei Weise problematisch sein. Sie waren oft verbunden mit einem misogynen Ausschluss von Frauen aus der reinen Männerwelt. Und die Beziehung zwischen den Freunden war häufig klar hierarchisch. Im Alltag spiegelte sich dieser Aspekt des Ideals mitunter in der ökonomischen Abhängigkeit des einen vom anderen Partner. In Annoncen suchte ein junger Mann nach einem »vermögenden« Gönner oder umgekehrt ein »Apothekenbesitzer« nach einem »perfekten, gutgebauten jüngeren männl. Pharmazeuten [...], evtl. Festan-

Abbildung 4: Innige Liebe zwischen Männern? Apostel Johannes an der Brust Christi (Johannesminne), Bodenseegebiet um 1310, Foto: Andreas Praefcke, https://de.wikipedia.org/wiki/Datei:Apostel_Johannes_ an_ der_ Brust_Christi_Bodenseegebiet_um_1310.jpg (letzter Zugriff am 23.06.2017).

stellung«.[114] Die Hierarchie konnte auch auf geschlechtlich codierten Rollen beruhen, zwischen maskulin-dominanten und feminin-devoten Partnern. Davon spricht Herr Weber, wenn er sagt, er sei »nicht feminin genug« gewesen für die »Machotypen« und »nicht Macho [...] genug für die Femininen«. Prominent waren in den Zeitschriften zudem Beziehungsmodelle, bei denen ein großer Altersunterschied die Partner trennte. »Der Greis von Teos streicht den weißen Bart«, hieß es in einer 1960 veröffentlichten Übersetzung eines antiken Gedichts, »und kost die Schönen, liebevoll und zart.«[115]

Die homophilen Autoren verteidigten derlei pädosexuelle Muster – oft war von ›Knabenliebe‹ die Rede –, indem sie im Gestus der Selbst-Apotheose darauf verwiesen, dass auch die alten Götter intime Beziehungen zu »Jünglinge[n]« unterhalten hätten. Es sei keine Schande, wenn ein älterer Mann einen Heranwachsenden begehre; Gesellschaft und Wissenschaft sollten solche Gefühle nicht aufgrund von Vorurteilen verteufeln.[116] Derlei Argumente mögen mit ein Grund dafür sein, dass Herr Schumann, der als 11-Jähriger 1946 von seinem Schuldirektor – einem ungefähr 40 Jahre älteren Priester – »verführt« wurde, diesem nicht direkt sexuellen Missbrauch vorwirft. Er schildert den Übergriff auf sehr zwiespältige Art und Weise: Einerseits habe er die körperliche Nähe selbst gewollt und genossen. Andererseits habe er aber bereits damals gespürt, dass er ausgenutzt werde. Auch in den Zeitschriften finden sich Problematisierungen der ›Päderastie‹. Nicht zuletzt um männerliebende Männer gegen das Vorurteil vom homosexuellen Kinder- und Jugendgefährder in Schutz zu nehmen, bestanden manche Autoren darauf, die »Homophilie [...] streng zu scheiden von der Pädophilie«.[117]

Auch jenseits dieser Debatte wandten sich viele von hierarchischen Modellen ab und der »partnerschaftliche[n] Lebensform« unter Gleichaltrigen und Gleichberechtigten zu.[118] Mit diesem egalitären Ideal war die Hoffnung verbunden, dass hetero- und homosexuelle Beziehungen einander immer ähnlicher werden würden. Da sich die Hierarchien zwischen Ehemännern und Ehefrauen in den 1960er-Jahren ebenfalls zu verringern begannen, konnten gleichgeschlechtliche Partnerschaften in puncto Gleichrangigkeit eine gewisse Vorreiterrolle beanspruchen. Letztlich würden, so die Hoffnung, in Zukunft alle Beziehungen egalitär sein und gleichgeschlechtlich Liebende sich nur noch in der »Objektwahl« von den »Heterosexuellen« unterscheiden.[119] Hierarchische Muster, die sich – wie ein Artikel in *Der Weg* unter Rückgriff auf ein Vorurteil gegenüber frauenliebenden Frauen behauptete – gerade unter »Lesbierinnen« bis zur »Hörigkeit« steigern konnten, passten nicht mehr zu diesem modernen Bild einer gleichberechtigten gleichgeschlechtlichen Partnerschaft.[120]

Abgesehen von derlei Diffamierungen äußern sich die Zeitschriften kaum zu Beziehungen zwischen Frauen. Die Interviews zeigen jedoch, dass die beste Freundin eine wichtige Rolle spielte. Allerdings meinte Freundinnenschaft für frauenliebende Frauen etwas anderes als Freundesliebe und Dauerfreundschaft im männlich-homophilen Kontext. Mit der besten Freundin ließen sich Rezepte ebenso tauschen wie Zärtlichkeiten, die Beziehung mit ihr war ebenso unverfänglich wie intim. Genau dieses Oszillieren nutzten Frau Schneider und Alma, um sich vielfältige Handlungs- und Deutungsoptionen zu eröffnen. Die beiden Frauen kennen einander seit 1964, als sie beide um die 14 Jahre alt waren. Wenn Alma »mich irgendwo vorstellt«, so Frau Schneider, »sagt sie [...] immer lächelnd, das ist meine älteste Freundin«. Seit ihrer Jugend verband die beiden eine intensive emotionale und sexuelle Beziehung, die sie mit Unterbrechungen auch als Erwachsene fortsetzten. Als Alma begann, Männerbeziehungen zu haben, war Frau Schneider eifersüchtig. Als sie einen Ring, den sie Alma geschenkt hatte, »am kleinen Finger« von Almas »neuestem Freund« sah, dachte Frau Schneider: »Ich flippe aus.«

Später freundete sich auch Frau Schneider mit Männern an. 1975 heiratete sie Dietrich, den sie als »Kamerad« betrachtete und der ihre Treffen mit Alma tolerierte, die in derselben Zeit zwei Ehen und mehrere Affären durchlebte, eine davon mit Dietrichs Bruder. Über das Verhältnis zwischen ihrer Ehe und ihrer Beziehung mit Alma sagt Frau Schneider: »Das eine hatte für mich mit dem anderen nix zu tun. Also das konnte ich parallel.« Daran änderte auch ihre Affäre mit Gerhard in den 1980er-Jahren nichts. Frau Schneider traf sich weiter mit Alma, ohne ihrem Geliebten gegenüber die sexuelle Dimension dieser Freundschaft zu verheimlichen. Erst als Frau Schneider 1998 ihre Partnerin Angelika kennenlernte, endete »das Sich-angezogen-fühlen von Alma« und legte sich Frau Schneider auf eine eindeutige lesbische Identität fest. Zum Zeitpunkt des Interviews besteht zwischen Frau Schneider, ihrer Partnerin Angelika, ihrem Ehemann Dietrich und ihrer besten Freundin Alma ein gutes Verhältnis. In wechselnden Dreier-Konstellationen verbringen die vier gemeinsam ihre Urlaube.

Der Begriff der besten Freundin eröffnete frauenliebenden Frauen in der Phase des Ausweichens mithin Spielräume, in denen sie anders- und gleichgeschlechtliche Konstellationen relativ reibungslos miteinander vereinbaren konnten, ohne sich auf eine eindeutige sexuelle Identität festzulegen.[121] Frau Schneider verteilte die Spannung zwischen flüchtigem Kontakt und eheähnlicher Dauerfreundschaft in diesem Sinn geschmeidig auf verschiedene, gleichzeitig gelebte Beziehungen. Ihre Intimität mit Alma war jeweils nur vorübergehend, aber die Treffen wiederholten sich. Und ihre Kameradschaft mit Dietrich war dauerhaft, aber nicht eheähnlich. So fügt Frau Schneiders Erzählung unterschiedliche Beziehungsmodelle ineinander. Diese waren, wie auch die plötzliche Annäherung an gleichgeschlechtliche Partner*innen, von den besonderen Bedingungen der Nachkriegsdekaden, vor allem von der gesellschaftlichen Stigmatisierung geprägt. Aber dennoch entwickelte sich eine Vielfalt von Liebes-, Begegnungs-, Partnerschafts- und Freundschaftsmustern, die es den Einzelnen ermöglichte, ihr gleichgeschlechtliches Begehren mehr oder weniger eindeutig und mehr oder weniger sichtbar auszuleben.

ZWISCHEN STOLZ UND VERZWEIFLUNG: AMBIVALENTE GEFÜHLE

Diese Vielfalt an Möglichkeiten sollte allerdings nicht über die Einschränkungen hinwegtäuschen, mit denen frauenliebende Frauen und männerliebende Männer in der Phase des Ausweichens zu kämpfen hatten. Die Spannung zwischen Verlockung und Verbot produzierte ambivalente Gefühle oder zwiespältige emotionale Lagen: Liebe, Freude und Erregung auf der einen sowie Scham und Angst auf der anderen Seite. Mit diesen emotionalen Widersprüchen gingen die Gesprächspartner*innen sehr unterschiedlich um. Manche reagierten mit heroischem Mut und Stolz auf die Widrigkeiten, denen sie begegneten und die sie letztlich erfolgreich meisterten. Andere waren weniger selbstsicher und oft der Verzweiflung nahe angesichts der gewaltigen Herausforderungen, an denen sie zu scheitern und die sie zu erdrücken drohten.

Die erste, heroische Variante zeigt sich am deutlichsten in der Erzählung des 1935 geborenen Herrn Schumann. Für ihn ist die Angst eine Emotion, die ihm von außen aufgezwungen werden sollte. Das misslang jedoch, weil er sich erfolgreich gegen jedwede Einschüchterung wehrte. Die neunmonatige Haftstrafe, zu der er mit 22 Jahren aufgrund von § 175 verurteilt wurde, beschreibt er als eine aufregende Zeit. Im Gefängnis habe er mit vielen Männern Sex gehabt, sagt er. Auch nach der Entlassung verzichtete er nicht auf zwischenmännliche Intimität. Und wenn andere ihn wegen seiner Homosexualität benachteiligen oder desavouieren wollten – ob vor Gericht oder am Arbeitsplatz –, dann hat er sich nicht beschämt zurückgezogen, sondern seine Kontrahenten offensiv und wütend der Homophobie bezichtigt. Wenn er trotz dieser Furchtlosigkeit seine Homosexualität mitunter verbarg, dann nicht, weil er selbst Repressalien fürchtete, sondern weil er andere – als Jugendlicher seine Eltern und als Erwachsener seine Frau und seine Kinder – vor Anfeindungen schützen wollte. Durch seine Heirat mit 30 Jahren versteckte er sein gleichgeschlechtliches Begehren nicht hinter einer heterosexuellen Fassade, sondern er erfüllte sich seinen Wunsch, eine Familie zu gründen und Kinder zu haben. Er liebte seine Frau und verschwieg ihr gegenüber sein Schwulsein nicht. Angst hat in Herrn Schumans Erzählung mithin nie er selbst, sondern die anderen, »die Heteromänner vor uns Schwulen« und »die Kirche vor Sexualität insgesamt«, und diese »Angst ist das«, was seiner Meinung nach »überwunden werden muss«.

Eine ganz andere Rolle spielt die Angst in der Erzählung des 1943 geborenen Herrn Weber. Als junger Mann empfand er »Trauer«, weil er sich nicht »traut[e]«, seine Verliebtheit zu zeigen. Aus Furcht vor Zurückweisung und weil es ihm an »Selbstwertgefühl« mangelte, versuchte er »auf Freundschaft zu machen«. Nachdem er Ende der 1960er-Jahre nach West-Berlin gezogen war, begann er offener mit seinem Schwulsein umzugehen. Aber »innerlich« hat er es nach wie vor »nicht akzeptiert«. Er konnte seine »Verzweiflung« nur besser »verdrängen«. Häufig habe er sich »für 'n paar Tage« zu Hause »eingeschlossen« und seine ambivalenten Gefühle »gepflegt«, bis er wieder »raus« ging. Draußen traf er in der »Halbszene«, wie er sagt, »wirklich verletzte Leute«, die »sehr schwermütig waren«. Mithilfe von Alkohol und dem »Aufputschen in der Gruppe« gab er sich dort fröhlich und selbstbewusst, eine Fassade, hinter der nach wie vor »so 'n verängstigtes kleines Kind saß«. Der Zwiespalt zwischen »einsam, Verzweiflung und Ängste« sowie »Spaß, Lust und Freude« prägt Herrn Webers Lebensgeschichte über weite Strecken. Erst mit Anfang 50 habe er sich beim Alkoholentzug »entschieden, mich so zu nehmen, wie ich bin«. Seither gehe er pragmatischer mit seinen zwiespältigen Gefühlen um und führe ein »angenehm[es]« Leben.

Der Unterschied zu Herrn Schumanns heroischem Mut und Selbstbewusstsein ist offensichtlich. Während der eine Angst und Scham erfolgreich überwand, scheiterte der andere und litt an seiner inneren Zerrissenheit. Ein starker Held steht einem tragischen, schelmischen Überlebenskünstler gegenüber, einem Don Quichote der schwulen Halbwelt, könnte man sagen. Diese Differenz spiegelt sich auch in Herrn Schumanns und Herrn Webers Erzählungen über ihr Aufwachsen als Außenseiter. Herr Schumann genoss als begabter Sänger einen »Ausnahmestatus«. Als er neun war, »entdeckt[e]« eine Künstlerin seinen Knabensopran, während er beim Kühehüten auf einer nebligen Wiese ein Lied trällerte. Seine Fähigkeit, »höchste Koloraturen« zu singen – »ich war immer Solist« –, erregte weithin Aufsehen. Herr Weber dagegen war nicht herausragend, sondern fühlte sich ausgegrenzt. Weil sie zugezogen waren, wurde seine Familie mit Argwohn betrachtet. Zudem musste er, weil seine Eltern sehr arm waren, kurz nach dem Krieg für ein halbes Jahr bei anderen Leuten leben. Danach sagten seine Geschwister, er gehöre nicht wirklich zur Familie, man habe ihn »im Straßengraben gefunden«. Und auch in der Schule fühlte er sich nicht zugehörig, buhlte er als »Pausenclown« erfolglos um die Zuneigung seiner Kameraden.

In den 1970er-Jahren verhielten sich die beiden Erzählpersonen ebenfalls diametral unterschiedlich zum selbstbewussten Kampf der radikalen Schwulenbewegung. Herr Schumann sah sich als Vorbild und Ratgeber für die jüngere Generation, die von seiner Unterstützung profitierte. Ganz anders Herr Weber: Während schwule Aktivisten für Emanzipation stritten, betrank er sich in seinem traurigen Milieu. Mit den »sogenannten Gebildeten« und »politisch Engagierten« wollte er nichts zu tun haben. Deren Hoffnung widersprach seiner Verzweiflung. Dennoch ist es nicht so, dass sich Herr Weber seiner

Homosexualität schämt, während Herr Schumann auf sein Schwulsein stolz ist. Vielmehr schildern beide verschiedene Formen des Stolzes oder der Selbstanerkennung. Herrn Schumanns angeborenes Selbstvertrauen wurde zeit seines Lebens nie ernsthaft erschüttert. Herr Weber lernte dagegen erst nach einem zähen, jahrzehntelangen Ringen mit Selbstzweifeln und Zurückweisung, sich schließlich so zu akzeptieren, wie er war.

Von einem hart erarbeiteten Selbstwertgefühl erzählt auch der 1944 geborene Herr Meyer. Bei ihm mischen sich der souveräne und der verängstigte Umgang mit ambivalenten Gefühlen. Er betont, wie Herr Weber, dass er aus kleinen Verhältnissen kam, furchtsam war und ausgegrenzt wurde. Allerdings entfernte er sich im Lauf seines Lebens von diesen ärmlichen und ängstlichen Anfängen. Das gelang ihm dank seines Schwulseins, das er – wie Herr Schumann – positiv als Ausdruck seiner Besonderheit begreift. Auf Bildungsumwegen und in zahlreichen Coming-outs bewährte sich Herrn Meyers errungener Mut, bevor er als gereifter und selbstbewusster Mann in sein Elternhaus zurückkehrte. Dessen Enge, der er als junger Mann entflohen war, schätzte er nun als bescheidene Einfachheit. Letztlich hatten alle älteren Gesprächspartner mit solchen zwiespältigen emotionalen Lagen zu kämpfen und begegneten diesen entweder mit heldenhaftem Stolz, wie Herr Schumann, oder mit trauriger Verzweiflung, wie Herr Weber, oder mit einer Mischung aus beiden, wie Herr Meyer.

Interessanterweise entspricht keines dieser drei Modelle dem homosexualitätenhistorischen Befreiungsnarrativ, das in seiner gefühlsgeschichtlichen Variante von der Scham in Zeiten der Unterdrückung zum Stolz in Zeiten der Emanzipation führt.[122] Herr Schumann war schon immer stolz auf sein Schwulsein, während Herrn Webers Scham nie ganz verschwand. Sie ist am Ende seiner Erzählung eher in einem nach wie vor prekären Selbstwertgefühl aufgehoben. Die These, dass gleichgeschlechtlich liebende Menschen es im Lauf der Zeit geschafft hätten, sich aus einer Position der Scham in eine Position des Stolzes vorzukämpfen, bedarf auch noch aus anderen Gründen einer kritischen Überprüfung. Zum einen sprechen die Erzählpersonen, wenn sie von ambivalenten Gefühlen in der Phase des Ausweichens berichten, nicht von Scham, sondern von Angst. Herr Meyer hat sich seines gleichgeschlechtlichen Begehrens nie geschämt. Allenfalls habe ihn vorübergehend ein »schlechtes Gewissen« geplagt. Die Angst war dagegen allgegenwärtig. Noch in den 1970er-Jahren hat er auf schwulen Demonstrationen neben »Stolz« auch »Angst« empfunden.

Zum anderen beruht der vorgebliche Fortschritt von der Scham zum Stolz auf einem männlich geprägten Erfolgsnarrativ.[123] Die weiblichen Erzählpersonen sprechen nicht davon, dass sie ihre zwiespältigen Emotionen im Lauf der Zeit zielstrebig überwunden hätten. Eher durchlebten sie in allen Lebensabschnitten widersprüchliche Gefühlslagen. Begeistert erzählt Frau Schmidt vom Christopher Street Day 1979 in Bremen. Die Solidarität mit den anderen lesbischen und schwulen Demonstrant*innen stärkte ihr Selbstbewusstsein. Aber gleichzeitig erschrak sie »fürchterlich«, als ein älterer Mann am Straßenrand ihr mit einer Geste bedeutete, dass man sie alle umbringen solle. Genau diese Mischung aus Mut und Verunsicherung prägt auch die Erzählungen anderer Gesprächspartnerinnen.

Die Lebensgeschichte der 1943 geborenen Frau Lippold führt das Ineinander von Wagnis und Verzweiflung eindrücklich vor Augen. In ihrer Jugend hat sie ihre Gefühle »abgestellt«, als ihr klar wurde, dass ihre Eltern ihr gleichgeschlechtliches Begehren niemals tolerieren würden. Bis zur Volljährigkeit war sie weder glücklich noch unglücklich, sie konnte schlichtweg nicht fühlen. In ihrer Erinnerung sind diese Jahre »ein grauer, [...] schmerzhafter Kloß«. Danach verließ sie ihr Elternhaus und genoss die Freiheit. Aber sie konnte die »antrainiert[e]« Empfindungslosigkeit nicht hinter sich lassen. In ihrer ›Hippie-Phase‹, sagt Frau Lippold, habe sie oberflächlichen Glücksmomenten nachgejagt, weil sie »Angst« hatte, ihre eigentlichen Gefühle, inklusive der negativen, zuzulassen. Später verdrängte sie ihre »Probleme« durch ihren »Job«, in dem sie sehr erfolgreich war. Erst ab Mitte der 1990er-Jahre gelang es ihr durch verschiedene therapeutische Anstrengungen, bei sich selbst »anzukommen«. Nun stürzten die Gefühle, die sie »die ganze Zeit versteckt« hatte, »unkontrolliert«

auf sie ein. Erst durch diese Erfahrung habe sie schließlich wirkliches »Selbstvertrauen gewonnen«.

Interessanterweise fällt hier die eigentlich mutige Entscheidung nicht in die Zeit der scheinbaren Befreiung in den späten 1960er- und den 1970er-Jahren, als Frau Lippold ihr Coming-out hatte und ihre ersten lesbischen Erfahrungen sammelte. Das richtige Wagnis ging sie erst mit Anfang 50 ein, als sie sich zur emotionalen Offenheit sich selbst gegenüber durchrang. Allerdings tat sie das nicht, weil sie mutig und selbstbewusst, sondern weil sie ahnungslos war. Hätte sie damals gewusst, was das ›unkontrollierte‹ Zulassen ihrer Gefühle bedeutete, sagt sie rückblickend, hätte sie es nicht gewagt. Ihr Selbstvertrauen hat also mit einem wie auch immer gearteten Stolz auf das Lesbischsein nichts zu tun. Ihr Mut erwies sich vielmehr, als sie naiv damit begann, sich mit ihren widersprüchlichen Emotionen auseinanderzusetzen. Seither weiß Frau Lippold, dass sie stark genug ist, diese nicht zu überwinden, sondern mit ihnen zu leben.

Andere Gesprächspartnerinnen erzählen ebenfalls davon, wie sie es gelernt oder geschafft hätten, ihre ambivalenten Gefühle auszuhalten, sich mit ihnen zu arrangieren, statt sie zu bezwingen oder endgültig mit ihnen fertigzuwerden. Zwiespältige emotionale Lagen sind oft auch zentral für ihr Selbstverständnis als frauenliebende Frauen. In diesen Fällen sind gerade nicht Stolz und Glück, sondern Angst und Leiden die Grundlage für lesbische Identität. Für Frau Schneider war die »heftige Körperreaktion« ausschlaggebend, die die abfällige Bemerkung eines Berufsschullehrers über Schwule und Lesben bei ihr auslöste. Da sei ihr »schlecht geworden« und: »Da hab ich gemerkt, mein Herz rast und das Blut schießt mir in den Kopf und mir wurde schwindelig.« Aber: »Irgendwie hab ich mich an Stuhl und Tisch festgehalten und hab das überstanden.«

Frau Gruberova verknüpft ihr Lesbischsein ebenfalls mit einem emotionalen Zusammenbruch. Sie hatte als junge Frau »ganz viel Angst, entdeckt zu werden« und »nicht normal zu sein«. Als dann auch noch eine Kollegin, in die sie sich verliebt hatte, sie schroff zurückwies, konnte sie »auf einmal gar nix mehr«. Alltägliche Routinen wurden für sie zu unüberwindbaren Hürden: »Ich wusste nicht mehr, was ich einkaufen sollte, ich hab vorm Supermarkt im Auto gesessen, hab geweint. [...] Ich hab am Arbeitsplatz nichts mehr organisieren können, [...] ich hatte irgendwie 'ne totale Überlastung.« Daraufhin ermöglichte ihr der Arzt zum »Glück« eine Therapie, bei der sie »zu sich kommen« konnte und lernte, die Schwierigkeiten zu akzeptieren, mit denen sie als Lesbe konfrontiert war.

Das Überstehen bedrohlicher Situationen und das Ertragen zwiespältiger Gefühle sind hier entscheidend für die Herausbildung der eigenen sexuellen Identität. Frau Eitner betrachtet ihre Furcht sogar als Beleg für die Intensität ihres gleichgeschlechtlichen Begehrens. Sie hatte schon immer »ganz tiefe Ängste«, in ihrem »So-sein« nicht »akzeptiert« zu werden. Als Kind bemerkte sie, dass »komisch geguckt« wurde, wenn sie von Frauen schwärmte. Sie habe diese Ablehnung registrieren können, sagt sie, weil sie wegen ihrer Veranlagung bereits damals »'ne andere Antenne für solche Sachen« hatte. Die Sorge, »dass jemand rausfindet, dass ich lesbisch bin«, diese »Grundangst«, diese »totale Angst« hat sie ihr Leben lang begleitet. Aber das Ausmaß ihrer Furcht zeigte ihr gleichzeitig, wie wichtig ihr die »Gefühle« waren, die sie vor anderen verbergen wollte. Die überwältigende Angst davor, dass jemand ihr »Schatzkästchen« öffnet, bezeugt, wie »wertvoll« ihr gleichgeschlechtliches Fühlen für sie war.

Gerade die Erzählungen lesbischer Frauen beruhen auf biografischen Selbstentwürfen, die nicht vom souveränen Stolz, sondern von ambivalenten Gefühlen sprechen. Stark ist, so gesehen, nicht wer Scham und Angst überwindet, sondern wer zwiespältige emotionale Lagen aushält. Die Unsicherheit wird zu einem Prüfstein, an dem sich die Heftigkeit des eigenen Begehrens und der eigene Mut immer wieder von Neuem beweisen können. Stark im eigentlichen Sinn sind nur diejenigen, die ständig an sich zweifeln. So betrachtet erschließt sich auch der Sinn des auf den ersten Blick paradoxen Sprechens über die Gleichzeitigkeit von Scham und Stolz. »Einerseits hab ich mich dafür geschämt«, sagt Frau Eitner, »andererseits hab ich aber auch zu diesen Gefühlen gestanden.« Und Frau Schneider hat die ambivalenten

Gefühle nicht »unterdrückt«, sondern sich von ihnen begleiten lassen: »Es war da und ging mit.«

Diese gefühlsbiografischen Einsichten erfordern eine Kritik des homosexualitätenhistorischen Erfolgs- und Befreiungsnarrativs. Scham und Angst wurden im Zuge der Emanzipation nicht durch Stolz und Mut ersetzt, so als ob in den Nachkriegsdekaden nur selbstzweiflerische und ab den 1970er-Jahren nur selbstaffirmative Emotionen das Leben gleichgeschlechtlich begehrender Menschen bestimmt hätten.[124] Diese unterschiedlichen Formen des Fühlens schließen einander nicht wechselseitig aus. Sie existierten vielmehr in widersprüchlicher Gleichzeitigkeit. Deswegen ist es so wichtig, die historische und biografische Bedeutung ambivalenter Gefühle zu würdigen, anstatt sie als Stolpersteine auf dem Weg zu Freiheit und Anerkennung in Bausch und Bogen zu verwerfen. Der emanzipatorische Aufbruch der 1970er-Jahre brachte sicherlich neuen Mut und neues Selbstbewusstsein. Die Frauenbewegung habe ihr Leben mit »absolute[r] bunte[r] Power« bereichert, sagt etwa Frau Fischer. In der Zeit davor habe »Traurigkeit« ihren Alltag geprägt. Aber es gab auch »warme[]« und »schöne[]« Momente, die damals immer mit »Unsicherheit« verknüpft waren. Derlei zwiespältige emotionale Lagen verschwanden auch in der Phase des Aufbruchs nicht aus dem Gefühlsleben der Einzelnen. Diese Einsicht ist für die Gefühls- wie die Homosexualitätengeschichte von zentraler Bedeutung.

Oft blicken die Erzählpersonen vom Standpunkt mittlerweile erkämpfter Errungenschaften aus traurig-nostalgisch auf ihre ambivalenten Gefühle zurück und konstatieren einen Quantensprung zwischen damals und heute. »Häufig«, sagt Herr Meyer, sei er »neidisch«, wenn er »diese jungen Leute« im Schwulen-Zentrum sehe: »Das sind Teenies, Jungens, die knutschen da.« Dann denke er sich, dass er diese Möglichkeit auch gerne gehabt hätte, »frank und frei, ohne ein schlechtes Gewissen«, das zu tun, »was Jungens und Mädchen auch machen«: »Ich trauere schon danach, dass ich mit 14, 15, 16, 17, 18, 19, 20 niemanden hatte.«

Nur scheinbar löst sich hier der Widerspruch zwischen Trauer und

Freude in einer zeitlichen Abfolge auf. Herrn Meyers neidvoll-melancholischer Blick verteilt Angst und Mut, Scham und Stolz, Verzweiflung und Zuversicht nicht eindeutig auf den älteren Beobachter und die jüngeren Liebespaare. Die jungen Leute in den schwul-lesbischen Räumen sind nicht unbedingt so frank und frei und sorglos, wie Herr Meyer denkt. Und auch bei ihm selbst mischen sich wehmütige mit schönen Erinnerungen. Eine Geschichte, die diesen Ambivalenzen und spannungsreichen Gleichzeitigkeiten gerecht werden will, darf zwiespältige Emotionen nicht in die sichere Entfernung einer vermeintlich überwundenen Vergangenheit verbannen. Gefühle der Bedrängnis, des Selbstzweifels und der Unsicherheit waren auf vielfältige Weise und immer wieder anders in den Alltag frauenliebender Frauen und männerliebender Männer verwoben.

Angst kann schwules und lesbisches Selbstbewusstsein stiften; unklare und quälende Gefühle können das Ausleben des gleichgeschlechtlichen Begehrens ermöglichen; die nicht bewusste Aneignung homophober Tabus und Verbote kann den Einzelnen eine überlebenswichtige Schmiegsamkeit verleihen: Beim Versuch, solche widersprüchlichen Vorgänge zu verstehen, ist die Analyse komplexer Gefühle hilfreich – vor allem, aber nicht nur in der Phase des Ausweichens. Gleiches gilt für das Changieren zwischen Sex und Gefühl, zwischen angeborenem und erlerntem Empfinden sowie zwischen plötzlicher Liebe und Dauerfreundschaft. Zwischen diesen Polen schufen die Akteur*innen sich Handlungs- und Deutungsspielräume, fanden immer wieder Gelegenheiten für intime Erfahrungen mit Partner*innen des gleichen Geschlechts.

Angst und Kummer waren beileibe nicht die einzigen Gefühle, die das Leben frauenbegehrender Frauen und männerbegehrender Männer in Zeiten der Stigmatisierung, der Verfolgung und des Sich-Verbergens prägten. Sie liebten, freuten und vergnügten sich auch. Es gab Momente der Verzweiflung und Momente der Selbstbehauptung: Als homophile Minderheit traten sie für ihre Rechte ein und warben für die Entkriminalisierung der Homosexualität; in Lokalen und auf Klappen schufen sie sich mehr oder weniger sichtbare Szenen; und selbst auf dem vermeintlich durch und durch konservativen Land gelang es einigen von ihnen, ihr gleichgeschlechtliches Begehren auszuleben. Die Reform des Sittenstrafrechts, der Wandel des gesellschaftlichen Klimas sowie das Auftreten der schwulen und lesbisch-feministischen Emanzipationsbewegung änderten die Situation, die Alltagswelt und das Gefühlsleben gleichgeschlechtlich begehrender Menschen in den 1970er-Jahren nachhaltig. Von dieser Phase des Aufbruchs erzählen nun Frau Schmidt und Herr Meyer.

TEIL 2
1970ER-JAHRE: AUFBRECHEN!

DRITTER O-TON: **FRAU SCHMIDT & HERR MEYER**

Da ging dann eigentlich alles los für mich. Da fing das auch an mit der Frauenbewegung, und dann mein Studium. Dann hab ich mich auch wieder in eine Frau verliebt. Erst mal war ich ja noch in diesem Dorf, damals mit der Familie, also mit meinem Mann und meinen Töchtern, und da war ich nicht so ganz zufrieden. Da wurde auch über uns geredet. Wir wohnten in so 'nem Zweifamilienhaus. Und wenn mein Damaliger zur Arbeit war und die Tochter noch geschlafen hat, dann hab ich mich noch mal hingelegt, so für 'ne Stunde. Irgendwann kriegt ich zu hören: Du stehst aber immer spät auf. Vor zehn ist die Jalousie ja noch nicht hoch. Wie das in so 'nem Dorf ist, soziale Kontrolle. Dachte ich, na wunderbar. Hab dann morgens die Jalousie hoch und trotzdem gut geschlafen bis neun, halb zehn.

Wir waren da gut integriert. Ich hatte viel Spaß mit den Sportkolleginnen. Er hatte seinen Verein. Das war nicht nur negativ, also das war auch nett da. Es war nur so beschwerlich. Ich hatte kein Auto, keinen Führerschein, in die Stadt war 'ne Stunde hin, 'ne Stunde zurück. Es war sowohl als auch. Mein damaliger Mann war in leitender Position bei einer Technikfirma. Und ich war auch manchmal einsam und zwei Kinder und immer mit 'nem Bus. Und so hab ich den Führerschein gemacht. Ich hab dann in einem Geschäft gearbeitet als Kauffrau und mir mein eigenes Konto eröffnet und von dem Geld den Führerschein gemacht. Ich hab dann auch im Kindergarten als Helferin gearbeitet. Und die Leiterin dort, die wollte noch mal studieren und die hat mich da auch zu animiert. Dacht ich, Prüfung an der pädagogischen Hochschule, mach ich doch. Hab aber wenig Ermutigung bekommen von meinem Mann, so nach dem Motto: Wieso das denn? Ich verdien doch genug. Dann hab ich mit ihm diskutiert, ich will raus aus diesem Dorf, das ist mir zu beschwerlich.

Ich hatte zwar mittlerweile meinen Führerschein, aber kein eigenes Auto.

Und dann sind wir in die Stadt gezogen, nach N. Sucht ich einen Kindergartenplatz, war damals schwierig, für die Große, und die Jüngere war dann auch so weit. Dann hab ich 'ne Annonce gelesen, das war in der Zeit mit der Kinderladenbewegung. Da wurden engagierte Mütter und Väter und Pädagogen gesucht, zur Gründung eines Kindergartens. Und darüber bin ich dann politisiert worden. Das war so die KBW-Zeit, Kommunistischer Bund Westdeutschland. Ich war im Vorstand von dem Kindergarten, und da hatten wir eine KBW-Frau. Also da fing das auch so an mit Politik für mich. Und alles so mehr bewusster. Und da gab's 'ne Nachbarin, die war im Arbeitskreis Frauen an der Volkshochschule. Und da war eine Dozentin, die wusste von der Z-Prüfung, also Zulassungsprüfung an der Uni. Da hab ich mich dann drauf vorbereitet, in dem Arbeitskreis Frauen, da waren sechs Frauen dabei.

Und da ging eigentlich alles los für mich. Da hab ich mich in eine Frau verliebt. Und dann auch mit einer 'ne Beziehung angefangen, die erste sexuelle Beziehung. Aber ich hatte ja vorher schon Beziehungen zu Frauen, hatte gute, beste Freundinnen. Und da war ich auch auf einem Vortrag, da gab's dieses Buch von der Alice Schwarzer: *Der kleine Unterschied*. Fand ich unglaublich toll. Ich hab mich vorbereitet auf die Prüfung und 'n Studium angefangen, Erziehungswissenschaft, Sozialarbeit, Sozialpädagogik. Ich hab mir praxisnahe Projekte gesucht, also ich bin keine Wissenschaftlerin. Ich war die Einzige in dieser Frauengruppe, die nur Volksschule hatte. Und ich war auch die Älteste. Die Bedingung für die Z-Prüfung war Volksschule und 'ne Ausbildung plus fünf Jahre gearbeitet oder eine Familie geführt haben. Es ist mir dennoch schwergefallen, das Studium. Dieses starre System, das ist nix für mich. Ich hatte auch 'n Praktikum im Jugendzentrum, das wollt ich dann auch nicht, war zu heftig. Ich hab viele Frauensachen studiert, war ja damals in, hab Frauenprojekte initiiert. Ich hatte 'ne Freundin, die war Buchhändlerin, da hab ich meine Literatur besorgt, hab im Team mit 'ner Studienfreundin meine Diplomarbeit geschrieben, damals noch Interviews mit Kassettenrekorder, da ging's um Alternativen und Möglichkeiten von heterosexuellen und lesbischen Frauen in unserer Gesellschaft.

Wir haben zunächst in einer Wohnung gelebt mit den Töchtern, ich hatte den Kindergarten, und er war auch engagiert. Und dann wurde mir immer klarer, ich will eigentlich mit 'ner Frau leben oder mit Frauen, ich will auch keine Sexualität mehr mit ihm. Dann hab ich versucht, ihm das zu vermitteln. Wir haben dann auch getrennt gelebt in der Wohnung, ich hatte mein Zimmer, er seins und die Kinder das Elternschlafzimmer. Ich verkehrte dann auch schon mit Frauen, also mit der einen. Für die Mädchen war aber gar nicht klar, dass wir uns trennen. Das hat sich dann so entwickelt, als ich mein Studium in E. begonnen hab und dort am Ort sein wollte. Für die war erst mal klar, Muttern geht wegen Studium weg. Dort hab ich in 'ner Frauenwohngemeinschaft gelebt oder in 'ner Lesbenwohngemeinschaft. Und da ging dann alles los.

Ich hab während eines Praktikums auch noch mal Kontakt gesucht mit der Gymnastiklehrerin von früher. Aber ich hatte nicht das Gefühl, dass sie das wollte. Ich bin da ganz schnell stolz und verletzt auch, wenn ich merke, das ist so einseitig. Dann brech ich den Kontakt ab. Also ich hab sie zwei- oder dreimal aufgesucht. Aber es is nicht zum Gespräch gekommen. Sie hat mich auch '78 zu 'nem Konzert eingeladen, da hat sie mich abgeholt, weiß ich noch genau, da hab ich auch in 'ner Wohngemeinschaft gelebt, alles Frauen, ne, es waren auch alles Lesben. Ist sie nicht drauf eingegangen. Und das hab ich gespürt, und dann war alles gut, so, die will das nich und fertig.

Dann hab ich mich auch politisch engagiert, in Sachen Frauen und Gewalt gegen Frauen, das Frauenhaus mitgegründet, das autonome, den Notruf gegründet. Mein damaliger Mann kam überhaupt nicht damit klar, dass ich studieren wollte. Und ich fand, dass mein Leben zu eng war. Ich war ja 'ne Zeit lang wirklich nur Hausfrau und Mutter. Er hat damals gut Geld verdient. Und ich war abhängig. Ich musste ihn fragen, wie so 'n Kind, schrecklich. Das war auch mit 'n Grund, meine Liebe zu Frauen, aber auch dieser Geiz. Ich hatte damals schon

Diskussionen mit ihm: Das Geld, was wir haben, das bring ich ja mit ein, indem ich für die Familie sorge. Müsste eigentlich geteilt werden. Über die Frauenbewegung bin ich ja politisiert worden und hab dann erfahren, das hat mich fürchterlich wütend gemacht: Bis 1976 hatte der Ehemann, wenn die Ehefrau arbeiten gehen wollte, das Recht, ihr das zu verbieten. Und ich hatte Anspruch auf Taschengeld. Ich find das skandalös, auch dass Ehefrauen keine eigene Rentenanwartschaft erwerben konnten. Das hab ich auch zu ihm gesagt: So, zehn Prozent stehen mir zu. Ist natürlich nie passiert. Aber allein dieses Wissen hat mich selbstbewusster gemacht. Ich hatte so 'n Gefühl, irgendwas stimmt hier nicht. Die Wertigkeit, die Männer haben, im öffentlichen Leben, im Familienleben, es gilt, es galt immer viel mehr, wenn mein Mann was gesagt hat. Ich war das schmückende Beiwerk. Ich fühlte mich oft nicht ernst genommen in meiner Persönlichkeit als Frau.

Frauen lieben, mit Frauen leben, das war für mich erst so ab '74, '75 möglich, auch literaturmäßig. Eine Freundin im Arbeitskreis Frauen, die war übrigens noch ganz lang verheiratet, praktizierte aber die Ehe nich, die hatte den ersten Frauenbuchladen. Ganz viel Frauenliteratur, *Häutung* zum Beispiel oder Christa Reinig, die ja jetzt verstorben ist, oder Hedwig Dohm oder *Wenn Frauen Frauen lieben*, so 'n dicker Wälzer, hab ich verschlungen, das war spannend, wie 'ne Offenbarung: Das gibt es wirklich, und das darf alles sein. Das hat mir einfach gutgetan und auch die Gespräche im Frauenzentrum. Dass da Frauen waren, die auch so gefühlt haben. Da waren dann auch lesbische Frauen, wo ich gedacht hab: Wieso reden die da nicht drüber? Ich hab dann so 'n Seminar angeregt, Homosexualität nannte sich das damals, und hab da dann endlich andere gesehen und: Aha, die lebt also mit 'ner Frau zusammen. So ging dann alles los. Da war ich dann nicht mehr zu halten, so Schritt für Schritt, ne.

Das war auch zur Zeit der Frauenbewegung, da war ich noch verheiratet und wollte mich noch gar nicht trennen, da lernt ich 'ne Lesbe kennen, mit der ich heute noch gut bekannt bin. Die war dann in mich verliebt, hat es aber nie ausdrücklich gesagt, aber ich kriegte dann Geschenke und sie hat so meine Nähe gesucht. Die war nicht verheiratet, und die lebte schon lange Beziehungen zu Frauen. Das hat es mir möglich gemacht, durch Literatur, durch Vormachen, hab ich mich dann getraut. Weil ich hatte Kinder, war verheiratet, geht doch gar nicht, ne? Dann hab ich aber gesehen, es geht. Es gab ganz viele verheiratete Frauen, die sich das getraut haben, die sich dann auch getrennt haben; oder eine langjährige Freundin, die lebte dann zwar mit ihrem Mann, aber sie machte ihre Frauengeschichten und er machte seine Sachen. Von den 30, die sich regelmäßig zum Plenum trafen, haben vielleicht fünf nie mit Männern, sondern schon immer lesbisch gelebt, aber nicht offen, die haben das heimlich gelebt. Die eine, weiß ich noch genau, war 'ne Lehrerin, und das war bekannt, dass das eine ist, aber es wurde nicht drüber geredet. Bis wir dann mal 'n Wochenende gemeinsam hatten, da wurde dann offen darüber geredet. In der Frauengruppe hab ich dann auch meine erste Beziehung kennengelernt, die hatte auch 'n Kind, war auch mal verheiratet. Die seh ich auch heute noch manchmal.

Es passierte dann Folgendes, und das war für mich auch noch ein Grund zu sagen: So, jetzt reicht's, Junge, jetzt mach ich hier die Biege. Das war 1976, das weiß ich auch noch genau. Da gab's noch die DDR. Wir haben dann seine Großmutter da besucht, in der Nähe von Berlin, und die ging einmal in der Woche in die Kneipe. Da sind wir mit, und da wurde heftig getrunken. Und ich fiel da auf, ich kam aus'm Westen, hatte 'ne Lederjacke und kurzen Putz und so. Dann war da Tanz, und ich wurde aufgefordert. Und ich hab immer meinen Ehemann mit einbezogen, natürlich wollt ich auch mit anderen politisieren. Und der Abend wurd immer später, und es wurde immer mehr getrunken, und ich merkte, jetzt reicht es. Geb meinem Damaligen ein Zeichen, ich geh jetzt raus. Und einer aus Westdeutschland kommt mit raus, ein Mann, und mein Damaliger kommt raus und schmeißt mich zu Boden und misshandelt mich. Und da hab ich, also da war ich noch mit ihm als Ehepaar zusammen. Da hatt ich endlich einen Grund, einen ganz schrecklichen Grund, zu sagen, so, jetzt reicht's. Ich hab's aber dennoch versucht, weil ich hatte die Töchter mit ihm. Und vielleicht waren da auch noch Gefühle für ihn. Da hatt ich schon angefangen mit der Frauenhausarbeit, da war ich schon sensibilisiert für dieses Thema, Gewalt gegen Frauen, und mein Ehemaliger tut mir das auch an. In der Beratung hab ich den Frauen immer gesagt: Das geht nicht, ihr müsst gehen. Und mir selber passiert das, und ich bleibe? Ich hab das dann auch sofort in der Frauengruppe erzählt. Dann hat die Dozentin ihn in Schutz genommen: Aber guck mal, was du für eine Entwicklung gemacht hast. Du willst sogar studieren. Und er hatte doch was getrunken. Ich dachte: Was ist das denn? Männer steigen doch auch die Karriereleiter hoch und kriegen keine Prügel von ihren Frauen. Ich fand das unmöglich und hab trotzdem gedacht, okay, wir müssen reden, wegen der Kinder versuchen wir's noch mal. Aber es ging nich. Er warf mir dann auch vor, ich treffe mich mit anderen Männern und so. Und da hab ich wohl mal zu ihm gesagt: Männer interessieren mich nicht mehr. Ich interessiere mich für Frauen. Ich hab jetzt nich so gesagt: Ich will dich verlassen, weil ich jetzt mit 'ner Frau will.

Ich bin dann gegangen. Die beiden Mädchen sind dann bei ihm erst groß geworden. Die waren sechs und zehn. Und meine Mutter hat für sie gesorgt. Einerseits fühlt ich mich ganz wohl, als Studentin, und das war auch 'ne richtige Powerzeit und Politzeit, und das war auch spannend. Und andererseits hab ich die Töchter vermisst und hätt sie gerne dabeigehabt, dass sie mit mir groß geworden wären. Aber er wollte das nicht, und ich hatte ja auch die finanziellen Mittel nicht. Und dann ging das auch los. Dann lernte er eine andere Frau kennen und wollte die Scheidung. Ich wollt natürlich beide Töchter bei mir haben. Und die jüngere Tochter kam mit seiner neuen Frau nicht klar und hat sich dann auch entschieden, sie will zu mir. Das hat mir auch sehr gutgetan. Da lebt ich dann schon offen lesbisch, und dann ging es wirklich so mit Diskriminierung, mit Erpressung los, so nach dem Motto: Wenn du nicht auf Unterhalt verzichtest, bekommst du die Tochter nicht. Dann erzähl ich der Richterin, wie du lebst. Kam ein Brief von seinem Anwalt: Kindsvater überlegt, die Kindsmutter und die Töchter psychologisch begutachten zu lassen oder so.

Das wollt ich mir und den Töchtern ersparen. Ich hatte ja schon das Studium angefangen und bekam BAföG, das konnte man auch eltern- und ehemann-unabhängig bekommen. Da hab ich gedacht: Okay, dann verzicht ich auf den Unterhalt. Außerdem hatt ich 'n Gefühl inzwischen entwickelt und Selbstbewusstsein: Ich fühle für Frauen, will mit Frauen leben, und das ist nichts Krankhaftes, alles Blödsinn. Aber ich wollte die Öffentlichkeit nicht. Das war 1980, und ich wollt einfach nicht riskieren, wollte mit der einen Tochter natürlich auch leben. Mit der älteren Tochter hatte ich regelmäßig Kontakt, und wenn die jüngere zu ihrem Vater wollte, war's überhaupt kein Problem. Dann war das auch in Ordnung.

Es gab auch andere Erfahrungen, wo ich dachte, ich will gar nicht, dass meine Liebe zu Frauen so offen ist. Also eine Situation fand ich ganz, ganz furchtbar. Das war die erste Lesben-Schwulen-Demo, Christopher Street in Bremen. Unglaublich viele Lesben und Schwule, aber anders als jetzt. Heute geh ich da nicht mehr mit. Damals war das beeindruckend. Das war noch nicht so schrill und mit Verkleiden, sondern wir liefen durch die Innenstadt, die Straßenbahnen kamen nicht weiter. Dann war da so 'n älterer Mann, das hat mir auch wehgetan, der machte nur so 'ne Geste, man sollte uns umbringen. Ich bin erst mal nicht mehr auf so 'ne Demo gegangen.

Aber ich hab viel gemacht. Frauenbewegung, AStA Frauenreferat, das war für mich notwendig. Ich wusste sieben Jahre lang, dass ich Frauen liebe. Aber ich konnt's nicht leben. Das kann sich keine junge Lesbe mehr vorstellen. Das war ein Befreiungsschritt. Ich musste damit raus. Musste das offensiv angehen. Das war das Beste, was ich tun konnte. Ich hab dann auch viel ausprobiert. Ich wollte nun endlich meine Liebe zu Frauen leben. Dann gab's so kurze Geschichten und drei Beziehungen, die jeweils ein Jahr hielten. Insgesamt war das so die Zeit: Beziehungen anfangen, politisch agieren, meine Liebe zu Frauen nicht mehr verstecken; dass du dann endlich auch mal das lebst, praktizierst, was du fühlst.

Als Gemeindehelfer und Religionslehrer, das war so bis 1970. Bis dahin merkte ich auch, dass ich einfach kein Schulmensch bin und überhaupt mit Kindern und Jugendlichen, das war nicht mein Ding. Dann habe ich drei Jahre am Hauptbahnhof in F. gearbeitet. War sehr interessant, nachdem ich immer nur Kirche kannte. Dann bin ich dort, die alte biblische Geschichte, weggerufen worden. Eine frühere Kollegin tauchte auf und fragte, was ich da mache, aber am Schalter kann man sich ja nicht unterhalten, die Menschen rebellieren da gleich. Wir haben uns verabredet, und sie erzählte mir, sie besuchte 'ne Fachhochschule in F. Und sie meinte zu mir: Du solltest dich bewerben. Hab ich gemacht und auch einen Studienplatz gekriegt. Da war ich so 29, 30. Da konnte ich mich mit anderen, für mich interessanten Themen beschäftigen, eigene Stärken finden. Deswegen hab ich den Abschluss geschafft und bin dann zur Uni nach O., bin Diplomsozialpädagoge geworden.

Durch die räumliche Distanz zu meiner Familie hat sich mit der Zeit eine innere Nähe entwickelt, also zu meinen Eltern, aber nicht zu meinem Bruder. Der war hochkriminell, aber die Mutter wollte immer alles so ein bisschen vertuschen. Das ging bis zu einem versuchten Anschlag auf meinen Vater, stand sogar in der Zeitung: Schützenbruder schießt auf Vater. Ich war mitten im Fachhochschulexamen, fuhr ich nach Hause. Das ginge mich nichts an, hat er gesagt. Also sehr aggressiv, völlig uneinsichtig. Dann wurde das verharmlost. Der konnte sich viel erlauben, schon als Kind. Die Mutter klagte, unternahm aber nichts. Da war eine hoch aufgeladene Spannung. Er hatte eine psychisch sehr belastete Frau, die nicht einsah, wie behandlungsbedürftig sie war. Sie und meine Mutter kamen überhaupt nicht klar. Dann wurde auch erzählt, mein Vater hätte sich an meiner Schwägerin vergriffen, also sie hatte auch eine reiche sexuelle Fantasie. Und in dieser Situation hat mein Bruder, der Probleme immer schon mit der Faust löste, auf meinen Vater geschossen. Ich dachte: Was ist das für ein asoziales Verhalten.

Aber ich bin trotzdem zurückgezogen. O. war nicht weit von Spertal, und während des Studiums an der Uni wohnte ich dann wieder im Hause der Eltern. In F. blieb Alfred, von dem ich mich 1967 auf der Klappe hatte fischen lassen und den ich heute noch kenn. Die Wege haben sich nicht einfach so getrennt. Aber der kam mir schon bald alt vor, obwohl er nur sieben Jahre älter war als ich. Er ist geistig unbeweglich, redet so plakativ nach, was andere sagen, war mir immer schwierig, aber ich habe engen Kontakt mit ihm gehabt, bis ich 1976 von F. weg bin. Wir haben heute noch Kontakt, aber äußerst sporadisch.

Beim Studium hatte ich dann andere Freunde, die mich auch in Spertal besuchten. Ich hatte zwar nicht nur schwule Kontakte, aber ich würde sagen, ich hab als schwuler Mann gelebt, halt so. Da gab es diese bunte Geburtstagssituation, wo Robert im schwarzen Kostüm mit roten Pumps und meine angeblich sauertöpfischen Tanten zusammen am Tisch saßen. Oder es gab auch mal einen Spaziergang mit der Schwulengruppe aus O., die sich verschämt Gruppe H nannte, homosexuelle Gruppe. Und da war auch einer dabei, was man so gemeinhin als Tunte oder Tucke oder schrill bezeichnet. Für die Wanderung hatte er Badeschlappen an. Es gab im Wald großes Geschrei: Ich kann nicht mehr. Er hätt sich am liebsten tragen lassen, so richtig theatralisch. Und im Dorfe kamen wir auch an 'ner Frau vorbei, und die sprach mich zwei Tage später an: War'n das all dei Freunde? Ja, sag ich, das warn all mei Freund'. Och, das war'n aber viel. Ja, sag ich, war'n viel. Mehr hat sie nicht gefragt, und ich hab halt auch nur so geantwortet. Es war mir nicht peinlich, dass diese schräge Person dabei war. Es war nur ärgerlich, dass der nicht laufen wollte. Also es gab auch immer mal so delikate Situatiönchen.

Aber meine Eltern waren ungewöhnlich gastfreundlich. Später musste ich die Vorstellung, dass sie einfach naiv sind, ein bisschen revidieren. Als ich sie nach Jahren gefragt habe, woher sie wüssten, dass ich schwul bin, sagten sie, sie wussten es lang. Wie sie das Thema Homosexualität umschifft haben, hab ich nie so richtig verstanden; diese Kunst, über etwas nicht zu sprechen, aber es nicht als etwas Lastendes darzustellen, wo man nicht drüber spricht. Mutter hat mal gesagt, in ihrer Familie wurde ja auch nie über Sex geschwätzt. Wobei Alfred einmal mit der Mutter über ihre Sexualität sprach: Sagen Sie mal, Frau Meyer, wann haben Sie denn das letzte Mal mit Ihrem Mann geschlafen? Das muss 1959 gewesen sein, da hatten wir so eine Viehseuche, und da muss wohl der Ofen aus gewesen sein bei den Eltern.

Meine Mutter wäre auch nie unangeklopft in meine Studierstube gekommen. Da kamen ja Leute zu mir nach Hause, da waren auch Lover dabei. Da wurde gefragt: Bleibt der zum Frühstück, soll ich was hintun oder soll ich einen Kuchen backen. War mir dann natürlich wieder zu dicht, diese Fürsorge, aber sie war nicht klebrig, das war einfach wie eine orientalische Freundlichkeit. Alfred war sogar im Laufe der Zeit so was wie ein Familienmitglied. Wie die Eltern in ihrer ländlichen Schlichtheit meine schwulen Studienkollegen, Freundinnen und so begrüßten und bewirteten, das war weitherzig, großzügig, ungewöhnlich für Nichtbildungsschicht, Dorf, bei all der Enge und Kleinheit und Mutlosigkeit eigentlich unerklärlich. Ich glaube, sie haben gemerkt, dass sie sich auf mich verlassen können. Ich hab nie was schöngeredet, aber ich hab sie halt gernegehabt. Ich wurde sogar geliebt. Mein Vater hat mich sehr geliebt. Den hab ich sehr geliebt. Und beide Eltern waren äußerst freundlich, wenn ich Gäste hatte: Und kommen sie auch wieder? Alles so offene Bemerkungen, ohne Peinlichkeit. Das war das große Verdienst meiner Eltern.

Während meines Studiums war eine völlig andere Situation als vorher. Da brachte ich Leute mit nach Hause, da fing auch schon diese Demonstriererei an. Ich weiß noch, wir haben geschrien: Der Aya-Ayatolla-la, der ist noch schlimmer als der Schah. So was. Also es gab erste politische Demonstrationen, und ich war denn auch so auf dem Wege der Emanzipationsbewegung. Einmal die Woche habe ich die erste Schwulengruppe in O. besucht. Also Schwulenemanzipation, das war für mich so die Auseinandersetzung mit Homosexualität am Arbeitsplatz, solche Themen, Solidarität, Offenheit und so was. In den Jahren hat Homosexualität in Verbindung mit Aktivität, Emanzipation 'nen Raum eingenommen. Man hat also so gekämpft.

Und ich hatte es da immer besonders schwer, war ja so ängstlich. Homosexualität war zeitweilig 'ne Belastung, also nicht 'ne Last, sondern etwas, wo man kämpfen muss. Was aber zu einer ungeheuerlichen Befreiung führte. Es ist die Frage, wie ich mit den Schwierigkeiten umgehe, unter denen man homosexuell lebt. Da kann ich mich zurückziehen und sagen: Gott, braucht ja niemand zu wissen. Und dann mag das auch so in Ordnung sein. Oder ich kann sagen: Nein, nein, nein, das ist mein Leben. Das hab ich nur einmal. Es gibt andere, die denken auch so wie ich, und die muss man sich dann halt suchen. Dann erlebt und findet man auch ganz viele. Also diese Überlegung, dass man nicht nur an seinem Ort, wo man ist, zu sich stehen muss, sondern einfach über Politik auch was bewegt. Das war so in der Zeit.

In den 70er-Jahren fingen auch die CSDs an. Der erste, den ich besuchte, war in D. Die Sache war ja erst mal sowieso für mich was Tolles. Wir kamen abends an. Wo wir untergekommen sind, weiß ich nicht mehr, irgendwo privat oder was. Ich hatte ja noch nie so viel schwule Männer auf einmal erlebt, die auch noch durch die Straßen ziehen. Und ich mit ganz verängstigtem Herzen, also ich kam mir besonders tapfer vor. Es gab auch so einen gewissen Stolz. Ich find den Begriff schwierig: Dummheit und Stolz sind aus demselben Holz. Aber ich find kein anderes Wort, und aus Stolz ist schon ganz viel Schönes entstanden. Dass ich das geschafft habe, dass ich da mit dabei war und nicht mehr so 'ne graue Maus wie die anderen. Nicht solche Ausreden: Es geht mir eigentlich gut und es braucht ja nicht jeder zu wissen. Sondern offen sagen: Ich hab Angst, Angst vor Diskriminierung. Das war damals so das Gefühl. Also es war schwierig. Aber ich war da mit.

SCHWULE UND LESBISCHE BEWEGUNGEN

Nackte Frauen laufen über eine Wiese. Eine Frau fährt Auto. Zwei übereinander geblendete Bilder des Aufbruchs eröffnen den wortlosen, von unaufgeregter Synthesizer-Musik begleiteten Kurzfilm *Dyketactics,* den die New Yorker Regisseurin Barbara Hammer 1974 gedreht hat. Die beiden Bewegungen führen jedoch zu keinem unmittelbar ersichtlichen Ziel. Die Autofahrerin holt einen Dildo hervor. Die nackten Frauen streicheln einander, tanzen und baden zusammen. Eine Frau fotografiert ihre Vagina. Zwei Frauen lieben sich im Bett. Der Film folgt keinem linearen Narrativ. Er inszeniert keinen heroischen Aufbruch zu neuen Zeiten. Vielmehr schafft er eine Stimmung der gelassenen Freiheit. Mit einer stillen und entspannten Selbstverständlichkeit zeigt der Film Berührungen, die Mitte der 1970er-Jahre als schockierend galten. Vielleicht ist der Film gerade deswegen radikal, weil er seine Radikalität nicht offenkundig zur Schau stellt.

Mit Blick auf die 1970er-Jahre als Phase des homosexualitätenhistorischen Aufbruchs kann man auch allgemeiner fragen: Bargen die unaufgeregten Dynamiken dieser Zeit mehr transformatives Potenzial als die spektakulären Ereignisse, die heutige Beobachter*innen für Anzeichen eines radikalen Neuanfangs halten? Das Narrativ von der erfolgreichen Befreiung bürdet den 1970er-Jahren die Pflicht zum heldenhaften Kampf auf. Überfordert dieser rückblickende Anspruch die damaligen Emanzipationsbewegungen? Droht die Heroisierung des Aufbruchs den Blick auf diese Zeit zu verengen und zu verzerren? Was ist mit den Menschen, die damals weder lautstark gegen ihre Unterdrückung protestierten noch den Herausforderungen eines offen lesbischen oder schwulen Lebens gewachsen waren? Was ist mit den emotionalen Ambivalenzen, die dem Narrativ der Befreiung widersprechen?

Auf diese zwiespältigen Aspekte der 1970er-Jahre konzentriert sich das Folgende, ohne die Geschichte vom geglückten Aufbruch und die erfolgreich erkämpften Errungenschaften auszublenden. Dabei geraten, ähnlich wie bei den Filmen von Barbara Hammer, eine ganze Reihe von Themen in den Blick: erstens, die politische Dimension. *Dyketactics* hieß auch eine lesbisch-feministische Gruppe, die in den 1970er-Jahren mit der Besetzung des Rathauses in Philadelphia für Aufsehen sorgte.[1] Solche Konfrontationen sind auch im Spiel, wenn Hammer in *Superdykes* kampfbereite Frauen mit Schildern, Pfeilen und Bögen zeigt.[2] Zweitens, die Dimension des Natürlichen. Es ist kein Zufall, dass Hammer für *Dyketactics* ein ländliches Setting wählte. Für lesbisches Leben und das lesbische Selbstverständnis in den 1970er-Jahren war Natürlichkeit enorm wichtig. Mit Bildern vom Gemüseanbau, von Würmern, vom Wald, von Schmetterlingen und vom Meer verknüpft auch *Women I Love* das Begehren zwischen Frauen mit Naturnähe.[3] Dazu passt, drittens, die Dimension der Nacktheit und des Sexuellen. Filme wie *Dyketactics* oder *Multiple Orgasm* wollten nicht verhüllen, sondern deutlich zeigen.[4] Eine ebenso wichtige Rolle spielte das offene Reden über körperliche Intimität, über Gefühle und über Beziehungen, das Barbara Hammer in *Double Strength* – einem Film über Tod und Trauer – zelebriert.[5]

Mit Tabubrüchen, Provokationen und sexuellen wie emotionalen Experimenten inszenierten sich die Emanzipationsbewegungen der 1970er-Jahre bewusst als Gegner*innen der unauffälligen Homophilen aus der Phase des Ausweichens.[6] Aber die Aktivist*innen waren bei der Frage, wie weit man dabei gehen sollte, nicht immer einer Meinung. Wer durfte sich als ein Teil der Lesben- und der Schwulenbewegung betrachten und wer nicht? Konnte es Freiheit auch jenseits großer Städte geben, und wenn ja, brauchte man auf dem Land eine eigene emanzipative Strategie? Wie sollte man mit den ambivalenten emotionalen Effekten umgehen, die das stolze Zurschaustellen der sexuellen Alterität nach sich ziehen konnte? Diese Fragen bringen die widersprüchlichen Gefühle in den Blick, die das Leben und das Zusammenleben frauenliebender Frauen und männerliebender Männer in der Phase des Aufbruchs prägten.

So entsteht ein vollständiges und angemessenes Bild der bewegten Generation, nicht verzerrt durch retrospektive Heroisierungen.

Diese reduzieren die emanzipatorischen Kämpfer*innen zu glänzenden Scharnieren zwischen ihren leidenden Vorgänger*innen und ihren glücklichen Nachfolger*innen. Der Aufbruch erschöpft sich aber nicht im Schaffen lesbischer und schwuler Freiräume, die die frühere Heimlichkeit überwanden und künftige Sichtbarkeit ermöglichten. Man muss den 1970er-Jahren ihre eigene Offenheit lassen, zu der auch Zweifel am eingeschlagenen Weg und die permanente Suche nach Alternativen gehörten. Die Wende von der homophilen Strategie des bedachtsamen Aufklärens zur lesbisch-schwulen Taktik des provokativen Aufrüttelns haben bereits die Zeitgenoss*innen kontrovers diskutiert. Eine wesentliche Voraussetzung für die neue Offenheit war die Entkriminalisierung von einvernehmlichem Sex zwischen erwachsenen Männern in den Strafrechtsreformen von 1969 und 1973. Diese Liberalisierung resultierte aus dem homophilen Bemühen um Toleranz sowie aus einem Wandel im Rechtsstaats- und Strafrechtsverständnis. Immer mehr Jurist*innen waren überzeugt, dass der Staat nicht die moralischen Vorstellungen bestimmter religiöser Gruppen durchsetzen dürfte. Auch wenn dadurch beileibe nicht alle Formen der Stigmatisierung verschwanden: Die Bedingungen für das Auftreten gleichgeschlechtlich liebender Menschen in der Öffentlichkeit wandelten sich grundlegend. Die Zeitschriften für Schwule und Lesben veränderten sich ebenfalls. Es gab immer mehr davon, sie waren einfacher verfügbar, und sie zeigten auf ihren Titelseiten deutlich, wofür sich ihre Leser*innen interessierten. Die anderen Medien entwarfen auch ein neues Bild von den Homosexuellen und betonten immer häufiger, dass man ihnen aufgeschlossen und verständnisvoll begegnen solle.[7]

Darin spiegelten sich breitere gesellschaftliche Dynamiken der Öffnung und der Pluralisierung, die die Studierendenbewegung von 1968 nicht auslöste, aber prägnant sichtbar machte.[8] Singuläre Ereignisse und transnationale Anregungen verliehen der Lesben- und der Schwulenbewegung in der Bundesrepublik zusätzliche Impulse: der Aufstand in der New Yorker Christopher Street von 1969; die Uraufführung des Films *Nicht der Homosexuelle ist pervers, sondern die Situation, in der er lebt – oder: das Glück auf der Toilette* 1971 auf der Berlinale; und im gleichen Jahr die Gründung der *Front homosexuel d'action révolutionnaire* (FHAR) in Paris.[9] Man kann also durchaus von einer Zäsur in den Jahren um 1970 sprechen, sollte diese allerdings nicht zum generationellen Bruch überhöhen. Ein klarer Unterschied zwischen den älteren und den jüngeren Gesprächspartner*innen lässt sich nicht feststellen. Weder sind die einen durchweg der homophilen Anständigkeit verhaftet noch die anderen der emanzipatorischen Aufmüpfigkeit.

Für die Wahl zwischen Bedachtsamkeit und Provokation waren die Bildung, das Einkommen und der soziale Status der Protagonist*innen mindestens so entscheidend wie ihr Alter. Der Streit zwischen Vorsicht und Rebellion wurde zwar immer wieder als Generationenkonflikt sowie als Zwist zwischen bürgerlichen und radikalen Schwulen inszeniert, aber er lässt sich nicht auf diese Bruchlinien reduzieren. Wichtig war auch, ob die Einzelnen auf dem Dorf, in einer Kleinstadt oder in einer Metropole wohnten, wie sich das Verhältnis zu ihren Herkunftsfamilien gestaltete, ob sie in festen Beziehungen lebten oder nicht: Die Liste der ausschlaggebenden biografischen Details ließe sich beliebig verlängern. Dass Unterschiede zwischen prä- und post-emanzipativen Generationen nicht über Gebühr betont werden sollten, verdeutlicht auch ein Blick auf die weiblichen Erzählpersonen und das lesbisch-feministische Milieu. Reibungen zwischen jüngeren und älteren Frauen spielen hier eine nachgeordnete Rolle. Stattdessen stand die Abgrenzung von Männern gleich welchen Alters im Zentrum.

Vor allem aber waren die Einzelnen nicht immer und überall entweder zurückhaltend oder offen. Statt sich auf eine Strategie festzulegen, entschieden sich die meisten der jeweiligen Situation entsprechend mal für die eine, mal für die andere Option und mal für das Kombinieren von Vorsicht und Radikalität. Wenn man den Wandel um 1970 weder leugnet noch überbetont, lassen sich diese Ambivalenzen des Aufbruchs besser beschreiben. Mitnichten kämpften frauenliebende Frauen und männerliebende Männer nur mehr offensiv gegen die Normen der Gesellschaft und beharrten furchtlos auf ihrer sexuellen Alterität. Vielmehr begann eine Zeit des Übergangs, verfuhren die Einzelnen sehr unterschiedlich mit ihrem gleichgeschlechtlichen Begehren und prallten widersprüchliche Emotionen aufeinander. Dabei verschob sich ganz allmählich das zahlenmäßige Verhältnis zwischen denen, die ihre Neigung verbargen, und denen, die ihre Gefühle zeigten.

UNTERWEGS ZUR TOLERANZ? ENTSTIGMATISIERUNG UND NEUE BILDER VON DEN ›HOMOS‹

Die teilweise Entkriminalisierung der Homosexualität wurde 1969 als epochale Errungenschaft gefeiert. Die erste Ausgabe der *Du & Ich*, einer neuen schwulen Zeitschrift, die sich nach dem Monat, in dem die Strafrechtsreform in Kraft trat, »nachseptembermagazin« nannte, sprach von einer »historische[n] Stunde«. Eine »Schranke auf dem Weg zu sexueller Gleichberechtigung« sei nun überwunden und der »fast 100jährige[] Kampf« für den »Schutz sexueller Minderheiten« ein gutes Stück vorangekommen. Die »Angst vor dem braunen Paragraphen« werde nun verschwinden.[10] Das war jedoch nicht ganz zutreffend. Zunächst mussten nur über 21 Jahre alte Männer, die mit Gleichaltrigen Sex hatten, ohne dass dabei Zwang, Geld oder ein Abhängigkeitsverhältnis im Spiel waren, keine Anklage mehr befürchten. 1973 reduzierte der Gesetzgeber das Schutzalter dann auf 18.

Damit lag es aber immer noch um vier Jahre über der Altersgrenze für andersgeschlechtliche Kontakte. Es galt also noch weitere Kämpfe auszufechten und die Chancen der öffentlichen »Arena« zu nutzen, welche die Reform geschaffen hatte.[11] Aber nicht alle setzten ihre Hoffnung auf das demokratische Wagnis, zu dem Willy Brandt aufgerufen hatte. »Unsere plumpe ›Demokratie‹«, bemerkte eine skeptische Stimme, sei nach wie vor von einer »keusch-altjüngferlichen [...] Prüderie« geprägt, könne sich allenfalls zu einer »Parodie auf die Toleranz« aufraffen. Deswegen müsse man der »Wählermasse« ihre Vorurteile »mit großherziger Gewalt« austreiben.[12] Nicht alle Beiträge in den schwulen Zeitschriften gingen so weit, eine erzieherische Diktatur zu fordern. Aber nicht wenige betonten, dass »der Homophile« trotz liberalisierender Tendenzen immer noch »in Angst und Sorge« lebe.[13] Hier zeigen sich bereits die Ambivalenzen, die die Phase des Aufbruchs prägten.

Die Erzählpersonen bewerten die Strafrechtsreformen ebenfalls unterschiedlich. Man habe zwar keine Angst vor Razzien mehr haben müssen, aber sonst habe sich »noch nicht viel geändert«, sagt Herr Weber skeptisch. Herr Harrer behauptet dagegen, es sei »alles viel leichter geworden«, was verwundert, weil die teilweise Entkriminalisierung mit seiner Heirat und dem Beginn seines Doppellebens zusammenfiel. Erleichterte die Reform also besonders denen das Leben, die ihre Homosexualität verbargen, weil sie nun keine öffentliche Anklage mehr befürchten mussten? Vielleicht. Die gesellschaftliche Ablehnung Homosexueller, so Herr Harrer, habe erst lange nach der Revision des § 175 nachgelassen. Wäre er nicht 1972, sondern deutlich später erwachsen geworden, denkt er, dann hätte er vermutlich nicht geheiratet und sich nicht erst mit Mitte 40 für ein offen schwules Leben entschieden.

Andere Gesprächspartner verweisen ebenfalls auf das Strafrecht, um zu erklären, warum sie sich – aus heutiger Perspektive – erst spät zur Offenheit durchrangen. Herr Wisneck kam 1957 zur Welt, war also schon als junger Mann kaum mehr von Strafverfolgung bedroht. Dennoch habe er wegen der Kriminalisierung – »da gab's irgend so 'n Paragraf zu der damaligen Zeit« – bis Anfang der 2000er-Jahre eine »Tarnkappe« getragen. Als ich ihm auf Nachfrage erkläre, dass § 175 bis 1994 existierte, reagiert er fast erleichtert: »Also relativ spät, ne. Und das war natürlich auch ein Punkt, [...] ich wollte ja nicht kriminell sein.« Hier verschränkt sich das historische Datum der Strafrechtsreform mit dem biografischen Moment des Coming-outs. Je geringer der Abstand zwischen beiden, desto überzeugender kann Herr Wisneck argumentieren, dass er sich so lange verstecken musste, weil ihm polizeiliche Verfolgung drohte. Gleichzeitig wird der Paragraf in seiner Erzählung vollkommen zu Recht zur Chiffre für die gesellschaftliche Stigmatisierung, die auch Jahrzehnte nach den Entschärfungen von 1969 und 1973 und der Abschaffung von 1994 noch eine ganz reale Gefahr darstellte. Die alten Ängste hörten also keineswegs auf, und schon gleich gar nicht auf einen Schlag.

Ähnlich verhielt es sich mit der Entpathologisierung der Homosexualität. Immer seltener wurde das gleichgeschlechtliche Begehren als eine Krankheit betrachtet, aber ganz verschwand dieser Gedanke nicht. Seit den 1970er-Jahren ging es nicht mehr nur darum, die angebliche Perversion zu heilen. Stattdessen sollten Therapien immer häufiger die Einzelnen in die Lage versetzen, ihr eigenes Begehren zu akzeptieren. Anstelle der sexuellen Devianz wurde die gesellschaftliche Diskriminierung zum zentralen Problem, das gleichgeschlechtlich liebende Menschen bewältigen mussten. Psychiatrie, Psychologie und Psychotherapie wandten sich allmählich von der Pathologisierung ab und affirmativen Ansätzen zu. Die international tonangebende American Psychiatric Association strich Homosexualität 1973 von der Liste diagnostizierbarer Störungen. 1992 entfernte dann die Weltgesundheitsorganisation Homosexualität von der International Classification of Diseases. Spätestens seitdem betrachtet die überwiegende Mehrheit der Mediziner*innnen und Psycholog*innen das gleichgeschlechtliche Begehren nicht mehr als eine Krankheit.[14]

Allerdings setzte sich diese Einsicht nicht überall vollständig durch. Auch heute noch gibt es die sogenannten Konversionstherapien. Und in den 1970er-Jahren sprach man statt Homosexualität einfach von sexueller Orientierungsstörung und versuchte nicht selten weiterhin, die Patient*innen von ihrem angeblich fehlgeleiteten Begehren zu befreien.[15] Die schwulen und lesbischen Zeitschriften berichteten von teils brachialen Methoden. Das Spektrum reichte vom Handauflegen über eine LSD-unterstützte Psychoanalyse bis hin zu Elektroschocks und »Hirnoperationen«.[16] Und auch einige Ratgeber waren der Meinung, dass man den »Pervertierten« therapeutisch helfen müsse, damit sie »ehefähig werden«.[17] Die Entpathologisierung war also ein sehr allmählicher Prozess, der von gegenläufigen Tendenzen begleitet wurde und wird.

Auch in den Medien fanden sich nach wie vor abwertende Darstellungen. Insbesondere die Stereotype vom schwulen Jugendverführer und von der gewalttätigen Lesbe nährten weiterhin homophobe Einstellungen. 1979 forderte Christa Meves im *Rheinischen Merkur*, man müsse die Jugend vor den immer offener auftretenden Homosexuellen schützen. Das Abweichen von der Norm der heterosexuellen Reproduktion bringe nicht nur das Rentenversicherungssystem ins Wanken, so die damalige Speerspitze der christlichen Homosexuellenfeindlichkeit, sondern auch das ganze Volk in Gefahr. Die Schwulenzeitschrift *Don* verglich Meves mit der erzkonservativen US-Amerikanerin Anita Bryant, die auch »die Bibel, den Schöpfer und den christlichen Glauben« missbrauche, um zur »Homo-Verfolgung aufzuhetzen«.[18] Eine gegen frauenbegehrende Frauen gerichtete Kampagne löste der sogenannte Lesbenprozess von Itzehoe 1973 aus. Damals standen Marion Ihns und Judy Andersen wegen des gemeinsam in Auftrag gegebenen Mordes an Ihns' Ehemann vor Gericht. Wenn Frauen Frauen lieben, so behauptete die *Bild* damals in ihrer Serie »Die Verbrechen der lesbischen Frauen«, komme es nicht selten zu schweren Gewalttaten. Der Protest gegen diese Kampagne verlieh der Frauen- und Lesbenbewegung einen entscheidenden Mobilisierungsschub.[19]

Neben solchen diskriminierenden fanden sich immer häufiger auch exotisierende Darstellungen von Schwulen und Lesben, sozusagen als beneidenswerte Paradiesvögel, denen man – so die Kritik – mit einer faszinierten Pseudo-Toleranz begegnete. Der *Spiegel* zeigte 1974 die Silhouetten zweier nackter Frauen und titelte: »Frauen lieben Frauen. Die neue Zärtlichkeit«.[20] Solche auf den ersten Blick positiven Bilder stießen in lesbischen Kreisen nicht nur auf Begeisterung, sondern auch auf Skepsis. Um Absatzzahlen zu steigern, hieß es, werde eine »›Toleranz‹« propagiert, die allein auf »Voyeurismus« und »geiler Neugier« beruhe (vgl. Abbildung 5).[21]

Schwule Kommentatoren fanden es ebenfalls problematisch, dass Homosexualität zunehmend als »chiq« galt und von den großen Medien vereinnahmt wurde.[22] Als der *Stern* 1978 unter dem Titel »Ich bin schwul« die Selbstbekenntnisse von über 600 Männern veröffentlichte, stieß das auf ein geteiltes Echo. *Don* reagierte mit der Parodie »Wir sind normal«, in der in karnevalesk verkehrter Manier andersgeschlechtlich begehrende Menschen sich »offen zu ihrem Normalsein« bekennen mussten, um gegen ihre Stigmatisierung zu kämpfen.[23]

Abbildung 5: Lesbierinnen als Opfer repressiver Toleranz oder geiler Neugier? Fotografie einer Show des »Party-Porno-Service«, zum Beitrag von Ann Savigny, aus: *Du & Ich* 2 (1970), 10, 50.

Das medienöffentliche Coming-out traf aus zweierlei Gründen nicht nur auf Begeisterung. Man war besorgt, dass die Polizei die publizierten Namen in den nach wie vor existierenden Homosexuellen-Karteien erfassen könnte. Und man störte sich an der Pflicht, sich auf eine schwule oder lesbische Identität festzulegen, denn die Logik des medialen Sich-Zeigens duldete keine uneindeutigen Selbstverortungen.[24]

Die wachsende Salonfähigkeit und Sichtbarkeit des gleichgeschlechtlichen Begehrens, welche die gesellschaftliche Liberalisierung mit sich brachte, wurde also sowohl begrüßt als auch kritisiert. Die einen begriffen sich als links und radikal und warnten, dass man sich von der Mitte der Gesellschaft weder herablassend tolerieren noch durch Kommerzialisierung vereinnahmen lassen solle. Sie wandten sich gegen die sogenannte repressive Entsublimierung des Sexuellen, die letztlich autoritäre Strukturen unterstütze.[25] Die anderen wurden oft als bürgerlich bezeichnet, wollten nicht zu sehr auffallen und befürchteten, dass eine Überbetonung des Sexuellen das Schwulsein weiter stigmatisieren würde. Deswegen freuten sich einige von ihnen über die mediale Flut hetero-erotischer Bilder, die die Sexwelle der 1960er- und 1970er-Jahre auslöste.

Durch die Gleichberechtigung der Frauen, so die Hoffnung, würden auch deren voyeuristische Bedürfnisse mit einer »Eskalation der maskulinen Nacktheit« bedient. Diese Bilder könnten dann auch gleichgeschlechtlich begehrende Männer betrachten, ohne Aufsehen zu erregen und den Vorwurf zu provozieren, das »homophile Leben« bestünde »einzig aus Sex«.[26] 1970 zeigte der *Stern* erstmals einen nackten Mann auf dem Titel. Und im selben Jahr sah Herr Harrer in Oswalt Kolles *Dein Mann, das unbekannte Wesen* erstmals »im Kino einen nackten Mann«: Der Saal war »rappelvoll«, und so wie alle anderen habe auch er »auf das erregte Glied gestarrt«. Wenn Filme über das schwule Leben das Sexuelle allzu explizit in den Vordergrund rückten, hagelte es dagegen Kritik. Solche Vorwürfe trafen Rosa von Praunheims *Nicht der Homosexuelle ist pervers,* der 1972 im WDR zu sehen war, ebenso wie den US-amerikanischen Krimi *Cruising* von 1978, der in der New Yorker Leder- und SM-Szene spielte. Manchen waren diese Bilder zu unanständig, andere monierten, dass Schwule nicht allein als Konsumenten von Lust dargestellt werden sollten.[27]

Neben der Bedeutung des Sexuellen für das Selbstbild und die Außenwahrnehmung war auch die Frage umstritten, ob Homosexuelle als verzweifelte Opfer oder als erfolgreiche Kämpfer gezeigt werden sollten. Die Filme *Die Konsequenz* und *Jagdszenen aus Niederbayern,* beide waren 1977 in der ARD zu sehen, endeten jeweils in Katastrophen.[28] Deswegen lösten sie beim schwulen Publikum zwiespältige Gefühle aus. Herr Melling fühlte sich von *Jagdszenen* magnetisch angezogen, aber es wurde ihm »mulmig«, als die Dorfbewohner*innen den Protagonisten der Vergewaltigung eines Jungen bezichtigten, ihn angriffen und verfolgten.[29] Auch lesbische Romane endeten oft unglücklich. Häufig entschied sich eine der Protagonistinnen letztlich doch für die Ehe, während die andere einsam und mit Selbstmordgedanken zurückblieb.[30] Davon grenzte sich der 1975 im ZDF gezeigte Film *Anna und Edith* bewusst ab. Er zeigte zwei Kämpferinnen für Geschlechtergerechtigkeit, die als Paar zueinanderfinden, und gilt als erster deutscher Lesbenfilm mit Happy End.[31] Aber auch das Bild der erfolgreichen Held*innen war für einige problematisch. Denn, so wurde mit Blick auf das konfrontative Auftreten von Lesben und Schwulen in den USA gewarnt, man dürfe das bundesrepublikanische Publikum nicht mit einem »Selbstbewußtsein« überfordern, das »für den Deutschen« nach wie vor »ungewohnt« sei.[32]

Die mediale Sichtbarkeit frauenliebender Frauen und männerliebender Männer barg sowohl Chancen als auch Risiken. Wie sie gezeigt werden sollten, war umstritten. Lesbische und schwule Aktivist*innen wollten das »kümmerliche[] Exoten-Klischee« vermeiden, das Beiträge »von einem Normalen – für Normale« zu zeigen drohten.[33] Deshalb diskutierten die Internationale Homophile Weltorganisation und die Frauengruppe der Homosexuellen Aktion Westberlin, ob und in welcher Form sie sich an der WDR-Dokumentation *§ 175 – Fragen an Homosexuelle und an uns selbst* von 1972 sowie, im lesbischen Kontext, an den dokumentarischen Filmen *Zärtlichkeit und Rebellion* von 1973 und *Wir nehmen uns unser Recht* von 1974 beteiligen sollten.[34] Die zirkulierenden Bilder zu kontrollieren war ein zentrales Anliegen. Deswegen schufen Schwule und Lesben selbstbestimmte und selbst gemachte Medien. Publikationen aus kommerziellen Verlagen wie *Don* und *Du & Ich* betonten zunächst, dass ihre Mitarbeiter »zu dieser Minderheit gehören«.[35] Im Lauf der Zeit entstanden dann auch autonome Zeitschriften, die unabhängig von kommerziellen Zwängen und hetero-sexistischen Einflüssen operieren wollten. Dazu gehörten *Rosa Flieder* und *AHA-Info* sowie im lesbischen Bereich *unsere kleine Zeitung – UKZ* und *Lesbenstich*.[36]

Zusammen mit Büchern und Filmen von und über gleichgeschlechtlich liebende Menschen spielten diese Zeitschriften für die Erzählpersonen eine herausragende Rolle. Frau Eitner und Herr Schubert beteiligten sich sogar als Macher*innen an solchen Projekten. Das Lesen beschreiben die Gesprächspartner*innen oft als ein Verschlingen. Sie nahmen die Bilder und Texte gierig und unmittelbar körperlich auf. Sie inserierten und reagierten auf Kontaktanzeigen, sie erfuhren von schwulen und lesbischen Lokalen und Gruppen. So ebneten die Zeitschriften neuen, affirmativen Selbstentwürfen den Weg. Herr Harrer konnte dank der »schwule[n] Presse« sicherer mit seinem gleichgeschlechtlichen Begehren umgehen. Und Frau Schneider realisierte, dass sie nicht »die Einzige« war, und begann deswegen, von sich aus »aktiv« zu werden. Für die weiblichen Erzählpersonen waren dabei geschlechter- und homosexualitätenpolitische Debatten besonders wichtig. Frau Lippold definiert ihren eigenen politischen Standpunkt, indem sie sich in der lesbischen und feministischen Zeitschriftenlandschaft positioniert. Die *Courage* fand sie »besser« als die *Emma*, während die *UKZ* ihr »nichts gesagt« habe. Für Frau Jäger waren dagegen beziehungspraktische Fragen entscheidend. Sie lernte bei der Lektüre von Büchern wie *Die Tennisspielerin* oder *Seltsamer Wein*, »wie man miteinander umgeht« und »was frau Frau Gutes tun kann«. Noch heute erinnere sie sich »prickelnd« an gewisse Szenen aus diesen Romanen.[37]

Die männlichen Erzählpersonen betonen stärker das pornografische Potenzial der Zeitschriften. Der 1960 geborene Herr Albrecht sah Mitte der 1970er-Jahre beim Kaufhausbummel einen »nackten Mann auf der Titelseite« der *Du & Ich*. Ein Initiationsmoment. Zu Hause habe er das Heft »verschlungen«, und ihm seien die Augen »übergequollen«. Mediale Anregungen, mittels derer er die eigene Lust am männlichen Körper erkunden konnte, fand Herr Albrecht an vielen Orten: in der *Neuen Revue* und den *St. Pauli Nachrichten*; in Büchern für Leute, »die mit 50 Jahren Langeweile im Bett hatten«; in einem »heterosexuellen Pornoroman«; im »Quelle- und Neckermannkatalog«, deren »Unterwäschemodels« er ausschnitt, in ein »Album« klebte und als »Wichsvorlage« nutzte; in »Pornokinos«, die »man mit 15, 16, 17« besuchte; und auf Toiletten, wo Sprüche wie »suche geilen Boy« Anlässe für auto-erotische Erfahrungen boten. Oder ganz einfach in den Fotostrecken der *Bravo*. Bei deren Betrachtung bemerkte Herr Pohl »irgendwann«, dass er »mehr auf Männer guckt[e] als auf Frauen«, ein entscheidender Moment auf seinem jugendlichen Weg zum Schwulsein.[38]

Auch andere beobachteten die *Bravo* sehr genau. 1979 konstatierte man im *Don* erfreut, dass sich die Jugendzeitschrift neuerdings von einer »aufgeklärteren, verständnisvolleren Seite« zeige. Unter dem Titel »Jungen-Liebe« hatte ein Beitrag – »garniert mit reizvollen Jungen-Pärchen-Fotos« –»Schwulsein« nicht als etwas »Abnormes oder Krankhaftes« dargestellt. Stattdessen wurde betont, dass Männer miteinander ebenso »zärtlich sein und sich lieben [können] wie andere Menschen auch, mit umarmen, schmusen und streicheln«.[39] Im Lauf der 1970er-Jahre kamen also in der Tat neue Bilder von gleichgeschlechtlich Liebenden in Umlauf. Diese Sichtbarkeit erleichterte es den Einzelnen, ihr Schwul- und Lesbischsein offen und selbstsicher zu zeigen. Aber sie brachte auch neue Sorgen mit sich: Würde man sich bekennen müssen? Würde man auf unvorteilhafte Art in Erscheinung treten? Würde man das Glück finden, das die abgebildeten schwulen und lesbischen Paare zu genießen schienen? So wie Entkriminalisierung und Entpathologisierung ermöglichte die mediale Sichtbarkeit frauenliebenden Frauen und männerliebenden Männer vieles, was zuvor schwierig oder undenkbar gewesen war. Allerdings brachten diese Entwicklungen auch Probleme mit sich. Die mulmigen Gefühle verschwanden nicht gänzlich.

GANZ ODER GAR NICHT? DIE UMSTRITTENE STRATEGIE DER PROVOKATION

In dieser Gemengelage formierten sich die Schwulen- und die lesbisch-feministische Bewegung. Gleichgeschlechtlich begehrende Menschen kämpften nun mit Mitteln, die sich diametral von denen der Homophilen in den Nachkriegsdekaden unterschieden. Statt vorsichtig für Toleranz zu werben, bestanden sie provokant auf ihrem Recht, anders zu sein. Zudem wollten die radikalen Lesben und Schwulen mit ihrer Emanzipation auch die Gesellschaft als Ganze von sexuellen, patriarchalen und kapitalistischen Zwängen befreien. Deswegen suchten sie die Öffentlichkeit, organisierten Flugblattaktionen, Info-Stände und Demonstrationen. Die erste Schwulen- und Lesbendemo zog 1972 durch Münster. Und 1979 fanden dann in Köln, Bremen, Stuttgart und West-Berlin die ersten Christopher-Street-Day-Paraden statt.[40] ›Mach Dein Schwulsein öffentlich‹ war ein zentraler Slogan, ebenso wie die dem Film *Nicht der Homosexuelle ist pervers* entnommene Aufforderung: ›Raus aus den Toiletten, rein in die Straßen!‹ Männerbegehrende Männer und frauenbegehrende Frauen sollten also als Kollektiv genau jenen Schritt tun, der im individual-biografischen Sinn als Coming-out bezeichnet wurde und wird.

Dieses provokative Auftreten bestimmt die heutige Vorstellung vom lesbischen und schwulen Leben in den 1970er-Jahren.[41] Aber nicht alle gleichgeschlechtlich liebenden Menschen eigneten sich den radikalen Gestus an. Keine klare Zäsur trennt die homophile Zurückhaltung vom lauten Protest. Stattdessen gab es vielfältige Übergänge und Widersprüche. Deswegen betrachten auch die Erzählpersonen den emanzipatorischen Aktivismus sehr unterschiedlich. Vier Typen lassen sich ausmachen: bewegte Beweger*innen, wohlwollende Begleiter*innen, Grenzgänger*innen und Zaungäste. Innerhalb dieses Spektrums erlebten die Einzelnen die Phase des Aufbruchs auf sehr verschiedene Art und Weise.

Die bewegten Beweger*innen beteiligten sich aktiv. Frau Schmidt und Herr Meyer gehören zu dieser Gruppe ebenso wie Frau Fischer, die sich in der Frauen- und der Landlesbenbewegung engagierte; Frau Eitner, die als Studentin an feministischen Aktionen teilnahm; Herr Franke, der als schwuler Sozialdemokrat Politik betrieb; sowie der 1965 geborene Herr Schubert, der ab 1980 in einer schwul-lesbischen Jugendgruppe mitwirkte und später als West-Berliner Polit-Tunte aktiv war. Alle begreifen sich als Mitgestalter*innen des gesellschaftlichen Wandels. Sie kämpften und errangen private wie politische Erfolge. In feministischen und esoterischen Begriffen spricht Frau Fischer vom Überwinden des Patriarchats und von der »Ausgewogenheit von männlichen und weiblichen Energien in der Gesellschaft«, die sie und ihre Mitstreiter*innen erreichen wollten.

Den eigenen Anteil am emanzipatorischen Erfolg betonen manche mehr, manche weniger. Das Geschlecht, das Alter und die Bildung der Einzelnen spielen dabei interessanterweise keine ausschlaggebende Rolle. Die männlichen Erzählpersonen heben nicht, wie man annehmen könnte, ihren eigenen Beitrag besonders hervor. Und die weiblichen beschreiben ihre Leistungen nicht durchgängig als vernachlässigenswert. Frau Schmidt rechnet sich selbstbewusst zu einem aktivistischen »Wir«, das den Wandel maßgeblich vorantrieb. Herr Meyer nimmt sich dagegen zurück und spricht von einem »Man«, das Veränderungen bewirkt habe. Auch Herr Schubert ist bescheiden, wenn es um seinen eigenen Beitrag geht. Der Vergleich zwischen dem 20 Jahre älteren Herrn Meyer und Herrn Schubert zeigt zudem, dass die Jüngeren sich nicht unbedingt als dynamischer darstellen. Auch bei der 1943 geborenen Frau Schmidt und dem 1958 geborenen Herrn Franke macht das Alter keinen Unterschied: Beide betonen, was sie in den 1970er-Jahren bewirken konnten. Schließlich rücken auch akademisch gebildete Erzählpersonen ihr eigenes Engagement nicht stärker in den Vordergrund als andere. Die Diplom-Sozialpädagogin Schmidt ist ebenso selbstbewusst wie der Bergarbeiter Franke und der Krankenpfleger Schubert ebenso bescheiden wie die Gymnasiallehrerin Eitner.

Die Emanzipationsbewegten waren eine sehr heterogene Gruppe, die sich nicht entlang gängiger Hierarchien in eine Avantgarde und eine mitgerissene Gefolgschaft aufteilte. Was die bewegten Beweger*innen miteinander verbindet, ist ein altersflexibles generationelles Selbstbewusstsein. Im Unterschied zu einem Davor und Danach begreifen sie sich als die bewegende Generation. Ihre frauenbegehrenden Vorgängerinnen, meint Frau Schmidt, hätten es »noch schwieriger als wir« gehabt, während ihre Nachfolgerinnen heute die Früchte dessen genössen, »was wir erkämpft haben«. Auch für Herrn Franke ist seine »Generation« diejenige, die »Veränderung gebracht« habe. Die »Älteren« beschreibt er als »müde« und »verfolgt«, während die »Jungen« seiner Meinung nach »vergessen, dass alles Kampf war«, und die von ihm und seiner Generation erstrittenen Errungenschaften »als gottgegeben« hinnehmen.

Diese Einteilung folgt dem heroischen Befreiungsnarrativ, das von der Stigmatisierung über die Emanzipation zur (scheinbaren) Normalität führt. Dementsprechend betonen die bewegten Beweger*innen die Singularität, die »absolute bunte Power« des Aufbruchs in den 1970er-Jahren und verknüpfen diese eng mit ihrem Selbstbild: »Ich war auch wirklich radikal«, sagt Frau Fischer. Beim Lesbenpfingsttreffen küsste sie andere Frauen »provozierend« auf der Straße, um ihr Anderssein zu zeigen. Für Herrn Franke war das unverhohlene »Rausschreien« ebenfalls wichtig. Und Herr Schubert schminkte sich auffällig – »mit falschen Wimpern und dem ganzen Drum und Dran« –, um seine Ablehnung gängiger Normen zur Schau zu stellen.

Dieses provokative Sich-Zeigen war für die bewegten Beweger*innen eine zentrale aktivistische und biografische Strategie. Dementsprechend erzählen sie alle von einem radikalen, sich auf sämtliche Lebensbereiche erstreckenden Bruch, einem Sprung ins kalte Wasser des neuen Selbstbewusstseins. Nachdem sie sich lange Zeit versteckt hatte, dachte sich Frau Eitner mit Mitte 20: »Nee, das kann's nicht sein.« Sie konfrontierte ihre Mutter mit ihrem Frauenbegehren und suchte fortan privat wie politisch Kontakt zu anderen Lesben. Herr Schubert war erst 16, als er sich mit seinen Eltern überwarf, in ein Wohnprojekt für Jugendliche zog und begann, sich als Frau »zurecht« zu machen. Andere Gesprächspartnerinnen verknüpfen die Zäsur ebenfalls mit einer geschlechtlichen Neupositionierung. Als Lesben distanzierten sie sich von dem Wunsch, Männern zu gefallen, und wollten nicht mehr im gängigen Sinn weiblich erscheinen.

Frau Lippold schnitt ihre Haare kurz, warf Schminke und Kleider weg. Das war 1968, mit Mitte 20. Sie schildert den Bruch als besonders klar und plötzlich: Wenn es »bei mir soweit ist, [...] dann ist aber auch Punkt und Ende«. »Vom nächsten Tag an«, sagt sie, »ging's mir saugut: Ich hab zu mir gestanden.« Sie sei nun »nach außen« so »in Erscheinung getreten«, wie sie sich »gefühlt« habe, und es habe sie »einen feuchten Kehricht interessiert«, was die anderen dachten: »Ich habe von dem Moment an mein Ding durchgezogen [...]. Da fing also mein lesbisches Leben an.«

Obwohl Frau Lippold damals so radikal mit ihrem bisherigen Leben brach, gehört sie nicht im engeren Sinn zu den bewegten Beweger*innen. Sie ist vielmehr eine wohlwollende Begleiterin des Aufbruchs der 1970er-Jahre, ihre Erzählung entspricht also dem zweiten Typ. Die öffentliche Provokation war nicht unbedingt ihre Sache, und von ihrem eigenen Beitrag zum gesellschaftlichen Wandel spricht sie wenig. Sie verfolgte die Aktivitäten der Emanzipationsbewegung mit viel Sympathie und besuchte lesbisch-feministische Orte und Veranstaltungen. Aber sie gehörte nicht unbedingt zum Kern der Lesbenbewegung. Zu dieser unter den Erzählpersonen größten Gruppe der wohlwollenden Begleiter*innen gehören unter anderen Herr Ückert, Frau Gruberova, Frau Lehmann, Frau Opitz, Frau Voss und Herr Helmlinger. Statt über eigenes emanzipatorisches Engagement in der Phase des Aufbruchs zu berichten – die 1954 geborene Frau Lehmann und der 1963 geborene Herr Helmlinger wurden erst in den 1990er-Jahren homopolitisch aktiv –, erzählen sie von ihrem beruflichen Werdegang, von gewerkschaftlichen Tätigkeiten oder von der Bewältigung persönlicher Probleme. Den schwulen und lesbischen Aktivismus nahmen sie meist indirekt über die Medien wahr.

Die 1962 geborene Frau Voss begreift sich als unpolitisch, obwohl sie sich für Boatpeople und in der Friedensbewegung engagierte und einmal eine große lesbische Veranstaltung mitorganisierte. Dennoch wagte sie es nicht, ein lesbisch-feministisches Café zu betreten, weil sie dachte, sie sei dafür nicht intellektuell und nicht »politisch« genug. Für Herrn Helmlinger waren »Tunten« und »Ledervereine« besonders wichtige Streiter für die Emanzipation, beides Gruppen, zu denen er selbst nicht gehörte. Anders als die bewegten Beweger*innen beschreiben die wohlwollenden Begleiter*innen den Aufbruch als einen allmählichen Wandel, der ihnen ohne eigenes Zutun neue Handlungsspielräume eröffnete. Die gelegentliche Teilnahme an Demonstrationen, sagt Frau Gruberova, habe ihr Selbstbewusstsein gestärkt. Und Herr Ückert spricht von der Euphorie, an der er bei seinen Abstechern in die schwule Szene teilhatte, ohne selbst einen »Beitrag« zu leisten. Die Begleiter*innen verorteten sich mithin am Rand des aktivistischen Milieus, wobei manche von ihnen bestimmte Aspekte desselben auch weniger wohlwollend beurteilten. Frau Lehmann mied die »Kampflesben«, und Frau Opitz lehnte es ab, das Lesbischsein provokativ »auf der Straße [zu] demonstrieren«.

Die Grenzgänger*innen, der dritte Typ, distanzieren sich von den Emanzipationsbewegungen in einem umfassenderen Sinn. Der 1943 geborene Herr Weber glaubte als Versicherungskaufmann nicht zu den in seinen Augen studentischen Aktivisten zu passen. Außerdem waren die radikalen Schwulen ihm »zu zickig«. Sie hätten sich »ja immer bekämpft« und »zu sehr ihr eigenes Ego« gepflegt. Als ebenso ausgrenzend, kompetitiv und erfolgsorientiert empfand Herr Weber die schwule Szene. Dort musste man bestimmten Schönheits- und Verhaltensstandards entsprechen, sonst sei man »auch schnell wieder der Putzeimer für die Leute« gewesen. Deswegen verbrachte Herr Weber seine Nächte in der »Halbszene«, wo alle möglichen »Randgruppen« und »verletzte Leute« verkehrten. Der provozierende und selbstbewusste Kampf um Emanzipation war nicht Herrn Webers vorrangiges Anliegen. Ihm war es wichtiger, sich im Halbdunkel mit anderen Verfemten und Außenseiter*innen zu solidarisieren.

Eine weitere Gruppe verortete sich in ihrer Abgrenzung von den Aktivist*innen nicht am Rand, sondern in der vermeintlich normalen Mitte der Gesellschaft. Diese Zaungäste, der vierte Typ, betonen ihre Diskretion und Unauffälligkeit. Herr Kuhn mied Orte, »wo schwules Leben offensichtlich« war. Er glaubt, dass Tunten und auffällige Aktivist*innen politische Erfolge errungen hätten, fürchtet jedoch, dass sie die Toleranz der »Heteros [...] überstrapazieren« und dadurch alles wieder »kaputt machen« könnten. Auch der 1956 geborene Herr Pohl kontrastiert seine eigene Konformität mit dem Verhalten von Leuten, die »sich durch Darstellung abgrenzen« müssen. Zu ostentativ schwul sind für ihn Szenelokale, wo jeder »toll gekleidet sein muss«; die »kreischenden, blöden Tunten«; und die »übermäßige Provokation«, die die gesellschaftlichen Grenzen des Anstands überschreitet. Deswegen erwähnte Herr Pohl sein gleichgeschlechtliches Lieben im Gespräch mit anderen – er und sein Partner haben vor allem heterosexuelle Freunde – allenfalls mit dem gebotenen Feingefühl. Und politisch engagierte er sich nicht als schwuler Aktivist, sondern im Gemeinderat. Insgesamt beschreibt sich Herr Pohl als »so normal halt«. Und genau diese Gewöhnlichkeit begreift er als die zentrale Errungenschaft des Aufbruchs der 1970er-Jahre: Damals sei das gleichgeschlechtliche Lieben »aus diesem Rotlichtmilieu« befreit und »in die Normalität« gebracht worden. Die Zaungäste integrieren sich also in die Mehrheitsgesellschaft, indem sie Zäune ziehen zwischen sich und dem radikalen, in ihren Augen unanständigen Teil des schwul-lesbischen Spektrums.

Diese unterschiedlichen Perspektiven auf die Emanzipationsbewegungen bedeuten jedoch nicht, dass die einen mehr, die anderen weniger zum Aufbruch beigetragen hätten. Warum sollte Herrn Pohls Tätigkeit als unauffällig schwuler Gemeinderat nicht ebenso ausschlaggebend gewesen sein wie Frau Fischers lesbische Küsse auf offener Straße? Wie ließen sich die Effekte individuellen Handelns überhaupt messen und vergleichen? Auf ihre je eigene Weise haben alle den Wandel mitgestaltet. Nur begreifen die Beweger*innen diesen als einen drastischen Bruch mit den Zwängen der Nachkriegsdekaden, während die anderen von einem allmählichen Übergang sprechen. Wenig überraschend gerät der radikale Aktivismus bei den Beweger*innen so zum alleinigen Motor des Aufbruchs. Die Zaungäste, Grenzgänger*innen und Begleiter*innen betrachten die schwule und die lesbische Bewegung dagegen als einen unter mehreren Faktoren sowie als Teil eines langen Ringens, das von den homophilen Bemühungen der 1950er-Jahre bis zum heutigen bürgerrechtlichen Engagement reicht. Außerdem betonen die einen ihre sexuelle Alterität, die anderen spielen sie herunter. Dementsprechend verfolgten manche die Strategie des provokativen Sich-Zeigens, und manche gaben sich eher vorsichtig zu erkennen.

Zum Kern der Emanzipationsbewegungen gehörten dabei, anders als oft angenommen, nicht nur Menschen, die in den 1970er-Jahren mit Anfang 20 ihr Studium aufnahmen. Obwohl einige die Radikalität als typisch studentisch begreifen, fanden sich in allen vier Gruppen Menschen jeden Alters und mit sehr unterschiedlichen Bildungsbiografien. Der Aufbruch war vielschichtig und in sich widersprüchlich. Wenn man das Gefühls- und Alltagsleben von Schwulen und Lesben in den 1970er-Jahren angemessen beschreiben will, darf man die Perspektive nicht auf die bewegten Beweger*innen verengen und die anderen als anachronistische Überbleibsel aus der Phase des Ausweichens abtun. Alle vier Typen wurden vom gesellschaftlichen Wandel geprägt und haben diesen mit vorangetrieben. Gerade im Zusammenspiel zwischen Vorpreschen und Vorsicht entfaltete der Aufbruch sein transformierendes Potenzial.

Auch in den Zeitschriften prallten unterschiedliche Einschätzungen der Provokation aufeinander. Dabei stand das mehr oder weniger explizite Zeigen von Nacktheit und Sprechen über Sex im Zentrum. Die einen wollten die »Konfrontation mit dem Staatsanwalt« vermeiden, die anderen mit vermeintlich anstößigen Bildern die »totale Emanzipation« vorantreiben.[42] Einige praktizierten dieses radikale Zeigen auch im Alltag. Im *Rosa Flieder* bedauerte ein Autor, dass er es nicht wage, seine heterosexuellen WG-Mitbewohner*innen mit seinen Klappen-Erlebnissen zu schockieren. Aber immerhin habe der »Aufkleber ›Arschficken wunderbar‹« an seiner Zimmertür große Empörung ausgelöst.[43] Dieses offensive Ringen um Freiheit und Akzeptanz stieß immer wieder auf Skepsis. Meist wollten die Kritiker*innen aber nicht zur homophilen Zurückhaltung zurück. Sie verfolgten das emanzipatorische Anliegen stattdessen mit eher gängigen Mitteln der demokratischen Auseinandersetzung. Sie wollten »Dachverbände, Aktionskomitees und [...] eine Lobby im Bundestag« gründen und maßgeblich am »Prozeß permanenter Bewußtseinsbildung« mitwirken.[44] Von dieser Warte aus betrachtet waren »Knalleffekte[]« ebenso wenig hilfreich wie der Versuch, »aggressiv und militant« die gesellschaftliche Mehrheit zu schockieren.[45]

Die Frage, ob Provokationen den Interessen gleichgeschlechtlich begehrender Menschen eher schaden oder nutzen, führte zu Konflikten innerhalb der Schwulen- und Lesbenbewegung. Diese Debatte reichte über den simplen Zwist zwischen bürgerlichen Gegner*innen des »extrem schwulen Konfrontationskurs[es]« auf der einen Seite und revoltierenden Befürworter*innen des Schockierens auf der anderen Seite weit hinaus.[46] Auch im linken Spektrum war die Provokation umstritten, wie der West-Berliner Tuntenstreit von 1975 zeigt. Damals wurde gefordert, dass die Schwulen nicht als bärtige Männer in Frauenkleidern auftreten sollten, weil dieses Spiel mit den Geschlechtergrenzen das Bündnis mit anderen linken Gruppen gefährde, die das Tuntige als schrill und überzogen ablehnten.[47] Hier spiegelt sich die Auseinandersetzung zwischen – vereinfacht gesagt – marxistischen und undogmatischen Linken, wobei sich nur Letztere für unkonventionelle Protest- und Aktions-Formen begeistern konnten.

Dieser Zwist prägte auch die sehr unterschiedlichen Bewertungen des Homolulu-Treffens, zu dem sich Schwule, Lesben und Transpersonen 1979 in Frankfurt versammelten, nicht zuletzt um die Möglichkeiten des Zeigens nicht-heteronormativer Lebensentwürfe in der Öffentlichkeit zu erkunden.[48] War es richtig, aufrührerisch durch die Frankfurter »Schwulenkneipen« zu ziehen, um diejenigen, die sich in den Augen der Protestierenden dort verkrochen, mittels »Militanz« zu einer Spontan-Demo zu drängen?[49] Und war es besser, mit autonomen Tunten, Lesben und Ledermännern »auf dem Vulkan« zu tanzen als »Homosexualität in Workshops in einer Universität« zu diskutieren? Aus radikaler Sicht waren solche akademischen Debatten »›normal‹« und für die »Heterosexuellengesellschaft« leicht integrierbar. Viel »subversiver« sei es dagegen, »im Fummel in der Öffentlichkeit aufzutreten«.[50]

Der Streit um die Provokation eskalierte 1980 in der Bonner Beethovenhalle bei der von mehreren Initiativen organisierten Podiumsdiskussion »Homosexuelle zur Bundestagswahl – Parteien auf dem Prüfstand«. Die Veranstaltung scheiterte am lautstarken Protest von Aktivist*innen, die solche konventionellen Formate der Zusammenarbeit mit der etablierten Politik kategorisch ablehnten.[51] Dieser Protest wurde auch von sogenannten Pädo-Gruppen mitgetragen, was auf einen weiteren Konflikt verweist: Sollte man in einem vermeintlich radikalen Bündnis aller »Perversen« die Befreiung jeglichen und damit auch des pädosexuellen Begehrens fordern? Oder sollte man sexuell gewalttätigen Formen der Lust die Unterstützung verwehren, ihnen die Anerkennung verweigern? Auch in dieser Frage zeigte sich der

Zwist zwischen umsichtigeren und provokationswütigeren Teilen der Bewegung.

Zwischen dem zögerlich-vorsichtigen Vorgehen der Homophilen in der Phase des Ausweichens und dem angstfrei-provokanten Auftreten der Lesben und Schwulen in der Phase des Aufbruchs gab es keinen klaren Bruch. Vielmehr kam es zu Reibungen und Überlagerungen. Einige nutzten neu gewonnene Freiräume, um Konflikten mit der homofeindlichen Öffentlichkeit aus dem Weg zu gehen, andere suchten das Gespräch, wieder andere die Konfrontation. Dabei desavouierten die Letzteren jede Kritik an der radikalen Provokation und jedes abwägende Auftreten als ein Festhalten an überkommenen Verhaltensmustern. So entsteht der Eindruck, dass homophile Furcht und Vorsicht in Teilen des schwul-lesbischen Spektrums fortdauerten. Diese strikte Opposition zwischen dem ›alten‹ Sich-Verbergen und dem ›neuen‹ Sich-Zeigen versperrt jedoch den Blick auf die vielschichtigen Übergänge zwischen Provokation und Zurückhaltung in der Phase des Aufbruchs.

RAUSKOMMEN: ZUM UMGANG MIT OFFENHEITSPOSTULATEN

Die Forderung nach Offenheit stand im Zentrum schwulen- und lesbenbewegter Debatten. Nur wer »offen für sich eintritt« und »sich bekennt«, könne zum »Fortschritt« beitragen, hieß es.[52] Es ging um das »wahre Ich«, Selbstbejahung und Selbstbewusstsein.[53] Man distanzierte sich vom »zwar wissenschaftlichen aber ebensowenig objektiven Geschwafel« und schätzte stattdessen die »Subjektivität«, die »Meinung von Betroffenen«.[54] Dieser Seitenwechsel entsprach einer breiteren Entwicklung: Betroffenheit verlor den Anstrich der mangelnden Objektivität, wurde zu einem Pfund, mit dem man im öffentlichen Diskurs wuchern konnte.[55] Allerdings waren nicht alle von diesem Trend zum Selbstbekenntnis begeistert. Nicht wenige reagierten mit zögerlicher Skepsis. Selbst denen, die sich in den Emanzipationsbewegungen engagierten, fiel es mitunter schwer, ihr gleichgeschlechtliches Lieben öffentlich zu thematisieren. 1976 trugen Frau Eitner und andere Lesben große Papiermasken, als sie die Bühne eines feministischen Kongresses betraten. Sie wollten zeigen, dass sie »immer noch nicht offen in die Kameras gucken« konnten.

Zugleich wurde die Betonung der individuellen Offenheit kritisiert, weil sie – so die Befürchtung – das emanzipatorische Anliegen privatisiere und entpolitisiere. Darüber, dass die Einzelnen sich im Alltag zu erkennen geben, dürfe der gemeinsame und solidarische Kampf gegen die Unterdrückung nicht vergessen werden. Die »Wärmer-Leben-Schwulen«, hieß es, hätten »alle ein Coming-out hinter sich« und betrachteten »ihr Leben mehr von der persönlichen als der gesellschaftlichen Seite«. Sie würden sich »lieber am Abend in der WG selbst erfahren, als auf ner Demo Parolen zu brüllen«.[56] Diese Kritik konterten die Verfechter*innen der privaten Offenheit, indem sie die gesellschaftlichen Effekte der subjektiven Befreiung und des Coming-outs gegenüber Freunden und Verwandten betonten.

»Wir müssen uns zeigen«, hieß es, denn im »Gegensatz zu Schwarzen [...] ist unsere Minderheit ja nicht sichtbar«. Daher sollten Lesben und Schwule sich Doppeläxte, Rosa Winkel sowie Buttons mit emanzipatorischen Slogans anheften, um »kenntlich« zu sein.[57] Auch Ratgeber und Selbsterfahrungsgruppen halfen dabei, das eigene gleichgeschlechtliche Begehren anzunehmen, die Angst vor dem Coming-out zu überwinden und dem Anspruch auf Offenheit zu genügen. Nach dem Motto ›Augen zu und durch‹ sollten die Einzelnen »ganz herauskommen, nicht nur so halb«.[58] Der *Lesbenstich* skizzierte fünf Wege, auf denen sich das – insbesondere gegenüber der eigenen Mutter – bewerkstelligen ließ: das »hilf-mir-Syndrom«, die »da-habt-ihr's-Methode«, die »zufällige«, die »briefliche« und die »allmähliche Methode«.[59] Ein selbstbewusstes Bekenntnis zum eigenen Lesbisch- oder Schwulsein war das erklärte Ziel.

Solchen weitreichenden Postulaten und Ratschlägen standen deutlich vielschichtigere Praktiken gegenüber. Von einem Coming-out im umfassenden Hauruck-Verfahren berichten nur Herr Wisneck und Herr Gärtner. Sie entschlossen sich allerdings nicht in den Jahren des Aufbruchs, sondern erst nach 1990 und in vergleichsweise späten Phasen ihres Lebens zur Offenheit. Auch Frau Opitz ging, weil sie meist bei kirchlichen Trägern arbeitete, lange Zeit sehr zurückhaltend mit ihrem gleichgeschlechtlichen Begehren um und wagte erst Anfang der 1990er-Jahre mit Ende 30 »den Rundumschlag und die große Eröffnung«. Sie sagt jedoch weder, mit wem genau sie sprach – »allen Leuten« –, noch, was präzise sie diesen mitteilte – »ist jetzt so«. Vielleicht nahm sie deshalb in den 2000er-Jahren einen zweiten Anlauf. Damals machte sie ihr Lesbischsein »so offiziell wie eben möglich« und schloss mit ihrer vierten Freundin eine Lebenspartnerschaft.[60] In diesen Fällen kann man von nachgeholter Radikalität sprechen: spät, aber umso gründlicher. In der Phase des Aufbruchs selbst war diese umfassende Offenheit eher selten. Das mithilfe der Mutter als Gartenfest inszenierte Coming-out eines Mitschülers der damals 13-jährigen Frau Voss war Mitte der 1970er-Jahre sicherlich die klare Ausnahme.[61] Die meisten Erzählpersonen gaben ihr Schwul- oder Lesbischsein stattdessen je nach Situation mal mehr, mal weniger zu erkennen. Sie changierten zwischen Offenheit und Vorsicht.

Zunächst gab es diejenigen, die keinen Wert darauf legten, ihr gleichgeschlechtliches Begehren allgemein bekannt zu machen. Dazu gehörte der Junggeselle Kuhn ebenso wie der Ehemann Harrer. Dieser hat »es« seiner Frau bereits 1972 »am Abend, bevor wir geheiratet haben«, gesagt. Weil seine Frau »mit dem Thema überhaupt nichts anfangen« konnte, habe er danach weder mit ihr noch mit anderen Personen aus seinem Umfeld darüber gesprochen, sondern versucht, sich mit heimlichen Abstechern in die Subkultur »durchzumogeln«. Der 1938 geborene Herr Kuhn macht stattdessen die Ungnade seiner frühen Geburt dafür verantwortlich, dass er seine Homosexualität gegenüber Eltern, Nachbar*innen und Kolleg*innen stets verbarg. Jeder Mann, »der jetzt in der Situation wäre«, meint er, würde »mit 25 reinen Tisch machen« und – »selbst wenn die Eltern Kopf stehen« – einfach sagen: »Ich bin schwul.« Zu seiner Zeit sei das jedoch »vollkommen unmöglich« gewesen. Interessanterweise vermied er es jedoch auch in den 2000er-Jahren noch, das Thema zur Sprache zu bringen. Er nimmt schlicht an, dass sein Umfeld von seinem gleichgeschlechtlichen Begehren weiß und es toleriert, ohne dass es nötig wäre, irgendwelche Worte darüber zu verlieren.

Bei Herrn Harrer und Herrn Kuhn als Zaungästen der Emanzipationsbewegungen verwundert es wenig, dass sie dem Offenheitspostulat allenfalls zögerlich nachkamen. Aber auch bei einigen bewegten Beweger*innen war das Coming-out keine reibungslose Selbstverständlichkeit. Herr Meyer rang sich erst Mitte der 1980er-Jahre mit Anfang 40 dazu durch. Ihn verblüffte, dass seine Eltern nicht überrascht waren. Und Herr Franke sprach nie explizit mit seinen Brüdern über sein Schwulsein, obwohl er an anderer Stelle betont, dass er aus seiner sexuellen Orientierung keinen Hehl gemacht habe. Er geht davon aus, dass seine Brüder ›es‹ irgendwann einfach mitbekamen. In direkten Gesprächen sei sein Männerbegehren jedoch ein »Unthema« geblieben.

Wie ambivalent der Umgang mit der Homosexualität ausfallen konnte, zeigt auch Herrn Pohls Geschichte. Als Jugendlicher stand er in der Clique mutig zu seinem Interesse an Männern, war sich aber zugleich seiner selbst nicht sicher. Offenheit und Zurückhaltung prägten auch das Verhältnis zu seiner Mutter. Nachdem der Vater gestorben war, zog 1977 Herrn Pohls Freund Rolf ins Haus der Familie, und der 21-Jährige stellte seine Mutter offensiv vor die Wahl: »Entweder hältst du deinen Mund über die Beziehung mit Rolf und mir, dann bleiben wir hier wohnen, dann brauchst du auch in kein Altenheim irgendwann, sag, oder [...] du bist da nicht mit einverstanden, dann ziehen wir weg.« Fortan beschwerte sich Frau Pohl nicht mehr darüber, dass das Schwulsein ihres Sohnes die Familie zum Gegenstand des Dorfgeredes machen würde. Sie schwieg dazu, und im Gegenzug pflegten Herr Pohl und Rolf sie bis zum Tod. Jenseits dieser einen offenen Auseinandersetzung wollte Herr Pohl jedoch nicht explizit über sein Schwulsein sprechen: »Das war kein Thema.« Es »war okay«, ohne dass man viel hätte »erläutern und diskutieren« müssen. Dementsprechend sei auch seine Beziehung mit Rolf im Dorf »nie so direkt so offiziell« gewesen.[62] Diese verschwiegene Offenheit oder dieses Wissen, das keiner ausdrücklichen Mitteilung bedurfte, verkomplizierte die Idealvorstellung vom Coming-out als explizitem Bekenntnis, das alle Beteiligten dazu zwingt, sich mit ihrer sexuellen Identität zu beschäftigen. Das unausgesprochene Einverständnis machte solche Auseinandersetzungen überflüssig.

Dieses Schweigen bewahrte mitunter auch die Erzählpersonen selbst davor, sich mit dem eigenen Begehren zu befassen. Nicht wenigen war unklar, was sie eigentlich wollten. Der beunruhigende Gedanke, was passieren könnte, wenn sie sich in dieser gefährlichen Frage festlegten, ließ sie das Thema meiden. Herr Ückert scheute aus diesem Grund lange davor zurück zu entscheiden, ob er Männer liebe oder nicht. Ende der 1960er-Jahre studierte der 23-Jährige in den USA und äußerte seinem Zimmergenossen gegenüber die Vermutung, dass er schwul sei. Der brach daraufhin in schallendes Gelächter aus. Damit war »das Thema wieder vom Tisch«. Vier Jahre später kam es erneut aufs Tapet, als Herr Ückert auf eine Kontaktanzeige reagierte und sich mit einem Mann traf – »den fand ich irgendwo ganz, ganz nett« –, was bei ihm selbst das »Eingeständnis« auslöste: »Offensichtlich bin ich schwul.« Allerdings reagierte er auf diese Einsicht nicht mit Begeisterung, sondern mit körperlicher Übelkeit: »Das war der Knackpunkt, weil da ging's mir tagelang ganz schlecht.« Danach dauerte es noch ein paar Jahre, bis Herr Ückert mit Anfang 30 »am ehesten so was wie ein Coming-out« hatte. Damit meint er, dass er nun ab und zu in »so 'ne Kneipe […] in so 'ner schummrigen Seitenstraße« ging, ohne sich deswegen zu grämen und ohne diese Besuche in elaborierter Form zu verheimlichen. Einen weiteren Schritt auf dem Weg zur Offenheit sich selbst und andern gegenüber machte Herr Ückert schließlich Mitte der 1980er-Jahre in einem psychotherapeutischen Setting. Es war also ein langwieriges Coming-out.

Auch bei anderen Gesprächspartner*innen war das Coming-out ein sehr allmählicher Prozess. Die 1952 geborene Frau Gruberova begann mit 28 nach ihrer Scheidung »ganz vorsichtig«, sich »in Lesbenkreisen« umzusehen. Ihren Eltern habe sie das »behutsam beigebogen« – »das hat, glaub ich, Jahre gedauert« –, wobei »das Wort lesbisch [...] nie gefallen« sei. Frau Lehmann beschränkte sich ihrer Mutter gegenüber ebenfalls lange Zeit auf Andeutungen darüber, dass sie »da Probleme hätte« oder dass sie »mit Frauen lieber kuschel[n]« würde als mit Männern. »Erst viel später«, als die 21-Jährige Mitte der 1970er-Jahre mit Hanna zusammenlebte, habe sie mit ihrer Mutter »wirklich offen drüber geredet«, wobei sie einschränkend anfügt: »Großartig drüber geredet haben wir aber auch nicht.« »Richtig drüber geredet« habe sie mit ihrer Mutter »eigentlich erst«, als sie Anfang der 1980er-Jahre Edith kennenlernte.

Frau Lehmanns Erzählung zeigt, wie wichtig Partnerschaften für das Coming-out sein konnten. Mitunter ist dabei jedoch weniger der Beginn einer gleichgeschlechtlichen Beziehung als vielmehr das Ende einer verschiedengeschlechtlichen Ehe ausschlaggebend. So wie bei Frau Jäger: »Ich konnte diese Zärtlichkeiten von ihm nicht mehr aushalten, geschweige Sexualität. Mich widerte das alles an, ich fand das so was von furchtbar, dass ich mich, tja, hab scheiden lassen.« Die Scheidung bot der 22-Jährigen Mitte der 1970er-Jahre den »Anlass«, dem »Freundeskreis« mitzuteilen, dass sie »gerne Zweisamkeit und Sexualität mit einer Frau erleben möchte«. Danach seien »90 Prozent der Freunde« zu ihrem Ex-Mann »rübergedriftet«, weswegen das »Outen« für sie »entmutigend« gewesen sei. Auch für andere Gesprächspartnerinnen war der Wunsch, keinen Sex mit Männern zu haben, ausschlaggebend für das Coming-out und den Eintritt ins Lesbischsein. Frau Eitner erzählte ihrer Mutter 1977 mit 26 erstmals von ihrer Liebe zu Frauen. Damals war ihre Schwägerin schwanger geworden, und sie wollte klarstellen, dass sie keine Ehe eingehen und keine Enkelkinder zur Welt bringen würde. Für ihre Mutter sei, so Frau Eitner, »das Kind« viel wichtiger gewesen als »meine Lebensform«.

Besonders die Gesprächspartnerinnen verknüpfen die Ablehnung eines heterosexuellen mit der Hinwendung zu einem homosexuellen Lebensentwurf. Deswegen erzählen viele von ihnen auch nicht von einem dezidierten Coming-out als Lesbe. Sie betrachten vielmehr ihr

Engagement in der Frauenbewegung und die Entscheidung gegen die traditionelle Rolle als Gattin, Hausfrau und Mutter als das entscheidende Signal, das sie ihrer Umgebung gaben. Das Frauenbegehren musste dann gar nicht mehr eigens thematisiert werden, war gleichsam im Auftreten als Feministin mit inbegriffen. So lässt sich erklären, dass Frau Schmidt zwar ausführlich davon erzählt, wie sie gegen den Willen ihres Mannes ein Studium aufnahm, wie sie sich von ihm trennte und wie sie sich frauenpolitisch engagierte, aber so gut wie nie davon berichtet, dass sie anderen gegenüber ihr Lesbischsein explizit thematisierte. Sie ist sich nicht sicher, ob die Nachbar*innen sie und ihre Partnerin in den 1980er-Jahren überhaupt als ein lesbisches Paar wahrgenommen hätten. Nur ihrer Patentochter und ihrem Neffen wollte sie in den 2000er-Jahren deutlich vermitteln, dass es »auch andere Lebensweisen« gebe als »nur Mann-Frau-Beziehung«. Daher hat sie ihnen gegenüber ihr Lesbischsein bewusst zur Sprache gebracht.

Die nachgeholte Deutlichkeit solcher späten Bekenntnisse hebt sich klar von den vielschichtigen und nuancierten Coming-out-Praktiken ab, die in der Phase des Aufbruchs vorherrschten. Anders als es die radikalen Offenheitspostulate in Ratgebern und Zeitschriften der 1970er-Jahre nahelegen, generierte das Verlautbaren des eigenen Schwul- oder Lesbischseins oft nur eine teilweise, wortlose und zurückhaltende Offenheit. Je nach Situation changierten die Einzelnen zwischen Vorsicht, Unsicherheit und Selbstbejahung.

UMKÄMPFTE SCHWULE, LESBISCHE UND ANDERE IDENTITÄTEN

Trotz solcher Ambivalenzen betonten immer mehr Menschen ihr eigenes Lesbisch- oder Schwulsein. Ersetzten in der Phase des Aufbruchs also klar benennbare und umgrenzte sexuelle Identitäten die uneindeutigen Selbstentwürfe der Nachkriegsdekaden? Bei genauerem Hinsehen zeigt sich: Die Dynamiken der Identifikation blieben kompliziert.[63] Zunächst einmal entfaltete der Begriff der Identität auf dem Feld der Homosexualitäten erst in den 1980er-Jahren seine volle Wirkung.[64] Außerdem wurde nicht immer eine klare identitätspolitische Grenze zwischen der Gruppe der Schwulen und Lesben auf der einen und der heterosexuellen Mehrheit auf der anderen Seite gezogen. Es gab zahlreiche Überlappungen. Zugleich grenzten sich bestimmte Gruppen gleichgeschlechtlich liebender Menschen voneinander ab.

Der offensichtlichste dieser Brüche verlief zwischen Schwulen und Lesben. Nur vereinzelt arbeiteten sie zusammen. Die lesbisch-feministische und die schwule Emanzipationsbewegung entwickelten sich weitgehend auf getrennten Bahnen.[65] In den Interviews betonen vor allem die bewegten Bewegerinnen, dass sie in der Phase des Aufbruchs überhaupt nichts mit Männern und Schwulen zu tun haben wollten. Umgekehrt distanzieren sich einige männliche Gesprächspartner, teils mit misogynen Untertönen, von lesbischen Frauen. Herr Franke bezeichnet Lesben als »Schmarotzer«, die sich die von der Schwulenbewegung mühsam erkämpften Erfolge im Nachhinein angeeignet hätten. Solche Einstellungen erschwerten, gelinde gesagt, eine die Gräben überbrückende schwul-lesbische Identifikation.

Dementsprechend begriffen Lesben und Schwule auch ihr Verhältnis zur Heterosexualität auf je besondere Weise. Lesbische Feministinnen distanzierten sich mit Nachdruck von ›Heten‹ oder ›Heteras‹, die in ihren Augen allzu bereitwillig den patriarchalen Erwartungen entsprachen. Frau Eitner bezeichnet solche Frauen als »heteroschrippig«, und Frau Schmidt fühlt sich »belästigt«, wenn eine »Heterotante« neben ihr nach Parfum riecht. Die meisten Schwulen lehnten das, was, wie Herr Harrer sagt, »ein normaler Mann« oder »ein normaler Kerl macht«, weniger kategorisch ab. Für sie unterschieden sich Schwule und Heteros ›lediglich‹ in der Frage, ob sich das eigene Begehren auf Männer oder auf Frauen richtete.

Die im engeren Sinn sexuelle Differenz war also im schwulen Kontext besonders wichtig. Daher distanzieren sich gerade männliche Erzählpersonen von der Bisexualität und betonen, dass sie ›eigentlich‹ immer nur Männer begehrt hätten.[66] Herr Schumann war 26 Jahre lang verheiratet und hat »über Bi nachgedacht«. Aber letztlich habe er »auch während der ganzen Ehe immer im Kopf 'n Mann« gehabt. Auch andere Gesprächspartner haben allenfalls kurz überlegt, ob sie bisexuell sein könnten. Nur »am Anfang«, sagt Herr Albrecht, habe er sich gefragt, ob er »schwul oder bisexuell« sei. Und Herr Schubert war »noch sehr jung«, als er »für 'ne Zeit« behauptete, er »sei bisexuell«. Für männerbegehrende Männer war die Bisexualität also ein wichtiger Alteritätspartner. Indem sie sich abgrenzten, bekräftigten sie ihre schwule Identität.[67] Die Gesprächspartnerinnen, die mit Männern intim waren, bezeichnen sich zwar auch nicht als bisexuell, verwerfen aber ihre heterosexuellen Erfahrungen im Rückblick weniger kategorisch. Sie lehnen lediglich die hetero-patriarchalen Erwartungen ab, die der Sex mit Männern für sie impliziert. Die Nähe bi- oder heterosexueller Frauen, die diese feministischen Ansichten teilen, ist ihnen aber alles andere als unwillkommen.

Damit stellt sich die Frage, ob frauenbewegte und andere politische oder kulturelle Identitäten die Grenze zwischen Homo- und Heterosexuellen überbrücken konnten. Das war durchaus der Fall. Einige Erzählpersonen verknüpfen ihre sexuelle Identität besonders eng mit ihrer Zugehörigkeit etwa zur Studentenbewegung, zu den K-Gruppen, zum links-alternativen Milieu, zur Friedens-, Umwelt-, Anti-AKW- oder Dritte-Welt-Bewegung. Für Frau Lippolds Weg zum Lesbischsein waren »Hippiezeit« und »68er« auschlaggebend: »Wir lebten eigentlich alle miteinander in einem ziemlich großen Aufbruch«, sagt sie. Und der 1970 geborene Herr Uhl begreift seine Mitarbeit im »Dritte-Welt-Laden« als Beginn »von so 'nem schwulen Lebensstil«. Auf dem Land eröffnete ihm das »Großlabel alternativ« Möglichkeiten jenseits der »vorgegebenen provinziellen Lebensweise«, auch eine »alternative Sexualität«. Schwule und lesbische Identitäten konnten also sehr eng mit anderen Zugehörigkeiten verkoppelt sein. Allerdings kam es innerhalb dieser Allianzen auch zu Konflikten. Mitunter begannen die Einzelnen in der Auseinandersetzung mit homofeindlichen Einstellungen, denen sie in alternativen Zusammenhängen begegneten, ihr Schwul- oder Lesbischsein deutlicher zu artikulieren.

Besonders ausgeprägt waren diese Reibungen und dieses Zusammenspiel zwischen verschiedenen Zugehörigkeiten im lesbisch-feministischen Kontext. Lesben kritisierten den Sexismus und die Männer-Dominanz in der Schwulenbewegung, Feministinnen distanzierten sich aus den gleichen Gründen von der Studentenbewegung. Im gemeinsamen Kampf gegen das Patriarchat formte sich ein enges Bündnis. Es gab aber auch Reibungen zwischen der sexuellen Identität als Lesbe und der geschlechtlichen Identität als Frau. Waren alle Frauen lesbisch, die sich von sexistischen Hierarchien emanzipierten und die Nähe von Frauen suchten? Oder sollten sich nur diejenigen als Lesben bezeichnen dürfen, die andere Frauen auch sexuell begehrten?[68] Die erste Auffassung vertrat die lesbisch-feministische Bewegung der 1970er-Jahre, bestimmt von einem inklusiven Verständnis lesbischer Identität. Es gab, so die Annahme, keinen Unterschied zwischen sexuellen und nicht-sexuellen Frauenbeziehungen. Es ging um ein ›frauenidentifiziertes Leben‹, um eine politische Alternative, nicht um eine bestimmte Form der Sexualität. In diesem Sinn war auch Frau Schmidt die Nähe zu anderen Frauen wichtig. Ob sich daraus sexuelle Intimität entwickelte, war zweitrangig. Zugleich kritisiert sie die »Urlesben«, die männerliebende Frauen und sie selbst als »ehemalige blöde Heterotante[n]« ausgrenzten.

In den 1980er-Jahren rückten dann die sexuellen Aspekte des Lesbischseins wieder stärker in den Vordergrund. In den als Sex Wars bezeichneten Konflikten um sadomasochistische und andere Spielarten lesbischer Sexualität betonte der sex-positive Feminismus die zwischenfrauliche Lust und ein engeres Verständnis lesbischer Identität.[69] Daher lehnen gerade jüngere Gesprächspartnerinnen wie die 1962 geborene Frau Voss den Ausdruck »frauenbezogen« als zu unspezifisch ab. Das heiße ja nicht unbedingt, dass frau »auch Frauen liebe«, sondern nur, dass sie »als Mords-Emanze unterwegs« sei und »in männerfreien Räumen« lebe. Von solchen Positionen distanziert sich Frau Voss und begreift sich ganz bewusst in einem sexuellen Sinn als »Lesbe«. Für die 1970 geborene Frau König ist das Wort ›Lesbe‹ dagegen so untrennbar mit frauenbewegten Identitätsentwürfen verknüpft, dass sie sich lieber als »homosexuell« bezeichnet. Lesbisch sind für sie radikale Frauen, die »kurze Haare haben und irgendwie sich nicht so um ihre Weiblichkeit kümmern«. Demgegenüber bevorzuge sie »das Weibliche und Weiche«. Von einer klar definierten lesbischen Identität kann also keine Rede sein. Vielmehr gab es zahlreiche Reibungen zwischen einem inklusiven und einem exklusiven, zwischen einem eher politischen und einem eher sexuellen Verständnis des Lesbischseins.

Im Vergleich scheint die schwule Identität deutlich weniger umstritten zu sein. Alle männlichen Erzählpersonen, auch die, die sich nicht eindeutig der Emanzipationsbewegung oder der Szene zurechnen, bezeichnen sich als schwul. Letztlich vereint das schwule Selbstverständnis auch ›radikale Tunten‹ und ›bürgerliche Homos‹ unter dem Dach einer geteilten sexuellen Identität. Der Weg zum Schwulsein steht im Zentrum ganz verschiedener Lebensgeschichten. Herr Weber hat mit Anfang 30 erstmals gesagt: »Ich bin schwul.« Und Herrn Melling gelang es erst mit Ende 30, sich »als schwulen Mann zu definieren«. Allenfalls ältere Gesprächspartner verwenden mitunter alternative Selbstbezeichnungen wie ›anders‹, ›mannausgerichtet‹ oder ›homosexuell‹. Der 1958 geborene Herr Franke betont dagegen, dass er »immer schwul gesagt« habe, weil er den Ausdruck »homosexuell« so »krank« fand. Aber trotz dieser fast durchgängigen Berufung auf eine schwule Identität war die Frage, was als schwul gelten sollte und was nicht, in der Phase des Aufbruchs höchst umstritten.

Eine umkämpfte Grenze verlief zwischen Schwulen und ›Pädos‹. Die auch verharmlosend als Knabenliebe bezeichnete Pädosexualität wurde in den 1970er-Jahren zunehmend aus der Sphäre schwuler Normalität ausgeschlossen, weil sich das Ideal einer Partnerschaft zwischen Gleichberechtigten und Gleichaltrigen immer weiter durchsetzte.[70] Zugleich wollten sich viele Schwule als mittlerweile nicht mehr kriminalisierte Minderheit von denjenigen distanzieren, die nach wie vor im Fokus des Sexualstrafrechts standen. Oder sollten sie sich gerade wegen der gemeinsamen Erfahrung der Stigmatisierung mit den ›Pädos‹ solidarisieren? Dafür plädierten diejenigen, die sich für eine radikale Befreiung nicht nur des erwachsenen, sondern auch des kindlichen und adoleszenten Begehrens aussprachen.[71] Auf lange Sicht konnte sich diese Position nicht durchsetzen, aber in der Phase des Aufbruchs erschwerte sie eine eindeutige Definition schwuler Identität.

Eine andere umstrittene Randzone trennte Schwule und Transpersonen. Manche Menschen, die Geschlechtergrenzen überschritten, reklamierten eine schwule Identität für sich, andere grenzten sich von den Schwulen ab. Herr Schubert betrachtete sich selbst in den frühen 1980er-Jahren als einen schwulen Jugendlichen, der sich als Frau zurechtmachte. Während er damit provozieren wollte, legte eine ältere »transsexuelle« Freundin von ihm Wert darauf, in der Öffentlichkeit als Frau zu gelten und nicht aufzufallen. Herr Schubert kannte zudem eine Trans-Frau, die »schon Hormone gekriegt« habe und ebenso wie ihre Mutter »anschaffen ging«, weswegen sie häufig in Haft war. Und er war mit Lars*Valentina befreundet, der*die in seinem Alter war, sich später für einen Namenswechsel und eine »geschlechtsangleichende Operation« entschied und Ende der 1990er-Jahre einen Mann heiratete. ›Polit-Tunten‹, unauffällige ›Transvestiten‹, von der Polizei verfolgte Sexarbeiter*innen, Menschen, die sich mehr oder weniger weitreichend von dem bei der Geburt festgestellten Geschlecht entfernten, Trans-Frauen, die Frauen oder Männer begehrten: Diese vielfältigen Durchquerungen der Geschlechtergrenzen machten es unmöglich, eine klare Grenze zwischen Schwulen und Transpersonen zu ziehen.

Gerade deswegen waren Menschen, die sich nicht der binären Geschlechterordnung fügten, in schwulen Zusammenhängen oft mit Ausgrenzung konfrontiert. In seiner schwul-lesbischen Jugendgruppe war Herr Schubert wegen seines Auftretens als Frau ein Außenseiter. Und andere Gesprächspartner machen umgekehrt aus ihrer Transphobie und ihrer Ablehnung von »Tunten« keinen Hehl.[72] Viele Schwule fühlten sich in ihrer sexuellen Identität verunsichert, weil transgeschlechtliche Selbstentwürfe vermeintlich die Unterscheidung zwischen Homo- und Heterosexualität infrage stellten. Welcher der beiden Seiten sollte man eine männerbegehrende Trans-Frau zuordnen? Selbstverständlich ist dafür allein die Selbstwahrnehmung der betreffenden Person ausschlaggebend, falls sie dieser Frage überhaupt Bedeutung beimisst. Dennoch dachten viele Schwule, dieses vermeintliche Problem bedrohe ihre sexuelle Identität. Daher schlossen sie Geschlechtergrenzen überschreitende Menschen aus ihren Kreisen aus.

Während sich lesbische und schwule Identitäten in der Phase des Aufbruchs festigten, distanzierte man sich also von prekären Randzonen wie der Pädosexualität und grenzte sich von Bisexuellen und Transpersonen ab, die vermeintlich die klare Trennung zwischen Homo- und Heterosexualität unterliefen. Gleichzeitig spielten Unterschiede zwischen Schwulen und Lesben sowie politische, habituelle und kulturelle Differenzen zwischen verschiedenen Gruppen frauenliebender Frauen und männerliebender Männer eine wichtige Rolle. Dass sich das Adjektiv ›schwul‹ mittlerweile als eine meist unhinterfragte Selbstbezeichnung durchgesetzt hat – mit ›lesbisch‹ liegen die Dinge wie gesehen etwas komplizierter –, sollte nicht darüber hinwegtäuschen, dass es in den 1970er-Jahren keine klar definierten Identitäten gab, an denen sich die Akteur*innen hätten orientieren können. Daher war der Aufbruch nicht nur eine zielgerichtete, sondern auch eine suchende Bewegung.

In den 1970er-Jahren machten sich erwachsene Männer nicht mehr strafbar, wenn sie zu Hause miteinander Sex hatten. Immer weniger Ärzte und Psychiater betrachteten Homosexualität als eine Krankheit. Und auch die gesellschaftliche Stigmatisierung gleichgeschlechtlich begehrender Menschen ließ nach. Deutliche Zeichen dieses Wandels waren neue Bilder von frauenliebenden Frauen und männerliebenden Männern in den Medien, provokante Auftritte von emanzipationsbewegten Aktivist*innen in der Öffentlichkeit und immer öfters offene Selbstbekenntnisse von Lesben und Schwulen im Alltag. Dank dieser Entwicklungen trauten sich mehr und mehr Menschen, ihr gleichgeschlechtliches Begehren auszuleben. Schwule und lesbische Identitäten wurden immer greifbarer, waren zugleich aber strittig und nicht klar umrissen. Das erleichterte und erschwerte die Selbstfindung: Welche Position auf dem sich verkomplizierenden Feld der Homosexualitäten war die richtige für jede*n Einzelne*n? Zwischen der Freude über Errungenschaften und sich bietende Chancen auf der einen sowie alten Ängsten und neuen Sorgen auf der anderen Seite vollzog sich der emanzipatorische Aufbruch. Inwiefern diese zwiespältigen Lagen sich auch in den räumlichen Veränderungen der 1970er-Jahre spiegelten, untersucht das folgende Kapitel.

ÖFFNUNGEN UND GRENZVERSCHIEBUNGEN

›Raus aus den Toiletten! Rein in die Straßen!‹ Dieser Slogan zeigt, wie sehr das emanzipatorische Aufbrechen auch ein Ausbrechen im räumlichen Sinn war. Die Parole aus dem Film *Nicht der Homosexuelle ist pervers* forderte Schwule dazu auf, ihr gleichgeschlechtliches Begehren nicht länger in öffentlichen Bedürfnisanstalten auszuleben. Stattdessen sollten sie gut sichtbar und öffentlich für ihre Interessen eintreten. Es ging um Ortswechsel, darum, Plätze und Fußgängerzonen für sich zu beanspruchen, und darum, neue, selbstbestimmte Räume zu schaffen. Dieses Gestalten, Aneignen und Bewegen verschob die Grenzen zwischen Öffentlichkeit und Privatheit. Plötzlich zogen schwule Paraden und lesbische Demonstrationen durch die Straßen, gab es neue Arten von Orten, wo frauenliebende Frauen und männerliebende Männer einander kennenlernen und näherkommen konnten. Wie prägte dieser räumliche Wandel den Alltag und das Gefühlsleben der Einzelnen? Und wie veränderte sich das Verhältnis zwischen Stadt und Land in dieser Zeit? Geriet die Metropole zur Stätte des Aufbruchs, während das Land zum Raum des Stillstands verkam? Oder entwickelten sich an verschiedenen Orten je eigene Formen des Aufbrechens?

ZWISCHEN ÖFFENTLICHEN UND PRIVATEN SPHÄREN: *INTIMATE PUBLICS*

Ab Anfang der 1970er-Jahre traten Schwulen- und Lesbengruppen in Mittel- und Großstädten mit Infoständen und Demonstrationen immer häufiger öffentlich in Erscheinung. 1972 zogen bei der ersten ›Schwulendemo‹ der bundesrepublikanischen Geschichte Schwule, Lesben, Bisexuelle und Transpersonen durch die Straßen von Münster. Und 1973 protestierte die Frauengruppe der Homosexuellen Aktion Westberlin (HAW) mit Aktivistinnen des Berliner Frauenzentrums in einer Flugblattaktion gegen eine homophobe Kampagne der *Bild-Zeitung* unter dem Titel »Die Verbrechen der lesbischen Frauen«.[73] Der öffentliche Raum wurde auch mit mehrtägigen Veranstaltungen in Beschlag genommen, wie seit 1974 bei den jährlichen Lesbenpfingst-, später Lesbenfrühlingstreffen oder beim Frankfurter Homolulu-Festival von 1979.[74]

Meist gelten solche Aktionen – so wie die späteren Pride-Paraden – als Ausdruck eines neuen, selbstbewussten Auftretens in der Öffentlichkeit. Aber für die Erzählpersonen war ein anderer Aspekt noch wichtiger: Demos und Versammlungen schufen räumliche Konstellationen, die in der Öffentlichkeit eine gewisse Intimität, ein Unter-Sich-Sein ermöglichten. Die Auftritte schwuler und lesbischer Gruppen produzierten *intimate publics*. Als intime Öffentlichkeit wurde in der Forschung zunächst die ein weibliches Publikum adressierende Medienkultur des späten 19. Jahrhunderts beschrieben. Romane und Zeitschriften boten Frauen damals Glücksszenarien an, die zwar unerreichbar waren, dank derer sie aber ihre Unterdrückung und Verzweiflung aushalten konnten. Dabei geht es allerdings nicht darum, diese unerfüllbaren Hoffnungen auf ein besseres Leben ideologiekritisch als Verblendung zu entlarven. Ebenso wenig soll den Frauen im Gestus der ex-post-Überlegenheit vorgeworfen werden, dass sie mit den unstillbaren Sehnsüchten ihrer eigenen Ausbeutung den Weg bereiteten. Vielmehr geht es um den Trost, den *intimate publics* spendeten und der für das Überleben unter widrigen Bedingungen unerlässlich war. Der Trost ermöglichte es den Einzelnen, neue emotionale Strategien zu entwerfen, um ihre Diskriminierungserfahrungen zu bewältigen.[75] Einem ganz ähnlichen Zweck dienten die intimen Öffentlichkeiten von Schwulen und Lesben in der Phase des Aufbruchs.

Das Zusammensein und der Zusammenhalt mit anderen Demonstrant*innen und Aktivist*innen ermöglichten nicht nur ein selbstbewusstes Auftreten nach außen. Innerhalb der Gruppe entstand auch eine semi-private Atmosphäre des Trostes, der geteilten Hoffnungen auf eine bessere Zukunft. Oft wagten die Einzelnen nur wegen dieses Aufgehobenseins den Schritt zum öffentlichen Sich-Zeigen. Herr Meyer hatte zuvor »noch nie so viel schwule Männer auf einmal erlebt«. Dank dieses Haufens von Zusammengehörenden überwand er seine »Angst«, schloss sich der Demonstration an und trat damit als Schwuler auf der Straße in Erscheinung. Und Frau Jäger vergaß ihre Sorgen und die »Durststrecke«, die sie hatte durchleben müssen, als sie bei ihrer ersten Christopher-Street-Day-Parade auf eine Vielzahl von anderen Lesben traf: »Wie ich diese ganzen Massen von Menschen gesehen habe, das war für mich, […] als wenn ich Drogen genommen hätte, so happy war ich.« Unter all den »Gleichgesinnte[n], […] die in die gleiche Richtung gucken, […] die gleichen Ziele verfolgen«, fühlte sie sich »so wohl«.

Diese außergewöhnlichen Momente in der Menge unterschieden sich deutlich vom weniger erfreulichen Alltag. Zugleich grenzten sich die Demonstrant*innen von den feindlich gesinnten Passant*innen ab. So entstand eine semi-private Innensphäre. Herr Franke erinnert sich an CSDs und »Aids-Demonstrationen«, bei denen er und andere »bespuckt« wurden und sie »Angst haben« mussten, dass ihnen »was passiert«. In dieser bedrohlichen Umgebung schufen schwule und lesbische Veranstaltungen temporär sichere Räume in der Öffentlichkeit. In diesen geschützten Sphären konnten die Einzelnen sich mit ihrer Angst auseinandersetzen und gerade dadurch Selbstsicherheit entwickeln.

So gesehen ermöglichten die öffentlichen Interventionen vergleichsweise sichere Situationen, in denen das selbstbewusste Sich-

Zeigen eingeübt werden konnte. Unmittelbare politische Effekte hatten die Proteste dagegen nicht. Abgesehen von lesbisch-feministischen Errungenschaften im Ehe- und Scheidungsrecht sowie bei der teilweisen Lockerung des Abtreibungsverbots liefen konkrete Forderungen meist ins Leere. Der § 175 wurde bereits 1969 und 1973 reformiert, also bevor die Schwulenbewegung so richtig in Gang kam. Danach gab es bis 1994 keine weiteren Verbesserungen im Strafrecht. Auch bei anderen Themen blieb man erfolglos. Die Nationale Arbeitsgemeinschaft Repression gegen Schwule (NARGS) protestierte ebenso heftig wie vergeblich gegen das Verbot, mit dem die Stadt Aachen 1973 einen schwul-lesbischen Infostand in der Innenstadt verhindert hatte.[76] Aber trotz der Misserfolge blieben die öffentlichen Auftritte nicht wirkungslos. Die aktivistischen Gruppen gewannen weitere Mitglieder, und diese gingen allmählich auch im Alltag offensiver mit ihrem gleichgeschlechtlichen Begehren um. Dadurch wuchs langfristig die Akzeptanz sexueller Vielfalt in der Gesellschaft. Frauenliebende Frauen und männerliebende Männer zeigten ihre Zuneigung auch jenseits schwul-lesbischer Veranstaltungen immer häufiger in der Öffentlichkeit. Selbst »in der Fußgängerzone«, sagt Herr Albrecht, konnte man nun Männer kennenlernen. Und die *Du & Ich* begrüßte die »neu gewonnene Unbefangenheit«, dank derer man sogar »auf einer stinknormalen Party« einen Partner finden könne.[77]

Oft werden die politische und die persönlich-alltägliche Dimension des Wandels gegeneinander ausgespielt. Gerade weil sich so viele Schwule und Lesben auf ihre individuellen Befindlichkeiten konzentrierten, heißt es dann, scheiterten sie im Kampf gegen den Heterosexismus und für die sexuelle Emanzipation.[78] Dieser Gegensatz ist jedoch verfehlt. Letztlich führte gerade das Zusammenwirken politischer und persönlicher Aspekte zu nachhaltigen Errungenschaften. Indem Schwule und Lesben für Emanzipation eintraten und im Alltag unbefangener auftraten, schufen sie semi-private und semi-öffentliche Sphären der Geborgenheit, in denen die nach wie vor existierenden Ängste in der doppelten Bedeutung des Wortes aufgehoben werden konnten. Dadurch verschoben sich die Räume, in denen schwules und lesbisches Leben stattfand. Die Trennung zwischen Verbergen und Zeigen wurde immer häufiger von *intimate publics* durchkreuzt, die sich auf der Schwelle zwischen Subkultur und Öffentlichkeit bewegten.

Private Rückzugsräume wurden dadurch jedoch mitnichten bedeutungslos. Herr Albrecht sehnte sich als Teenager nach einem eigenen Zimmer. Als er es Mitte der 1970er-Jahre nach langem Warten endlich bekam, konnte er sich dort ungestört mit seiner Sammlung erotischer Dinge und Bilder beschäftigen. Ungefähr gleichzeitig verließ Herr Franke während seiner Ausbildung sein Zimmer im »Lehrlingsheim«, wo er fast »verrückt« geworden wäre, und bezog eine eigene Wohnung. Neben den eigenen vier Wänden war auch das Auto ein wichtiger Rückzugsraum, sozusagen als eine Kabine des Privaten im Öffentlichen. Anfang der 1970er-Jahre onanierten der pubertierende Herr Wisneck und sein bester Freund gemeinsam in einem Pkw. Und Herr Helmlinger lernte Ende der 1970er-Jahre mit 16 oder 17 auf der Klappe einen jungen Mann kennen, der sein Auto unweit geparkt hatte. Weil ihm das »Klo« ein »bisschen Angst« machte, haben sich die beiden im Auto gegenseitig »einen runtergeholt«. Es war Winter, und die Scheiben waren »zugefroren«, sodass die vorbeieilenden Passant*innen scheinbar nichts bemerkten.

Solche riskanten sexuellen Episoden in der prekären Privatheit eines Autos, eines Gebüschs oder einer Toilettenkabine waren in den 1970er-Jahren häufiger als in späteren Dekaden. Deswegen sprechen Kritiker*innen von einer Privatisierung des gleichgeschlechtlichen Begehrens. Während radikale Schwule und Lesben in der Phase des Aufbruchs sexuelle Wagnisse nicht scheuten, so das Argument, hätten spätere Generationen sich im Austausch für die Anerkennung der Mehrheitsgesellschaft an deren Erwartungen angepasst und ihr Sexleben ganz *comme il faut* auf die Privatsphäre beschränkt.[79] Vermutlich begreift diese These die öffentliche Intimität jedoch allzu sehr als ein Politikum. Junge Menschen hatten in den 1970er-Jahren meist einfach deswegen Sex außerhalb des Hauses, weil sie kein eigenes Zimmer oder keine eigene Wohnung hatten. Zudem war das sexuelle Experimentieren generell weiter verbreitet. Deswegen verkehrten damals auch andersgeschlechtliche Paare häufiger an heimlichen, aber prinzipiell zugänglichen und einsehbaren Orten.

In der Phase des Aufbruchs war die öffentliche Intimität nicht populärer als zu anderen Zeiten. Vielmehr waren damals wie heute drei Gründe wichtig für die Bereitschaft zum riskanten Sex: Beziehungsstatus, Aufenthaltsort und Alter. Sicherlich ist es für das Spiel mit den Übergängen zwischen Privatheit und Öffentlichkeit ausschlaggebend, ob die Beteiligten in einer festen oder offenen Beziehung oder als Singles leben. Und was die Gefahr des Entdeckt-Werdens anbelangt, dürfte die Dorföffentlichkeit aufmerksamer sein als das Großstadtpublikum. Andererseits lassen sich auf dem Land einfacher verschwiegene Orte finden. Am höchsten ist die Bereitschaft zum Risiko jedoch abseits vom eigenen Wohnort, im Urlaub oder auf Geschäftsreisen. Und schließlich sinkt die Neigung zur öffentlichen Intimität mit zunehmendem Alter. Wo es für Jüngere angemessen sein mag, Zärtlichkeiten auszutauschen, müssen oder wollen sich Ältere eher zurückhalten. Deswegen zögert Frau Fischer, wenn die 20 Jahre jüngere Gesine sie in der Öffentlichkeit küssen will. Anfang der 1990er-Jahre war sie noch wagemutiger. Damals hatten die beiden, kurz nachdem sie sich kennengelernt hatten, Sex im Auto. Ganz ähnlich war es bei Herrn Pohl. Mit Anfang 20 traf er 1977 in einer Disco den etwas jüngeren Rolf, und danach hatten die beiden »natürlich Sex im Auto, wie das so geht«. Bald darauf begannen die beiden als Paar auf dem Dorf zu leben, ihre Risikobereitschaft ließ nach, und die Diskretion nahm zu: »Wir sitzen hier […] nicht vorm Haus auf der Bank und knutschen uns«, sagt Herr Pohl.

Neben Schwulen und Lesben, die ihre Zuneigung außerhalb des Hauses nicht allzu offen zeigten, gab es weiterhin auch Menschen, die ihr gleichgeschlechtliches Begehren generell verheimlichten. Zu diesen gehörte Herr Wisneck, der sein Schwulsein metaphorisch als ein »Ei« bezeichnet, das er bis zur Jahrtausendwende in einer »Ecke« seines Bewusstseins verbarg. Doch auch diese Taktik des Versteckens im privatesten Winkel blieb von den intimen Öffentlichkeiten nicht unberührt, die in der Phase des Aufbruchs entstanden. Was passieren konnte, wenn Menschen, die ihr gleichgeschlechtliches Begehren in zerbrechlichen Schalen verbargen, auf Menschen trafen, bei denen es, um im Bild zu bleiben, schon geschlüpft war, veranschaulicht Herrn Wisnecks Erzählung über den Kauf seines Hochzeitsanzugs.

Um ihn dem bevorstehenden Anlass entsprechend auszustatten, fuhren Herr Wisneck und seine zukünftige Ehefrau Kathrin 1979 von Braitenrod nach L., zum Geschäft Honeymoon. Direkt neben dem »Heterohochzeitskleidergeschäft«, erzählt er, nach wie vor verwundert über diese Nachbarschaft, »war 'n Schwulencafé«. Die Gäste des Café Satin hätten aus ihrem Schwulsein keinen Hehl gemacht. Herr Wisneck behielt den Gedanken, der ihn in der Abgeschiedenheit der Umkleidekabine durchfuhr, dagegen ganz heimlich für sich. »An diesem Tag« habe es ihm »fast den Kopf gesprengt«. Er sei sich nicht »im Klaren« gewesen, ob er »das Richtige« mache. Und er hatte die »Vision«, dass er »in dem Laden nebenan sein« sollte, wo »Männer gesessen haben, die so gefühlt haben, wie ich eigentlich gefühlt habe«: »Das wär doch meine Heimat.« Der Konjunktiv und das ›eigentlich‹ machen klar, dass Herr Wisneck damals nicht nach nebenan ging. Er kaufte seinen Hochzeitsanzug – »war übrigens damals 'n Stresemann, hab ich heut noch« –, mied die schwule Heimat und begab sich ins Exil der Ehe mit Kathrin. Vermutlich hat Herr Wisneck dieses Erlebnis nach seinem Coming-out in den 2000er-Jahren als Beleg für sein damals schon vorhandenes Schwulsein zusätzlich mit Bedeutung aufgeladen. »Ich habe gespürt, dass ich so gefühlt hab, sonst hätte ich diese Gedanken ja nicht gehabt«, postuliert er in einem Zirkelschluss. Andere Formulierungen und der Umstand, dass er den Anzug nach wie vor aufbewahrt, zeigen jedoch, dass er seine Ehe damals keineswegs eindeutig für einen Irrweg hielt. Erst im Rückblick wurde der Kauf im Heterohochzeitskleidergeschäft zum »einschneidende[n] Moment«, von dem Herr Wisneck sagt: »Der verfolgt mich ewig.«

Schwule und lesbische intime Öffentlichkeiten und öffentliche Intimitäten, ob in Cafés, auf Demonstrationen oder in Fußgängerzonen, veränderten also auch das Leben derjenigen, die ihr gleichgeschlechtliches Begehren verheimlichen wollten oder mussten. Überall verschoben sich die Grenzen zwischen öffentlichen und privaten Sphären. Während sich die einen immer offener zeigten, versuchten die anderen ihre Homosexualität umso umsichtiger zu verbergen, bis nur ein Ei in einem abgelegenen Gang der eigenen Gedanken übrig blieb. So oder so, die Sicht- und Zeigbarkeit des Lesbisch- und Schwulseins prägten den Alltag der Einzelnen. Dass Schwule und Lesben immer deutlicher in Erscheinung treten konnten, lag auch am Charakter und an der Einrichtung der neuen Räume für frauenliebende Frauen und männerliebende Männer, die in der Phase des Aufbruchs entstanden und die sich ganz wesentlich von den homophilen Lokalen der Nachkriegsdekaden unterschieden.

VORHANG AUF!
NEUE RÄUME SCHAFFEN

Zwei Dinge waren entscheidend: Die neuen Orte waren offener, schotteten sich nicht mehr von ihrer Umgebung ab, und sie waren innen anders gestaltet, ermöglichten weniger förmliche Annäherungen. Deutlichstes Zeichen der neuen Offenheit war das Verschwinden der Vorhänge an den Fenstern. Passant*innen konnten nun hineinsehen. Die Wirte hätten auch aufgehört, »diese blöde Klingel da vor ihren Puff zu machen«, sagt Herr Weber, und man konnte »einfach normal reingehen«. Das galt vor allem für die neuartigen »Schwulen-Tagescafés«, wo auch »Heteronachbarn« gern zu »Kaffee und Kuchen« vorbeikamen.[80] Solche offenen Cafés und Kneipen neuen Stils waren etwa das 1977 eröffnete Andere Ufer in West-Berlin oder das Tuc Tuc in Hamburg (vgl. Abbildung 6).

Das Bochumer Lesbenzentrum, das 1978 seine Arbeit aufnahm, hatte ebenfalls große, offene Ladenfenster. Allerdings warfen die Vorbeigehenden nicht nur freundliche Blicke durch das Glas. Gleich am ersten Tag wurden die Fenster eingeschlagen.[81] Trotz solcher Angriffe waren frauenliebende Frauen von den neuen Orten begeistert. An-

Abbildung 6: Schwule Kneipe mit offenem Ladenfenster:
Das Tuc Tuc in Hamburg, aus: *Du & Ich* 13 (1981), 6, 16.

statt »in irgendein konventionelles Café« gehen zu müssen, konnten sie sich nun im »Lesbencafé« treffen, sagt Frau Schmidt. Frau Gruberova kam sich bei ihrem ersten Besuch angesichts der vielen anderen Frauen vor, als hätte sie »Eldorado« entdeckt. Und Frau Lippold betont die Unterschiede zwischen den alten und den neuen Lokalen. In den 1970er-Jahren hätten Frauen sich nicht mehr nur in »Bars« getroffen, sondern auch in ungezwungeneren »Kneipen«. In von Aktivist*innen selbst organisierten Räumen, in »Buchläden« mit »angegliederte[n] Cafés« und in »Insiderkneipen« genossen sie neue Freiheiten im Umgang miteinander. Das galt besonders für Treffpunkte wie den des West-Berliner Lesbischen Aktionszentrums oder das 1976 gegründete autonome Lesbenzentrum LENE in Hamburg.[82] Das Streben nach Autonomie und Autarkie bestimmte diese lesbisch-separatistischen Orte, zu denen nur Frauen Zutritt hatten. Gleiches gilt für Frauenzentren und Frauenhäuser, die Schutz vor männlicher Gewalt boten. Sie waren wichtige Mittelpunkte, die homo- und heterosexuelle Frauen aus allen Richtungen anzogen.

Im schwulen Kontext entstanden nach der Entkriminalisierung neben den homophilen Lokalen alten Stils, den Klappen und den Cruising Areas immer mehr Saunen und Pornokinos, in denen Männer sexuell miteinander verkehrten. Zudem entwickelten sich selbst organisierte und von Ehrenamtlern getragene Orte, wo Männer miteinander ins Gespräch kommen konnten. Das Spektrum reichte von Cafés und Kneipen über Buchläden bis hin zu Seminarhäusern wie dem 1981 in der Nähe von Göttingen eröffneten Waldschlösschen. Bei dessen Umbau hat Herr Meyer in den 1970er-Jahren gerne »mit Holz [ge]tragen«, weil er »einen Ort« haben wollte, an dem er sein Schwulsein nicht ständig erklären musste, so etwas wie ein »schwules Zuhause«. Eine ähnliche Bedeutung hatte das »Jugendzentrum« einer größeren südwestdeutschen Stadt für Herrn Schubert. Dort traf sich die schwul-lesbische Jugendgruppe, in der er sich 1980 als 15-Jähriger zu engagieren begann.

An diesen verschiedenen Orten galten teils sehr unterschiedliche Verhaltensregeln. Obwohl viele zwischen diesen Welten hin- und herwechselten, unterschied man und frau sehr genau zwischen dem typischen Publikum von Lederkneipen oder Tagescafés, von Buchläden oder Saunen, von Bars oder emanzipationsbewegten Treffpunkten. Zwischen diesen Szenen und Gruppen kam es auch immer wieder zu Konflikten. Die einen waren als bürgerlich und kommerziell verschrien, die anderen als chaotisch und unvernünftig. Manche kritisierten die Bars, weil es dort nur ums Vergnügen gehe, andere mieden die Schwulen- und Frauenzentren, weil dort nur über Politik geredet werde. Dieser Streit eskalierte immer wieder. 1978 beklagten sich die Stammgäste einer »traditionelle[n]« Bar in einer nicht näher benannten Großstadt über eine »Invasion« der »›Feministinnen‹« aus dem »Lokal der Frauenbewegung«. Anlass für Streit boten der Musikgeschmack – »Fox, Walzer, Tango« auf traditioneller und »Rock, Soul, schwarze Musik« auf frauenbewegter Seite – sowie der Tanzstil. Wenn die radikalen Lesben da seien, werde »gehopst und getreten, auch mal geboxt, Biergläser kippen um«, und die Stammgäste fühlten sich »bedrängt«.[83] In Düsseldorf endeten ähnliche Reibereien 1980 in einem Handgemenge.[84]

Unter Schwulen gab es ebenfalls solche Konflikte. 1979 zog eine emanzipationsbewegte Demo durch die Frankfurter Szene, um jene, die sich in den »Schwulenkneipen [...] verkriechen«, zum öffentlichen Protest zu drängen.[85] Herr Franke wirft gerade der älteren Generation vor, dass sie »nicht auf die Straße« gingen und dass sie sich dem Plan verweigerten, als Alternative zu den Homo-Lokalen ein »Kommunikationszentrum« zu gründen. An solchen neuen Orten sollten Schwule ehrlicher miteinander umgehen und die »auf einer Klappe, in einem Park oder in einer Bar« üblichen Umgangsformen ablegen. Die Schwulenbewegung kritisierte deren vermeintliche Gefühllosigkeit und das alleinige Interesse am Sex, das den Gesprächspartner zum Lustobjekt degradiere.[86] Dementsprechend war ein mit den Usancen der ›alten‹ Szene vertrauter Mann bei seinem ersten Besuch der Nürnberger Schwulengruppe Fliederlich überrascht, weil er anders als erwartet »freundlich begrüßt und nicht begafft« wurde. Angesichts dieser Offenheit bemerkte er, wie schwer es ihm fiel, die Gewohnheiten aus den Bars zu überwinden: »Die Sub hatte sich in mir verkeilt, ich merkte, wie ich die anderen anstarrte.«[87]

Konträre Vorstellungen von schwulem Miteinander und schwulem Nachtleben prägten auch die Auseinandersetzung um die Hamburger Kneipe Tuc Tuc (vgl. Abbildung 6). Unter dem Titel »Alternativ bis zur Bewusstlosigkeit« wurden die Gepflogenheiten der Gäste und Betreiber in der *Du & Ich* kritisiert. Im Tuc Tuc verkehrten »Punks«, »Freaks«, »Lederkerle, Kahlköpfige, Tunten und Narzissen«, hieß es, die, anstatt politisch aktiv zu werden, einem linken Hedonismus frönten, und unter sich im »Getto« bleiben wollten, statt die öffentliche Debatte zu suchen. Daraufhin verunglimpften die Unterstützer*innen des Tuc Tuc ihren Kritiker als einen »bürgerliche[n] Journalist[en]«, der das ehrenamtliche Kollektiv-Projekt eines offenen Raums jenseits kommerzieller Zwänge schlicht nicht begreifen könne.[88] Hier kollidierten also Teile der schwulen Szene, die einander in lange gepflegter Feindschaft verbunden waren und die sich in geteilter Ablehnung gegenseitig als alternativ und als bürgerlich beschimpften.

Ganz *en passant* wird in der Diskussion über das Tuc Tuc auch ein

Phänomen erwähnt, das diese vermeintlichen Gegensätze überbrückte und die verschiedenen Teile der Szene verband: Disco. Zur »Disco time« am Samstag war das Tuc Tuc brechend voll: »Alles drängt, schiebt, tanzt.«[89] Dieses Gedränge gefiel auch den radikalen Lesben, die zu Rock und Soul hopsen wollten. Und die sogenannte kommerzielle Szene war ebenfalls begeistert. Ein Kritiker betrachtet die Disco gar als eine »Musikmaschine«, die »von der Mode-Industrie zu sportlichen Modellen« geformte Männer zu einer »Masse aus Fleisch und Stoff« vermischte.[90] Ganz allgemein wurde der neue Musik- und Tanzstil immer populärer, wobei sich Schwule und Lesben wie zuvor in den USA auch in der Bundesrepublik als Avantgarde ins Gewühl stürzten. In den Lokalen alten Stils hatte man und frau sich noch zugezwinkert und zum Tanz aufgefordert, ein fein austariertes Spiel mit Distanzen und Annäherungen. In den Discos tummelten sich dagegen alle auf der Tanzfläche zu lauter Musik, was zu mehr oder weniger unvorhersehbaren Körperkontakten führte. Die Enge und das Gewühl der neuen Disco-Räume schufen ganz neue Formen der Intimität.

Wie wichtig und vielschichtig dieses Raumgefühl war, verdeutlicht eine Passage aus Herrn Pohls Erzählung. Die schwule Disco in F., einer größeren Stadt in der Nähe seines Dorfes, war für den 20-Jährigen Mitte der 1970er-Jahre »der Nabel der Welt«:

> hier pulsiert das wahre leben. als ich das erste mal da war, weiß ich noch, so 'ne disco war das, relativ groß, [...] waren locker so 100, 100 schwule nachher drin, die da alle abgehottet haben, tolle musik, also gute stimmung, war supertoll, und [...] ich so als landpomeranze, hab gedacht, boah, das ist total geil hier. [...] da ging für mich auch so 'ne, wie so 'n FENSTER auf, wo ich gedacht hab, mein gott, was gibt es doch viele schwule männer.

Drei Aspekte des Disco-Gefühls stechen hervor. Erstens, Nähe und Offenheit. Das aufgehende Fenster, die Größe des Raums und die scheinbar nicht weiter untergliederte Tanzfläche erwecken diesen Eindruck. In der Disco gab es kein ›dort hinten‹ mehr, von wo aus ein groß-

Abbildung 7: Schwule Disco mit Gewühl? Ohne weitere Angaben abgedruckte fotografische Illustration zu einem Bericht über schwule Diskotheken in der Bundesrepublik, aus: *Du & Ich* 21 (1989), 7, 3.[91]

zügiger Herr vorsichtig grüßen konnte, während der Kellner einem anderen Gast das bereits bezahlte Getränk servierte. Stattdessen bewegten sich alle nebeneinander auf einer Ebene. Zweitens, Menge und Jugendlichkeit. Viele Schwule füllten die Disco, ein Gedränge attraktiver Gleichaltriger für Herrn Pohl, der dort immer »nette, tolle, gut aussehende, junge Männer« traf. Drittens, Rhythmus und Körperlichkeit. Gute Stimmung, pulsierende Atmosphäre und die gemeinsame Bewegtheit der Tanzenden verdichteten sich in der Disco zu einem synästhetischen Ineinander von Musik, Hitze, Gerüchen, Geräuschen und visuellen Eindrücken, zu einem mitgerissenen Schwarm von jungen Männern, die alle gemeinsam »abgehottet haben«.

Dieses Eintauchen ins Gewühl generierte ein »Zugehörigkeitsgefühl«, wie Herr Pohl sagt. Die Disco öffnete ihm das Tor oder das Fenster zur schwulen Community. Zudem konnte er anderen Männern auf unverfängliche Weise nahekommen. Im Hin und Her der sich aufeinander zu- oder aneinander vorbeibewegenden Körper verloren Blicke und Berührungen ihre klare Bedeutung und ihren verpflichtenden Charakter. Man konnte Dinge ausprobieren oder sich treiben lassen von mehr oder weniger zufälligen Kontakten. Das Aufeinandertreffen von Körpern auf der Tanzfläche eröffnete eine Reihe von Möglichkeiten, konnte folgenlos bleiben, zu einem Gespräch, einer gemeinsamen Nacht oder einer Beziehung führen. Genauso war es auch mit Herrn Pohl und seinem späteren Freund und Mann Rolf. Zunächst hatten sich die beiden in der Disco »nur gesehen«, ohne dass irgendetwas klar gewesen wäre. Später am selben Abend trafen sie einander zufällig wieder in einem »Travestieladen«. Sie kamen ins Gespräch, Herr Pohl bot an, Rolf nach Hause zu fahren, und im Auto hatten sie schließlich Sex. So verfestigt sich der unverbindliche Disco-Kontakt im Lauf der Erzählung zur Liebe fürs Leben. Mit »das war's dann« beendet Herr Pohl diese Passage.

Diese Geschichte zeigt auch, dass die neuen Räume des Aufbruchs die Lokale alten Stils nicht verdrängten. Vielmehr entwickelte sich ein breites Spektrum verschiedener Orte. Man wechselte zwischen Disco, Travestielokal, Lederkneipe, Buchladen, Schwulen- und Lesbenzentrum hin und her. Letztlich beförderte genau dieses Zusammenspiel von Glamour, Plüsch und Politik die emanzipatorische Dynamik. Die verschiedenen Räume eröffneten vielfältige Zugänge zur schwulen oder lesbischen Welt. Je mehr sich die Einzelnen dort zugehörig fühlten, desto leichter fiel es ihnen, sich auf die eine oder andere Art zu engagieren: Sie organisierten Partys, gründeten Verbände, skandierten Parolen, gaben Zeitschriften heraus. Deswegen macht es homosexualitätenhistorisch gesehen wenig Sinn, die Konkurrenzen der 1970er-Jahre zwischen ›alternativen‹ und ›bürgerlichen‹, zwischen ›linken‹ und ›kommerziellen‹ Orten zu reproduzieren, indem man ausschließlich einer der beiden Seiten emanzipatorisches Potenzial zuschreibt. Die Möglichkeit, zwischen diversen Orten zu wählen, war ein Effekt und zugleich ein Katalysator des Aufbruchs.

Diese Vielfalt der Szene sorgte auch für eine gewisse Offenheit gegenüber dem heterosexuellen Publikum. Einige Orte sprachen nur eine bestimmte Klientel an, andere waren aufgeschlossener und luden gezielt die breitere Öffentlichkeit ein. Separatistische, lesbisch-feministische Räume blieben Männern verschlossen, hießen aber heterosexuelle Frauen willkommen. Schwulensaunen verwehrten Frauen den Zutritt. Auch frauenbegehrende Männer dürften sich nicht dorthin verirrt haben. In vielen Städten öffneten dagegen Lokale, die sonst ein andersgeschlechtlich begehrendes Publikum umwarben, an einem festen Tag der Woche oder des Monats ihre Pforten für schwul-lesbische Veranstaltungen. Nicht zuletzt deswegen entwickelten sich allenfalls in Großstädten wie Köln, Hamburg, München oder West-Berlin mehr oder weniger eindeutig als schwul oder lesbisch markierte Straßenzüge im Sinne der US-amerikanischen *gay villages*, also mehrheitlich von Homosexuellen bevölkerter Stadtviertel.

Diese Ghettoisierung war umstritten. Für ein eigenes Territorium plädierte 1970 der Plan für ein »Homosexuellen-Kollektiv« mit »Phallus-Kult« und »Siedlungen [...] in Genossenschaftsform«, einem »Brain-Trust mit Verwaltung und Public Relations, mit Reisebüro und Forschungszentren«, »Sport- und Unterhaltungsstätten«, »Gruppen für Gays, Sozialbetreuung für Betagte, [...] Rechtsberatungsbüros, Schutzgemeinschaften für Verfolgte in anderen Staaten« und »therapeutische[n] Anstalten«. Als Vorbild für dieses recht eigenwillige Projekt diente Israel. Denn auch der »Homo-Staat« sollte eine verfolgte Minderheit schützen. Nur mit dieser territorialen Sicherheit im Rücken, so das Argument, könne man »in die Öffentlichkeit gehen«.[92] Eine solche Abkapselung wurde jedoch nur vereinzelt gefordert. Deutlich zahlreicher waren diejenigen Schwulen und Lesben, die mit anderen sozialen Bewegungen und der Öffentlichkeit ins Gespräch kommen wollten. Sie wollten das ›Ghetto‹ der Subkultur verlassen, der »Gesellschaft« nicht »die Tür vor der Nase zuschlagen« und immer wieder einen »gesamtgesellschaftlichen Bezug« herstellen.[93] So entwickelten sich neben Lokalen und Schutzräumen, die frauenliebende Frauen und männerliebende Männer für sich allein reklamierten, auch zahlreiche gemischte Orte und Zonen des Austauschs. Dieses In- und Nebeneinander verschiedener Räume erleichterte einerseits Neuankömmlingen den Zugang zur schwul-lesbischen Szene und vermittelte andererseits der heterosexuellen Mehrheit Einblicke in das Leben gleichgeschlechtlich begehrender Menschen.

DIE GROSSE STADT ALS EINZIGER AUSWEG?

Auf dem Land waren solche Schutzräume und Übergangszonen Mangelware, so zumindest die gängige Annahme. Vor allem in den Zeitschriften verkehrte sich die homophile Vorstellung von der ruralen Utopie der Natürlichkeit und von der Stadt als dystopischem Raum der Verzweiflung in den 1970er-Jahren in ihr Gegenteil. Die Großstadt geriet zum aufgeschlossenen und sexuell verlockenden Ort emanzipatorischer Möglichkeiten, wo Lesben und Schwule sich entfalten und Freiräume erkämpfen konnten. Dörfer und Kleinstädte erschienen dagegen als konservative und homofeindliche Umgebungen, wo frauenliebende Frauen und männerliebende Männer ihr Glück nicht finden konnten (vgl. Abbildung 8). Zumindest diskursiv wurde der Umzug in die große Stadt so zum einzigen Ausweg, zur Voraussetzung für ein selbstbestimmtes Leben und für ein offenes Bekenntnis zum Lesbisch- oder Schwulsein.

In den Zeitschriften dominierte das Narrativ von der Flucht in die große Stadt. Zahlreiche Leserbriefe und Selbsterfahrungsberichte betonten die Dringlichkeit der Probleme, mit denen Homosexuelle jenseits der Metropolen zu kämpfen hatten. »Ihr könnt Euch vielleicht nicht richtig vorstellen, was es bedeutet, in einer Kleinstadt schwul« zu sein, schrieb ein 18-jähriger Leser. Er klagte über die Ablehnung, mit der ihm sein Umfeld begegne, und darüber, dass er sich nicht mit anderen Schwulen oder mit wohlmeinenden Mitmenschen austauschen könne. Von Angst und Isolation sprachen auch andere Beiträge. Auf dem rückständigen Land müsse man mit alldem alleine fertigwerden, es fehle der Rückhalt von Subkultur oder Schwulengruppen. Deswegen wollte auch der 40-jährige Manfred um »jeden Preis der Welt« aus

Abbildung 8. Die verzweifelte Einsamkeit des schwulen Mannes auf dem Dorf. »Manfred P.: ›In der Kneipe gibt's ja sowieso nur Skatabende und Saufgelage …‹«, fotografische Illustration zum Beitrag »Schwul in der Provinz. ›Es gibt hier eben nur 'ne Dorfkneipe‹«, aus: *Du & Ich* (1983), 2, 13.

dem »1000-Seelen-Ort« weg, an dem er lebte, und dann »ein neues Leben in der Großstadt beginnen«.[94]

Die Abwertung der Provinz ging mit der Aufwertung der Metropolen einher. Nur hier schien ein offenes und selbstbewusstes Leben möglich. Selbst der Großstadtbahnhof, in den 1960er-Jahren noch ein verfemter Ort der Verzweiflung, wurde nun zum Schauplatz romantischer Liebesgeschichten. Sogar Polizeikontrollen, in den Nachkriegsdekaden Ausdruck des urbanen Risikos, ließen sich nun zu vielversprechenden Gelegenheiten umdeuten. In einer Erzählung suchte ein Nachtschwärmer in München an der Isar nach einem Sexpartner und begegnete einem Polizisten. Die Angst, welche diese Situation im Jahr 1970 implizierte, übersetzt der Text jedoch rasch in die Aufregung eines erotischen Abenteuers mit dem Ordnungshüter.[95] In mehrerlei Hinsicht wurde die Metropole also zum Sehnsuchtsort, den schwule Landbewohner zu erreichen suchten. Diesem Paradigma entspricht auch Ronald M. Schernikaus *Kleinstadtnovelle* von 1980, die die *Du & Ich* unter dem Titel »Schwul in der Provinz« ausführlich besprach. Die Hauptfigur, ein Gymnasiast, ist in der Kleinstadt mit homofeindlicher Gewalt konfrontiert und entkommt der Diskriminierung nur, indem er nach Berlin zieht.[96] Dieses Muster der Flucht vom Land in die Stadt galt als charakteristisch für viele schwule Biografien:

> Wie konnte man […] in einer Kleinstadt als offen Schwuler überleben? Nicht umsonst stammten die meisten von uns […] vom Land, aus der Provinz, waren in den Großstadt-Dschungel gekommen, um halbwegs sie selbst sein zu können.[97]

Auch die Lesbenzeitschriften zeichneten ein düsteres Bild des Lebens jenseits der großen Städte: »Kleinstadtlesbenleben bedeutet ohne Bezugsgruppe Isolation, Einsamkeit und Angst«, stellte ein Selbsterfahrungsbericht fest. Das Land galt als Zone der ausweglosen Homophobie. Eine Leserin schrieb über ihren Wohnort: »Die Leute dort sind so konservativ, daß sie zwischen einer homosexuellen Person und einem Sexualverbrecher kaum einen Unterschied sehen.«[98] Lesben waren auf dem Land, so die einhellige Meinung, einer rigorosen sozialen Kontrolle unterworfen und mussten ihr Frauenbegehren sorgfältig verstecken. Nur wenn sie Dörfern und Kleinstädten entkamen, konnten sie sich – dank des »Lesbenbewusstseins«, das frau in Großstädten entwickelte – offen und ohne Angst zeigen.[99]

Wegen der Schwierigkeiten, die das Leben in der Provinz mit sich brachte, und der Chancen, die die Metropole bot, zogen auch einige Gesprächspartner*innen in große Städte. Ihre Erzählungen entsprechen aber nicht unbedingt dem Paradigma der Flucht vom Ruralen ins Urbane. Es lohnt also ein genauerer Blick auf die Gründe, die sie zum Ortswechsel bewegten. Außerdem zeigt die Übersicht über die einzelnen Geo-Biografien, die Wechsel zwischen ländlichen und städtischen Wohnorten, welche die Erzählpersonen im Lauf ihres Lebens vollzogen, dass bei Weitem nicht alle dem Modell des Umzugs in die Stadt folgten (vgl. Tabelle 1). Einige vor allem der älteren Gesprächspartner lebten dauerhaft auf dem Land.[100] Die meisten älteren Gesprächspartnerinnen wechselten dagegen häufiger zwischen ruralen und urbanen Wohnorten hin und her. Nur die nach 1960 geborenen

Abbildung 9: Die Verzweiflung der isolierten Landlesbe. Vermutlich von der Autorin angefertigte Zeichnung zum Beitrag »Vergessene Landlesben« von Renate Kappeler, aus: *Lesbenstich* (1981), 1, 37.

Erzählpersonen führte ihr Lebensweg überwiegend vom Land in die Stadt. Allerdings hatten sie zum Zeitpunkt des Interviews die 50 noch nicht erreicht. Sie könnten also in einer späteren Phase ihres Lebens die Stadt wieder verlassen und aufs Land ziehen. Denn für die Wahl des Wohnorts können auch altersspezifische Vorlieben ausschlaggebend sein. Außerdem galten Dörfer und Kleinstädte Ende der 2000er-Jahre nicht mehr als so homophob wie noch in den 1970er-Jahren.

DAUERHAFT AUF DEM LAND	UMZUG IN DIE STADT	HÄUFIGERE WECHSEL
Hr. Schumann (1935)	Hr. Kuhn (1938)	Fr. Schmidt (1943)
	Hr. Weber (1943)	Fr. Lippold (1943)
		Hr. Riedel (1943)
		Hr. Meyer (1944)
		Hr. Ückert (1945)
		Fr. Fischer (1947)
Hr. Melling (1949)		Fr. Schneider (1950)
	Hr. Harrer (1951)	Fr. Eitner (1951)
		Fr. Gruberova (1952)
		Fr. Lehmann (1954)

DAUERHAFT AUF DEM LAND	UMZUG IN DIE STADT	HÄUFIGERE WECHSEL
Hr. Pohl (1956)	Fr. Jäger (1955)	Fr. Opitz (1955)
Hr. Wisneck (1957)	Hr. Franke (1958)	
	Hr. Albrecht (1960)	
Hr. Gärtner (1963)	Hr. Helmlinger (1963)	Fr. Voss (1962)
	Hr. Schubert (1965)	
	Hr. Zimmermann (1966)	
	Fr. Gehring (1967)	
	Fr. Otte (1967)	
	Fr. Brehme (1969)	
Fr. Jansen (1970)	Fr. König (1970)	
	Hr. Uhl (1970)	

Tabelle 1: Die unterschiedlichen geo-biografischen Muster der Erzählungen

Die älteren Gesprächspartner, die vom Land in die Stadt zogen, suchten vor allem die urbanen Gelegenheiten zum Sex. Gleichzeitig wollten sie dem Drängen ihrer Eltern auf Heirat und Familiengründung entkommen. Scheinbar war die männliche Erbfolge auf dem Land wichtiger oder galten Junggesellen dort als besonders bedrohlich. Die Flucht in die Stadt befreite sie jedoch nicht unbedingt von den ländlichen Zwängen. Herr Kuhn zog 1963 nach K. und verheimlichte dort noch jahrzehntelang sein Männerbegehren. Das Großstadtleben war für ihn wie Freigang. Die Besuche bei seinen Eltern beschreibt er als Rückkehr ins Gefängnis. Ähnlich bei Herrn Harrer: Auf Wunsch seiner Eltern spielt er bei Besuchen in der alten Heimat nach wie vor den heterosexuellen Ehemann. Nicht alle, die das Land verließen, ließen das Land komplett hinter sich.

Die jüngeren Erzählpersonen verknüpfen die Homophobie stärker mit dem Land an sich, sodass der Umzug in die Stadt tatsächlich einen Ausweg eröffnete. Herr Zimmermann verbindet die Gewalt, unter der er als junger Schwuler litt, mit der ländlichen Gegend, in der er aufwuchs. Er entkam mit 21 Jahren in die »Freiheit« einer größeren Stadt.

Später zog seine Mutter zu ihm und überwand im urbanen Umfeld ihre Homophobie. Eine ähnlich starke Diskrepanz zwischen engstirnigem Land und aufgeschlossener Stadt postuliert Frau Otte. Wenn sie in die Großstadt fuhr, fühlte sie sich, als ob sie ein »Korsett« abstreifte. Und der Rückweg ins Dorf kam ihr vor wie die Rückkehr in einen »Käfig«. Sie trank viel, um die Situation zu ertragen, bevor sie sich zur Flucht durchrang. Mit 24 zog sie zum Studium nach L. und fand dort eine neue Heimat in der lesbischen Szene.

Einige der jüngsten Erzählpersonen unterscheiden dagegen nicht eindeutig zwischen repressivem Land und liberaler Stadt. Herrn Uhls Familie und seine Freund*innen akzeptierten die Beziehung des 18-Jährigen mit einem anderen Abiturienten. Die jungen Männer traten in der ländlichen Gegend vier Jahre lang offen als Paar auf, bevor sie zum Studium nach A. zogen. Herr Uhl floh also nicht vor der ruralen Homophobie. Zwar konnte er in der großen Stadt seine »schwule Ader voll zur Entfaltung« bringen, aber vor allem zog er wegen des Studiums um, wie andere Menschen auch. Das Urbane erlaubte ihm eine bestimmte Art schwulen Lebens, war aber nicht der einzige Ort, wo er ein solches Leben für möglich hielt. Auch Frau Gehring sieht keinen grundlegenden Unterschied. Letztlich, meint sie, sei es in der Metropole ebenso schwierig wie in der Provinz, eine Partnerin zu finden. 2007 zog sie in eine süddeutsche Großstadt, nicht zuletzt weil sie von dort aus regelmäßig die Familie ihrer Schwester in ihrer »Heimat« auf dem Land besuchen kann.

Die meisten, die mal auf dem Land und mal in der Stadt wohnten, relativieren ebenfalls die vermeintlich klare Diskrepanz zwischen homofeindlicher Provinz und homofreundlicher Metropole. Sie verweisen auf Vor- und Nachteile des Stadt- wie des Landlebens. Frau Fischer etwa schätzt die rurale Naturnähe ebenso wie das urbane Kulturangebot. Und sie sagt, sie habe als Lesbe auf dem Dorf wie in der Stadt sowohl Akzeptanz als auch Diskriminierung erfahren. Und Frau Voss besuchte während der 15 Jahre, die sie auf dem Land verbrachte, die Lesbenszene nahe gelegener Städte genauso gerne wie die Dorffeste, wo sie und ihre Freundinnen ebenfalls willkommen waren.

In geo-biografischer Hinsicht hatte der Aufbruch also viele Gesichter: Er lässt sich nicht auf das Paradigma der Flucht vom Land in die Stadt reduzieren. Nur einige Erzählpersonen entsprechen diesem Muster, sie unterscheiden scharf zwischen dem unerträglichen Land und der Stadt als einzigem Ausweg. Andere schwanken dagegen zwischen den Vor- und Nachteilen von Stadt und Land. Insbesondere die jüngsten Erzählpersonen geben weder der Provinz noch der Metropole eindeutig den Vorzug. Es ist also denkbar, dass das schwul-lesbische Landleben im Lauf der Zeit immer annehmlicher wurde. Aber gab es in Dörfern und Kleinstädten auch emanzipatorische Initiativen?

DAS UNMÖGLICHE MÖGLICH MACHEN: EMANZIPATION IN DER PROVINZ

Es ist wenig darüber bekannt, aber schwule und lesbisch-feministische Gruppen gab es durchaus auch jenseits der großen Metropolen wie Berlin, Hamburg, Köln, München und Frankfurt. Da wären zunächst die Initiativen in Großstädten sozusagen aus der zweiten Reihe wie Hannover, Bremen, Saarbrücken, Stuttgart, Nürnberg, Mannheim, Wuppertal und Aachen. Mittelgroße Universitätsstädte wie Oldenburg, Bamberg, Heidelberg, Konstanz, Gießen, Göttingen, Bielefeld, Freiburg, Kassel und Osnabrück spielten ebenfalls eine herausragende Rolle. In Münster fand 1972 die erste Schwulendemo der Bundesrepublik und 1979 das sechste Lesbenpfingsttreffen statt. Daneben gab es auch Gruppen in kleinen Städten wie Husum, Selb oder Vöhringen an der Iller. Solche Initiativen »auf dem flachen Lande« belegten in den Augen vieler eine erfreuliche »Vielfalt«.[101] Gleichzeitig sorgten sich Schwule und Lesben in der Provinz, dass sie bloß als ein Anhängsel ihrer metropolitanen Brüder und Schwestern betrachtet würden, als belanglose Gruppen, die im Kleinen das Gleiche taten wie ihre großstädtischen Pendants. Sie fürchteten, mit ihren besonderen Anliegen kein Gehör zu finden, weil die Großen die ganze Aufmerksamkeit für sich beanspruchten. Die spezifischen Bedürfnisse der »Provinzlesbe[n]« wurden auch 1975 bei einem Treffen im Südschwarzwald nicht berücksichtigt. Statt den dort lebenden frauenliebenden Frauen ein Forum zu bieten, nahmen fast nur Lesben aus Großstädten teil.[102]

Die Sorge, von der urbanen Bewegung vereinnahmt zu werden, führte zu einer Diskussion über die besonderen Nöte und Strategien von Schwulen und Lesben auf dem Land. Eine Leserin der *Courage* beschwerte sich, dass die Ansprüche der Zeitschrift für »Nicht-Großstädterinnen« eine »Nummer zu groß« seien und »Minderwertigkeitskomplexe« auslösten. In Kreuzlingen kämpften Frauen mit ganz anderen Problemen.[103] »Weiße Flecke auf der Landkarte der Befreiung«, hieß es im *Rosa Flieder*, »werden gerne übersehen.« Ein »Aktivist«, der nicht in die Metropole flüchten wolle, könne daher scheinbar nur »ohne Hoffnung in der geliebten Provinz« versauern und von dort aus neidvoll die »schwule Bewegung« beobachten, die sich »irgendwo zwischen Hamburg, Berlin und Bielefeld« ereignete. Um diesen falschen Eindruck zu vermeiden, sollte mehr über die »erstaunliche Gründung aktiver Gruppen in sehr kleinen Städten« berichtet werden.[104]

Aber es ging nicht nur um mediale Aufmerksamkeit. Es ging auch um verschiedene politische Ansätze. In den Großstädten versuchten Aktivist*innen, mit weitreichenden Forderungen das hetero-patriarchale System aus den Angeln zu heben und zugleich bundesweite Organisationen zu etablieren. Mit beidem war Schwulen und Lesben in der Provinz wenig geholfen. Sie mussten sich zuerst, so das Argument, mit den vermeintlich kleinen Problemen ihres Alltags beschäftigen. Viel wichtiger, als sich in hierarchischen Verbänden auf ideologische Grundsätze zu einigen, seien auf dem Land die persönliche Nähe und die Hilfsbereitschaft untereinander in lose miteinander verbundenen kleinen Gruppen. Wegen dieser Idee eines flexiblen, lokalen und zugleich engen Geflechts – im Unterschied zu einem »nationalen« Verband – wurde das Spinnennetz zum Bild für die Emanzipation in der Provinz (vgl. Abbildung 10).[105]

Dieses Netzwerk sollte Leute aus verschiedenen Milieus und Altersgruppen miteinander verbinden. Denn angesichts der fehlenden

Schwule Emanzipation in der Provinz

Eurem Aufruf zur Mitarbeit komme ich gerne nach, bietet er doch die Möglichkeit, nicht nur schwul bewegt zu werden, sondern auch schwul zu bewegen. Ein nationales Treffen der "Schwulen- Bewegung" ist angesagt. GRÖSSER gehts wohl nicht! Dies richt nach der schwulen Jagd nach dem "GRÖSSTEN", und der ist bekanntlich eine Illusion. "Enlarger" helfen da auch nicht. Warum wird nicht die Idee eines schwulen Netzes weiter ausformuliert und danach gehandelt. Ansätze sind doch vorhanden, wie der Infodienst und die überregionalen Zeitungen.

Jedenfalls das Netz des nationalen Treffens der Schwulen Bewegung besteht für mich eher in einem großen Loch, in dem zu befürchten ist, daß es chaotisch zugehen wird, Nichts gegen Chaos, in dem zu suhlen Spaß machen kann. Aber kommen für unsere berechtigten Forderungen an und in dieser Gesellschaft tragfähige Handlungskonzepte heraus?

Abbildung 10: Aufruf zum Knüpfen schwuler Netzwerke auf dem Land, Text und Illustration aus: *Rosa Flieder* 25 (1982), 21.

kritischen Masse an gleichgeschlechtlich begehrenden Menschen waren auf dem Land Aufteilungen nach bi, schwul oder lesbisch, links oder bürgerlich, alternativ oder kommerziell nicht sinnvoll. Die Gruppen sollten für jeden Geschmack etwas bieten, von politischen Debatten und öffentliche Aktionen über Beratung und Selbsterfahrung bis hin zu Ausflügen und Stammtischen. Und die Einzelnen sollten auf ihre je eigene Art zur Emanzipation beitragen: »Wir wollen in unserer Verschiedenheit weiterkämpfen.«[106] Die soziale Heterogenität ländlicher Gruppen betont auch Herr Meyer, der Anfang der 1980er-Jahre in Gellenbronn eine Initiative mit ins Leben rief. Neben ihm selbst als Sozialpädagogen waren ein Schüler, ein Bäcker und ein Bankangestellter mit von der Partie. Eine Lesbe besuchte ebenfalls einige der Treffen.

Die engen persönlichen Verbindungen zwischen den Mitgliedern dieser Gruppe hatten Vor- und Nachteile. Einerseits schufen sie eine gewisse »Nestwärme«, ein Gefühl des Aufgehobenseins. Andererseits führten sie zu einer fast hermetischen Abgrenzung nach außen. Neuankömmlinge konnten nur schwer einen Zugang finden. Persönliche Bekanntschaften waren also das A und O. Dementsprechend beginnt Herr Meyer seine Erzählung über die Gellenbronner Gruppe, indem er von den ersten Kontakten berichtet, die er in der Kleinstadt knüpfte, nachdem er wegen der Arbeit dort hingezogen war. Zunächst traf er Rüdiger, einen jungen Schwulen. Bei ihrer ersten Begegnung tauschten sie nur Blicke aus, beim zweiten Treffen kam es zu einem kurzen Gespräch, später besuchte Rüdiger Herrn Meyer in dessen Wohnung. Typisch für das Milieu der Kleinstadt waren dabei zwei Dinge. Erstens fürchtete Herr Meyer, dass es wegen dieser Besuche Gerede geben könnte. Zweitens wurde ihm im Lauf der Zeit klar, dass Rüdigers Eltern bereits lange zuvor zu ihm in die Beratung gekommen waren und ihn gefragt hatten, wie sie ihrem Sohn sein Männerbegehren austreiben könnten. Herr Meyer wusste also von der familiären Gewalt, unter der Rüdiger litt, bevor dieser selbst davon erzählte.

Eines Tages erfuhr Rüdiger aus einer Annonce in der Lokalzeitung von der Idee, in Gellenbronn eine schwule Initiative zu gründen. Das

Inserat hatte ein schwuler Angestellter der örtlichen Bank geschaltet. Später stieß dann ein Bäcker dazu, den Herr Meyer vom Cruisen kannte. Auf diesen Kontakt – hier zeigt sich die Problematik der persönlichen Nähe auf besonders drastische Weise – führt Herr Meyer auch seine HIV-Infektion zurück. Zur Initiative gehörten insgesamt nie mehr als sieben oder acht Personen. Es gab keine formale Mitgliedschaft, die Leute kamen einfach oder blieben weg. Zunächst traf man sich in Gaststätten, aber aus Angst vor zu viel Gerede später immer öfter in Herrn Meyers Wohnung, woraufhin dessen Vermieterin darüber spekulierte, was für Leute da jede Woche zu Besuch kämen. Diese kuriose Mischung aus Sichtbarkeit und Heimlichkeit ist ebenso typisch für emanzipatorische Initiativen auf dem Land wie der informelle und persönliche Charakter der Gruppe. Damit unterschied sie sich diametral von der bundesweit agierenden schwulenpolitischen Organisation, deren Vorstand Herr Meyer in seiner Gellenbronner Zeit ebenfalls angehörte. Die Kleinstadtgruppe war in kein Register eingetragen, sondern kämpfte als flaches und anpassungsfähiges Netzwerk gegen Diskriminierung und für Emanzipation.

Typisch für ländliche Initiativen war es außerdem, mit Institutionen zusammenzuarbeiteten, die urbane Aktivist*innen mieden wie der sprichwörtliche Teufel das Weihwasser. Herr Helmlinger erfuhr Anfang der 1980er-Jahre durch eine Anzeige im lokalen »Werbeblatt« von dem Plan, in Hartlach eine schwule Gruppe zu gründen. Diese – zu »Glanzzeiten« kamen um die 30 Männer – nutzte auch den katholischen Gemeindesaal. Der Pfarrer wusste inoffiziell Bescheid. Bernd, der die Gruppe initiiert hatte, war zugleich Vorsitzender des Pfarrgemeinderats. Damals war Herr Helmlinger angetan von der Möglichkeit, sein Schwul- mit seinem Katholischsein zu verbinden. Rückblickend distanziert er sich jedoch, mittlerweile als Großstädter, von dieser Zusammenarbeit mit einer homophoben Institution. Eine andere an der Verfolgung schwuler Männer beteiligte Organisation erwies sich lokal und inoffiziell ebenfalls als erstaunlich umgänglich: die Polizei. Die Kirchsteinberger und die Hartlacher Schwulengruppe feierten ein Fest mit Zelten und Lagerfeuer, bei dem es »ausgesprochen sexualisiert« zuging, als zwei Polizisten die Szene betraten. Zum allseitigen Erstaunen waren diese »total nett eigentlich« und verlangten nur, das Feuer »deutlich kleiner« zu machen. Nachdem die Ordnungshüter gegangen waren, weitete sich das Fest ungestört »zu so 'ner kleinen Orgie« aus, wie Herr Helmlinger erzählt, bevor ein »Regenschwall« die ganze Sache beendete. Ein »bisschen Befreiung« war auf dem Land also gerade dann möglich, wenn Institutionen sich als wohlwollend erwiesen, gegen deren Homophobie die Emanzipationsbewegung in den großen Städten lautstark protestierte.

Neben Initiativen, die es mit verschiedenen Strategien schafften, sich trotz der Widrigkeiten des Ländlichen zu entwickeln, gab es auch Menschen, die gezielt die großen Städte verließen, um auf dem Land ihre besondere Vorstellung von Emanzipation zu verwirklichen: die Landlesben, wie sie sich selber nannten. Die Stadt war für sie der Hort des Patriarchats und des Kapitalismus, der Ausbeutung von Mensch und Kreatur.[107] Aus diesem System wollten in den späten 1970er- und den 1980er-Jahren mehrere Tausend Frauen aussteigen, der Natur nahe sein und in Landkommunen ein autonomes Leben führen. Dabei folgten sie oft Vorbildern aus den USA, wo das feministische Magazin *cowrie* schon 1974 ein »Amazon network« entwarf, das zwischen Zentren des »urban decay« viele Zellen des Widerstands wuchern ließ (vgl. Abbildung 11). Zudem bewegten sich die Landlesben mit ihrer Urbanitätskritik in einem breiteren Spektrum linksalternativer Kommunen, die ebenfalls widerständige Lebensentwürfe auf dem Land verwirklichen wollten. Das erste prominente und dezidiert landlesbische Projekt der Bundesrepublik entstand 1979 in Altenbücken.[108]

In den späten 1970er-Jahren hörte auch Frau Fischer erstmals von der Landlesbenbewegung und war sofort begeistert. Zusammen mit zwei weiteren Frauen gründete sie eine »Landlesben-WG«. Auf einem kleinen Hof wollte sie »quasi autark« und vor allem »ohne Männer« leben. Während ihre Mitstreiterinnen in nahe gelegenen Städten arbeiteten, kümmerte Frau Fischer sich um die Landwirtschaft. Das Vorhaben, sich selbst mit allem Nötigen zu versorgen, scheiterte jedoch. Nach ein paar Jahren schwerer Arbeit bekam Frau Fischer starke Rü-

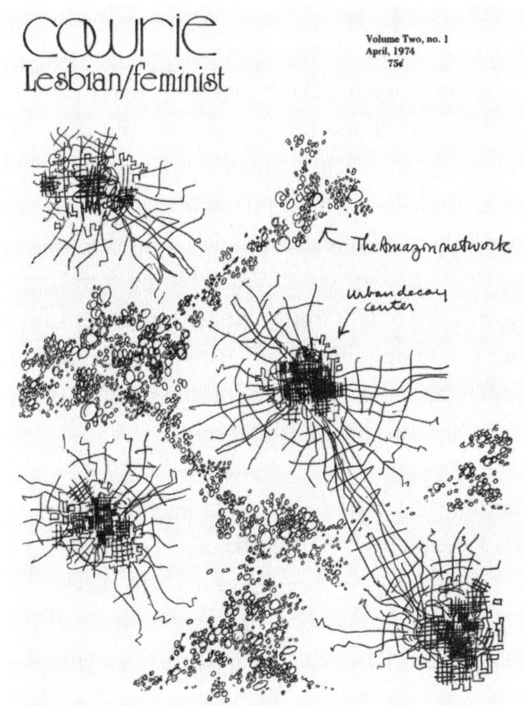

Abbildung 11: Ein ländliches Amazonennetzwerk wuchert zwischen urbanen Zentren des Verfalls, aus: *cowrie* 2 (1974), 1, Titelblatt.

ckenschmerzen und musste das Projekt verlassen. Dennoch betrachtet sie ihre Landlesbenzeit rückblickend als eine große persönliche Bereicherung. Damals habe sie das »ganz einfache Leben« kennengelernt und erfahren, wie – in ihren esoterischen Begriffen – »die Kraft sich mit Mutter Erde verbindet«.

Wegen der Naturnähe zieht Frau Fischer generell das Land der Stadt vor. Homofeindlichkeit ist für sie ebenfalls eher ein urbanes als ein rurales Phänomen. Ihre Nachbar*innen auf dem Land seien immer offen und hilfsbereit gewesen. Vom Landlesben-Hof war als dem »Dreimädelhaus« die Rede. Dabei blieb allerdings unklar, ob man dessen Bewohnerinnen überhaupt als Lesben wahrnahm. Insofern mischt sich die Wertschätzung der Landmenschen bei Frau Fischer auch mit dem Bedürfnis, sich vom beschränkten Horizont der Einheimischen abzuheben. Letztlich waren die Dörfler*innen dann doch »weniger intellektuell« als die Landlesben, die nicht einfach ins Landleben hineingeboren waren, sondern sich bewusst dafür entschieden hatten. Damit ähnelt das landlesbische Projekt den anderen ruralen Initiativen in drei zentralen Aspekten: Eine gewisse Distanzierung vom Umfeld ging mit großer Nähe im Innern der Gruppe einher; mitunter kam es dennoch zu überraschenden Kooperationen mit dem Rest der Landbevölkerung; und alles beruhte auf einer kuriosen Mischung aus Heimlichkeit und Sichtbarkeit des Schwul- oder Lesbischseins.

Zwischen Stadt und Land, zwischen Lokalen alten Stils und Discos, zwischen Privatheit und Öffentlichkeit entwickelten sich in den 1970er-Jahren vielfältige Formen des Aufbruchs. Lesben und Schwule bewegten sich in Richtung des Sich-Zeigens, aber bei Weitem nicht alle erreichten dieses Ziel. Nicht nur in ländlichen Umgebungen entwickelten sich zwiespältige Kombinationen von Zurückhaltung und Selbstbehauptung. In den großen Städten existierten ebenfalls heimliche neben sichtbaren Szenen, entfalteten die Emanzipationsbewegungen intime Öffentlichkeiten, die mutige Provokationen mit ängstlichen Sorgen verbanden. In den 1970er-Jahren brachen Schwule und Lesben zur Offenheit auf. Allerdings taten sie das nicht mit einem radikalen und plötzlichen Sprung. Der Aufbruch ergab sich vielmehr aus vielen allmählichen Grenzverschiebungen.

DEN GEFÜHLEN IHREN LAUF LASSEN?

Gab es in den 1970er-Jahren einen emotionalen Aufbruch? Kamen die in den Nachkriegsdekaden unterdrückten Gefühle endlich an die Oberfläche? Die 1950er- und 1960er-Jahre gelten oft als eine emotionale Eiszeit; und zweifellos wurden in der Phase des Aufbruchs mehr Gefühle gezeigt, von der Empörung im Fernsehen bis zum Weinen in Selbsterfahrungsgruppen.[109] Wurde nun auch das gleichgeschlechtliche Lieben nicht mehr verborgen, sondern offen ausgedrückt? Wie wichtig war das spontane und authentische Fühlen für Lesben und Schwule?[110] Hier stellt sich einmal mehr die Frage, ob Emotionen tatsächlich aus einem unverfälschten Innen entspringen oder von gesellschaftlichen Bedingungen geformt werden. Blieben die Gefühle im Kern die gleichen, und die Einzelnen gingen nur anders mit ihnen um? Oder generierten neue politische und räumliche Möglichkeiten auch neue Emotionen, wie die Wut der Stigmatisierten, die dann ihrerseits den sozio-kulturellen Wandel weiter vorantrieben? Veränderte sich die Lage von Lesben und Schwulen, weil sie ihre Gefühle immer selbstbewusster zeigten? Oder erlaubte die sich wandelnde Gesellschaft es den Einzelnen, ihr gleichgeschlechtliches Begehren anders auszudrücken? Spannend ist zudem die Frage, ob und wie sich die Bedeutung und die Qualität bestimmter Gefühle, des Muts oder der Liebe, veränderten. Wie beschreiben die Einzelnen ihr vergangenes Empfinden? Und inwiefern verkomplizieren diese Dynamiken das geradlinige Erfolgsnarrativ, das von der Angst zur Angstfreiheit und von der Scham zum Stolz auf das gleichgeschlechtliche Begehren führt?

es passierte eines, dass wir versucht haben, aus dem auszubrechen. wir waren geneigt, unsere gefühle zu leben, wir waren geneigt, die wahrheit zu sagen, wir waren geneigt, die finger darauf zu legen, wo rumgelogen wurde, wo geschoben wurde, wo leute, (pause) ja, die andere gesinnungen hatten, die sich trauten, die wahrheit zu sagen, schikaniert wurden, zusammengeschlagen wurden von, von, von polizei und, äh, wir waren geneigt aufzuzeigen, mit welcher GEWALT und mit welcher brutalität diese generation versucht hat, (.) die WAHRHEIT und ihre eigenen gefühle zu unterdrücken. […] wir sehen überhaupt gar nicht ein, […] warum gefühle SCHLECHT sein sollen. warum ich, warum gefühle SCHWÄCHE sind. (pause) es war diese, diese gesamte generation unserer eltern, (.) die ja damals das sagen hatte, (.) hatte probleme mit den eigenen gefühlen und hat von uns verlangt, (.) das genauso zu halten […]. und wir haben gemerkt, dass uns das nicht guttut, und wir haben das nicht geWOLLT. also haben wir eins gemacht, wir haben gesagt, so, […] und wenn ich mit, morgen mit jemandem anderen pennen will, dann will ich auch mit DEM pennen. (.) natürlich war da auch 'ne gewisse provokation dabei. […] und ich wollte an diese gefühle ran. es war natürlich ein etwas hilfloses gestrampel. (pause) denn so sehr ich an diese gefühle ran wollte, so sehr hatte ich ja auch ANGST vor ihnen, weil ich sie nicht kannte. […] und wenn mir das dann angst gemacht hat, dann hab ich das mit der nächsten geschichte natürlich schon wieder totgeschlagen. […] der grundgedanke ist schon von dem, wer zweimal mit der gleichen pennt, gehört schon zum establishment. das war ein, ein, (.) eine folge der zeit. es war den meisten jugendlichen, nicht ganz so schlimm, aber ähnlich gegangen wie mir. die hatten ALLE die GLEICHEN eltern zu hause. […] der vater im krieg, die mutter, (.) was weiß ich.

Diese Passage aus der Erzählung der 1943 geborenen Frau Lippold zeigt, wie wichtig die Opposition zwischen den Jungen und den Älteren für den Aufbruch war. Die Elterngeneration unterdrückte Gefühle mit brutaler Gewalt, weil – dieser Vorwurf schwang immer mit – sie sich nicht mit ihrer Mitschuld an den nationalsozialistischen Verbrechen auseinandersetzen wollte. Dieser Brutalität, Verlogenheit und Gefühlskälte begegnete die junge Generation mit Offenheit, Wahrheit und Emotionalität. Darum ging es den Hippies, den 68ern und auch der Schwulen- und der Lesbenbewegung.[111] Gefühle und sexuelles Begehren spielten dabei eine zentrale Rolle, weil sie mit Spontaneität, Körperlichkeit und Subjektivität verknüpft waren. Sie bildeten den Gegenpol zur Verklemmtheit der Elterngeneration. Deren Macht galt es zu brechen und die eigenen Gefühle zuzulassen, um weiteres Leiden zu vermeiden: »Wir haben gemerkt, dass uns das nicht guttut.«

Andere Erzählpersonen kontrastieren ebenfalls ihre Emotionalität mit der Gefühlskälte der älteren Generation. Herr Weber sagt, die Ehe seiner Eltern sei »gefühlsmäßig [...] nie was Richtiges« gewesen, es habe »wenig Zärtlichkeit« gegeben, und als Kind sei er nie »umarm[t]« oder »abgeknutscht« worden. Frau Gruberova spricht auch von einer Tabuisierung des Emotionalen. Immer wenn sie von ihren Gefühlen redete, habe es geheißen: »Ach, du schon wieder.« Es mangelte an Emotionalität und Zärtlichkeit. Ökonomische Prosperität war das Einzige, was zählte. Frau Opitz beklagt, dass ihrem Vater der Beruf das Wichtigste war, »und natürlich die Familie im Urlaub und so«. Alle sollten finanziell gut versorgt sein, aber emotionale Wärme und Zuneigung wurden nicht geboten. Häufig waren die gefühlsarmen Eltern auch brutal. Bis weit in die 1970er-Jahre hinein war das Schlagen von Kindern keine Seltenheit. Der Mutter des 1958 geborenen Herrn Franke »rutschte sehr oft die Hand aus«, denn »das Züchtigungsrecht galt ja noch«. Und die Eltern des 1960 geborenen Herrn Albrecht nutzten »Kleiderbügel, Kochlöffel« und »Teppichklopfer«, um ihn zu malträtieren.

Die elterliche Gefühlskälte wurde also mit Brutalität und Wohlstandsstreben verknüpft. Solche Erfahrungen verdichteten sich in den

Emanzipationsbewegungen zu einer generellen Kritik an der »harten, gefühlskalten und leistungsbeherrschten bürgerlichen Heterowelt«.[112] Diese Formel verweist *ex negativo* auf den Gefühlsbegriff, der den Aufbruch bestimmte: Emotionen standen im Gegensatz zu wirtschaftlichen Interessen und waren eng mit körperlicher Zärtlichkeit verbunden. Der Zorn der brutalen Eltern und der nationalsozialistische Hass auf alle ›Andersartigen‹ zählten sicherlich nicht zu den Gefühlen, die zugelassen und wertgeschätzt werden sollten. Das Interesse galt den »positive[n]« Gefühlen, wie Frau Lippold sagt, die »negativen« wurden gemieden.

Dieses intime und zärtliche Fühlen unterschied sich deutlich von der Distanz wahrenden Emotionalität, die in den Nachkriegsdekaden dem »Anstands- und Taktgefühl« große Bedeutung eingeräumt hatte.[113] Nach 1945 sollte sich diese Reserviertheit von dem entgrenzenden Gefühlsrausch abheben, den das NS-Regime entfesselt hatte. Die emotionshistorische Dynamik, die sich hier abzeichnet, wurde für die Geschichte der Sexualität bereits beschrieben: In der frühen Bundesrepublik galten die Nationalsozialisten zunächst als Befürworter sexueller Zügellosigkeit. Um sich davon abzugrenzen, pochten die mehr oder weniger neuen Eliten nach 1945 auf eine strikte Sexualmoral. Diese wurde dann später von der jungen Generation als typisch faschistische sexuelle Repression attackiert.[114] Auch Gefühle galten zunächst als gefährliche Wegbereiter des Fanatismus und ihre ungefilterte Äußerung deswegen als inakzeptabel. Den daraus resultierenden distanzierten Gefühlsstil kritisierten die Vertreter*innen der intimen Emotionalität des Aufbruchs dann schließlich ebenfalls als eine nationalsozialistische Hinterlassenschaft.

Zwei kleine Geschichten verdeutlichen diese Entwicklung. Der 1935 geborene Herr Schumann spricht noch mit Bewunderung davon, dass seine Großmutter seinen Großvater »immer mit Herr Direktor« anredete, während er sie »Frau Hedwig« nannte. Er sieht hier keine Gefühlskälte am Werk, sondern betrachtet diese Förmlichkeit als Beleg für die »große Hochachtung«, die beide füreinander hegten. Für den 1963 geborenen Herrn Gärtner war es dagegen ein Problem, dass es in seiner Familie keine Umarmungen gab, dass man Zuneigung nicht offen ausdrücken durfte. Deswegen überrumpelte der 18-Jährige seinen Vater in der dörflichen Gastwirtschaft mit einer Umarmung: »Ich dachte, der stirbt mir weg auf einmal. Aber das war gut. Das war gut für mich. Und irgendwie war es auch gut für ihn.« Der Sohn lehrte den Vater, seine Distanziertheit zu überwinden, Intimität zuzulassen und Gefühle zu zeigen. Die unbändige Körperlichkeit des Fühlens galt nicht mehr als suspekt, sondern als erstrebenswert.

Von solchen emotionalen Lern- und Entwicklungsprozessen ist in den Interviews immer wieder die Rede. Herr Meyer musste die ihm anerzogene Ängstlichkeit überwinden, um über sein Fühlen zu reden. Und Frau Lippold fiel es schwer, ihre »antrainiert[e]« Emotionslosigkeit abzulegen und das Fühlen neu zu »lernen«. Gefühle waren also gestaltbar, gewisse Dinge ließen sich üben oder bewusst verändern. Diese Modulierbarkeit rieb sich an der Idee, dass das Fühlen einem wahren, authentischen Ich entspringe. Dieses konnte offenbar verschüttet werden, aber es entzog sich dem Versuch, es gegen seinen Willen zu verformen. So gesehen kam es beim emotionalen Lernen vor allem darauf an, das eigene Ich freizuschaufeln, sich selbst zu entdecken und besser zu verstehen. Dieses Nebeneinander von Gefühlsgestaltung und Suche nach dem wahren Fühlen gehört zu den zentralen Charakteristika des Emotionsbegriffs, der den Aufbruch bestimmte. Das Selbst als Ort der Gefühle war keine von äußeren Einflüssen abgeschottete Kapsel, sondern es war ein lernfähiges Wesen.

Der Grenzverkehr zwischen Innen und Außen stand im Zentrum dieses Gefühlskonzepts. Oft bahnten sich die Gefühle mit explosiver Kraft ihren Weg an die Oberfläche. So einen Ausbruch erlebte Herr Meyer, als Rüdigers homophober Vater ihm eine sexuelle Beziehung mit seinem Sohn unterstellte. Da er sei »geplatzt« und »emotional nicht mehr zu bremsen« gewesen. Solche Eruptionen wurden als befreiend erlebt. Problematisch waren dagegen falsche Kulissen, die das wahre, innere Fühlen verbargen. Frau Fischer machte es »psychisch« krank, aus ihrer »Haut rauszuschlüpfen und in eine andere Haut reinzuschlüpfen«, also ihr gleichgeschlechtliches Begehren zu unterdrücken. Erst als es ihr gelang, sich »selbst zu leben«, ging es ihr wieder besser. Fassaden waren kein Schutz mehr, wie noch in der Phase des Ausweichens, sondern Hindernisse auf dem Weg zur emotionalen Offenheit.

Da die wahren Gefühle im Inneren des Selbst entsprangen, wurde dessen Erkundung zu einer besonders wichtigen Aufgabe. Selbsterfahrung war das Gebot der Stunde. Frau Lippold genoss es, sich sexuell »selbst erleben zu können«, ohne sich an Vorgaben zu halten: »Ich wollte selbst lernen, was jetzt nun eigentlich mit mir los ist.« Damit entsprach sie dem Anspruch, den verschiedene Seiten an gleichgeschlechtlich begehrende Menschen herantrugen. »Man kann eine Rolle spielen«, hieß es 1970 in der *Du & Ich*, »aber früher oder später kommt unbedingt der Augenblick, wo man sich sagt: Nein, das bist ja nicht mehr du selber. Warum zwingst du dich?« Zehn Jahre später wurden die Leser*innen aufgefordert, ihre »natürlichen Gefühle« als ihr »ureigenstes Wesen zu akzeptieren«. Und im *Don* warnte ein Psycho-Test vor »Selbst- und Fremdtäuschung«. Sogar die *Bravo* riet Jugendlichen, die sich über die Richtung ihres sexuellen Begehrens nicht im Klaren waren: »Wichtig ist, daß Du anfängst, Deinen eigenen Gefühlen zu trauen.«[115]

Oft waren diese Gefühle allerdings nebulös und unerklärlich. Dieses verwirrende Fühlen war nun jedoch nicht mehr beängstigend, sondern faszinierend. In einer Zeit, die das Spontane und Nicht-Erwartbare schätzte, verbürgte das sprachlose, rein körperliche Spüren größte Authentizität. Es ermunterte zur eingehenden Selbsterkundung. Das undeutliche Fühlen ließ sich nicht »wegreden«, wie Frau Lehmann sagt, und wurde so zu einem wertvollen Hinweis, der den Unbeirrbaren zur Einsicht in ihr Lesbisch- oder Schwulsein verhalf. Auch Herr Pohl fühlte sich zu einem Freund hingezogen – »das spürt man ja irgendwo auch von innen heraus« –, ohne das »zuordnen« zu können. Durch sexuelle Experimente mit »Freundinnen« und auf der »Klappe« gelang es dem Jugendlichen jedoch rasch, sich sein eigenes Fühlen verständlich zu machen.

Deutlich länger dauerte dieser Prozess beim 1949 geborenen Herrn Melling. Seine Geschichte zeigt zudem, wie eng inneres Erleben und äußere Einflüsse bei der Selbsterkundung ineinandergriffen. Er fürchtete sich lange, seinem Fühlen auf den Grund zu gehen und seinem Begehren »freien Lauf« zu lassen. Erst als in der Öffentlichkeit immer wohlwollender von Lesben und Schwulen die Rede war, kam er mit sich »ins Reine« und begann, sich »als schwulen Mann« zu begreifen. Und bevor er 1979 seiner Schwester erzählte, wie er sein »Leben lang gegen« die eigenen Gefühle angekämpft hatte, gab er ihr ein Buch über das »Schwulsein« zu lesen, damit sie einen »Eindruck« von seiner Lage bekam. Beim Erkunden ihres Selbst nutzten die Einzelnen also Deutungsangebote, die in den Medien zirkulierten, um sich und anderen ihr Fühlen verständlich zu machen.

Die Gefühle des in diesem Sinn erkannten Selbst dienten dann als Kompass, als Richtschnur für alle weiteren Entscheidungen. Die Erzählpersonen wollten selbstbestimmt leben und selbstbewusst ihren eigenen Weg finden. So der 1960 geborene Herr Albrecht: Immer wieder ließ er sich von seinen Gefühlen leiten. In Metaphern des Exzessiven spricht er vom »sich gehen lassen, sich fallen lassen«. Schon früh habe er »rebelliert« und gespürt, dass er sich nicht »anständig, sauber, brav« in das »System« einfügen wollte. Er schwärmte intensiv für seinen Jugendfreund, ohne schon zu wissen, dass er »schwul« war. Mit 17 hatte er dann die erste, »bewusst gesuchte, forcierte« sexuelle Erfahrung mit einem Mann. Ein Jahr später brach er das Gymnasium ab, arbeitete in verschiedenen Jobs, machte eine Ausbildung, entschied sich mit Ende 20 auch gegen diesen Pfad, um sich fortan ganz der Kunst zu widmen. Er sei immer den »eigenen Weg« gegangen, »auch gegen Widrigkeiten«. Dieses Motto verknüpft Herr Albrecht mit der Überzeugung, es sei besser, auf sein intuitives und authentisches Gefühl zu hören, als sich von vernünftigen Überlegungen beirren zu lassen.

Gefühle hatten ein enormes transformatives Potenzial. Sie konnten den Lauf der Geschichte verändern, insofern sie die Einzelnen dazu bewegten, sich gegen gesellschaftliche Erwartungen aufzulehnen. Oft wurde dieser individuell-biografische, emotionale Aspekt des Aufbruchs gegen seine gesellschaftliche und politische Seite ausgespielt. So unterscheidet Frau Fischer zwischen dem Engagement ihres damaligen Ehemannes, der »halt so politisch denkend« Dinge kontrollieren und verändern wollte, und ihrem eigenen Ansatz, wo es »eigentlich um Gefühle« ging. Auch Herr Melling distanziert sich von politischen Aktionen, die ihm »zu theoretisch« waren, weil »Empfindungen« dabei »außen vor gelassen« wurden. Diese Opposition zwischen Politik und Emotion führt aber in die Irre. Die nach innen gerichtete Beschäftigung mit Gefühlen und das nach außen wirkende gesellschaftspolitische Engagement schlossen sich keineswegs gegenseitig aus.[116] Der Aufbruch war von einer Emotionalisierung des Politischen und einer Politisierung des Emotionalen geprägt.

Emotionalisierung des Politischen: Die meisten Schwulen- und Lesbenbewegten wollten keine rationale, gefühllose Politik betreiben, sondern eine, die dem Empfinden einen prominenten Platz einräumte. Beim Engagement suchten sie die emotionale Nähe zu ihren Mitstreiter*innen. Frau Fischer hat mit ihrer Lesbengruppe Aufkleber und Handzettel verteilt, »halt so politische Arbeit gemacht«, aber ihr war mindestens genauso wichtig, dass sie sich dabei »verliebt« hat oder einfach »mit Frauen zusammengegangen« ist. Und Frau Eitner beteiligte sich an einem Zeitschriftenprojekt, weil es dort »natürlich auch beziehungsmäßig hin und her« ging. Politischer Aktivismus und persönliche Intimität waren also eng ineinander verwoben. Zudem sollte das Engagement mit Freude und Fantasie verbunden sein, sich vom gängigen Politikmachen abheben. Frau Gruberova unterscheidet in diesem Sinn die »offizielle« Gewerkschaftsarbeit mit dem »Hochdienen« zum Betriebsrat von einem »lustvolle[n]« Aktivismus, der »alte Zöpfe abschneiden« und sich lieber in Filmworkshops mit Arbeitnehmer*innenrechten auseinandersetzen wollte als in langweiligen Seminaren. Diese kritische Kreativität habe viel eher ihrem »inneren Freiheitsdrang« entsprochen als eine Karriere in der Gewerkschaft. Mit unkonventionellem Engagement Lust und Begeisterung wecken, auf diese Weise wollte auch lesben- und schwulenbewegte Politik emotional sein.

Politisierung des Emotionalen: Zugleich waren Gefühle Mittel im Kampf um Emanzipation.[117] Entscheidend war der Mut, den es brauchte, um sich für schwule oder lesbische Belange einzusetzen. Dieser Mut beruhte auf dem Gefühl, einer solidarischen Bewegung anzugehören. Daher war das Erleben des Zusammenseins so wichtig. Immer wenn »ganz viele neben« ihr waren, sagt Frau Fischer, habe sie gemerkt: »Wir sind so stark zusammen.« Diese politische Kraft bezeichnet sie als »Frauenpower«. Ein weiteres Gefühl, das durch das gemeinsame Engagement politisiert wurde, war die Wut, vor allem die lesbisch-feministische Wut auf Männer, die Frauen verletzten. Frau Eitner hatte als Mädchen sexuelle Gewalt erfahren und lange geschwiegen. In der Bewegung sei »dann plötzlich« über »solche Missbrauchsgeschichten [...] geredet« worden. Frauen bestärkten einander in ihrem »Empfinden«. So konnten sie ihre »Aggressionen« rauslassen. In bestimmten Situationen sei sie dann auch »auf Männer losgegangen«. Frau Eitner lernte also, ihre Wut zu begreifen und sie gezielt auf übergriffige Männer zu richten. Daher sagt sie, wie der Slogan vom Privaten, das politisch sei, dass sich in ihrem Leben »vieles, was so [...] privat abgelaufen« sei, »politisch widergespiegelt« habe.

Dass Gefühle in der Phase des Aufbruchs eine politische Dimension hatten, steht außer Zweifel. Spannender ist die Frage, welche Eigenschaften diejenigen Emotionen auszeichneten, die sich besonders effektiv politisch wenden ließen. Solche Wirksamkeit wurde Gefühlen zugeschrieben, die nicht nebulös waren, sondern die sich auf eine bestimmte Sache richteten, die strategisches Handeln motivierten und die klar benannt werden konnten. Die Wut veranschaulicht diese drei Qualitäten besonders prägnant. Erstens beschreiben die Erzählpersonen, worüber sie wütend waren. Sie habe es »vom Gefühl« her »unrecht« gefunden, sagt Frau Schmidt, wie sie als Frau und als Lesbe behandelt wurde. Und Herr Helmlinger war »erschüttert« darüber, dass der Bayerische Rundfunk sich 1977 weigerte, *Die Konsequenz* auszustrahlen. Anlässe für Empörung fanden die Einzelnen in ihrem Alltagsleben, aber letztlich richtete sich ihre Wut auf die hetero-patriarchale Hegemonie, die rechtliche Diskriminierung von Ehefrauen und die Zensur eines schwulen Films.

So markierte die Wut bestimmte Zustände, auf deren Veränderung die Protestierenden dann, zweitens, gezielt hinarbeiten konnten. Frau Jäger war wütend, weil »der Staat« sie als Frau und Krankenpflegerin davon abhielt, mit ihrem Gehalt »den Durchschnitt eines Mannes zu erreichen«. Zunächst versuchte sie gemeinsam mit Kolleginnen einen angemesseneren Lohn zu erstreiten. Aber aufgrund von »irgendwelchen Gesetzen« war es ihnen unmöglich, »aus der Schwesternschaft auszutreten« und sich gewerkschaftlich zu organisieren. Frau Jäger sah ein, dass der strategische Kampf für eine allgemeine Lösung des Problems für sie aussichtslos war. Weil sie nicht wie »Don Quijote« gegen Windmühlen kämpfen wollte, änderte sie ihre Taktik. Indem sie sich weiter qualifizierte, erreichte sie schließlich etwas, mit dem sie »trotzdem zufrieden sein« konnte, nämlich ein Nettoeinkommen, das zwar noch immer unter dem ihrer männlichen Kollegen lag, von dem sie und ihre Tochter aber gut leben konnten. Die Wut ermöglichte also politisches Handeln und ein Abwägen von Erfolgschancen. Sie war zumindest so weit regulierbar, dass sich ein Verrennen in der eigenen Empörung vermeiden ließ.

Politische Gefühle sollten, drittens, verständlich formulierbar sein. Wenn andere die Empörung nachvollziehen konnten, so die Hoffnung, würden sie auch die Überzeugungen der Wütenden übernehmen und sich dem Protest anschließen. Daher bedauert Frau Fischer, dass sie Anfang der 1990er-Jahre auf lesbenfeindliche Äußerungen einer jungen Frau »ganz unsachlich« mit einem »Ausbruch« reagierte. Anstatt ihrer Gesprächspartnerin »so ein bisschen was [zu] erklären«, habe sie »wie ein kleines Kind« in »voller Lautstärke« gerufen: »Ich bin auch 'ne Lesbe.« Eine souveränere und verständlichere Wut hätte die Homophobie der jungen Frau verlässlicher ins Wanken bringen können, denkt Frau Fischer. Eigentlich, fügt sie hinzu, hatte sie seit den 1970er-Jahren in lesbenbewegten und therapeutischen Zusammenhängen gelernt, ihre Wut nicht mehr ungefiltert und unreflektiert zu äußern, sondern sie zu dosieren und genau zu verbalisieren. Aber in dieser Situation konnte sie ihre Wut nicht begreiflich machen und gezielt politisch einsetzen.

Politisierbare Gefühle folgten bestimmten Absichten, beruhten auf einer Kritik gesellschaftlicher Zustände, motivierten ein überlegtes Handeln und sollten nachvollziehbar sein. Sie unterschieden sich damit deutlich von dem unklaren, unmittelbar körperlichen Fühlen, das die Einzelnen zur Erkundung ihres wahren Selbst und ihres gleichgeschlechtlichen Begehrens anregte. Zum Gefühlsbegriff des Aufbruchs gehörte mehr als Authentizität und Spontaneität. Wo es um die politische Macht von Emotionen ging, spielten Begründbarkeit, Regulierbarkeit und Kommunizierbarkeit ebenfalls eine wichtige Rolle. In widersprüchlicher Gleichzeitigkeit ging es sowohl um das ungezügelte Zulassen von Gefühlen als auch um ihre gezielte Formung. In dem Theorie-Streit zwischen denen, die das transformative Potenzial nicht intentionaler und nicht sprachlich vermittelter Affekte betonen, und denen, die allein klar begründeten und formulierten Emotionen politische Wirkmächtigkeit zuschreiben, geht es um ein Scheinproblem.[118] Historisch gesehen entfalteten Gefühle in den 1970er-Jahren gesellschaftspolitische Effekte, gerade weil sie nachvollziehbar *und* verwirrend sein konnten. Diese Spannung bestimmte den Gefühlsbegriff und die Gefühlspolitik der schwulen und lesbisch-feministischen Emanzipationsbewegungen.

PARTNERSCHAFTSMODELLE ZWISCHEN SEXPERIMENT UND BEZIEHUNGSARBEIT

Neben dem Gefühls- war auch das Sexleben gleichgeschlechtlich begehrender Menschen in der Phase des Aufbruchs politisch relevant. Die strikte Sexualmoral der Nachkriegsdekaden und das homophile Beharren auf idealer Liebe und Dauerfreundschaft gerieten in die Kritik. Es galt, die Lust und das Begehren aus diesen Fesseln zu befreien. Sex mit verschiedenen Partner*innen zu haben war Teil des emanzipatorischen Projekts. Wo man körperliche Aspekte zuvor verschämt verschwiegen hatte, wurden sie nun provokativ ausgestellt. »Unser Arschloch ist revolutionär«, schrieb der französische Schwulenaktivist

Guy Hocquenghem.[119] Der Geschlechtsverkehr wurde zum prestigeträchtigen politischen Akt aufgewertet. Und weil sie mit dem Verstoß gegen sexuelle Normen bestens vertraut waren, wurden Schwule und Lesben zur Avantgarde dieses Umsturzes.

Zugleich genoss der Sex wachsendes Ansehen als ein Experimentierfeld, auf dem die Einzelnen möglichst vieles ausprobieren und es dabei zur Könner*innenschaft bringen sollten. Gewiefte Techniken vermehrten den »Lustgewinn« und konnten »die Intensität des Orgasmus um 200 Prozent oder 300 Prozent« steigern, hieß es in Zeitschriften wie *Don* und *Du & Ich*.[120] Viele wollten angesichts solcher Aussichten ihren »Sex-Quotient[en]« verbessern, ein optimales Verhältnis zwischen »Libido« und »Kontrolle« erreichen. Zunächst wurde dabei Ausgewogenheit großgeschrieben. Man sollte sexuelles »Vergnügen« in »Parks, Klappen, auf Parties, in Autos« genießen, darüber aber die »Treue« und das zweisame »Schlafzimmer« nicht aus den Augen verlieren. Zwanglos und zugleich bedachtsam sollten die Einzelnen Abenteuer wagen und bindungsfähig bleiben.[121] Im Lauf der Zeit trat der Abbau von »Hemmungen« jedoch immer mehr in den Vordergrund. Als vorbildlich unverklemmt galten nun diejenigen, die schon zwischen zehn und vierzehn Jahren »homosexuelle Beziehungen« hatten, die einen Vertreter an der Wohnungstür fragten, ob er mit ihnen »schlafen wolle«, und die alle »Sexualpraktiken« ausprobierten. Solche Menschen, hieß es, »bekennen« sich »freimütig« zu ihrer Homosexualität und verzichten auf überflüssige »Sentimentalitäten«.[122]

Die Privilegierung des sexuellen Experiments spiegelt sich auch in den Erzählungen. Frau Eitner wollte Mitte der 1970er-Jahre, während ihrer Beziehung mit Elli, »einfach nur wissen«, wie es sei, »mit 'ner anderen Frau [zu] schlafen«. Deswegen verbrachte sie bei einem Abstecher in die West-Berliner Szene eine Nacht »mit einer wildfremden Frau«. Für sie war es damals sehr wichtig, sich diesen »Freiraum« zu verschaffen. Zur gleichen Zeit begann Herr Albrecht als Teenager zu experimentieren. »Pornohefte« nährten in ihm große Erwartungen, die seine ersten sexuellen Erfahrungen dann prompt enttäuschten. Er ließ sich von der Diskrepanz zwischen Wunsch und Wirklichkeit jedoch nicht entmutigen, sondern probierte sich nur umso intensiver aus. Um mehr zu lernen, sprach er auch mit seinen Partnern darüber, wie der Sex für ihn und für sie gewesen war: »Allein schon drüber reden hat sehr viel ausgemacht.« Er wollte sein Lustempfinden und das seiner Partner besser verstehen und so sein Sexleben optimieren.

Bi- und Heterosexuelle unternahmen ebenfalls solche Anstrengungen. Auch ihnen schärften Ratgeber ein, wie wichtig es sei, über Sex zu reden, und Pornos regten zum Ausprobieren diverser Praktiken an. Mitunter wurde Jugendlichen sogar empfohlen, ›es‹ auch mal mit Partner*innen des gleichen Geschlechts zu versuchen.[123] Umgekehrt griffen Schwule auf heterosexuelle Angebote zurück, um sich zu informieren. Mehrere der im *Don* beworbenen Sexratgeber erschienen im Stephenson-Verlag, der zum Beate-Uhse-Versand gehörte. Unter dem Titel »zungenspiele. so machen sie ihren partner durch intime küsse glücklich« wurde schwulen Lesern ein Buch empfohlen, das Oralsex aus der Sicht einer weiblichen »Fellatrice« beschrieb.[124]

Allenthalben begegneten die Menschen also einem wachsenden Druck zur Optimierung ihres Sexlebens: Das sollte man probieren, so ginge es vielleicht noch besser, dadurch ließe sich die Lust weiter steigern. Solche Aufforderungen nährten die Sorge, den eigenen Ansprüchen oder denen der Partner*innen nicht zu genügen. Es müsse »doch besser gehen«, dachte Herr Albrecht nach seinem ersten Mal. Das Sexperimentieren befreite die Einzelnen aus den moralischen Zwängen der Nachkriegsdekaden. Zugleich verstrickte es die Körper jedoch in eine Struktur aus Anreizen und Anforderungen, drängte die Begehrenden, permanent an der Verbesserung ihres Sexlebens zu arbeiten. Je mehr die Einzelnen sich dem Ziel der sexuellen Freiheit anzunähern meinten, desto mehr orientierten sie sich in ihrem Verhalten an neuen Mustern und Standards, nämlich denen der sexperimentellen Optimierung.

Bereits Zeitgenoss*innen kritisierten diese Dynamik. Man distanzierte sich von »Bumsrezepten«, die nicht aufklärten, sondern »Leute zu ABC-Schützen der Liebe« degradierten, die »Komplexe« verstärkten, statt sie abzubauen. Ein »reges und variantenreiches Sexualleben« dürfe nicht »zur Pflichtübung im Sinne einer verschwommenen Fortschrittsidee« verkommen, hieß es.[125] Ein Leserbrief beklagte die »Überbetonung des Sex in den schwulen Publikationen« und fragte: »Muß es Ziel einer ›befreiten Sexualität‹ sein, daß jeder mit jedem intim wird, der ihm sympathisch ist [...]?«.[126] Aus kapitalismuskritischer Sicht stieß man sich an der Vermarktung der Lust sowie an den »konkurrenzhaften, sex- und konsumorientierten Umgangsformen« der Szene.[127] Und aus esoterischer Perspektive war es problematisch, dass das Begehren auf die genitale Befriedigung verengt wurde: »Wir machen eigentlich viel zu wenig mit unserem Körper«, hieß es. »Bumsen schon. Aber das mehr mit dem Schwanz – der Rest bleibt draußen.«[128]

Diese »peniszentrierte Sexualität« stand auch im Zentrum lesbisch-feministischer Analysen. Hier wurden die Dynamik der sogenannten sexuellen Revolution und der erotische Leistungsdruck besonders scharf kritisiert.[129] Jenseits der »verstümmelten sexuellen Beziehungen mit Männern« galt es eine alternative »Lust am eigenen Leib« zu erkunden. Für eine umfassende Emanzipation war es unerlässlich, »lockerer« und »weniger verkrampft« mit den eigenen Geschlechtsteilen umzugehen.[130] Zugleich betrachteten Feministinnen ein vermeintlich natürliches und »unfehlbar aufrichtig[es]« Begehren aber nicht unbedingt als »Schlüssel zur Zerstörung repressiver sexueller Ordnungen«.[131] Sexualität und hetero-patriarchale Unterdrückung waren in ihren Augen so eng miteinander verflochten, dass es fast unmöglich war, eine nicht von Macht durchwirkte Lust zu empfinden. Mit Blick auf lesbischen Sadomasochismus wurde diese Frage ausgiebig diskutiert. Blieben solche Rollenspiele geschlechterhierarchischen Vorstellungen verhaftet oder konnten sie sich von ihnen lösen?[132] Diese Debatten förderten die Einsicht, dass gesellschaftliche Macht- und Ausbeutungsverhältnisse jedes Begehren prägten. Sie nährten bei vielen Frauen Zweifel an den Verheißungen der sexuellen Optimierung, der damit verbundenen Kommerzialisierung der Lust und dem Postulat der Hemmungslosigkeit.

Dem Sexperimentieren wurde zudem nachgesagt, dass es sich auf Techniken konzentriere und die emotionalen Aspekte von Intimität und Partnerschaft ausblende. Wer »freie Fahrt ins sexuelle Abenteuer« wolle, hieß es, müsse sich das »Liebeslügengestammel sparen«.[133] Hier lohnt jedoch ein genauerer Blick: Bestimmte Formen des sexuellen Ausprobierens vertrugen sich nicht mit bestimmten Formen des Fühlens, aber Sexperiment und Emotionalität waren nicht generell unvereinbar. Herrn Helmlinger war es wegen seiner »nichtbürgerlichen Haltung« wichtig, »Sexualität erst mal auch zu trennen von Beziehung, von Gefühl, von Liebe«. Allerdings fügt er hinzu: »Also zumindest von Liebe, Gefühl weiß ich nicht so.« So gesehen stand die sexuelle Freizügigkeit in einem Widerspruch zu einem bürgerlichen Gefühlsstil, war aber nicht per se emotionslos. Lediglich in Teilen der Szene spielten Gefühle vermeintlich gar keine Rolle. Die »Männlichkeitsideologie« der Lederszene, so dachten manche, ersetze »Gefühle« durch »Muskelstärke«.[134] Andere Schwule wollten weniger strikt zwischen »körperlichen Bedürfnissen« und Gefühlen trennen. Für sie war es wichtiger, mit »Menschen zusammen zu sein«, als mit »jemandem zu schlafen«.[135]

Auch der Gegensatz zwischen Sexperiment und fester Partnerschaft erweist sich bei genauerem Hinsehen als ein Scheinwiderspruch. Zwischen den Fürsprecher*innen der Promiskuität und denen der Monogamie gab es heftige Konflikte. Die einen redeten der exklusiven Zweierbeziehung und der »Homo-Ehe« das Wort. Solche Beziehungen würden die homophobe Annahme widerlegen, nur ein Mann und eine Frau könnten ein dauerhaft stabiles Paar bilden. Daher sei Treue viel besser als die »zur chic-radikalen Pose« hochstilisierte »Nicht-Moral« der sexuellen Freiheit.[136] Auf der Gegenseite hielt man die Monogamie für eine Norm der »Heterowelt«, von der man sich befreie, sobald man einsehe, dass »Sex und Beziehung [...] nichts miteinander zu tun haben«. Wenn zwei Schwule eine eheähnliche Beziehung führten, kopierten sie so gesehen eine verkorkste Moral und opferten ihre Lust dem Versuch, sich der gesellschaftlichen Mehrheit anzubiedern.[137]

Jenseits solch polemischer Kontrastierungen zeigen die Erzählungen, dass sich Sexperimente durchaus mit festen Beziehungen verbinden ließen. Herr Albrecht denkt, dass seine sexuellen Kontakte mit anderen Männern seine Partnerschaft mit Manfred stabilisierten. »Nebenraus« fand der 24-Jährige, was er »zu Hause nicht bekam«, und lernte, dass »Ledersexualität nicht unbedingt und nicht nur Gewalt« sei. Diese »Spielarten« versuchte er dann »in die Beziehung reinzubringen«, wodurch es ihm gelang, besser mit Manfreds Lederfetisch und seinem Wunsch nach Dominanz umzugehen. Bei Frau Schneider war es eine Affäre, die ihre Beziehung mit Angelika festigte. Als sie die 50-jährige Antje kennenlernte, wollte sie Sex mit ihr haben. Frau Schneider bat ihre Partnerin um »Genehmigung« und schlief, nachdem Angelika zugestimmt hatte, mit ihrer Geliebten. Wenig später hatte auch Angelika Sex mit Antje. Diese begann, Zwietracht zwischen den Partnerinnen zu säen. Daraufhin beendeten Frau Schneider und Angelika die Affäre(n). Dieses Sexperiment und diese »Krise« vertieften das Vertrauen innerhalb ihrer Beziehung.

Die beiden Frauen optimierten in diesem Fall also sowohl ihr Sex- als auch ihr Beziehungsleben. Die Arbeit an der Beziehung war für diejenigen, die in Partnerschaften lebten, ein wichtiger Teil ihres Alltags. Sich gegenseitig zu verstehen und zu respektieren, die gemeinsame Kommunikation über Probleme zu verbessern und all das ständig zu besprechen, das versuchten in der Phase des Aufbruchs immer mehr Menschen. Gleichrangige und ebenbürtige Partner*innen sollten zusammenleben, dabei ihre Selbstständigkeit bewahren und wo nötig Kompromisse aushandeln. Zentrale Voraussetzungen für das Gelingen dieses Projekts waren »ungefähr gleiche Intelligenz« sowie »einigermaßen gleicher Bildungsstand«. Unerlässlich war »gegenseitiges Vertrauen«. Jeder sollte »das Recht auf eine eigene Meinung« haben und gleichzeitig »stets bemüht« sein, »die des anderen zu verstehen«.[138]

Aus lesbischer Sicht war dieses gleichberechtigte Miteinander nur zwischen Frauen möglich. In andersgeschlechtlichen Beziehungen verwehrte die patriarchale Gesellschaftsordnung Frauen die Gleichrangigkeit. Deswegen entschied sich Frau Opitz nach mehreren Versuchen mit Männern für ein lesbisches Leben. Die »Rollenbild[er]« seien damals »noch ganz klar aufgeteilt« gewesen, und in diese Hierarchie wollte sie nicht »reinpassen«. Gleichgeschlechtliche Beziehungen waren die bessere, weil symmetrische Alternative. Allerdings wurde Gleichberechtigung durch die Erfolge der Frauenbewegung auch in heterosexuellen Partnerschaften wichtiger. Obwohl »noch immer ein Teil der Männer« glaube, so ein Ratgeber, dass es »Aufgabe der Frau« sei, »sich an den Mann anzupassen«, könne niemand ernsthaft an der »Gleichwertigkeit« der Geschlechter zweifeln. Beide »›Liebespartner‹« sollten »Meinungsverschiedenheiten friedlich und demokratisch« austragen. Die »offene Kommunikation von Wünschen« und das Bemühen um eine »gemeinsame Problemlösung« gehörten nun auch zur heterosexuellen Beziehungsarbeit.[139]

Waren Schwule und Lesben eine Avantgarde dieser Egalisierung? Vielleicht. In jedem Fall muss man aber die Kritik, dass gleichgeschlechtliche Zweierbeziehungen das Modell der Ehe kopierten, um den Hinweis ergänzen, dass sich heterosexuelle Beziehungen gleichzeitig an die Symmetrie homosexueller Partnerschaften annäherten.[140] Letztlich waren es wohl gesamtgesellschaftliche Dynamiken, die den Wandel von Beziehungsmodellen in allen Teilen des sexuellen Spektrums vorantrieben. In sozio-ökonomischer Hinsicht war das Selbstverständnis der Bundesrepublik als einer Mittelstandsgesellschaft zentral, die auf fairen Kompromissen zwischen Gewerkschaften und Arbeitgeberverbänden beruhte. Finanzielle Abhängigkeiten prägten zwar trotzdem weiterhin viele Paarbeziehungen, aber sie verloren ihre Selbstverständlichkeit und wurden kritikwürdig. In politischer Hinsicht hing die Enthierarchisierung der partnerschaftlichen Kommunikation eng mit Demokratisierungs- und Pluralisierungsprozessen zusammen. Dadurch lernten die Einzelnen auf verschiedenen Ebenen ihres Alltags, widerstreitende Interessen miteinander zu versöhnen.

Gleichzeitig geriet die Unfähigkeit, den anderen zu verstehen und Kompromisse einzugehen, zu einem ernsthaften Problem, das ständiger Bearbeitung bedurfte. In diesem Sinn kann man eine Therapeutisierung des Beziehungsalltags, eine zunehmende Relevanz von paar- oder anderen therapeutischen Ansätzen beobachten.[141] Doch auch ohne Unterstützung von außen arbeiteten die Einzelnen permanent an ihren kommunikativen Fähigkeiten, um ihren Partnerschaften zum

Erfolg zu verhelfen. Sie leisteten Beziehungsarbeit. Die *Courage* betonte, dass beide Partnerinnen diese »Liebesmühe« investieren müssten und dass diese emotionale Anstrengung »ebenso viel wert« sei wie Lohn- oder jede andere Form der Arbeit. Nur wenn beide Seiten den emotionalen Beitrag der jeweils anderen anerkannten, könne ein partnerschaftliches Miteinander gelingen.[142] Durch diese Betonung der therapeutischen und mühsamen Dimensionen des Zusammenlebens als Paar verlor das Gefühl der Liebe einen Großteil seiner sublimen Aura.

So wie sich Liebende in Partnerschaften immer sorgfältiger aufeinander zubewegten, bahnten sie auch neue Beziehungen immer bedächtiger an. Die Nähe war nicht mehr plötzlich einfach da, sondern wurde allmählich erarbeitet. Dementsprechend verändert sich auch die Art und Weise, wie die Erzählpersonen ihr Sich-Verlieben in gleichgeschlechtliche Partner*innen schildern. Wo in der Phase des Ausweichens noch das Plötzliche und das Unerklärliche im Zentrum standen, treten nun das Allmähliche, das Nachvollziehbare und das Alltägliche in den Vordergrund. So wie bei der Geschichte der 1962 geborenen Frau Voss über den Beginn ihrer Beziehung mit Karin um 1980. Sie beschreibt detailliert, wie sie einander Schritt für Schritt näherkamen; stellt Vermutungen darüber an, warum sich ihre Gefühle füreinander im Lauf der Zeit veränderten; und erzählt, wie immer wieder neue Probleme auftauchten, die sie als Paar zu lösen versuchten.

»Auf jeden Fall kam dann irgendwann mal Karin«, beginnt Frau Voss die Passage und benennt dann gleich das erste Problem: Karin hatte »sich eigentlich in Ralf verguckt«. Ralf war der beste Freund von Frau Voss, mit dem sie Straßenschilder klaute und allerlei andere »lustige Sachen« unternahm. Karin war dagegen das »wohlbehütete Mädchen mit der Querflöte«. Gerade deswegen war sie von dem abenteuerlustigen Ralf fasziniert, vermutet Frau Voss. Sie und er »fanden Karin beide prima«, eine klassische Dreieckskonstellation also. Dafür, dass sich daraus eine Beziehung zwischen Karin und Frau Voss entwickelte, war eine bestimmte Situation ausschlaggebend: »beim katholischen Pfarrer aufm Sofa«. Die drei waren bei Ralfs Bruder, einem Priester, zu

Besuch. »Und dann haben wir gewürfelt, wer aufm Sofa schläft«. Die Würfel entschieden, dass sich die beiden jungen Frauen die Couch teilen sollten, »und dann war klar, dass Ralf Karin nicht kriegt«. In dieser Nacht haben sie »Händchen gehalten und 'n bisschen gekuschelt, so sehr dezent«.

Danach stellten Frau Voss und Karin »verwundert« fest, dass sie sich »jeden Tag« sehen wollten. Allmählich wuchs die Intimität zwischen beiden. Mit der Zeit wurde diese Nähe so wichtig, dass sie ihrer Beziehung »einen Namen geben« wollten. »Dann nannten wir das erst mal, dass wir uns mögen.« Sie mieden das »böse Wort« lesbisch, weil sie homophobe Reaktionen ihres Umfelds fürchteten. Dennoch versuchten sie, unterstützt von »Beratungsgesprächen« mit einem befreundeten lesbischen Paar, ihre Liebe immer offener zu zeigen. Dieses Ziel habe sie »prächtig unter Druck gesetzt«, was eine gewisse »Schwere« in die Beziehung brachte. Frau Voss mühte sich, die Niederungen des Alltags gemeinsam mit Karin zu bewältigen, anstatt ihre Liebe als Geheimnis vom gewöhnlichen Leben abzusondern. Aber Karin wollte sich ihren Eltern nicht offenbaren, und die Eltern von Frau Voss reagierten mit Ablehnung auf ihr Frauenbegehren. Auch Ralf brach den Kontakt zu ihr ab. An diesen Widerständen und Problemen scheiterte die Beziehung letztlich. Frau Voss musste ihren Weg zum Lesbischsein allein finden. Zwei Jahre später lernte sie über ihre Arbeit Kordula kennen und begann mit ihr eine Beziehung.

Frau Voss' Erzählung entspricht also dem Muster der schrittweisen Allmählichkeit, sie betont die Herausforderungen des Alltags und erklärt nachvollziehbar, wie sich die Dinge im Lauf der Zeit entwickelten. Auch die Liebesgeschichten in den Zeitschriften folgen in den 1970er-Jahren immer mehr diesem Modell. Die Protagonist*innen nähern sich einander langsam und meistern dabei gesellschaftliche Widerstände, familiäre Verwicklungen sowie alltägliche Probleme. Die »Liebe«, so hieß es, »überwindet [...] alle Hindernisse«.[143] Der in den Nachkriegsdekaden gängige Topos von unvermittelten Begegnungen und dem wortlosen Einverständnis zwischen Liebenden verlor dagegen jegliche Glaubwürdigkeit.[144] Dieser Übergang vom Plötzlichen zum Allmählichen wäre ohne die Entstigmatisierung des gleichgeschlechtlichen Begehrens nicht denkbar gewesen. Erst der Aufbruch schuf neue Freiräume und Orte für Begegnungen mit potenziellen Partner*innen, ermöglichte es frauenliebenden Frauen und männerliebenden Männern, einander in Ruhe näherzukommen. Das heißt aber nicht, dass es keine Schwierigkeiten mehr gegeben hätte. Nach wie vor hatten die Einzelnen mit Homosexuellenfeindlichkeit zu kämpfen. Gleichzeitig kamen neue Probleme in den Blick. Zwischen Beziehungsarbeit und Sexperiment vermehrte sich der Druck, den sexuellen und partnerschaftlichen Erfolg zu maximieren. Die Freude über den Aufbruch ging einher mit der Sorge, an der neuen Komplexität schwulen und lesbischen Lebens zu scheitern.

DAS NEUE SELBSTBEWUSSTSEIN? ANGST UND ANDERE ZWIESPÄLTIGE GEFÜHLSLAGEN

Der Vielschichtigkeit des Aufbruchs wird man nicht gerecht, wenn man ihn auf die Überwindung negativer und den Aufschwung positiver Emotionen reduziert. Lediglich als Anspruch spielte diese Idee eines gefühlshistorischen Fortschritts eine Rolle. So verwarf ein Leserbriefschreiber die früher üblichen »Rechtfertigungsversuche für unsere ›Veranlagung‹« und behauptete, er sei »stolz darauf, homosexuell zu sein«.[145] Zudem wurde immer wieder auf die US-amerikanischen Schwulen und Lesben als Vorbilder verwiesen, die Diskriminierungen nicht mehr »voller Scham und Angst« hinnähmen, sondern »mit Solidarität und Stolz« für ihre Rechte kämpften.[146]

Um die Veränderung zu beschreiben, die sie selbst erlebten, verwenden die Erzählpersonen aber andere Begriffe. Sicherlich nicht zuletzt, weil Stolz im Deutschen problematisch klingt. Deswegen redet man auch lieber von *Gay Pride* als vom schwulen Stolz. Die Gesprächspartner*innen sprechen vor allem von Selbstbewusstsein und Selbstvertrauen. Das waren die neuen Gefühle, die der Aufbruch ermöglichte. Frau Gruberova empfand zunächst Angst, Trauer und Verwirrung, als sie sich Mitte der 1970er-Jahre erstmals in eine Frau verliebte und von dieser entrüstet abgewiesen wurde. Wenig später machte sie dann eine positive Erfahrung. Dieses Erlebnis ermutigte sie. Sie wurde so selbstsicher, dass sie begann, auch öffentlich als Lesbe auf- und für ihre Rechte einzutreten.

Wenn auf der anderen Seite von den Gefühlen die Rede ist, die der Aufbruch zurückdrängte, dann geht es nicht so sehr um das Sich-Schämen als vielmehr um das Sich-Fürchten. Auch eine Frage der Wortwahl. Denn genau genommen ist die Angst, beim schambehafteten Tun ertappt zu werden, ein wesentlicher Bestandteil der Scham. Das zeigen Herrn Helmlingers pubertäre Bemühungen, seinen Hang zum »Wichsen« und sein gleichgeschlechtliches Begehren zu »kontrollieren«. Als Junge vermerkte er jede Masturbation in seinem »Taschenkalender« und versuchte die Frequenz auf »zweimal in der Woche« zu beschränken. Zudem vermied er es, an Sonn- und Feiertagen zu onanieren, »weil der liebe Gott dann böse ist«. Als Katholik glaubte er, dass Selbstbefriedigung »Sünde« sei. Dennoch beichtete er seine autoerotischen Verfehlungen nicht dem Dorfpfarrer. Dazu sei er zu »g'schamig« gewesen, sagt Herr Helmlinger. Zudem schwieg er, weil er fürchtete, dass sein Geständnis zu Verboten führen und ihm sein Vergnügen erschweren würde. Letztlich fand er den Versuch, sein Verlangen zu zähmen, schon damals »völlig hirnrissig« und hielt auch »nicht allzu lang« daran fest. Er bereute seine schwulen »Onaniefantasie[en]« nicht und wollte keinesfalls darauf verzichten. Ihm war eingebläut worden, dass seine »Sehnsucht [...] ganz gefährlich« sei, aber ihm war klar, dass er ohnehin »nix dagegen tun« konnte. Deswegen war ihm vor allem daran gelegen, dass keiner merkte, was er tat und wovon er träumte. Das bestimmende Gefühl war nicht die Scham, sondern die Angst, erwischt zu werden. Zwischen dieser Angst und seinem »Begehren« war er »total zerrissen«.

Dieser Zwiespalt zwischen Sorge und Lust plagte Herrn Helmlinger auch noch Jahre später, mittlerweile als großstädtischen Kenner der schwulen Szene. Hier empfand er zwar ein neues »Freiheitsgefühl[]«

und war begeistert von den Möglichkeiten, die sich ihm boten. Aber er wahrte weiterhin eine »innere Distanz« zu seinem gleichgeschlechtlichen Begehren, weil er meinte, »Obacht« geben zu müssen. Andere Erzähler verweisen ebenfalls auf eine solche Zerrissenheit in der Phase des Aufbruchs. Herr Franke betont den »Spaß«, den er in der Szene hatte, spricht aber auch von der Angst vor homofeindlichen Übergriffen. Und bei Frau Otte vermischt sich die Begeisterung über ihre ersten lesbischen Erfahrungen mit der Furcht, ihre Eltern könnten etwas davon mitbekommen.

Besonders eindrücklich sind solche emotionalen Ambivalenzen dort, wo Gesprächspartner*innen von Selbstmordgedanken erzählen. Frau Eitner lernte in den 1970er-Jahren ihr Lesbischsein zu akzeptieren, fürchtete aber zugleich, dass ihr Frauenbegehren allgemein bekannt werden könnte. Die Erinnerung an den Freitod eines ehemaligen Lehrers, den sie sehr geschätzt hatte, half ihr dabei, mit dieser Furcht zu leben. Selbst wenn »das rauskommt«, dachte sie: »Umbringen kann ich mich immer noch.« Herr Albrecht beschäftigte sich nach der Trennung von seinem ersten Freund intensiv mit der Idee, sich das Leben zu nehmen. Davor wollte er »reinen Tisch« machen und sagte zu seinen Eltern: »Ich bin schwul.« Die Idee der vermeintlichen Verzweiflungstat half ihm dabei, mutiger mit seinem gleichgeschlechtlichen Begehren umzugehen.

Angst und Verzweiflung waren in der Phase des Aufbruchs nicht nur anachronistische Überbleibsel aus den Nachkriegsdekaden, resultierten nicht nur aus der mancherorts nach wie vor anzutreffenden Stigmatisierung. Sie ergaben sich zudem aus dem wachsenden Optimierungsdruck und der Furcht vorm Scheitern beim Versuch, ein gelingendes schwules oder lesbisches Leben zu führen. Ängste und bestimmte Formen des Umgangs mit der Angst konnten jedoch auch Elemente eines emanzipatorischen Gefühlsstils sein oder zur Gefühlspolitik des Aufbruchs gehören. So entstand ein emotionaler Zwiespalt: die Angst sollte zugleich überwunden und produktiv gemacht werden. Nicht weil es ihm »eigentlich gut« ging, sondern weil er sich scheute und weil er »Angst« hatte, sagt Herr Meyer, hat er sich dazu durchgerungen, auf der Straße für die Anliegen von Schwulen und Lesben zu demonstrieren.

Angst war also kein Hindernis, sondern ein Ansporn für emanzipatorisches Handeln. Gefühle spielten in der Phase des Aufbruchs eine komplexe Rolle. Diesen Ambivalenzen wird die These, dass Selbstsicherheit die Angst ersetzt habe, ebenso wenig gerecht wie die Erfolgsgeschichte vom Stolz, der die Scham verdrängte. Es wurde in den 1970er-Jahren zwar immer wieder gefordert, die »Angst zu überwinden«.[147] Aber war damit tatsächlich ein Weg in eine gänzlich angstfreie Zukunft vorgezeichnet? Dass dem nicht so war, zeigt die feministische Auseinandersetzung mit der Angst vor männlicher Gewalt. Die Überwindung dieses Gefühls war nicht entscheidend. Wichtig war vielmehr, dass sich Frauen von ihrer Furcht nicht lähmen und in die Position des passiven Opfers drängen ließen. Sie sollten ihre Angst stattdessen als ein Alarmsignal nutzen, das es ihnen erlaubte, sich vor Attacken zu schützen oder sich gegen Angriffe zur Wehr zu setzen. So gesehen hatte sich das Problem der Angst alles andere als erübrigt.[148]

Gerade in der Frauenbewegung wurde die eigene Angst immer wieder thematisiert, um sie besser zu verstehen und um auf eine bestimmte Art und Weise mit ihr umzugehen. Frau Lehmann sagt, sie habe »lernen müssen zu begreifen, dass das meine Angst ist und dass die mir gehört und dass ich jetzt aufpassen muss, wer von uns beiden wen beherrscht. Beherrsche ich die Angst oder beherrscht die Angst mich?« Auf besonders eindrückliche Weise schildert Frau Eitner diese Arbeit an und mit der Angst. 1976 beteiligte sie sich auf einem Kongress zu Gewalt gegen Frauen an einer Arbeitsgruppe, die sich mit Gewalt gegen Lesben beschäftigte. Auf der Abschlussveranstaltung wollten sie zeigen, wie sehr sie sich als Lehrerinnen, Angestellte bei kirchlichen Trägern oder Behördenmitarbeiterinnen »immer noch« davor fürchteten, dass ihr Lesbischsein entdeckt werden könnte. Deswegen trugen sie Papiermasken »mit so 'nem großen Sehschlitz«, durch den sie auf das Publikum, die Kameras und Mikrofone blickten. Durch das Teilen und das gemeinsame Präsentieren dieser Furcht sei damals, so erinnert sich Frau Eitner, »so 'ne Solidarität« entstanden.

Aus individuellen Ängsten schöpften die Frauen also Kraft für den gemeinsamen Kampf gegen das, wovor sie sich fürchteten. Aber die Frauen nahmen ihre Masken auf der Bühne nicht ab. Die Performance inszenierte also keine heroische Überwindung der Angst im Kollektiv. Sie stellte die Angst dar, ohne einen Ausweg aus ihr aufzuzeigen. Allerdings konnten die Frauen dank der Einsicht, dass nicht nur einzelne, sondern viele Lesben sich fürchteten, anders mit ihrer Angst umgehen. Bildlich gesprochen veränderte sich die Funktion der Maske. Sie war nun kein Menetekel der eigenen Verletzlichkeit mehr, sondern mutierte zu einem Schild, mit dem die Frauen sich wehren konnten. Wie ein Visier schützte der »Sehschlitz« die Akteurinnen vor fremden Blicken und Angriffen und erlaubte ihnen zugleich, das vor ihnen liegende Feld genau zu beobachten. In dem sicheren Raum hinter der Maske konnte so ein lesbisches Selbstbewusstsein wachsen, das Angst nicht mehr – wie noch in den Nachkriegsdekaden – mit Verzweiflung oder intuitiver Vorsicht, sondern mit Verteidigungsbereitschaft verknüpfte. Die Frauen lernten, dass die Angst sie vor Gefahren warnte und ihnen zeigte, wie und vor wem sie sich in Acht nehmen mussten. Dementsprechend glaubt Frau Eitner nicht, dass sie nur dann selbstbewusst als Lesbe leben könne, wenn sie ihre Furcht hinter sich lasse. »Ängste« hat sie nach wie vor, aber wie sie »damit umgeht«, das hat sich verändert.

Zwei Erlebnisse aus der Zeit um 1960 und aus den frühen 1990er-Jahren veranschaulichen diesen Übergang von einer Furcht, die hilflos macht, zu einer Angst, die vor Gefahren schützt. Als sie acht Jahre alt war, wurde Frau Eitner von einem Jungen sexuell missbraucht:

> und mein bruder und ich sind, äh, zu so 'nem rummel gegangen und kamen zurück so 'n, so 'n kleingartenweg entlang mit büschen und so. und dann haben zwei jungs uns angehalten, der eine hat sich meinen bruder geschnappt, [...] und der andere hat mich geschnappt und hat mich da in busch gezogen. und hat mir die unterhose runtergezogen und hat GANZ lieb mit mir gesprochen, ganz, ganz lieb und so und, hm, dir passiert auch gar nix und so, und in dem moment kamen menschen. und dann hat der, äh, ist

der aufgesprungen und abgedüst. [...] und, äh, ich war ja, ich war wie GELÄHMT. ich wusste gar nicht, was ich machen sollte. ich hab mich dann ganz schnell (.) angezogen, weil mir das natürlich peinlich war, weil da ja auch leute kamen [...] diese erwachsenen [...] haben auch nicht NACHgefragt, was, was ist los. und dann war, mein bruder und ich ja auch gleich wieder zusammen, und dann hat der in seinem, seinem schmerz so, äh, (.) gesagt, sag das bloß niemandem. du weißt doch, was die vo-, was der von dir wollte. und, ja, ich wusste das dann. ich wusste das, ich weiß auch nicht woher, (.) keine ahnung.

Ganz anders reagierte Frau Eitner gut 30 Jahre später auf einen männlichen Angriff, als bei einem Urlaub in Jerusalem ihre damalige Partnerin »unbedingt irgend so 'm israelischen Soldaten sagen musste, dass sie lesbisch ist«:

und ich hab das nicht richtig MITgekriegt, [...] was hat der gesagt? (lacht etwas) und ich dann wirklich gedacht hab, na, ich geh keinen schritt mehr mit dem. der wollte uns jerusalem zeigen, wie nett, ja. hab ich gesagt, ich dreh sofort um. [...] und er ist dann hinter uns hergelaufen, hat hinter uns hergespuckt und, äh, die, die dollsten flüche auf hebräisch [...] losgelassen. und irgendwann, äh, war er noch mal in unserer nähe und da hat der mir jedenfalls einen karateschlag versetzt auf den oberschenkel, ich hatte, ich glaub, 'n vierteljahr lang 'n blauen streifen da. (.) unglaublich. und dann sind wir gerannt, schnell, ganz schnell weggerannt und auf irgendeine straße, wo eben andere menschen noch waren, also der hätte uns sonst was antun können.

Angst wird hier nicht explizit erwähnt, aber sie ergibt sich aus der an einen Thriller erinnernden Struktur der beiden Passagen. Zunächst taucht aus heiterem Himmel – der Jahrmarkt und der Stadtbummel – eine Gefahr auf: der Junge und der homophobe Soldat. Dann wird detailliert beschrieben, wer was tut und wie sich die Situation entwickelt.

Dadurch entsteht eine bedrohliche Spannung, die aufs Katastrophale zuläuft, dann aber doch in einem Aufatmen abflacht, weil andere Menschen kommen und die beiden Frauen eine belebte Straße erreichen. Was sich jedoch deutlich unterscheidet, ist die Art und Weise, wie Frau Eitner als Mädchen und als erwachsene Lesbe mit ihrer Angst umging. Während die Achtjährige wie gelähmt war und sich nicht zu helfen wusste, ahnte die Vierzigjährige die Gefahr, reagierte blitzschnell und konnte sich so aus der bedrohlichen Lage befreien. Diesen Wandel ihres Verhaltens in angsteinflößenden Situationen führt Frau Eitner auf die frauenbewegte Auseinandersetzung mit der Furcht vor männlichen Angreifern zurück. In den 1970er-Jahren habe sie begonnen, mit anderen Frauen über Missbrauchserfahrungen zu sprechen, und dabei ein gesundes Misstrauen sowie eine gewisse Aggressivität gegenüber Männern entwickelt. Diese Skepsis und diese Bereitschaft, sich zur Wehr zu setzen, kamen ihr in der Auseinandersetzung mit dem israelischen Soldaten zugute.

Die feministische Arbeit an der Angst verwandelte Furcht in die Fähigkeit zur Selbstverteidigung. Frauen sollten sich nicht länger durch Ängstlichkeit lähmen und zu Opfern machen lassen. Stattdessen sollten sie sich Kampftechniken aneignen und lernen, bedrohliche Situationen souverän zu meistern, sich erfolgreich gegen Angreifer zu wehren.[149] Diesem Ziel dienten zahlreiche Angstdebatten und Angsttrainings mit anschaulichen Bildern, detaillierten Beschreibungen möglicher Angriffsszenarien und genauen Erläuterungen dazu, wie frau sich in welcher Situationen verhalten und wie sie sich durch Übungen darauf vorbereiten könne (vgl. Abbildung 12). Diese Visualität und Konkretheit der von außen drohenden Gefahr spiegeln sich auch in Frau Eitners Angstepisoden. Die Furcht verschwand also nicht aus dem Blickfeld. Im Gegenteil: Die Akteurinnen sollten angstbesetzte Situationen immer wieder durchspielen, damit sie einen Angriff im Ernstfall geschickt kontern konnten.

Dieses imaginierende Sich-Vorbereiten auf die Angst vor realen Bedrohungen spielte in der Schwulenbewegung eine weniger prominente Rolle. Sexualisierte und häusliche Gewalt wurden hier kaum themati-

Abbildung 12: Angst ist die beste Verteidigung. Fotografien zum Beitrag »Ich bin 63 und lerne Selbstverteidigung«, aus: *Courage* (1977), 6/7, 20.

siert, denn geschlechterhierarchische Annahmen erschwerten es Männern, als Opfer solcher Übergriffe in Erscheinung zu treten. Zudem kam es deutlich seltener vor, dass Frauen Männer misshandelten, als umgekehrt. Deswegen stehen Angriffe von homofeindlichen Männern im Zentrum schwuler Angstdebatten. Herr Ückert und ein Bekannter wurden in den späten 1970er-Jahren von drei Männern attackiert, nachdem sie ein schwules Lokal verlassen hatten. Nur durch Glück gelang es ihm, der Misshandlung nach kurzer Zeit zu entkommen. Bis heute fürchtet er sich vor Besoffenen, die eine »Schwulenhatz« anzetteln könnten.

Solche Ängste versuchten die schwulen Zeitschriften ihren Lesern nicht auszureden. Ihnen galt Angst vielmehr als die »natürlichste Sache der Welt« und als ein Gefühl, das die Einzelnen davor schützte, »unbekannten Gefahren leichtfertig zu begegnen«. Sie mache »kritisch und hellhörig«. Deswegen konnte die Angst dabei helfen, »irrational gestresste« Reaktionen zu vermeiden und Herr der Lage zu bleiben. Dementsprechend empfahl man den Lesern Entspannungsübungen, mit denen sie in einer »Problemsituation« Ruhe bewahren konnten. Sie sollten sich ein »angsterzeugende[s] Bild vorstellen« und dieses dann durch ein »Entspannungsbild« ersetzen. Oft genug wiederholt, würde dieses »Desensibilisierungsprogramm« sicherstellen, dass die Einzelnen kein »Unbehagen« mehr verspürten, wenn sie an ihre »Angstauslöser[]« dachten. So gerüstet könnten sie ihre »sexuelle Orientierung« selbstbewusst »vertreten« und »generell […] selbstsicherer« auftreten.[150]

Während dieses Training vor allem darauf abzielte, verbale Angriffe souverän zu kontern, rückten andere Beiträge die Angst vor handgreiflichen Attacken in den Vordergrund. 1982 berichtete der *Rosa Flieder* von »brutaler Gewalt« während eines Wochenendtreffens schwulenbewegter Männer in Nürnberg. Die Aufregung war besonders groß, weil am selben Tag, dem 24. Juni, der Amok laufende Neonazi Helmut Oxner drei Menschen erschoss und drei weitere verletzte.[151] Deswegen stellte sich die Frage: »Wann wird sich der faschistische Terror gegen uns Schwule richten?« Dass mit einer solchen Attacke jederzeit zu rechnen war, unterstreicht die Angst, die den Verfasser des Artikels am Tag der Ereignisse spätabends überkam:

> Die anderen sind […] gegangen und so sitze ich allein im ROSA-FLIEDER-Büro. Plötzlich Stimmen auf der Straße. Mit Überdeutlichkeit höre ich die Geräusche um mich herum. Innerlich bebend schleiche ich mich zur Hoftür. Ein Stein fällt mir vom Herzen – sie ist verschlossen. Ich lösche das Licht und verhalte mich minutenlang still. Angst, panische Angst. Neben mir das Telefon, meine einzige Verbindung nach draußen.[152]

Die elliptisch-atemlosen Sätze und die Konzentration auf das Akustische erzeugen eine enorme Spannung. Beim Lesen stellt sich die Vorstellung ein, dass – wie bei einem Horrorfilm – in der nächsten Einstellung eine dunkle Gestalt außen am Gebäude die Telefonleitung durchtrennt. An diesem Abend wurde das Redaktionsbüro nicht angegriffen. Stattdessen formte der Geängstigte aus dem panischen Eindruck, der Gefahr hilflos ausgeliefert zu sein, einen Aufruf an die Schwulen, sich offensiv gegen homofeindliche Attacken zur Wehr zu setzen. Sein offener Brief enthielt auch die eben zitierte Passage. Ein anderer Artikel im selben Heft plädierte ebenfalls für die Umwandlung von Furcht in Verteidigungsbereitschaft. Er kritisierte die »tiefsitzende Angst vieler Schwuler« davor, »sich bei Angriffen von außen entsprechend zu wehren«. Statt furchtsam zu bangen, solle man den »Faschos« lieber zeigen, »was schwule Power sein kann«.[153]

Die lähmende Furcht wurde hier also ebenfalls umgearbeitet in eine Angst, die zur offensiven Gegenwehr befähigte. Ein ähnliches Muster bestimmt auch die Lebensgeschichten vieler Gesprächspartner. Herr Pohl baute sich im Lauf der Jahre »so 'n Schutz« und signalisierte seinem Umfeld, dass er sich »wehren« und »nicht zusammenzucken« würde, wenn ihm jemand wegen seines Schwulseins dumm käme. Und Herr Franke, der es bei manchen schwulen Demonstrationen in den 1970er-Jahren ebenfalls mit der Angst zu tun bekam, setzte sich für die Schaffung von Schutzräumen ein und gewöhnte es sich an, schlagfertig und angriffslustig auf homofeindliche Bemerkungen zu reagieren. Die Angst vor Angriffen von außen war untrennbar mit dem emanzipatorischen Aufbruch verknüpft. Statt sie zu überwinden, lernten die Akteur*innen, auf eine bestimmte Weise mit ihren Ängsten umzugehen. Je mehr Lesben und Schwule sich mit ihren ambivalenten Gefühlen beschäftigten, desto selbstsicherer konnten sie auftreten. Die Fähigkeit, sich zur Wehr zu setzen, beruhte also gerade nicht auf irgendeinem Stolz, sondern auf der sehr konkreten Arbeit an und mit der Angst.

Die Gleichzeitigkeit von Angst und Selbstbewusstsein gehört zur emotionalen Komplexität des Aufbruchs. Mitnichten ging es einfach nur darum, das, was zuvor verborgen worden war, jetzt frei und ungehemmt an die Oberfläche kommen zu lassen. Vielmehr entwickelten sich eine vielschichtige Gefühlspolitik und Gefühlskultur: zwischen authentischen und modulierbaren Emotionen, zwischen Lust und Wut, zwischen aufregenden Sexperimenten und mühevoller Beziehungsarbeit, zwischen Selbstvertrauen und der Sorge, den Ansprüchen an ein gelingendes schwules oder lesbisches Leben nicht gerecht zu werden. Hier zeigten sich bereits Dynamiken, die die Normalisierung der Homosexualitäten in der Phase des fraglichen Ankommens weiter vorantrieb.

TEIL 3

1980ER-JAHRE: ANKOMMEN?

VIERTER O-TON: **HERR MEYER & FRAU SCHMIDT**

Und dann nach der Uni habe ich 1980 meine erste Stelle angetreten, als Sozialberater in Gellenbronn. Ich hatte mich eigentlich pro forma beworben, wollte gar nicht dahin, da unten aufs Land, in diese Abgeschiedenheit. Aber woanders war erst mal nichts zu kriegen, so bin ich da gelandet. Neun Jahre auf der Schwäbischen Alb. Paukenschlag Kleinstadt. Diese ganzen Auseinandersetzungen, schwul und hetero, Verfolgung und Diskriminierung habe ich dort erlebt, abgeschlossen, weit weg von allem. Und da lebte eine völlig bigotte, asexuelle oder leibfeindliche Gesellschaft. Da waren die Geschlechtsorgane zum Zeugen da, zur Empfängnis, und nicht zur Lust. Früher gab es in Gellenbronn wohl mal eine Wirtschaft, wo mann sich traf, weil die Wirte schwul waren. Ob so ein Lokal am Ort für mich ein Vorteil gewesen wäre, weiß ich nicht. Die Stadt war so klein, sofort hätte man gesagt: »Der Meyer geht da ein und aus. Was da wohl los ist?« So Dinge fantasierte ich manchmal, dass über mich geredet wird.

Eines Tages kam meine Hauswirtin auf mich zu. Das war in der Zeit, als man in der Zeitung immer häufiger sehr negativ über Aids las, diese Seuche und so. Und diese Vermieterin war auch mit ihren 80 noch hinter mir her: »Herr Meyer, sagen Sie mal, Ihr Besuch aus O. kommt gar nicht mehr. Ist der denn …? Man hört ja jetzt so viel über Aids.« Aha. Wir haben nicht weiter darüber gesprochen. Aber die Botschaft war klar: »Sie sind auch schwul, oder?« Und irgendwann kam es auch raus. Und ich war kirchlicher Mitarbeiter, bei der Diakonie. Ich hatte meine Last, indem ich das eben nicht mehr alles verheimlichen wollte. Aber ich wollte auch nicht, dass über mich geredet wird. Dieser Kampf nach draußen und der innerliche Kampf. Ich musste 'n Weg finden, um vor mir selber nicht als verlogen und vor allem doppelmoralisch zu gelten. Ich hatte auch Predigtdienste in einigen Dörfern. Die Gegend ist nicht nur protestantisch, sondern pietistisch, also da ist man schon sehr fromm. Das geht zurück auf Erweckungsbewegungen aus dem 19. Jahrhundert, ursprünglich aufrechte Leute, wie ich immer sage, aber inzwischen zu so was Bigottem verkommen. Was ich da erlebt und erlitten habe!

Aber auch liebe Menschen habe ich kennengelernt. Als ich mal am Bahnhof war, auf dem Wege zu 'ner Weiterbildung, da läuft dort ein Junge rum, ich schätzte ihn so 15. Sah aus wie ein Schüler. Und der sah mich fast stechend an, oder unverschämt, mit direktem Blickkontakt. Was macht denn der da? Ich war in Gedanken schon bei der Weiterbildung. Dann kommt der Triebwagen, ich steige ein, gucke aus dem Fenster, steht er auf dem Bahnsteig. Denke ich, der ist ja mutig. Und der Zug fährt an, und ich hab so ein ganz bisschen gewunken, und der Junge auch. Das war der erste charmante, nicht einmal Kontakt, ich fuhr ja weg. Und später tauchte der Junge wieder auf. Gab es halt so Gespräche. Irgendwann fragte er in einem reinen schönen Schwäbisch, ob er mich denn mal besuchen dürfe. Ich wollte das eigentlich nicht, kam mir dann aber sofort derart blöd vor, da mit irgendeiner Ausrede Nein zu sagen. Ich wohnte zwar zur Miete, aber es war meine Wohnung, ich war frei. Warum soll ich nicht Besuch haben. Es war selbstverständlich überhaupt kein sexueller Kontakt. Der war so viel jünger als ich. Aber es faszinierte mich schon, der war mutig und aufmüpfig, wurde auch noch vom Vater geschlagen, hat wohl mal 'n Kerl mit nach Hause gebracht oder ist über Nacht in D. geblieben. Jedenfalls war das so ein spontaner Junge. Rüdiger ist übrigens auch schon an Aids verstorben.

Und eines Tages fragt Rüdiger, ob er mal mitkommen dürfte zu einer meiner Predigten. Ja sicher. Sonntags war er dann da und saß neben mir. Auf einmal beugt er sich zu mir und sagt: »Mein Vater ist auch hier.« Ja, und was ist dabei? Dann ist der Gottesdienst zu Ende, ich verabschiede die Gemeinde an der Kirchentür. Fragt mich Rüdigers Vater, ob er mich mal sprechen könnte. Er ließ nicht locker. Da bin ich mit ihm zu seinem Mercedes. Könnten wir besser drin sprechen. In Gottes Namen, ich setze mich da rein. Da saß schon ein Mann drin, wie im Krimi. Der war im Kirchenvorstand, und die beiden waren gut bekannt. Ich wiederum wusste, dass das eigentlich ein braver, rechter Mensch war. Jedenfalls saß der da, ich kam rein, der Mensch setzt sich ans Steuer, fährt an und fragt, ob ich sexuelle Kontakte mit seinem Sohn hätte. Ich fand das eine derartige Ungeheuerlichkeit, Unverschämtheit, ich bin ja derart geplatzt. Ich hab gesagt: »Wagen sofort anhalten, aussteigen lassen! Ich zeig Sie wegen Freiheitsberaubung an. Das ist Verleumdung.« Ich hab ihm auch vorgeworfen, dass er seinen Sohn verprügelt. Es blieb ihm ja wohl nichts anderes übrig, als stehen zu bleiben, und ich, ganz durcheinander, bin nach Hause.

Rüdiger wurde von seinen Eltern dann auch zu einer fundamentalistischen, evangelikalen Institution geschickt, also eine von denen, die davon überzeugt sind, dass einen der Herr Jesus schon von der Krankheit der Homosexualität heilt, wenn man nur will. Es gibt ja Therapeuten, denen das Handwerk längst gelegt gehört. Und unterwegs ist Rüdiger einfach in O. in Hessen ausgestiegen und zu einem Freund von mir gegangen, den er in Gellenbronn kennengelernt hatte. Und die beiden haben dann spontan meinen Vater im Krankenhaus besucht. Und mein Vater später am Telefon: »Ja, wenn die Eltern das so meinen, dann müssen wir doch …« Dann hab ich gesagt: »Du musst doch merken, dass ich auch nichts mit Frauen hab. Dein eigener Sohn hat's mit Männern.« »Ja, das weiß ich.« Was war? Während meiner Studienzeit hatte er in meiner Studierstube einen Brief liegen sehen. Wohl ein sehr netter Brief von einem Mann an mich.

Die Mutter hat das wohl schon früher bemerkt. Das stellte sich auf dem Kirchentag in F. heraus, irgendwann in den 1980ern. Traditionell gibt es da auch Stände, Stichwort Homosexualität. Dachte ich mir: »Das kriegen die jetzt beigebracht. Bin ich ja mal gespannt, wie sie reagieren.« Also ich führe sie da hin, war ja viel Betrieb, sagt mein Vater: »Guck mal«, Auguste hieß meine Mutter, »gucke mal Gustchen: Kirche und Homosexualität.« Meine Mutter: »Ei, da warn mer doch gestern.« Stellte sich heraus, sie waren auf dem Markt der Möglichkeiten, wo alle Gruppen der Kirche sich vorstellen, also auch die Schwulen. Und da waren sie gewesen. Und später kamen wir wieder zu diesem Stand, und so 'n freundlicher Pfarrer, so ein Kathole, kam an und begrüßte meine Eltern wie alte Bekannte. Und während mein Vater da sprach, fragte ich meine Mutter: »Sage mal, woher weißt du denn das, oder wann hast du das gemerkt?« »Ei, als du in F. mal deine Wohnung renoviert hast, da war so ein junger Mann bei dir, der hat dich immer so verliebt angeguckt.« Das war so um 1974. Ich weiß das nicht mehr. Aber meine Mutter hat das registriert. Aber nie etwas gesagt, als hätte das gar nicht stattgefunden. Also die wussten das und haben sich da bilderbuchhaft oder weise und großzügig benommen.

In Gellenbronn hatte ich wenig schwule Kontakte. Alfred kam mal zu Besuch mit einem gemeinsamen Bekannten. Dann gab's Streit, wer wo schlafen darf, und da ist Alfred spät am Abend einfach ab. Wie ein Kind: Wenn ich nicht kriege, was ich will, dann gibt's nichts. Also da ist jetzt Sense. Zu Weihnachten 1980 und später noch mal besuchte mich ein lieber Freund mit seinem Partner. Der war der Erste, der an Aids starb, im März '85 ist der schon gestorben. Und dann gab's diesen Bäckersmensch, wir waren halt so 'ne Freizeitgemeinschaft, haben Ausflüge gemacht. Sonst war ich ab und an in D. in 'ner Kneipe und hab dort jemanden kennengelernt, und manche haben mich dann tatsächlich in Gellenbronn besucht. Aber das war nicht so leicht, wer kommt denn so weit da hin. In D. hab ich mich natürlich anders verhalten, mich nach Männern umgedreht und so was, also so 'ne innere Freiheit mehr gewagt, zumindest in der Vorstellung, das ist ja mal 'n toller Kerl. In Gellenbronn war immer eher so 'ne sexualfeindliche Umgebung. Es gab zwar eine Klappe am Bahnhof, aber da musste ich mich sehr zurückhalten. Ich hab das mal versucht, aber das war mir dann doch zu heiß. Insofern hatte ich wenig unmittelbar sexuelle Kontakte. In den neun Jahren in Gellenbronn hatte ich keine Freundschaft, die sexuell mitgeprägt gewesen wäre, also relativ jungfräulich gelebt, viel auf Sexualität verzichtet.

Ich bin oft ins schwule Tagungshaus nach A. gefahren. Ich glaub, da war ich über 100 Mal. In diesem Haus war es normal, nicht normal zu sein. Da gab's auch so ein bundesweites schwules Netzwerk für Männer, die beratend oder therapeutisch tätig waren. Da hab ich eigentlich mich so politisch engagiert, war auch im Vorstand. Manchmal bin ich zu einer Schwulengruppe gefahren, das war 60, 70 Kilometer weit weg. Da konnte man im Winter nicht hin. Und dann entstand die Schwule Initiative Gellenbronn. Richard hatte die Gruppe initiiert und meinte, er müsste jetzt so revolutionieren. Anfangs trafen wir uns am Bahnhof, also das war dann was Öffentliches. Und da gab es noch ein böses Weib, die trug auch immer noch so Holz, also wie so 'ne olle Hexe. Und die, über Richards Mutter oder so, erzählte wohl, dass dieser Meyer da auch dabei sei. Einmal auf der Straße ging diese alte Frau an mir und einem Freund vorbei, und die sprach was, ich hab's nicht ganz verstanden. Da sagt mein Freund: »Hast du das auch gehört? Die müsst man alle verbrennen, sagt die doch gerade.« Und der ist Anwalt und keiner, der fantasiert. Ach Gott, das ist so 'ne Alte, so abfällig habe ich gedacht, lass es mal. Aber die hat mir noch sehr viel geschadet, weil sie hat dann viel rumerzählt.

Eines Tages kamen dann zwei Vorgesetzte in der Dienststelle auf mich zu, und ich wurde in die Zange genommen. Sie hätten gehört, dass ich homosexuelle Kontakte hätte. Dann hab ich gesagt, ich hätte ganz gerne Ross und Reiter gewusst. Was heißt denn, es sei ihnen zu Ohren gekommen? Später gab es ein Gespräch mit dem Dekan, und da ging es nicht darum, dass ich da diskriminiert wurde und Gerüchte verbreitet wurden, als würde ich die Jugend verderben. »Stimmt das, dass Sie homosexuell sind?« Dann hab ich ihm gesagt: »Das steht hier nicht zur Debatte. Hier geht es darum, ob ich sexuellen Kontakt mit Abhängigen habe. Und Sie wissen, dass das nicht der Fall ist.« Dann ging das hin und her, da kam das Gesabber mit Versöhnen zu Pfingsten und so was. Also, es gab Ruh erst mal, aber es war eine faule Ruhe. Und ich wusste, also jetzt gibt's hier gar nichts mehr, diese Kleinstadt weiß das oder redet darüber. Irgendwann ging mein Leben dort über in ein Aushalten.

Und mit der Wende, im Herbst 1989, bin ich zurück nach S. in Hessen, ganz in der Nähe von Spertal. Auch wieder ganz zufällig, wie vieles in meinem Leben eher zufällig war. Ich war im Mai zu Besuch, blätterte in Zeitungsständern rum, und siehe da, da war diese Stelle. Ein Freund war dabei und bedrängte mich: »Mach doch das, und du hast doch jetzt dieses Haus.« Ich hatte das Elternhaus übernommen. So bin ich dann wieder gelandet im Haus der Eltern. Und diese Stelle wieder bei der Kirche. Und ich war bei meinen alten Eltern, die hilfsbedürftig waren und die auch sicherlich einen Einstellungswandel vollzogen hatten. Da fühlte ich mich sehr zu Hause, daheim. Ich würde sagen, da hab ich heimgefunden.

Nach der Scheidung hab ich viel ausprobiert, Beziehungen, in einer Vierer-Frauen-Lesbengemeinschaft aufm Land gelebt. Das war so ein Jahr, '80 bis '81. Es gab ja 'ne starke Landlesbenbewegung. Und wir wollten das ausprobieren. Mehr der Natur nahe sein, die Tiere, die Ruhe. Wir waren auch sofort im Wald. War eine schöne Zeit. Da lebten wir als zwei Paare zusammen. Bis auf meine Freundin alles Studentinnen. Uns war es auch ganz wichtig, dass wir gemeinsam entschieden haben. Und abends kamen wir zum Essen zusammen, also jede war mal dran mit Kochen, und erzählten uns von unserem Tag. Da gab's auch kein Fernsehen. Mit Meike wurde musiziert, eine konnte Gitarre. Wir hatten 'n Hund, da wurde dann mit rausgegangen. Das war sehr intensiv. Das war ein ganz kleines Dorf, nur 'n paar Häuser, ziemlich einsam. Aber ich fuhr zum Studium und für meine kulturellen Geschichten immer nach E. in die Stadt. Tochter war ja versorgt. Meike hatte auf einmal vier Mütter. Die tat mir manchmal leid, war die einzige Tochter in dieser Lesben-WG. Und wir haben das auch offen gelebt, da kam's natürlich auch zu Diskriminierungen. Von der Schulfreundin meiner Tochter hab ich später erfahren, wie schwer es für sie war, ihrer besten Freundin das zu erzählen. Sie hat das Wort mit 'nem Stock in den Schnee geschrieben. Irgendwann sind die Beziehungen dann auseinandergegangen. Und ich bin mit meiner Tochter wieder in die Stadt gezogen.

Ich war alleinerziehend, hatte wenig Geld und wollte mit einer guten Bekannten zusammenziehen, die auch alleinerziehend war.

Und die hat mich völlig ausgenommen finanziell. Ich hab die teure Miete bezahlt, und dann ist sie abgedüst. Hatte irgendwie 'ne Liebste in 'ner anderen Stadt. Und ich saß da mit zwei Kindern, hab ihren Sohn dann auch noch mit versorgt und kam dann in die Schulden, ganz dolle. Ich hab dann auch angefangen vor lauter Sorgen, mir abends 'ne Flasche Wein aufzumachen, und merkte, das geht so nicht weiter, ganz gefährlich, ich muss da raus. Da war meine Schwester dann ganz wichtig. Die hat mir sofort Geld angeboten, also so auf Kreditbasis, ne. Und auf 'nem Kongress in Berlin hatte ich Lesben kennengelernt, die trockene Alkoholikerinnen waren. Und die haben mich über Silvester eingeladen: »Komm, kannst du dich hier erholen, aber es gibt keinen Alkohol bei uns, Punkt.« Da habe ich gedacht, das ist genau das, was ich brauche. Da hab ich mal gemerkt, wie schnell das gehen kann, dass du abhängig wirst.

Das war alles während des Studiums. Alleinerziehend, studiert und nebenbei auch gejobbt. Also es war schon auch 'ne gute Zeit, aber sicherlich auch 'ne schwierige, sowohl für mich als auch für die Tochter. Die musste dann oft mit zur Uni. Ich hab auch ganz viel politisch da gewirbelt, wo das alles so anfing mit Frauenbewegung. Wir waren mit einer Gruppe bei der ersten Sommeruni in Berlin, ausschließlich für Frauen, wir waren ganz begeistert. Dann haben wir 'ne Professorin gesucht, und dann gab's an unserer Uni das erste Frauen-Seminar. Da wurde ich von einer DKP-aktiven Frau gefragt, ob ich im AStA das Frauen-Lesben-Referat übernehmen würde. Ich wollte was bewegen an der Uni und für Lesben. Deswegen hab ich mich in 'ner Frauenvollversammlung wählen lassen, unter zwei Bedingungen: Erstens, ich werd nicht in die DKP eintreten, ich komme aus der autonomen Frauenbewegung, da bleib ich auch. Und dann möchte ich gerne im Team arbeiten. Und wir waren ein tolles Team. Ich hab Lesbenberatung gemacht, war für Lesben zuständig, hab Frauenprojekte initiiert. Wir haben 'nen Kindergarten gegründet in der Uni, es gab Frauencafés, Seminare zu Homo- und Heterosexualität, ein Projekt »Frauen und Macht«. Das war mir wichtig, weil es so Machtrangeleien gab.

Ich erinnere mich an eine Situation, da haben wir 'nen Frauenraum für uns erkämpft, Frauencafé nannten wir das, einmal in der Woche unser Raum. Hatten wir so 'n Schild: »Ausschließlich für Frauen.« Und ich komm dahin, und dann sitzen da zwei Studenten. Das fand ich übergriffig. Dann bin ich auf einen zugegangen und hab gesagt, ich möchte ihn freundlichst bitten, den Raum zu verlassen. Dann ist er nicht gegangen, und dann bin ich ein bisschen energischer geworden, und dann ist er gegangen. Und dann kam eine Studentin auf mich zu und sagt: »Ich hab Angst vor dir.« Also ich hatte auch so den Ruf, dass ich 'ne Mackerfrau wär. Konnt ich nicht verstehen. Hat mich wütend gemacht und fand ich verletzend. Und einmal hat eine Professorin zu mir gesagt, sie wäre genervt von mir. Ich würde die Frauen so idealisieren, für mich wären ja Frauen die Guten und Männer die Bösen. Damals hab ich gedacht, was will die denn von mir, ne? Im Nachhinein denk ich, da hatte die bestimmt recht mit. Ich war so euphorisch. Das war so spannend. Aber einige hatten wohl die Wahrnehmung von mir, die ist hier zu sehr auf Frauenseite. Ich war vielleicht manchen Frauen auch zu mächtig. Und dann musst ich gestürzt werden.

Aus alldem sind auch Projekte außerhalb der Uni entstanden, und insgesamt hab ich da Sachen erlebt, wo ich dachte, das ist ja Mobbing, Konkurrenz und solche Geschichten. In meinem Beruf als Kauffrau hab ich viel mehr Solidarität erfahren. Ein Beispiel: In einem Frauenprojekt war ich die einzige Hauptamtliche, und es ging darum, Gelder zu kriegen. Da gab's eine Ausschreibung vom Ministerium, und ich hab gesagt, da sind Bedingungen dran geknüpft, wir müssen 'ne Konzeption erarbeiten, Projektbeschreibung und so. Und da hatt ich so viel Widerstände, waren auch viele Konkurrenzen im Spiel. Dann hab ich aber gesagt: »So, in einer Woche will ich jetzt vom Vorstand und von allen hier das Okay, oder wir lassen das Projekt fallen.« Und dann haben wir das gemacht und das Geld auch gekriegt.

Damals haben die Lesben auch noch in der Frauenbewegung mitgemacht, ohne mal zu sagen, wir wollen das aber so und so. Das fing dann an, hier sind wir, die Lesben, das hat sich dann entwickelt. Es gab ja damals auch noch in der Öffentlichkeit Diskriminierungen, non-verbal oder auch ganz offen ausgesprochen. Ich erinnere mich an eine Situation, da war ich mit 'ner jungen Frau zusammen, und wir gingen durch den Park, natürlich verliebt und Händchen haltend, und am Ausgang steht da ein Exhibitionist, ne, legt Hand an. Die Leute haben nicht auf den geschaut, die haben uns angeguckt und sich missbilligend über uns geäußert. Und das war auch so zu Anfang der aktiven Lesben-Schwulen-Bewegung in E. Das war alles so in den 80ern. War 'ne sehr erfahrungsreiche Zeit, war gut. Dann hab ich das Studium beendet. Da war ich 40.

Dann war ich eigentlich schon zu alt auf dem Arbeitsmarkt. Das war die Zeit der großen Erwerbslosigkeit. Lehrerinnen und Lehrer, Sozialwissenschaftlerinnen waren arbeitslos und waren dann auf den Stellen, wo eigentlich wir als Pädagoginnen hingehören. Dann fand ich Arbeit bei einer Krabbelgruppe, wo ich während des Studiums schon gejobbt hatte. Als Diplom-Pädagogin bezahlt wie 'ne Erzieherin. Das war aber für mich in Ordnung, ich wollte arbeiten. Da musste ich aber gehen, informell war das wohl so, dass ich einigen Eltern zu feministisch war. Dann war ich erwerbslos, ganz schrecklich. Ich lebte zusammen mit meiner Lebensgefährtin, mit der ich auch heute noch befreundet bin. Die hat auch meine jüngere Tochter mit großgezogen. Das war super für mich. Die hatte keine Vorurteile, was lesbische Mütter anging, so wie andere in der Lesbenbewegung.

Dann hab ich 'ne Weiterbildung gemacht, in der Altenhilfe. Das war spannend und hilfreich, auch jetzt im Nachhinein, wo meine Mutter im Altenheim lebt. Und meine damalige Partnerin arbeitete mit schwerkranken Menschen. Die suchten dringend 'ne Sozialpädagogin. Dann hat sie gesagt: »Ich beantrage ABM.« Das war auch die Zeit damals. »Und willst du nich?« Dann hab ich gesagt: »Ich weiß nich. Wir leben zusammen, und dann bist du meine Chefin.« Aber dann hab ich das ausprobiert, Praktikum gemacht, und das lief sehr gut. Wir waren 'n starkes Team. Das hab ich vier Jahre gemacht. Dann war ich wieder mal erwerbslos. Wie alle, die in den 80ern mit dem Studium fertig waren, hab ich 'ne sehr bunte Berufsbiografie. Obwohl, im Nachhinein sag ich, hat viel Spaß gemacht, hab tolle Menschen kennengelernt, in Berlin gearbeitet, Krankheitsvertretung im Frauenhaus gemacht, Einzelfallhilfe gemacht, rund um die Uhr schwerkranke Jugendliche betreut, wirklich 'ne sehr bewegte berufliche Biografie.

Und in den 80ern gab's eben die Frau, die auch meine Tochter mit großgezogen hat. Das war sieben Jahre. Es war damals ja alles fremd noch, auch für die Schule. Ich hab sie ganz klar als meine Freundin vorgestellt, und wir leben zusammen. Und wenn Elternabende waren, war sie mit dabei oder ist stellvertretend für mich dahin gegangen. Also inwieweit das der Lehrerin klar war, weiß ich gar nicht. Das ist mir auch ziemlich egal gewesen. Ich weiß noch, ich war damals im Elternbeirat, und da ist mir das sehr auf den Keks gegangen, dass wir als Frauen oder Mütter oder Lehrerinnen da sprachlich nicht vorkamen. Es war immer die Rede vom Schüler, vom Lehrer und so. Ich finde, über Sprache passiert auch Bewusstsein. Dann hab ich 'nen Brief geschrieben an Meikes Klassenlehrerin, dass ich deswegen keine Lust mehr hab, im Elternbeirat zu sein. Da ist nie was gekommen. Ein halbes Jahr später treff ich die Lehrerin zufällig, sagt sie: »Wenn Sie wüssten, was wir über Ihren Brief diskutiert haben. Der hat ordentlich Wirbel gemacht.«

Meine Mutter konnte das immer besser annehmen, je mehr sie mich in dauerhaften Beziehungen erlebt hat. Wenn sie so mitgekriegt hat, das ist nach 'nem Jahr schon wieder vorbei, hatte sie so 'n bisschen Ängste, die rutscht ab oder so. Da gab's auch mal so 'n Spruch von ihr: »Du bist ja wie dein Vater, also 'n Hallodri.« Fand ich natürlich verletzend, weil ich bin nicht mein Vater. Ich hab ihr eigentlich alle meine Freundinnen immer vorgestellt. Also wenn ich dachte, mit der Frau will ich jetzt 'ne längerfristige Beziehung, dann hab ich die vorgestellt. Und meine Mutter kann sich immer gut erinnern und hat auch manchmal gefragt: »Mensch, hast du mit der denn noch zu tun? Oder wie geht's denn der?« Oder ich erzähl ihr: »Stell dir vor, ich hab sie wiedergetroffen, und wir haben jetzt wieder Kontakt.« Auch mit der Frau, die meine Tochter mit großgezogen hat, bin ich nach wie vor sehr eng befreundet. 1989 ging das auseinander. Also wir haben uns nicht richtig getrennt, die Beziehungsform hat sich geändert.

Wir waren kein Paar mehr, haben den Alltag nicht mehr miteinander geteilt, und wir haben auch die Sexualität nicht mehr miteinander gehabt. Ich hatte mich verliebt, und das hat meine Partnerin verletzt. Das war mit der Auslöser. Da gab's eine Woche ordentlich Zoff, und dann war's gut. Dann hat sie sich auch beruflich verändert. Und ich hatte überlegt, ob ich in einer anderen Stadt eine Frauenkneipe übernehme. Aber wir hielten den Kontakt.

DIE AMBIVALENZEN DER NORMALITÄT

»Nach Meinung des Komitees hat das Volk Polit-Aktionen satt. Dieses Jahr soll Feierstimmung vorherrschen mit bejahenden Slogans und positiver Atmosphäre.« So verbannt im Film *Pride* von 2014 einer der Organisatoren der Londoner Schwulen- und Lesben-Parade die Gruppe *Lesbians and Gays Support the Miners* (LGSM) an das Ende des Zuges, zu den »Randgruppen«.[1] Der Film spielt 1985. LGSM war ein Jahr zuvor entstanden, um die britischen Bergarbeiter in ihrem Streik gegen die Schließung von Zechen und gegen die konservative Regierung von Margret Thatcher zu unterstützen. Wegen ihrer homo- und arbeiterfeindlichen Haltung war die Premierministerin für Schwule und Lesben wie für Gewerkschafter*innen eine prominente Hassfigur. Darauf beruhte die Solidarität zwischen beiden Seiten. Aber der Streik wird niedergeschlagen, Aids breitet sich aus, und die Begeisterung für den gemeinsamen Kampf bröckelt. In genau dieser Situation wird LGSM auch noch mitgeteilt, dass ihr politischer Protest nicht mehr zeitgemäß sei. Anstatt politischer Kritik sollten Spaß und Optimismus im Vordergrund stehen. Oder wie es ein Mitglied von LGSM formuliert: Die *Pride Parade* sollte ein »Karnevalsumzug« werden. Aber dann tauchen überraschend Gewerkschafter*innen aus Wales auf, um zusammen mit LGSM für die Rechte von Lesben und Schwulen zu demonstrieren. Beide Gruppen marschieren zu guter Letzt Seite an Seite an der Spitze des Zuges, was dem Film doch noch ein heroisches Finale beschert.

Wie prägend war der vermeintliche Gegensatz zwischen kritischem und fröhlichem Aktivismus in der Phase des Ankommens? Ersetzte ein freundliches Werben *für* die Homo-Ehe den erbitterten Kampf *gegen* die Unterdrückung? Feierte die Schwulen- und Lesbenbewegung nun vorrangig die Normalität gleichgeschlechtlich liebender Menschen, statt sich für die Befreiung des Begehrens von hetero-sexistischen und kapitalistischen Zwängen einzusetzen? Wie navigierten die Einzelnen dieses Spannungsfeld zwischen Emanzipation und Normalisierung?[2] Und welche Folgen hatte das Auftreten von HIV und Aids? Die Ängste vor dem Tod, vor gesellschaftlicher Ächtung und staatlicher Verfolgung durchkreuzen die hoffnungsfrohe Annahme, das gleichgeschlechtliche Begehren sei in den 1980er-Jahren mehr und mehr auf Akzeptanz gestoßen.[3]

Jenseits von heroischer Befreiung und erfolgreicher Normalisierung – welche Narrative können den Ambivalenzen des fraglichen Ankommens in der sogenannten Mitte der Gesellschaft gerecht werden? Wie veränderten sich die Lebenswelten von männerliebenden Männern und frauenliebenden Frauen? Wenn das Lesbisch- und Schwulsein tatsächlich in ein immer breiteres Spektrum gleichrangiger sexueller Optionen integriert wurden, verlor dann die Trennung zwischen öffentlichen und heimlichen, zwischen heterosexuellen und schwul-lesbischen Räumen ihre Bedeutung? Wurde schlichtweg der Alltag aller Menschen immer diverser? Falls dem so war, stellt sich die Frage, ob dieser Wandel für die Einzelnen eine Chance oder ein Problem darstellte. Erweiterten oder verkomplizierten sich die Handlungsspielräume der Akteur*innen? Und wie wirkten sich diese neuen Möglichkeiten und Herausforderungen auf das Gefühlsleben von Lesben und Schwulen aus? Zunächst gilt es zu klären, inwiefern man von einer Normalisierung der Homosexualitäten in den 1980er-Jahren sprechen kann. Wie veränderte diese Dynamik den Alltag frauenbegehrender Frauen und männerbegehrender Männer? Zwei Vermutungen drängen sich auf: Erstens, schwule und lesbische Lebensentwürfe wurden in der Öffentlichkeit sichtbarer. Und zweitens, die Unterscheidung zwischen gleich- und andersgeschlechtlichen Orientierungen verlor an Bedeutung. Die Einzelnen verliebten sich einfach in Personen und fragten erst dann, so die Annahme, ob ihre Geliebten weiblich, männlich oder divers waren. Allerdings zeigt sich hier bereits ein erster Widerspruch. Denn wie konnte etwas unübersehbar in Erscheinung treten, wenn es zugleich seine Konturen verlor, wenn der Übergang zwischen Homo- und Heterosexualität immer fließender wurde? Zugleich führte die Debatte über Aids zu einer gegenläufigen Entwicklung: Gerade männerbegehrende Männer wurden ausgegrenzt. Die Reaktionen auf die Krankheit zeigten, wie brüchig die neue Normalität sein konnte und wie wichtig es nach wie vor war, sich kämpferisch gegen die gesellschaftliche Stigmatisierung zu wehren.

HOMOSEXUALITÄTEN-POLITISCHE DEBATTEN UND MEDIALE SICHTBARKEIT

Normalisierung meint, dass das gleichgeschlechtliche Begehren nicht mehr als sündhaft, kriminell oder krank verworfen, sondern als eine von vielen gleichberechtigten Spielarten des Sexuellen betrachtet wurde. Diese Sichtweise machte sich das breite Publikum umso eher zu eigen, wenn sich angesehene Personen öffentlich zu ihrem Lesbisch- oder Schwulsein bekannten. Nach Herrn Mellings Coming-out Anfang der 1980er-Jahre sagte sein Vater, dass »das« – die Homosexualität – »in 50 Jahren« vermutlich »normal sein« würde. Die Zukunft kam zügiger. Schon in den 2000er-Jahren akzeptierten Herrn Mellings Eltern die Normalität des gleichgeschlechtlichen Begehrens, als Klaus Wowereit, Guido Westerwelle und Ole von Beust ihr Schwulsein öffentlich machten. Schwule galten nun, sagt Herr Melling, als »gestandene Männer« mit »Führungsqualitäten« und nicht mehr als »Randfiguren«, derer man sich »schämen müsste«.[4] Diese Entwicklung begann in den 1980er-Jahren, auch wenn man homosexuellen Politiker*innen damals noch deutlich feindseliger begegnete. 1984 wurde der Grüne Herbert Rusche während einer Diskussion in München von einem Neonazi angeschossen. 1985 übernahm er dann als erster offen schwuler Mann ein Bundestagsmandat.[5] 1987 kam mit Jutta Oesterle-Schwerin eine offen lesbische Abgeordnete ins Parlament, ebenfalls für die Grünen, die sich vehement für die Belange gleichgeschlechtlich begehrender Menschen starkmachte. Diesen Politiker*innen schlug in der Öffentlichkeit oft noch Ablehnung entgegen, aber ein Anfang auf dem Weg zu Sichtbarkeit, Anerkennung und Normalisierung der sexuellen Vielfalt war gemacht.

Ganz oben auf der homopolitischen Agenda dieser Zeit standen die Abschaffung des § 175 und anderer rechtlicher Diskriminierungen, der Umgang mit HIV und Aids sowie die Debatte über die sogenannte Homo-Ehe.[6] Wichtige Erfolge wurden mittel- und langfristig errungen: 1994 mit der Aufhebung des Strafrechtsparagrafen, 2001 mit der Eingetragenen Lebenspartnerschaft und 2017 mit der Öffnung der Ehe für gleichgeschlechtliche Paare. Der Kampf um die rechtliche Anerkennung gleichgeschlechtlicher Partnerschaften war auch einer der Gründe dafür, dass schwule und lesbische Aktivist*innen in der Phase des Ankommens wieder stärker zusammenarbeiteten. Denn diese Frage betraf frauenliebende Frauen ebenso wie männerliebende Männer. Zugleich war der Wunsch zu heiraten in der Schwulen- und Lesbenbewegung höchst umstritten. Die einen forderten die Öffnung der Ehe, um im bürgerrechtlichen Sinn Gleichheit herzustellen und die Benachteiligung von Homosexuellen zu beenden. Die anderen lehnten staatlich geregelte Partnerschaften generell ab und betrachteten die Ehe als ein hetero-sexistisches Korsett, in das sich Schwule und Lesben nicht zwängen sollten. Für diese Kritiker*innen drängte die Homo-Ehe zudem Menschen ins Abseits, die alternative Beziehungsformen leben wollten.[7]

Dieses Argument bringt das stabile Paar als einen normalisierenden Standard in den Blick, der sowohl die Befürworter*innen als auch die Kritiker*innen der Homo-Ehe dazu anhielt, ihr Sex- und Beziehungsleben zu optimieren. Die einen versuchten dem Ideal der festen Partnerschaft zu entsprechen, die anderen perfektionierten ihre nichtmonogamen Gegenentwürfe. Hier zeigt sich ein weiterer Effekt der Normalisierung: Sie befreite Schwule und Lesben nicht nur vom Stigma des Abnormen, sondern setzte sie auch einem zunehmenden Wettbewerb aus. Je mehr sich das Spektrum akzeptabler Spielarten des Sexuellen verbreiterte, desto wichtiger wurde es, sich selbst und anderen zu beweisen, dass man die beste Option gewählt hatte. Ein Scheitern konnte nicht mehr der bornierten Gesellschaft angekreidet werden. Die Einzelnen waren nun selbst für ihr Versagen verantwortlich.

Zwischen gleich- und andersgeschlechtlich Begehrenden entwickelten sich Konkurrenzen, und alle wollten aus eigenem Antrieb bestimmten Ansprüchen genügen, die anderen überflügeln. Schwule und lesbische Paare reklamierten für sich, treuer und besser füreinander zu sorgen als heterosexuelle Eheleute. Immer wieder betonen Gesprächspartner*innen, dass ihre Beziehungen überlebten, während die Ehen ihrer Geschwister in die Brüche gingen. Oder sie unterstreichen die Vorteile, die sie als Singles genossen, während es alleinstehenden Heteros schwer fiel, ein erfülltes Sexleben zu führen. Die Debatte über die Anerkennung gleichgeschlechtlicher Paare befeuerte also nicht nur den Kampf um Gleichberechtigung, sondern generierte auch einen wachsenden Optimierungsdruck. Der Streit um die Homo-Ehe verdeutlicht, auf wie komplizierte Weise Emanzipation und Normalisierung miteinander verwoben sein konnten.

Durch diese öffentlich geführten Auseinandersetzungen zogen schwule und lesbische Themen und Menschen immer mehr mediale Aufmerksamkeit auf sich. Gleichzeitig suchten Aktivist*innen mit Demonstrationen zum Christopher Street Day und anderen Interventionen ganz gezielt das Licht der Öffentlichkeit, um ihren Anliegen Gehör zu verschaffen. Für den Protest gegen rechtliche Repressionen war dabei die Erinnerung an die homosexuellen Opfer des Nationalsozialismus besonders wichtig. Durch dieses Gedenken wurden auch die zeitgenössische Unterdrückung angeprangert und die andauernde Weigerung, die Verfolgung von Schwulen und Lesben als nationalsozialistisches Unrecht anzuerkennen. Der rosa Winkel, den männerbegehrende Männer in den Konzentrationslagern tragen mussten, wurde ab Mitte der 1970er-Jahre zu einem zentralen Symbol der Schwulenbewegung und zu einem Erkennungszeichen, das auf zahlreichen T-Shirts, Buttons und Anhängern prangte.[8] Zugleich machten schwulen- und lesbenbewegte Gruppen mit öffentlichen Aktionen auf das Schicksal gleichgeschlechtlich begehrender NS-Opfer aufmerksam.

Am 7. Mai 1982 organisierte der Verein für sexuelle Gleichberechtigung einen »Schweigemarsch« durch die Münchner Innenstadt zum Platz der Opfer des Nationalsozialismus, um mit einem Kranz »i.B.

der Schwulen« zu gedenken.[9] 1985 installierte die Unabhängige Homosexuelle Alternative Hamburg einen Rosa-Winkel-Gedenkstein beim ehemaligen Konzentrationslager in Neuengamme. 1989 erreichten die Allgemeine Homosexuelle Arbeitsgemeinschaft und die Initiative Homosexualität und Kirche, dass am Nollendorfplatz in West-Berlin ein Mahnmal entstand. Für die Erinnerung an die lesbischen Opfer war die Gedenkstätte am Frauen-KZ Ravensbrück in der damaligen DDR besonders wichtig. Im März 1984 legte die Ost-Berliner Gruppe Lesben in der Kirche einen Kranz nieder, den die Behörden umgehend entfernten. Als die Aktivistinnen später im selben Jahr an einer offiziellen Gedenkfeier teilnehmen wollten, wurden sie von der Polizei festgenommen und auf einen Lastwagen verfrachtet. Auch in der Bundesrepublik war die Erinnerung an die homosexuellen NS-Opfer umstritten. Nicht zuletzt weil andere Gruppen von Verfolgten protestierten, musste die 1985 im Gedenkraum des KZ Dachau angebrachte Rosa-Winkel-Tafel an einen weniger prominenten Ort versetzt werden.[10] Trotzdem schärften solche Mahnmale und Aktionen das gesellschaftliche Bewusstsein für die nationalsozialistische Homosexuellenverfolgung und erhöhten ganz allgemein die Sichtbarkeit gleichgeschlechtlich begehrender Menschen im öffentlichen Raum.

Lesben und Schwule gerieten aber nicht nur als Opfer von Unterdrückung, sondern auch als ganz gewöhnliche Menschen, die wie alle anderen mit Alltags- und Beziehungsproblemen zu kämpfen hatten, vermehrt in den Blick der medialen Öffentlichkeit. Für viele Gesprächspartner*innen spielten die Auftritte schwuler oder lesbischer Figuren im Fernsehen dabei eine herausragende Rolle. Frau Schneider meint, dass immer mehr Menschen die gleichgeschlechtliche Liebe als etwas vollkommen Normales betrachteten, weil sie in »Vorabendserien« so dargestellt wurde.

Das Fernsehen prägte auch die Selbstwahrnehmung von Lesben und Schwulen. Für Frau Jansen hatte Tanja Schildknecht aus der *Lindenstraße* einen »ganz große[n] Identifikationswert«. Sie war ungefähr so alt wie Tanja und durchlebte quasi zusammen mit ihr die Wirrungen des gleich- und andersgeschlechtlichen Begehrens. Dass die In-

Abbildung 13: Normalisierung des gleichgeschlechtlichen Liebens im Fernsehen. Tanja (Sybille Waury, links) und Sonia (Nicola von Altenstadt), Szenenfoto aus Folge 551 der *Lindenstraße*, Ursendung am 23.6.1996, aus: http://www1.wdr.de/daserste/lindenstrasse/folgen/1996/folge-ausfluege-100.html (letzter Zugriff am 23.06.2017).

timität zwischen Frauen in der Serie »so normal auch dargestellt« wurde, erleichterte es Frau Jansen, ihr Lesbischsein zu akzeptieren (vgl. Abbildung 13).

Schwule und lesbische Beziehungen setzten 1992 auch die Befürworter*innen der Homo-Ehe mit der Aktion Standesamt medienwirksam in Szene. Dabei beantragten gleichgeschlechtliche Paare die Eheschließung und klagten dann gegen die Ablehnungen, um so rechtliche Veränderungen anzustoßen. Zugleich brachte die Kampagne Bilder von schwulen und lesbischen Paaren beim Frühstück, beim Einkaufen und im Hochzeitsdress in Umlauf, die zeigen sollten, dass sie sich nicht wirklich von heterosexuellen Paaren unterschieden.[11] In den 1980er-Jahren wurden gleichgeschlechtlich begehrende Menschen und Figuren also nicht nur quantitativ sichtbarer, sondern sie traten auch qualitativ anders in Erscheinung. Neben verfemten Außenseiter*innen und gefährlichen Liebschaften zeigten Filme und Illustrierte immer häufiger auch die alltäglichen Freuden und Probleme. Und das, was häufig zu sehen ist, und wirkt, als könne es sich jederzeit und allerorts ereignen, verliert das Stigma des Randständigen, es wird akzeptabel, und man gewöhnt sich daran.

NUANCIERTE OFFENHEIT UND PORÖSE IDENTITÄTSPOSITIONEN

Diese neue Gewöhnlichkeit des Schwul- oder Lesbischseins betonen auch die Erzählpersonen. »Mittlerweile«, so Frau Jäger, gebe es so viele »Filme mit irgendwelchen gleichgeschlechtlichen Problematiken«, dass eine homosexuelle Konstellation »nichts Besonderes mehr« sei: »Also es ist genau wie bei 'ner Heterobeziehung.« Drastischer formuliert es Herr Franke: »Es geht den Leuten so am Arsch vorbei, ob du schwul bist oder nicht«, »man eckt nicht mehr an«, wie »noch in den 70er-Jahren«. Dort, wo zuvor die stigmatisierende Ausgrenzung oder die provozierende Betonung der eigenen Alterität eine klare Trennlinie gezogen hatten, verlor der Unterschied zwischen Homo- und Heterosexuellen in der Phase des Ankommens so gesehen jegliche Relevanz.

Die Homo-Hetero-Differenz verlor ihre frühere Bedeutung aber nicht, weil Schwule und Lesben sich um Unauffälligkeit bemühten oder sich anpassen wollten. Dort, wo sie nach wie vor mit Diskriminierung konfrontiert waren, mögen sie das zwar getan haben, der eigentliche Grund für die Unerheblichkeit der Unterscheidung war jedoch ein anderer: Die Einzelnen entschieden immer öfter situationsabhängig darüber, ob es gerade wichtig und angebracht war, ihre sexuelle Identität zu thematisieren, oder nicht. Beim Plausch am Postschalter kam die Homosexualität nicht unbedingt zur Sprache, im Gespräch mit Freund*innen aber schon. Gerade die jüngeren Gesprächspartner*innen machten ihr Schwul- oder Lesbischsein nicht allenthalben öffentlich. Der 1960 geborene Herr Albrecht verfuhr schon in den 1980er-Jahren nach der Maxime: »Ich bin schwul, ich will mir aber nie ein Schild umhängen, ich bin schwul.« Die 1967 geborene Frau Otte hat ebenfalls »kein Schildchen« bei sich, um »andauernd« darauf hinzuweisen: »Und übrigens ich bin lesbisch.« Zugleich betont sie aber, dass sie sich auch nicht »verstecke«.

Diese nuancierte Offenheit ist typisch für die Phase des Ankommens und für eine bestimmte Generation. Deswegen beschreibt der 1970 geborene Herr Uhl sich und seine Altersgenossen als »eher so dezent«. Das sei »kein aktives Verstecken«, aber auch »kein aktives Präsentieren«. Ältere Schwule hätten dagegen »das ganze Auto voller Regenbogenfahnen«, um ihr Anderssein unübersehbar zu machen.[12] Und die 1955 geborene Frau Jäger sagt über die »jungen Lesben«, sie seien »vom Äußeren her ganz normale Mädchen«, und denkt mit Blick auf das vermeintlich klar erkennbare Erscheinungsbild von Lesben ihrer Generation: »Das unterscheidet sich nicht mehr so, wie's früher war.« Wenn es ihnen wichtig ist, thematisieren aber auch die Jüngeren offensiv und selbstbewusst ihre sexuelle Identität. Als die 1947 geborene Frau Fischer und ihre Freundin auf Wohnungssuche waren, bestand die 20 Jahre jüngere Gesine darauf, den Eigentümer*innen gegenüber ihr Lesbischsein zur Sprache zu bringen: »Da sagen wir das sofort, dass wir ein Paar sind«, vor allem um herauszufinden, ob ihre zukünftigen Vermieter*innen homofeindliche Vorurteile hegen oder nicht.

Diese situationsbedingte Freimütigkeit lässt sich als eine Anpassung der emanzipatorischen Offenheit an die Bedingungen der Normalisierung begreifen. Das Coming-out konnte für die Einzelnen zwar nach wie vor problematisch sein, aber es hatte einen Großteil seines subversiven Potenzials verloren. Politische Sprengkraft entfaltete es nur noch in bestimmten Situationen, vor allem im Licht der Medienöffentlichkeit, etwa als 1991 Hella von Sinnen und Cornelia Scheel als lesbisches Paar vor die Kameras traten oder als im selben Jahr Hape Kerkeling und Alfred Biolek als schwul geoutet wurden. Im Alltag der Einzelnen war das Bekenntnis zur sexuellen Alterität jedoch nicht mehr per se eine Provokation. Daher wurde das umfassende Offenheitspostulat des Aufbruchs von vielfältigen Coming-out-Szenarien mit je spezifischen Reichweiten verdrängt. Die eine sollte es wissen, der andere auf keinen Fall, und jene Leute würden sich vermutlich ohnehin nicht dafür interessieren. Die Einzelnen thematisierten ihr Schwul- oder Lesbischsein nur noch in bestimmten Gesprächen. Dadurch schwand die Relevanz der Homo-Hetero-Differenz.

Gleichzeitig wurde diese Grenze dadurch fließend, dass gleich- und andersgeschlechtliche Selbst- und Lebensentwürfe sich einander annäherten. Nach »neuesten wissenschaftlichen Erkenntnissen«, hieß es 1979 im *Rosa Flieder*, komme bei 45 % der Bevölkerung »homosexuelles Verhalten genau so oft« vor wie »heterosexuelles«.[13] Da das sexperimentelle Ausprobieren in den 1970er-Jahren sehr populär war, entbehrt diese Zahl trotz fehlender Belege nicht der Plausibilität. Beim Erscheinungsbild lassen sich ebenfalls Konvergenzen beobachten. Lesben sahen zunehmend ganz »normal« aus, wie Frau Jäger feststellt, und für frauenbegehrende Männer, die sich einen als schwul geltenden Habitus aneigneten, bürgerte sich in den 1990er-Jahren der Begriff des Metrosexuellen ein.[14] Vor allem aber wurden Verhütungsmittel und reproduktionsmedizinische Verfahren immer einfacher verfügbar. Dadurch löste sich das andersgeschlechtliche Begehren von der Fortpflanzung und der Sorge um eine mögliche Schwangerschaft. Gleichzeitig wurde es für gleichgeschlechtliche Paare allmählich möglich, Familien zu gründen.[15]

Das schwul-lesbische und das heterosexuelle Sex- und Beziehungsleben begannen einander zu ähneln. Deswegen sagt Herr Pohl mit Blick auf die Lust am unverbindlichen Vergnügen und den vollen Parkplatz vor einem »Swingerclub« in seiner Nähe: »Im Grunde genommen sind wir da alle ziemlich gleich, ob hetero oder schwul, das ist eigentlich egal, ne.« Die neue Normalität verringerte die Unterscheidbarkeit von gleich- und andersgeschlechtlich liebenden Menschen. Ungefähr 100 Jahre nachdem »der Homosexuelle« im späten 19. Jahrhundert als eine eigene »Spezies« beschrieben worden war, begannen sich die Konturen dieser Figur aufzulösen: eine epochale Zäsur in der Geschichte der (Homo-)Sexualitäten.[16]

Die Umrisse des Homosexuellen verloren zudem an Eindeutigkeit, weil immer mehr Subkulturen und Lebensentwürfe auf dem Feld des gleichgeschlechtlichen Liebens und Begehrens gediehen. Für diese Diversifizierung waren mehrere Differenzachsen und Konfliktlinien entscheidend. Eine davon verlief zwischen Homosexualität und Elternschaft. Lange hatten männerliebende Väter und frauenliebende Mütter als problematische Figuren gegolten. Wegen ihrer heterosexuellen Bindungen stand ihr Schwul- oder Lesbischsein infrage. Nun zeichnete sich jedoch eine Versöhnung ab. Dass »Lesbisch sein und Mutter sein« nicht zueinander passten, wurde in Zweifel gezogen.[17] Die Sorge für Kinder und ein schwul-lesbischer Lebensstil sollten sich nicht mehr gegenseitig ausschließen, gleichgeschlechtlich begehrende Eltern in der Szene nicht mehr auf Ablehnung stoßen.

Eine wachsende Zahl von Gruppen für lesbische Mütter und schwule Väter setzte sich für diese Ziele ein. Sie wollten ihre (früheren) heterosexuellen Beziehungen, aus denen ihre Kinder meist stammten, nicht mehr länger verschweigen oder verteufeln müssen, um in der Szene akzeptiert zu werden.[18] Ehe und Vaterschaft, hieß es 1986 im *Rosa Flieder*, müssten nicht unbedingt dem Versuch geschuldet sein, das gleichgeschlechtliche Begehren hinter einer heterosexuellen Fassade zu verbergen. So gesehen boten männerbegehrende Väter den Schwulen eine Gelegenheit, ihre Beziehungen zu Frauen »bewußter« zu gestalten. Man wollte sich nicht in einer rein maskulinen Exklusivität erschöpfen, in der die »Existenz eines zweiten Geschlechts gar nicht mehr in den Blick« kam.[19] Damit wurde schwules und lesbisches und anderes Zusammenleben in vielfältigen Konstellationen denk- und vorstellbar, mit Kindern ebenso wie ohne Kinder.

Eine ganz andere Unterscheidung befeuerte die Auseinandersetzung mit sadomasochistischen Praktiken, die in den 1980er-Jahren vor allem die lesbisch-feministische Bewegung beschäftigte. Antipornografische oder PorNO-Feministinnen lehnten hierarchisch inszenierten Sex prinzipiell ab. Auch wenn Frauen dabei den Part der Dominierenden übernahmen, galt ihnen diese Spielart des Begehrens als Ausdruck hetero-patriarchaler Unterdrückung. Sexpositive Feminist*innen und die lesbische Lederszene betrachteten einvernehmlichen SM-Sex zwischen Frauen dagegen als eine ebenso reizvolle wie legitime Variante der Lust, die die weibliche Sexualität von anerzogener Zurückhaltung befreien könnte.[20] Dieser Streit erhöhte die Sichtbarkeit von SM- und Lederlesben als einer besonderen Gruppe frauenbegehrender Frauen. Sie arbeiteten oft enger mit schwulen, bi- oder heterosexuellen Sadomasochist*innen zusammen als mit anderen Lesben, insbesondere wenn diese SM-kritische Positionen vertraten. Solche Annäherungen und Spaltungen erschwerten die Behauptung einheitlicher schwuler oder lesbischer Identitäten. Gleiches gilt für »Duo-, Multi- und Asexuelle Männer und Frauen« oder Transpersonen. Je mehr Aufmerksamkeit diese Akteur*innen auf sich zogen, desto vielfältiger und komplizierter wurden die sexuellen und geschlechtlichen Spektren. Es stellte sich die queere Frage: War es überhaupt noch notwendig, auf klar unterscheidbaren Identitätspositionen zu beharren?[21]

In politischer Hinsicht wurde die Lage ebenfalls zunehmend unübersichtlich. Zum einen stritten sogenannte linke und bürgerliche Homosexuelle weiterhin miteinander. Dieser Zwist setzte sich in den Auseinandersetzungen zwischen autonomen und bürgerrechtlich orientierten Teilen der Emanzipationsbewegung fort. Die einen distanzierten sich von staatlichen und kapitalistischen Strukturen, die anderen nutzten sie, um die rechtliche und gesellschaftliche Lage von Schwulen und Lesben zu verbessern. Beide Positionen prallten in der Frage aufeinander, ob Beratungs- und Unterstützungsangebote von und für Schwule und Lesben, von Notfalltelefondiensten bis hin zu Vereinscafés, Förderung von staatlichen Stellen akzeptieren sollten. Die Kritiker*innen warnten vor finanziellen Abhängigkeiten, behördlicher Kontrolle und dem daraus resultierenden Professionalisierungs- und Institutionalisierungsdruck, der die Freiheit und die Spontaneität der Bewegung einschränken würde. Die Befürworter*innen einer Kooperation mit der öffentlichen Verwaltung argumentierten dagegen, dass auf anderem Wege kaum entscheidende Fortschritte erzielt werden könnten.[22]

Ähnlich engagiert wurde auch um die Zusammenarbeit mit Unternehmen und dem sogenannten kommerziellen Sektor gestritten. Auf der einen Seite standen Gruppen wie der Völklinger Kreis, ein

1991 gegründetes Netzwerk schwuler Manager, die im Firmen- und Geschäftsleben für die Akzeptanz sexueller Vielfalt werben wollten. Auf der anderen Seite warnten autonome Initiativen vor einer kommerziellen Vereinnahmung, die die politische Arbeit der Bewegung beeinträchtigen würde. Auf gesponserten Transparenten, so die Sorge, käme die beworbene Marke besser zur Geltung als die homopolitische Forderung. Zudem drohten schwul-lesbische Demonstrationen zu karnevalsähnlichen Feierveranstaltungen zu verkommen, auf denen eher Werbegeschenke verteilt als Meinungen ausgetauscht würden. Diesen Zwist zwischen ernsthafter politischer Protest- und leichtfertiger, vermarktbarer Spaßkultur zeigt auch der Film *Pride*. In der Konkurrenz zwischen sogenannten kommerziellen und alternativen CSDs setzt er sich bis heute fort.

Zwischen Party und Politik, zwischen Kooperation und Autonomie fächerte sich die Schwulen- und Lesbenbewegung gleichsam auf, wurde heterogener. Zudem vervielfältigten sich die Selbst- und Lebensentwürfe gleichgeschlechtlich begehrender Menschen, wodurch die Konturen des Homosexuellen fraglich und schwul-lesbische Identitätspositionen porös wurden. Während bestimmte Aspekte des Lebens männerliebender Männer und frauenliebender Frauen öffentliche Aufmerksamkeit genossen, verschwand das provokative Zeigen des eigenen Schwul- oder Lesbischseins aus dem Alltag der Einzelnen. Die nuancierte Offenheit und das Changieren zwischen Sichtbarkeit und Selbstverständlichkeit wurden so zu entscheidenden Signaturen der Phase des Ankommens.

AIDS: ZWISCHEN STIGMATISIERUNG, EMANZIPATION UND NORMALISIERUNG?

Die Konfrontation mit Aids prägte das Leben gleichgeschlechtlich begehrender Menschen in den 1980er-Jahren wie kaum sonst etwas.[23] Viele tasteten sich Tag für Tag ins Ungewisse vor: Was für eine Krankheit ist das? Habe ich mich angesteckt? Werden meine Freunde sterben? Wie und wie lange kann ich überleben? Mit dieser Situation gingen die Einzelnen sehr unterschiedlich um. Deswegen sollen zunächst zwei Gesprächspartner zu Wort kommen und erzählen, was Aids für sie bedeutete und wie sie sich damit auseinandersetzten.

Ab Ende der 1980er-Jahre, sagt Herr Franke, damals Anfang 30, habe man »im Schwulenmilieu [...] immer nur gehört, [...] der ist auch wieder im Krankenhaus und der liegt und der liegt«. Er machte viele Krankenbesuche und war jede zweite Woche auf einer Beerdigung. Er nahm und nimmt es mit sarkastischer Distanzierung und »Galgenhumor«. Man komme »ja aus dem Schwarz gar nicht mehr raus«, habe er damals oft gesagt, und: »Ist doch besser der ist tot als ich, ne.« Als HIV-positiver Mann war er selbst mit Ausgrenzung und Diskriminierung konfrontiert. Sein Zahnarzt habe sich »wie 'n Kosmonaut verkleidet«, um sich ja nicht bei ihm anzustecken. Zudem bekam er »immer den letzten Termin (.) oder den ersten Termin«, damit nach der Behandlung alles »besonders sauber« gereinigt werden konnte. Und in der Apotheke wurde Wert darauf gelegt, dass niemand sah, welche Medikamente er kaufte. »Wir packen Ihnen das aber dann ein«, habe der Pharmazeut geflüstert. Aber er wehrte sich gegen dieses Verstecken seiner Krankheit, so als sei sie etwas, dessen er sich schämen müsse. »Dann hab ich gesagt, brauchst du nicht einpacken, [...] ich bin auch ganz offensiv damit [...] umgegangen.«

Herr Franke engagierte sich bei der Aidshilfe in C. und freute sich, dass zum Welt-Aids-Tag in der Zeitung ein zweiseitiger Bericht mit einem Foto von ihm erschien. Er ging mit HIV »genauso« um »wie mit dem Thema schwul«, er versteckte sich nie. Als er mehr medizinische Hilfe brauchte, hörte er, dass es in Berlin »Schwerpunktpraxen« sowie »'ne eigene Station aufm Krankenhaus« gebe und dass man dort »einfach zum schwulen Arzt« gehen könne. Mitte der 1990er-Jahre zog er deswegen in die Hauptstadt, wo er in selbst organisierten Räumen für HIV-positive Menschen mitarbeitete. Mit seinem Wissen aus der Gewerkschaftsarbeit bot er hier Beratung zu Sozialhilfe, Kündigungsschutz und ähnlichen Themen an. Mit Humor, Pragmatismus und Engagement kämpfte Herr Franke erfolgreich gegen Trauer und Verzweiflung und ließ sich nicht unterkriegen.

Herr Melling hörte mit 33 Jahren erstmals von Aids. 1982 las der verheiratete Familienvater in der Schwulensauna in einer Zeitschrift über »so 'ne amerikanische Krankheit«. Da habe »man« gewusst, dass »irgendwas [...] im Schwange« sei. Durch die »Aids-Hysterie« in den Medien wuchs seine Angst:[24] »Du meine Güte, [...] und besonders betroffen sind Männer, die sich mit Männern einlassen.« 1986, als seine Frau gerade mit dem dritten Kind schwanger war, las Herr Melling in der Zeitung von einem Geschäftsmann, »verheiratet, Familienvater, die Frau ist schwanger«, der sich, so hieß es, »bei einer Prostituierten« mit HIV angesteckt hatte: »Er hat die Frau angesteckt, [...], das Kind ist HIV-positiv, [...] sie sehen dem Tod ins Auge.« Herr Melling machte den Test und fand heraus, dass auch er das Virus in sich trug. Daraufhin ließ er das Blut seiner Frau und seines neugeborenen Sohnes heimlich untersuchen. Bei beiden war das Testergebnis negativ.

Herr Melling entschied sich, seine HIV-Infektion zu verheimlichen. Auch nachdem er mit seiner Familie über sein Schwulsein gesprochen hatte, ließ er sie noch jahrelang in dem Glauben, er leide unter Leukämie. Vor seinen Eltern habe er sich ebenso »zusammengerissen« wie »im Büro«. Und als sich die Möglichkeit ergab, über eine anonyme Studie Medikamente zu erhalten und regelmäßig getestet zu werden, willigte er erleichtert ein, weil er so »abgeschirmt« versorgt wurde, ohne die Krankenkasse informieren zu müssen. Auch zum Zeitpunkt des Interviews galt seine Krankheit in der »Nachbarschaft« nach wie vor als Leukämie. Um über seine Verzweiflung reden zu können, nahm Herr Melling an Aids-aktivistischen Treffen teil.

Ihm war aber weniger daran gelegen, durch öffentliche Aktionen die Bevölkerung auf die Nöte und das Leiden HIV-positiver Menschen aufmerksam zu machen. Er wollte vielmehr mit anderen Betroffenen über »die seelischen Belange« sprechen.

Anfang der 1990er-Jahre fand Herr Melling eine Selbsthilfegruppe HIV-positiver Männer, »wo man aus sich rausgegangen ist, wo man drüber gesprochen hat, wie's einem hier innen drin zumute ist«. Diese Gespräche halfen ihm, »im Angesicht des Todes« neue »Kraft« zu schöpfen. »Bis dahin« sei ihm nicht klar gewesen, dass man so »wahrhaftig« miteinander umgehen könne. Nachdem er sein gleichgeschlechtliches Begehren über Jahrzehnte verheimlicht hatte, lernte er hier, seine Gefühle offen zu zeigen. Auch im Interview gibt er der emotionalen Offenheit genau in dem Moment Raum, in dem er von diesen Gesprächsrunden erzählt. Von der Diagnose und der Sorge um seine Familie berichtet Herr Melling sehr sachlich, ohne dass ein Gefühlsausdruck erkennbar würde. Ein wenig später erinnert er sich dann an den Austausch in »dieser Gruppe«:

> ERZÄHLPERSON: die offenheit. (pause) die offenheit, in der man miteinander spricht. [...] (pause) da hat sich jeder so gegeben, wie er ist. (pause) ich komme hier an ganz, (pause) an ganz tiefe empfindungen ran. (ihm kommen die tränen)
> INTERVIEWER: sollen wir 'ne pause machen?
> ERZÄHLPERSON: ja, kurz.[25]

Die Gesprächspartner gingen auf sehr unterschiedliche Art und Weise mit der Infektion und der Krankheit um. Manche verbargen sich ängstlich, manche bemühten sich um provokative Offenheit, manche versuchten, trotz allem eine neue Alltagsnormalität zu schaffen. Die Einzelnen verließen sich also auf Denk- und Handlungsmuster, die entweder für die Phase des Ausweichens, des Aufbrechens oder des Ankommens typisch waren. Diese Strategien schlossen einander nicht aus. Im Gegenteil, die meisten Akteur*innen kombinierten sie, verschwiegen ihren Serostatus in bestimmten Situationen, setzten sich in anderen lautstark als Betroffene für ihre Interessen ein und versuchten in wieder anderen, pragmatische Lösungen für ihre medizinischen und bürokratischen Probleme zu finden. Der Umgang mit Aids war von einer widersprüchlichen Gleichzeitigkeit von Stigmatisierung, Emanzipation und Normalisierung geprägt.

Gleichgeschlechtlich begehrende Menschen waren erneut mit Verfolgung und Stigmatisierung konfrontiert. Die Öffentlichkeit assoziierte die Infektion und die Erkrankung eng mit männlicher Homosexualität. Das Schwulsein wurde so zu etwas Krankem. Schwule galten als gefährlich und ansteckend. Als Leidende und Sterbende wurden sie aus der Gesellschaft ausgeschlossen. Viele verloren ihr Leben. Die Leute starben »wie die Fliegen«, erinnert sich Herr Kuhn. Gerade in der »harten Lederszene« habe Aids »tiefe Wunden« gerissen. Und Herr Helmlinger sagt, dass ihm ein Großteil seines Freundeskreises »weggestorben« sei. Sorge für die Kranken, Trauer um die Toten und die Angst, selbst infiziert zu sein, bestimmten das schwule Leben in diesen Jahren. In einer Zeit äußerster Verletzlichkeit erfuhren gleichgeschlechtlich begehrende Männer in ihren Herkunftsfamilien, in ihrem Berufs- und Alltagsleben meist keine Fürsorge und Unterstützung, sondern Ablehnung und Zurückweisung.

Indem sie Zwangstests für Schwule, Sexarbeiter*innen und Drogennutzer*innen forderten sowie die Internierung von HIV-positiven Menschen verlangten, befeuerten auch Politiker*innen diese Ausgrenzung. Eine Rückkehr zu den Verfolgungsstrategien früherer Zeiten war alles andere als ausgeschlossen. Diese Befürchtung wurde durch den Umstand verstärkt, dass die Anfänge der Aids-Debatte mit dem Antritt der christlich-liberalen Koalition unter Helmut Kohl im Jahr 1982 zusammenfielen. Dessen Beharren auf einer geistig-moralischen Wende und die homofeindlichen Stimmen, die im Zuge der Kießling-Affäre 1983/84 laut wurden, als der Bundeswehrgeneral Günter Kießling aufgrund von Gerüchten über sein angebliches Schwulsein zwangspensioniert wurde: All das bedrohte die Freiheiten, die Schwule und Lesben in den 1970er-Jahren errungen hatten.[26] Frau Lippold sagt, Aids habe den »ewig Gestrigen« eine Gelegenheit geboten, das zu propagieren, »was wir in der Nazizeit hatten«. Und dieser homophobe Rückschlag habe auch Lesben betroffen.

Als der CSU-Politiker Peter Gauweiler und andere anfingen »von Kennzeichnung« und von »Internierung« zu reden, sagt Herr Helmlinger, sei es »aus mit der Freiheit« gewesen. Der damals 20-Jährige meinte, die »Verfolgungsgeschichten« seiner Jugend auf dem Land gerade überwunden zu haben, als er mit der »Aids-Krise« und der erneuten Stigmatisierung konfrontiert wurde. Deswegen spricht er von einer »Retraumatisierung«. Er erzählt von »massiven Angriffen« auf Schwule und auch auf ihn selbst. Aufgrund dieser Erfahrungen sei Sexualität für ihn lange Zeit untrennbar mit Angst verknüpft gewesen. Auch Herr Kuhn hatte eine »Mordsangst«. Er sei »so hysterisch« gewesen, dass er in schwulen Lokalen noch nicht mal mehr »aus 'nem Glas trinken mochte«. Wegen der Sorge, sich anzustecken, und der Furcht vor Übergriffen zogen sich viele Schwule aus der Szene zurück. Ähnlich wie in der Phase des Ausweichens versuchten sie, ihr gleichgeschlechtliches Begehren zu verheimlichen und sich hinter heterosexuellen Masken zu verstecken. Aus Angst griffen die Stigmatisierten erneut zur Strategie des Sich-Verbergens.

Manche setzten dagegen auf andere Mittel, protestierten gegen drohende Zwangsmaßnahmen und intensivierten den Kampf um Emanzipation. Wenn Herr Helmlinger von seinen Ängsten spricht, sagt er auch, dass die Bedrohung »die schwule Community zusammengeschweißt« habe, »weil man sich ja wehren musste«. Diese »Solidarität« und das »füreinander Einstehen« seien ganz zentral gewesen. Das für die Phase des Aufbrechens typische Umarbeiten von Furcht in Verteidigungsbereitschaft kam in der Auseinandersetzung mit Aids also ebenfalls zum Tragen. Dementsprechend spielte auch das provokative Sich-Zeigen erneut eine wichtige Rolle. Er sei »offensiv« damit umgegangen, sagt Herr Franke. HIV-positive Menschen wollten individuell sichtbar werden, und Aids-Aktivist*innen suchten kollektiv das Licht der Öffentlichkeit, um auf das Leiden der Betroffenen hinzuweisen und gegen ihre Diskriminierung zu protestieren.

Nachdem ein enger Freund an Aids verstorben war, erklärte Herr

Albrecht ab Mitte der 1980er-Jahre Passant*innen an »Infoständen« die Arbeit und die Anliegen der lokalen Aidshilfe. Anfang der 1990er-Jahre, während er mit einem seropositiven Mann zusammenlebte, beteiligte sich Herr Albrecht dann an einer großen Veranstaltung zum Welt-Aids-Tag, die im Fernsehen übertragen wurde. Andere Aktivist*innen setzten stärker auf die Strategien der autonomen oder der »nicht auf Integration in dieses bestehende Gesellschaftssystem abzielenden« Schwulenbewegung. Auf Repression und Stigmatisierung reagierten sie mit neuer emanzipatorischer Verve. Aktionsformen der US-amerikanischen ACT UP (Aids Coalition To Unleash Power) aufgreifend, zeigten sie mit *die-ins* in Fußgängerzonen, wie an Aids Erkrankte abseits der öffentlichen Aufmerksamkeit litten und starben.[27] Mit solchen Interventionen protestierten sie gegen eine Politik, die die Betroffenen diskriminierte, statt ihnen zu helfen, gegen die Schließung schwuler Treffpunkte und gegen Pläne, HIV-positive Menschen in zentralen Listen zu erfassen. Sie forderten Zugang zu anonymen Tests und eine Verbesserung der pflegerischen und ärztlichen Versorgung von Menschen mit Aids.

Auch in die Forschungsdebatte mischte sich die Aids-Bewegung aktiv ein. Anstatt sich auf die Medizin und die Pharmakologie zu verlassen, eigneten sich die Aktivist*innen Fachwissen an und wurden selbst zu Expert*innen. Sie wollten forschungspolitische Entscheidungen mit ihrer Kritik beeinflussen. Nachdem er 1995 im Alter von 29 Jahren positiv getestet worden war, so erinnert sich Herr Zimmermann, habe er tagelang nur »rumgeheult«. Dann aber entschied er, sich nicht länger mit seinem bevorstehenden Sterben zu beschäftigen: »Ich will überleben, das ist alles.« Dieser Entschluss gab ihm einen »richtigen Schub«. Er engagierte sich bei der Aidshilfe, organisierte Positiven-Treffen, informierte sich in Fachjournalen über den Forschungsstand und nahm an medizinischen Fachkongressen teil. Er übersetzte also seine anfängliche Verzweiflung in ein zielstrebiges Handeln, um sich und anderen zu helfen. Herr Franke besuchte ebenfalls kurz nach seiner Diagnose ein Aids-Seminar und informierte sich seitdem kontinuierlich über die neuesten Entwicklungen. Als »alter Kämpfer« begegnete er der Krankheit »sehr rational« und suchte pragmatisch nach Lösungen für die politischen, medizinischen und alltäglichen Probleme, die HIV und Aids aufwarfen. Die Aktivist*innen wollten nicht hilflos auf das Wohlwollen von Expert*innen hoffen. Sie nahmen ihr Schicksal emanzipatorisch selbst in die Hand.

Solche Initiativen zur schrittweisen Verbesserung der eigenen Situation schufen auch eine neue Lebens- oder Überlebensnormalität. Diese Normalisierung war eng mit der Entwicklung von Test- und Behandlungsmethoden verknüpft. Auf der 11. Internationalen Aids-Konferenz wurde 1996 in Vancouver erstmals die Kombinationstherapie präsentiert. Für zahlreiche Patient*innen markierte sie einen entscheidenden Wendepunkt. Herrn Kuhns HIV-Infektion wurde Mitte der 1990er-Jahre diagnostiziert, als er ungefähr 57 Jahre alt war. Zunächst musste er »furchtbar viel Medikamente einnehmen«, ohne zu wissen, ob und wie lange er dank dieser Tabletten überleben würde. Nach »Vancouver« klammerte er sich an die »Dreiertherapie« wie an einen »Strohhalm«, der sich dann tatsächlich als rettend erwies. Herr Franke betont ebenfalls, dass Medikamente anfangs »händeweise verabreicht« wurden, weil niemand wusste, welche Dosis notwendig war. Erst durch »Vancouver« sei die Therapie dann besser und kalkulierbarer geworden. Dadurch verlor die Diagnose den Charakter eines unmittelbaren Todesurteils, und die Zahl derjenigen, die jahrelang mit HIV lebten, wuchs allmählich. Dementsprechend versuchten die Einzelnen, sich in eine neue Alltagsnormalität hineinzufinden, die weniger von drängenden Gefahren und mehr von komplexen Herausforderungen geprägt war.

Diese reichten von sozialhilfe- und rentenrechtlichen Fragen über Konflikte mit Krankenkassen bis hin zum Streit um das Patient*innen-Besuchsrecht von Menschen, die im rechtlichen Sinn keine Angehörigen waren. Selbstorganisierte Beratungsprojekte unterstützten die Einzelnen bei der Bewältigung solcher Probleme. Insbesondere die Zahl der lokalen Aidshilfen nahm in den 1980er-Jahren rasch zu.[28] Ihr Dachverband, die Deutsche Aidshilfe, arbeitete ab 1983 zusammen mit anderen Akteur*innen darauf hin, die Akzeptanz sexueller Vielfalt fest in der Aids-Politik zu verankern. Maßnahmen sollten nicht gegen Homosexuelle und andere marginalisierte Gruppen ergriffen, sondern im Gespräch mit diesen entwickelt werden. Zugleich begriff man »die schwule Minderheit« als »normalen Bestandteil der Gesellschaft« und Aids als ein allgemeines Problem.[29]

Der Virus, so das Argument, mache keinen Unterschied zwischen Homos und Heteros. Es gebe nur unterschiedliche sexuelle Praktiken. Deswegen müssten sich ausnahmslos alle mit der Frage auseinandersetzen, wie sich das Risiko einer Übertragung verringern ließe. Diesem Ansatz folgend, propagierten die Kampagnen der Bundeszentrale für gesundheitliche Aufklärung (BZgA) mit *safer sex* einen neuen Standard für Intimität zwischen Menschen gleich welchen Geschlechts. In der Öffentlichkeit wurde in der Folge nicht nur über schwule, sondern über Sexualität insgesamt immer expliziter geredet. Dieser Diskurs verortete das gleichgeschlechtliche Begehren in einem Spektrum von Varianten des Sexuellen, die akzeptabel waren, solange die Beteiligten verantwortungsbewusst handelten. »Das Problem geht jeden an«, mahnte ein Fernsehspot der BZgA von 1987.[30]

Dementsprechend wurden auch schwul-lesbische Initiativen in den gesellschaftlichen Kampf gegen HIV und Aids eingebunden. Im Lauf der Zeit setzte sich eine Präventionspolitik durch, die nicht auf Zwang und Ausgrenzung, sondern auf Freiwilligkeit und Zusammenarbeit setzte. Für den Erfolg dieses neuen, inklusiven gesundheitspolitischen Ansatzes zeichnete die CDU-Politikerin Rita Süssmuth verantwortlich. Während ihrer Amtszeit als Bundesgesundheitsministerin, von 1985 bis 1988, lud der Bundestags-Gesundheitsausschuss Organisationen wie die Deutsche Aidshilfe zu Anhörungen über Aids ein. Deren Vertreter*innen konnten so in einem bisher kaum gekannten Umfang politische Lobbyarbeit betreiben und den Anliegen gleichgeschlechtlich begehrender und HIV-positiver Menschen im öffentlichen Diskurs Geltung verschaffen. Auch jenseits der großen Politik kam es zu einer intensiveren Zusammenarbeit mit Behörden und dem Gesundheitswesen. Denn schwul-lesbische Beratungsprojekte halfen den Einzelnen bei der Bewältigung alltäglicher Probleme mit Rentenkassen, Krankenhäusern, Sozialämtern und anderen Stellen. Aus dieser Zusammenarbeit mit der Verwaltung und aus der öffentlichen Finanzierung der Initiativen resultierte eine Professionalisierungsdynamik, die Kritiker*innen sogar um die Autonomie der Schwulen- und Lesbenbewegung fürchten ließ.[31]

Die Prävention galt also als gesamtgesellschaftliche Aufgabe, schwul-lesbische Projekte wurden in die Aids-Politik eingebunden, und die alltäglichen Sorgen gleichgeschlechtlich begehrender Menschen wurden betont: All das förderte die Normalisierung der Homosexualitäten. Lesben und Schwule wurden nicht mehr nur als Vorkämpfer*innen der Emanzipation oder als Vorreiter*innen der Vergnügungskultur wahrgenommen, sondern als Mieter*innen, Angestellte und Rentner*innen, die sich wie alle anderen auch um ihre entsprechenden Angelegenheiten sorgten. Dadurch rückten scheinbar banale, für Leistungsempfänger*innen jedweder Couleur aber umso entscheidendere Details immer mehr in den Fokus homopolitischer Aktivist*innen. Gleichzeitig wurde auch der breiten Öffentlichkeit immer klarer, dass Lesben und Schwule sich ebenso wie andersgeschlechtlich begehrende Menschen um ihre erkrankten Freund*innen und Partner*innen kümmerten und um ihre Verstorbenen trauerten. Gerade die Trauer war ein Gefühl, das zuvor kaum mit dem Alltag von Schwulen und Lesben assoziiert worden war. Aids zwang sie jedoch, eine eigene, schwul-lesbische Trauerkultur zu erfinden.[32]

Der Umgang mit der eigenen sexuellen Identität fiel in den 1980er-Jahren also höchst unterschiedlich aus. Aids verlieh überwunden geglaubten Ängsten und der Strategie des Sich-Versteckens wieder große Relevanz. Zugleich kamen der Protest und das provokative Sich-Zeigen zu neuer Geltung. Und schließlich beschleunigten sich auch normalisierende Dynamiken, nicht zuletzt durch die Taktik der nuancierten Offenheit und die mediale Sichtbarkeit von Schwulen und Lesben. Dieses Neben- und Ineinander von Stigmatisierung, Emanzipation und Normalisierung ist ein zentraler Zug der Phase des Ankommens. Zwischen Provokation und Unaufdringlichkeit bestand kein unüberbrückbarer Gegensatz mehr. Vielmehr konnten sich beide Strategien in einem spannungsreichen Zusammenspiel wechselseitig verstärken, ohne dass ihre Verschiedenheit verschwunden wäre. Manches, was Schwule und Lesben tun, irritiert die Öffentlichkeit nach wie vor, anderes ist inzwischen weit weniger bemerkenswert.

DIE ENTDECKUNG DER ZWISCHENRÄUME

Schwulen und Lesben, so ließe sich vermuten, fiel es in der Phase des Ankommens leichter, sich in und zwischen verschiedenen Räumen zu bewegen, nun da sie sich offener zeigen konnten und sich ihre eigenen, selbst organisierten Orte erkämpft hatten. Diesen räumlichen Wandel untersucht das folgende Kapitel auf drei Ebenen. Im kleinen Maßstab geht es um den Alltag der Einzelnen. Spielte die Trennung von privaten und öffentlichen Sphären, zwischen versteckten und einsehbaren Orten überhaupt noch eine Rolle? Ebnete die Normalisierung der sexuellen Vielfalt einem übergangslosen Ineinander von homo- und heterosexuellen Szenen den Weg? Im großen Maßstab geht es um transnationale Kontakte und Perspektiven, die in den 1980er-Jahren immer wichtiger wurden. Wie beurteilte man die Situation gleichgeschlechtlich begehrender Menschen in der Bundesrepublik im Vergleich mit anderen Ländern? Welche Rolle spielte der internationale Austausch für Schwule und Lesben in Deutschland? Und auf einer mittleren Ebene geht es schließlich um die Bezüge zwischen urbanen und ruralen Regionen. Wie veränderte sich die Wahrnehmung städtischer und ländlicher Umgebungen?

ORIENTIERUNGSLOSIGKEIT IN ZERKLÜFTETEN SZENELANDSCHAFTEN?

Die Alltagswelten frauenliebender Frauen und männerliebender Männer waren in der Phase des Ankommens von einem komplexen Neben- und Ineinander unterschiedlicher Räume geprägt. Vier Arten von schwul-lesbischen Räumen lassen sich unterscheiden: erstens, die Lokale und Discos älteren oder neueren Stils, die zur sogenannten Sub- oder Spaßkultur gerechnet wurden; zweitens, die autonomen Orte in besetzten Häusern und anderswo, die sich als kommerzfrei und politisch verstanden; drittens, die Kommunikationszentren, die dank öffentlicher Mittel Beratung und Gruppenräume anbieten konnten und die mit verschiedenen Veranstaltungen ein gemischtes Publikum anzogen; und schließlich viertens, die klandestinen Orte für semi-öffentlichen Sex in Parks und auf Toiletten, deren Bedeutung sich im neuen Umfeld zwar grundlegend veränderte, die aber dennoch nach wie vor frequentiert wurden.

An manchen dieser Orte blieben Schwule und Lesben exklusiv unter sich, andere waren offener. Einige hatten einen einladenden Charakter, andere sonderten sich von ihrer Umgebung ab. Die Grenzen zwischen dem Privaten und dem Öffentlichen, zwischen dem Verborgenen und dem Sichtbaren sowie zwischen Innen und Außen prägten schwule und lesbische Lebenswelten also weiterhin, aber sie wurden immer kleinräumiger gezogen. Einerseits unterliefen die Einzelnen diese Trennlinien, erzählten beispielsweise ihren Kolleg*innen, dass sie nach Feierabend ehrenamtlich im Lesbencafé arbeiteten. Andererseits kehrten besagte Grenzen in feingliedrigerer Form zurück, weil frau dann doch nur bestimmten Leuten von ihren Freizeitaktivitäten erzählte oder weil man sich nach dem Büro dann doch noch rasch umzog, bevor man in die Schwulenkneipe ging.

Schwul-lesbische Räume wurden vielfältiger und die Übergänge zwischen öffentlichem und privatem Leben wurden flüssiger. Auf der einen Seite konnten gleichgeschlechtlich begehrende Menschen einander, dank dieser Pluralisierung, an verschiedenen Orten näherkommen, je nachdem, nach welcher Form des Zusammenseins ihnen gerade der Sinn stand. Diese Lesart betont die Vorteile der Entwicklung. Auf der anderen Seite fiel es den Einzelnen wegen der Fragmentierung lesbischer und schwuler Szenen schwer, genau zu wissen, welches Verhalten an welchem Ort angebracht war. Diese Lesart betont die problematischen Effekte, die Orientierungslosigkeit, die die Wahl zwischen mehreren Möglichkeiten mit sich brachte. Die Erzählung des 1966 geborenen Herrn Zimmermann verdeutlicht die Herausforderungen, mit denen die Akteur*innen angesichts der neuen Vielfalt konfrontiert waren.

Während seiner Ausbildung – als Teenager lebte er damals noch bei seiner Mutter – erkundete er die Bahnhofs- und Kaufhaustoiletten in einer nahe gelegenen größeren Stadt, weil »irgendwelche Inschriften« an den Wänden sein Interesse geweckt hatten. So entdeckte er »eine Riesen Klappe«, wo zwölf Männer an der »Pinkelrinne« standen. »Total aufgeregt« dachte er: »Scheiße, was machst du 'n jetzt?« Er suchte Schutz in einer abschließbaren Kabine. Allerdings konnte er seine Hilflosigkeit dort nicht verbergen, denn in den Trennwänden waren »Bohrungen«, die ihn den Blicken der anderen aussetzten. Mit »rotem Kopf« verließ er fluchtartig die Toilette. Bei seinem zweiten Besuch – »irgendwann wirst du einfach auch wieder spitz« – war er mit den Regeln des Spiels mit der porösen Grenze zwischen Außen und Innen, zwischen Sich-Zeigen und Sich-Zurückziehen bereits vertrauter: »Da bin ich wieder runter und […] wollte […] nicht so auffällig sein.« Er ging in eine Kabine und sah sich von dort aus durch die Löcher in den Wänden vorsichtig um. Ein Mann, der ihm »recht gut« gefiel, drehte sich mehrmals zu ihm um. Er öffnete von innen die »Verriegelung«. Mit jedem Perspektivwechsel steigt die Spannung: Sein Blick nach draußen, das antwortende Schauen des anderen, dann dreht er das Schloss von ›Besetzt‹ auf ›Frei‹, das Einverständnis, eine Einladung: »Dann kam der rein, ganz normal, war okay. Und dann hat er mir 'n Kuss gegeben. Und da denk ich mir, boah.«

Herr Zimmermann musste sich, so scheint es, in die Enge einer Toilettenkabine zurückziehen, um dort ungestört diese intensive sinnliche Erfahrung machen zu können. Allerdings waren er und sein Partner auch in diesem intimen Raum nicht für sich. Die Außenstehenden konnten sie dank der Löcher beobachten. Einen wirklich geschützten Innenraum fand Herr Zimmermann nur im subjektiven Empfinden, im Gehäuse seiner eigenen Person. Den privatesten Ort markiert sein eigenes Denken: »Das war für mich«, sagt er, »'ne Sache, wo ich mir gedacht hab, so, das ist es, das ist perfekt.« Mit der Formel »das war meins« betont Herr Zimmermann den Rückzug auf das Selbst. Zu diesem Eigenen hatten der Mann, der ihn küsste, die anderen Klappenbesucher und vor allem seine Mutter keinen Zutritt.

Aber was genau das Seine war, darüber gibt Herr Zimmermann keine Auskunft. Das Schwulsein war es nicht, denn anders, als man erwarten könnte, begann er nach dem Erlebnis auf der Klappe nicht, sich als »schwul« zu begreifen. Deswegen unterscheidet er auch nicht zwischen Orten, wo er sich verstellen musste, und Orten, wo er auf Masken verzichten konnte. Weder zu Hause noch auf der Klappe bewegte er sich völlig frei und ungezwungen. Vielmehr spielte er an verschiedenen Orten unterschiedliche Rollen. Er konnte »sehr gut umschalten«: »Wenn du nach Hause kommst, musst du [...] anders reagieren. Wenn du jetzt auf der Klappe bist, musst du auch wieder anders reagieren.« Er orientierte sich also je nach Situation an den Erwartungen, die an ihn herangetragen wurden. Zwischen Zuhause, Arbeitsplatz und Klappe, zwischen schwulen und anderen Orten war er nie er selbst. Das subjektive Innen markierte kein bestimmtes Wesen, sondern ein leeres Gehäuse, das sich immer wieder neu an seine Umgebung anpasste.

Ganz anders beim 1960 geborenen Herrn Albrecht, der als schwuler Mann mit einem Hang zu SM und Leder immer genau wusste – egal ob »Saunen, Parkplätze, Cruising, [...] Darkrooms, [...] Sexpartys« –, was seinen »Bedürfnisse[n]« entsprach und was nicht. Momentan seien Orte für anonyme Sexkontakte nicht seine »Welt«, sagt er im Interview, aber es wäre durchaus möglich, dass sich das wieder ändere: »Ich geh meinen Weg.« Auch mit Blick auf das Ineinander von privaten und öffentlichen Räumen – »also da sind die Grenzen überall fließend« – hat er klare Vorstellungen davon, wie er wo in Erscheinung treten möchte. Als RTL Anfang der 1990er-Jahre den Alltag schwuler und lesbischer Paare zeigen wollte, fragten sie auch ihn und seinen Freund, ob sie sie filmen dürften: »Nackt im Bett, […] küssend auf der Rolltreppe im Kaufhof oder Ringe aussuchend.« Er und sein Partner bestanden jedoch darauf, dass »keine privaten […] Aufnahmen« von ihnen veröffentlicht wurden. Für ihn ist die Partnerschaft »halt doch eher 'ne Privatsache«.

Herr Albrecht reagierte auf die unübersichtliche Zergliederung schwuler Szenen, indem er klar und selbstbestimmt definierte, was seine Welt war und wie er wo gesehen werden wollte. Herr Zimmermann lebte stattdessen einen mehrgleisigen Alltag und passte sich an die Gegebenheiten verschiedener Orte an, ohne sich festzulegen. Das hat auch damit zu tun, dass Herr Albrecht von seiner Haltung als junger Erwachsener, Herr Zimmermann dagegen vom Sich-Ausprobieren als Jugendlicher erzählt. Außerdem machten sich die älteren Männer, mit denen er als 16- oder 17-Jähriger auf der Klappe Sex hatte, in den 1980er-Jahren noch strafbar. Unter diesen Bedingungen war es ihm kaum möglich, sein gleichgeschlechtliches Begehren so wie Herr Albrecht souverän und unbeschwert auszuleben.

Die beiden Erzählpersonen gingen unterschiedlich mit den zerklüfteten Übergängen zwischen Außen und Innen, zwischen öffentlichen und privaten Sphären, zwischen diversen schwulen Szenen um. Herrn Albrechts Strategie lässt sich als Individualisierung begreifen: Er ging seinen Weg, wählte Orte und Lokale, die ihm zusagten, und entschied, wo er sich wie zeigen wollte. Herr Zimmermann griff dagegen zu einer Taktik der Flexibilisierung: Er passte sein Verhalten an die jeweilige Umgebung an. Diese prototypischen Handlungsmuster lassen sich letztlich nicht sauber voneinander trennen. Auch Herrn Albrechts Alltag war zeitweise von Unsicherheit und Flexibilität und Herrn Zimmermanns Leben in bestimmten Phasen von Selbstbestimmung und Individualität geprägt. Zwei Seiten derselben Medaille: Die Diversifizierung schwuler Orte vergrößerte einerseits die Spielräume der

Einzelnen – Pluralisierung und Individualisierung – und erschwerte ihnen andererseits die Orientierung – Fragmentierung und Flexibilisierung. Manche bewegten sich souverän, andere eher stolpernd zwischen Leder- und Tuntenszenen, Kneipen und Schwulenzentren, Parkplätzen und Toiletten.

Das Cruising, die Suche nach Sex in düsteren und klandestinen öffentlichen Räumen, war unter Schwulen höchst umstritten. Einige hofften auf ein baldiges Verschwinden dieser Spielart des Sexuellen. Schließlich musste man dank der Normalisierung nun nicht mehr auf verruchte Orte ausweichen, sondern konnte sich in weniger gefährlichen Umgebungen treffen.[33] Man ging, sagt Herr Albrecht, nicht mehr in die »Parks«, sondern lernte sich »in der Disco« kennen. Andere bedauerten, dass öffentliche Toiletten geschlossen, blickdichte Gebüsche abgeholzt und immer mehr Cruising Areas zerstört wurden. Heute könne man, sagt Herr Riedel, an dem Flussufer, wo er um 1960 seine ersten Erfahrungen sammelte, keinen Sex mehr haben, weil Lampen installiert worden seien. Dennoch verschwanden die Klappen nie gänzlich. Laut Herrn Franke suchen auf Autobahnparkplätzen auch heute noch viele Männer nach Sexpartnern.

Bereits in den 1980er-Jahren stieß das Cruising unter Schwulen nicht nur auf Kritik, sondern auch auf Begeisterung. Manche betonten den besonderen Reiz intimer Begegnungen in Parks und Toiletten. Dort könne man, so das Argument, den in der Szene gängigen Erwartungen entgehen, könne über Alters-, Klassen- und Milieugrenzen hinweg – »quer durchs menschliche Sein« – miteinander in Kontakt kommen und müsse bei »Sex« nicht gleich an »Beziehung« denken. Die »Dunkelheit, die Spannung, das Unbekannte, Ungewisse« befreiten die »Lust«, ermöglichten ein »Greifen nach den Sternen«.[34] Die Klappen gerieten so zu Orten eines radikalen Begehrens, das sich der Normalisierung schwuler Sexualität verweigerte. Zwischen verruchten und gewöhnlichen Räumen vervielfältigten sich also die Möglichkeiten zur Anbahnung gleichgeschlechtlicher Intimität. Gleichzeitig mussten die Einzelnen sich entscheiden, welcher Spielart des schwulen Sex- und Beziehungslebens sie den Vorzug geben wollten.

Ähnlich umkämpft war unter Lesben die Unterscheidung zwischen »Sub« und »Bewegung«. In der Bewegung beschäftigte frau sich ernsthaft mit Politik, während die Gäste der Subkultur, so der Vorwurf, nur auf Sex und Spaß aus waren. Umgekehrt galt die feministische »Scene« einigen als lustfeindlich. Zudem vermissten sie dort die »Nestwärme«, die die Subkultur ihnen bot.[35] Die beiden Sphären waren in der Phase des Ankommens selbstverständlich nicht scharf voneinander getrennt. Nicht wenige Frauen gingen nach Diskussionen mit anderen Aktivistinnen noch auf ein Bier sozusagen in die andere Szene. Aber Sub und Bewegung markierten zwei Pole, zwischen frau sich positionieren musste. So war Frau Voss nicht »politisch« genug, um von den feministischen Lesben anerkannt zu werden. Umgekehrt wollte Frau Otte nicht »von Party zu Party hüpfen« und stürzte sich deswegen »auf das Politische«. Noch eine Entscheidung, die die Einzelnen angesichts der Diversifizierung lesbischer und schwuler Szenen treffen mussten.

Umstritten war zudem, wie ausschließlich man unter sich bleiben wollte. Bi- und heterosexuelle Gäste sowie Transpersonen waren mancherorts mehr, andernorts gar nicht willkommen. Das galt für aktivistische Gruppen ebenso wie für Bars und Kneipen. Einige Räume zogen ein gemischtes Publikum an, andere blieben hermetisch nur einer bestimmten Klientel vorbehalten. Nicht wenige schwule Orte verwehrten Lesben den Zutritt. Umgekehrt weigerten sich manche Lesben, mit Schwulen zusammenzuarbeiten, die in ihren Augen »die gleichen Verhaltensstörungen wie Heterotypen« aufwiesen. Bei der Gründung des Kommunikations- und Beratungszentrums homosexueller Frauen und Männer im West-Berliner Bezirk Kreuzberg eskalierte 1981 dieser Konflikt. Weil sie gegen die Mehrheit der »liberalen Lesben« keine strikt männerfreien Räume durchsetzen konnte, trennte sich eine Gruppe von Frauen von dem Projekt und versuchte ein eigenes, autonomes Zentrum zu schaffen.[36] In diesem Fall mussten sich die Beteiligten ganz dezidiert auf eine der beiden Seiten schlagen.

Um Autonomie wurde auch im Streit darüber gerungen, ob sich schwule und lesbische Projekte um staatliche Förderung bemühen sollten. Die Befürworter*innen einer Zusammenarbeit mit der öffentlichen Hand betonten die Möglichkeiten, welche die zusätzlichen Gelder eröffnen würden. Die Kritiker*innen warnten dagegen vor einem Verlust der Unabhängigkeit. Herr Helmlinger stellt fest, dass die öffentliche Finanzierung die schwul-lesbischen Initiativen grundlegend veränderte. Er arbeitete »ehrenamtlich« in einem Projekt mit »schwulenbewegten« und »lesbenbewegten Leuten« zusammen, bevor in den frühen 1990er-Jahren eine »hauptamtliche Beratungsstelle für Schwule« geschaffen wurde. Diese Entwicklung brachte Konflikte zwischen Haupt- und Ehrenamtler*innen mit sich. Und sie führte dazu, dass einige schwule und lesbische Vereine nun bei jeder Stadtrats-Entscheidung über die Vergabe von Mitteln um ihre Existenz bangten. Die Förderung erhöhte die Reichweite und die Sichtbarkeit der Hilfsangebote, generierte zugleich jedoch Unsicherheiten sowie Konkurrenzen zwischen den einzelnen Projekten. Zudem verbreiterte sie das Spektrum schwul-lesbischer Szenen um eine weitere Facette, es wurde noch unübersichtlicher.

Ein anderer Aspekt der Diversifizierung war die allmählich wachsende Aufmerksamkeit für die je besonderen Anliegen und Emanzipationsstrategien von gleichgeschlechtlich begehrenden Afro-Deutschen, Migrant*innen, Juden und Jüdinnen, die neben hetero-sexistischer auch rassistische, ausländerfeindliche und antisemitische Diskriminierung erfuhren, inner- wie außerhalb schwul-lesbischer Szenen. Die Lage von Arbeitslosen und Menschen mit Behinderungen zeigte ebenfalls, dass nicht alle Schwulen und Lesben gleichermaßen von der Normalisierung und der zunehmenden Akzeptanz der Homosexualitäten profitierten. Deswegen entwickelte sich eine Vielzahl von Initiativen und Organisationen von und für Gruppen, die sich in besonderer Weise mit solchen intersektionalen Problemlagen auseinandersetzen mussten.[37] Auch diese Dynamik trieb die Diversifizierung schwul-lesbischer Szenen weiter voran.

Der Wandel der Medienlandschaft steigerte ebenfalls das verwirrende In- und Nebeneinander verschiedener Räume und Treffpunkte. Zeitschriften mit Informationen zu einschlägigen Orten waren lange nur in wenigen Läden erhältlich gewesen, wo sich die Käufer*innen spätestens an der Kasse als schwul oder lesbisch zu erkennen geben mussten. In der Phase des Ankommens zirkulierte dieses Wissen dann jedoch auf immer mehr Wegen, auch in der Tagespresse oder im Privatfernsehen. Sogar die Ursprünge der Online-Kommunikation lassen sich bis in die 1980er-Jahre zurückverfolgen. Der »kontaktfreudige Homosexuelle« verwende »natürlich modernste Medientechnologie«, wenn er »Bock auf Buben« habe, schrieb etwa die *Du & Ich*. 1985 hätten bereits eineinhalb Millionen Männer den französischen Bildschirmtextservice Minitel genutzt, um miteinander in Verbindung zu treten.[38] Wenn man heute »das Wort schwul im Computer« eingebe, sagt Herr Franke, habe man »gleich« überall »einen an der Backe«.

Die Nutzung des Internets als Portal erleichterte vielen den Zugang zur schwulen oder lesbischen Welt. Ganz unauffällig konnten sie sich nun von zu Hause aus informieren und erste Kontakte knüpfen. So stiftete das Netz Verbindungen zwischen Räumen, die bisher weit voneinander entfernt gewesen waren. Ende der 1990er-Jahre begann auch Herr Wisneck von seinem Arbeitszimmer im Einfamilienhaus in Braitenrod aus, die Schwulenszene einer nahe gelegenen Großstadt zu erkunden und sich mit anderen Männern zu verabreden. Auf diese Weise vermied er die Gefahr, beim Betreten einer schwulen Bar von Bekannten ertappt zu werden. Erwischt wurde er aber trotzdem. Nachdem seine Frau sein Passwort entdeckt und die gespeicherten Bilder und Seiten gesehen hatte, rang sich Herr Wisneck mit Mitte 40 zum Coming-out durch.

Diese Geschichte zeigt die zwiespältigen Effekte der virtuellen Räume, auf die die Bandbreite der Szenen für gleichgeschlechtlich liebende Menschen sich ausdehnte. Eine Netzwerkverbindung machte nun jeden Ort zu einem potenziell schwul-lesbischen Ort. Das Internet generierte jedoch nicht nur neue Sichtbarkeiten, sondern auch neue Unsichtbarkeiten. Durch die Online-Kontakte verloren Bars, Cafés, Klappen und Beratungszentren einen Großteil ihrer früheren Bedeutung. Mehrere Erzählpersonen beklagen ein Schrumpfen der Offline-Szene seit der Jahrhundertwende und machen dafür die neuen Medien und Kommunikationsmöglichkeiten verantwortlich. Zudem kann das Ineinander von analogen und digitalen Szenen die Einzelnen auch verwirren. Gerade jüngere Menschen, sagt Herr Ückert, hätten sich inzwischen so an den Austausch mit anonymen Chat-Partner*innen gewöhnt, dass sie sich kaum noch auf ein Gespräch mit einem greifbaren Gegenüber einlassen könnten. Und Herr Uhl beobachtet eine Diskrepanz bei jungen Schwulen zwischen ihrem Online-Wagemut – »hochsexualisiert« – und ihrer Offline-Schüchternheit.

Auch das Internet schuf also neue Spielräume, indem es pluralisierte und individualisierte, und stiftete zugleich Verwirrung durch Fragmentierung und Flexibilisierung. Zwischen Partys, Demos, Kneipen, Klappen, Beratungszentren und Online-Foren fiel es den Einzelnen einerseits immer leichter, einen Zugang zu dem für sie passenden Teil der schwul-lesbischen Welt zu finden. Andererseits brachte die wachsende Vielfalt eine gewisse Orientierungslosigkeit mit sich und war es für die Akteur*innen immer schwieriger herauszufinden, wie sie sich in welcher Situation verhalten sollten. Die Diversifizierung der Szenelandschaften ermöglichte zum einen ein Mehr an Offenheit und produzierte zum anderen ein Mehr an Unsicherheit.

EX OCCIDENTE LUX: AKZEPTANZ SEXUELLER VIELFALT IM WESTEN?

Schaut man auf die Bundesrepublik im transnationalen Vergleich, drängt sich zunächst der Eindruck auf, dass sie sich in der Phase des Ankommens zu denjenigen Ländern gesellte, in denen Schwule und Lesben zunehmend gesellschaftlich akzeptiert wurden. Durch die teilweise Entkriminalisierung der Homosexualität, die Erfolge der Emanzipationsbewegungen und die Normalisierung des gleichgeschlechtlichen Begehrens rückte die zuvor besonders restriktive Bundesrepublik immer näher an liberale Vorbilder wie die Niederlande oder Dänemark heran. Im nordwestlichen Nachbarland war Homosexualität seit dem 19. Jahrhundert, im nördlichen seit 1933 nicht mehr strafbar. Dänemark ermöglichte 1989 zudem weltweit erstmals die Eintragung schwuler und lesbischer Partnerschaften. Und die Niederlande waren 2000 die Ersten, die die Ehe für gleichgeschlechtliche Paare öffneten. Nachdem Deutschland durch den Nationalsozialismus und in den Nachkriegsdekaden seine einstige Vorreiterrolle in puncto Toleranz sexueller und geschlechtlicher Vielfalt verloren hatte, schloss man nun wieder zu dieser Avantgarde auf. Das ist die homosexualitätenhistorische Variante von »Liberalisierung« und »Westernisierung«.[39]

Schwule und lesbische Aktivist*innen beobachteten genau, was in anderen Ländern vor sich ging. Neben der Schweiz, England und Frankreich wurden dabei die Ost- und die Westküste der Vereinigten Staaten immer wichtiger. New York und San Francisco galten spätestens ab den 1980er-Jahren als Vorbilder für Subkulturen und Emanzipationsbewegungen auf der ganzen Welt. 1979 firmierten Demonstrationen in Bremen und West-Berlin erstmals als Christopher Street Days. Damit erinnerten sie an den Aufstand, mit dem Schwule, Lesben und Transpersonen 1969 gegen eine Polizeirazzia in der New Yorker Bar Stonewall Inn protestiert hatten.[40] Dieses Ereignis stellte der Film *Armee der Liebenden oder Aufstand der Perversen*, der 1979 in die bundesdeutschen Kinos kam, als Gründungsmoment der »Bürgerrechtsbewegung« dar, die, so hielt eine Besprechung beeindruckt fest, in den USA »2000 aktive Schwulengruppen« umfasse, wovon ein Viertel »Organisationen der Lesben« seien.[41] Auch die Wahl von Elaine Noble als offene Lesbe ins Repräsentantenhaus von Massachusetts im Jahr 1974 und Initiativen wie die 1981 gegründeten *West Coast Lesbian Collections* wurden in der Bundesrepublik aufmerksam registriert.[42] Für die Homo-Ehe-Diskussion waren Anregungen von jenseits des Atlantiks ebenfalls entscheidend.[43]

Aufgrund dieser Entwicklungen betrachteten immer mehr Menschen den Westen als liberal und homofreundlich und im Kontrast dazu den Rest der Welt als homofeindlich. Organisationen wie die International Gay Association und Amnesty verhalfen einem menschenrechtlichen Diskurs zur Geltung, der anhand von drei im Lauf der Zeit entwickelten Kriterien – Entkriminalisierung, Diskriminierungsschutz, Anerkennung schwuler und lesbischer Partnerschaften – einige Staaten als fortschrittlich, andere als rückständig bewertete.[44] Dieses Schema rückte die Bundesrepublik in die Nähe des vermeintlich vorbildlichen Westens, von wo aus immer mehr Schwule und Lesben den Kampf gleichgeschlechtlich begehrender Menschen gegen Verfolgung und Stigmatisierung im globalen Osten und Süden solidarisch unterstützten.

»Wie einfach ist es doch hierzulande für eine Idee zu arbeiten«, für die Menschen sich anderswo »schlagen lassen müssen«, hieß es bereits 1970 mit Blick auf die griechische Militärdiktatur. Ins Visier der Kritik geriet in den folgenden Jahren auch die Homo-Unterdrückung in Osteuropa, auf Kuba, im Nahen und im Mittleren Osten.[45] Wegen der dortigen Restriktionen, so die Annahme, würden sich gleichgeschlechtlich begehrende Menschen nach wie vor in heterosexuellen Ehen verstecken, anstatt sich selbstbewusst als Schwule oder Lesben zu zeigen. Die globale Anwendung dieses westlichen Sichtbarkeitsstandards übersah sowohl kulturelle Unterschiede im Ausdruck des gleichgeschlechtlichen Begehrens als auch die Fortdauer des Sich-Verbergens in der Bundesrepublik.[46] So verfestigte sich die Vorstellung vom homofreundlichen Westen und vom homophoben Rest der Welt.

Dieser vermeintliche Gegensatz spiegelte sich in ausländerfeindlichen Einstellungen bei einigen Schwulen und Lesben, die jungen Männern mit türkischem, arabischem und nordafrikanischem Migrationshintergrund vorwarfen, sich öfter als ihre sozusagen einheimischen Altersgenossen an homofeindlichen Attacken zu beteiligen.[47] In diesem Sinn äußert auch Herr Franke Vorbehalte gegenüber »Migranten nichtdeutscher Herkunft«. Sie wollten, sagt er, das »Rad der Geschichte wieder rückwärts drehen«, und er befürchte, dass »die« ihn »auf der Straße wieder bespucken und bekämpfen« würden. Die Angst vor übergriffigen Migranten mischt er mit der Erinnerung an homophobe Deutsche ohne Migrationshintergrund, die ihn in den 1970er-Jahren attackiert hatten. Zugleich übertreibt er die Akzeptanz, die gleichgeschlechtlich liebenden Menschen zum Zeitpunkt des Interviews in Deutschland entgegengebracht wurde. Um einen umso schärferen Kontrast zur rückständigen Schwulenfeindlichkeit der »Ausländer« zu konstruieren, sagte er 2009, dass gleichgeschlechtliche Paare hierzulande »einfach heiraten« könnten, obwohl er durchaus wusste, dass Ehe und Lebenspartnerschaft damals rechtlich nicht gleichgestellt waren. Solche homonationalistischen Denkfiguren überschätzen die quasi einheimische Toleranz, indem sie die Homophobie von Migrant*innen aus nicht-westlichen Teilen der Welt aufbauschen.[48]

Einige Phänomene stellten den postulierten Gegensatz zwischen homofreundlichem Westen und homofeindlichem Rest der Welt jedoch infrage. Nicht ins Bild passten zum Beispiel die deutschen Sextouristen, die gerade in Ländern außerhalb der sogenannten westlichen Wertegemeinschaft ihr gleichgeschlechtliches Begehren ausleben wollten, weil man ihren speziellen Vorlieben gegenüber dort aufgeschlossener sei, so das Argument, als im nur scheinbar toleranten Westen. Bedauerlicherweise, hieß es in der *Du & Ich*, finde man »in Europa« nur selten Partner, die »zum Analverkehr bereit« seien, während er in Ländern wie Marokko »die gebräuchlichste Form homosexueller Intimbeziehungen« darstelle.[49] So gerieten ausgerechnet homopolitisch und anderweitig äußerst repressive Staaten zu Orten, nach denen manche Schwule sich sehnten. Als 1972 im damals noch franquistischen Spanien schwule Touristen verhaftet wurden, zeigte ein Bericht im *Don* Verständnis für die »Diktatur[] konservativen Stils«, anstatt die polizeiliche Verfolgung anzuprangern. Da »Flugzeuge, Busse und Autos ganze Ladungen Homosexueller« im Küstenort Torremolinos »ausspucken«, könne man es dem Regime nicht verdenken, wenn es sich gegen die »touristische Überfremdung« der lokalen »Sitten« zur Wehr setze.[50]

Einige schwule Reisende meinten also – die Kenntnis der lokalen Codes und Gepflogenheiten vorausgesetzt – von der in Andalusien üblichen Offenheit gegenüber bestimmten Formen des zwischenmännlichen Begehrens profitieren zu können. Und zwar insbesondere dann, wenn das autoritär-faschistische Regime dafür sorgte, dass keine Massen von schwulen Touristen auf allzu offensichtliche Weise gegen die ortsüblichen Regeln der Zeigbarkeit verstießen. Bestimmte Teile des schwulen Spektrums waren mithin von den Möglichkeiten begeistert, die gerade Länder ihnen boten, deren Regierungen alles andere als liberal waren. Letztlich ist das wenig verwunderlich, passt politische Unterdrückung doch auf fatale Weise sehr gut zu der ökonomischen Ausbeutung und den rassistischen Hierarchien, auf denen der Reiz sextouristischer Fernreisen beruht. Auf besonders abstoßende Weise wird das deutlich, wenn reiche weiße Pädosexuelle in Nordafrika oder Südostasien den Bestimmungen zu entgehen versuchen, die Kinder andernorts vor sexueller Gewalt schützen.[51] Solche Fluchten in nicht-westliche Weltgegenden, die bestimmten Formen des gleichgeschlechtlichen Begehrens gegenüber vermeintlich besonders aufgeschlossen waren, wurden zwar in den schwulen Zeitschriften immer nachdrücklicher kritisiert, aber die Strukturen und Verhaltensweisen, auf denen sie basierten, verschwanden deswegen mitnichten.[52]

Auf ganz andere Weise nährten Perspektiven auf die DDR Zweifel an der These, dass Schwule und Lesben allein im Westen wirklich glücklich werden könnten. Um in der Systemkonkurrenz des Kalten Krieges nicht von der westlichen Propaganda vereinnahmt zu werden, ließen die Schwulen- und Lesbenzeitschriften Vorsicht walten, wenn sie die Situation männerliebender Männer und frauenliebender Frauen in der Deutschen Demokratischen Republik mit der in der Bundesrepublik Deutschland verglichen.[53] Deswegen wurde der »politischen Diktatur« im Osten mitunter eine »moralische Diktatur« im Westen gegenübergestellt.[54] Hüben wie drüben, hieß es, hätten gleichgeschlechtlich begehrende Menschen gegen »spießbürgerliche Vorstellungen und Vorurteile« anzukämpfen. Das falle im Osten Deutschlands jedoch schwerer, weil »die Medien zentralisiert« seien und deswegen nicht öffentlich über alternative Lebensentwürfe diskutiert werden könne. Außerdem sei es für gleichgeschlechtliche Paare in der DDR oft unmöglich, eine Wohnung zu bekommen.[55]

Auch von dem gescheiterten Versuch, eine »Interessengemeinschaft« homosexueller Männer und Frauen zu gründen, wurde im Westen berichtet. Schwule und Lesben seien in der sozialistischen Gesellschaft zwar gleichberechtigt, hieß es, aber als Gruppe dürften sie

»eigene Probleme« nicht formulieren und sich nicht für ihre besonderen Anliegen einsetzen. Deswegen gelinge es nur sehr wenigen, »unbeschadet Selbstbewußtsein zu entwickeln, offen und kritisch zu werden«.[56] In der DDR gebe es daher, so ein Bericht von 1987, nur eine einzige eigenständige, also nicht mit schwulen Männern kooperierende Lesbengruppe. Weil die Staatssicherheit solche Initiativen behinderte oder zerschlug, könnten sich diese zudem lediglich in Räumen der evangelischen Kirche treffen.[57] Die Situation war also alles andere als einfach.

Allerdings ließen sich auch Vorteile des schwul-lesbischen Lebens im Osten ausmachen. Zwei Lesben aus der DDR waren heterosexuelle Ehen mit westdeutschen Männern eingegangen, um ausreisen zu können. Die Szene im Westen begeisterte die Neuankömmlinge nicht wirklich. Sie setzten sich »kritisch mit hiesigen Erscheinungen« auseinander und vermissten den »weniger coole[n]«, offeneren und persönlicheren Umgang, den sie »drüben als positiv erlebt« hatten.[58] Rechtliche Entwicklungen nährten ebenfalls Zweifel am homopolitischen Vorsprung des Westens. Bereits 1988 beendete die DDR die strafrechtliche Diskriminierung gleichgeschlechtlich begehrender Menschen, sechs Jahre früher als die BRD.[59] In den späten 1980er-Jahren sprachen sich zudem immer mehr Medien jenseits der Mauer gegen die Diskriminierung des gleichgeschlechtlichen Liebens und für die Gleichberechtigung von Schwulen und Lesben in der sozialistischen Gesellschaft aus. Die vom VEB Volk und Gesundheit herausgegebene Zeitschrift *Deine Gesundheit* fragte, mit »welchem Recht [...] Homosexuelle von anderen als unmoralisch bezeichnet, diffamiert und benachteiligt« würden.[60] Im deutsch-deutschen Vergleich erwies sich die Annahme, dass der Westen eindeutig homofreundlicher sei als der Osten, mithin als fragwürdig.

In entgegengesetzter Himmelsrichtung zeigte der Blick auf die Vereinigten Staaten, dass diese nicht nur als leuchtendes Vorbild, sondern auch als abschreckendes Beispiel dienen konnten. Die bundesrepublikanischen Zeitschriften befürworteten mitnichten alles, was jenseits des Atlantiks passierte. Manche waren beeindruckt, andere irritiert von der Radikalität der US-amerikanischen Emanzipationsbewegungen. Deren konfrontativere Strategie rührte jedoch nicht zuletzt daher, dass Schwule und Lesben in den USA viel harscher verfolgt wurden als in der Bundesrepublik. Einvernehmlicher Sex zwischen erwachsenen Männern stand in einigen Staaten bis 2003 unter Strafe. Auch die homophobe Kampagne Anita Bryants, die Homosexuelle 1977 als »pervers« und »rauschgiftsüchtig« diffamierte, und die Vergewaltigung einer Lesbe durch die Gruppe »S. H. U. N. (Stoppt homosexuelle Einigung jetzt)« verurteilten westdeutsche Aktivist*innen aufs Schärfste.[61] In den 1980er-Jahren bedrohte zudem die Aids-Politik der Reagan-Regierung das Leben vieler gleichgeschlechtlich begehrender Menschen. Die USA waren in der Phase des Ankommens also nicht nur ein Vorbild, sondern vor allem auch ein Land, in dem homofeindliche Kräfte wirkten, deren Anwachsen es in der Bundesrepublik unbedingt zu verhindern galt.

Der Gegensatz zwischen homofreundlichem Westen und homophobem Rest der Welt ließ sich also aus verschiedenen Richtungen in Zweifel ziehen. Die Unterscheidung von Freiheit und Unterdrückung ist zwar durchaus relevant, aber es wäre verfehlt, sie auf die globale Diskrepanz zwischen Westen oder Norden und Osten oder Süden zu reduzieren. Stattdessen sollte man die Diversifizierung von Gesellschaften überall auf der Welt berücksichtigen und in ihrem Inneren zwischen konservativeren und liberaleren Milieus unterscheiden, die frauenliebenden Frauen und männerliebenden Männern bestimmte Möglichkeiten entweder eröffneten oder verwehrten.

ÜBERGÄNGE STATT GRENZEN: RÄUME ZWISCHEN STADT UND LAND

Trennte die Differenz zwischen Stadt und Land in diesem Sinn progressivere von traditionelleren Milieus? Man könnte zwar annehmen, dass die Akzeptanz sexueller Vielfalt in den Städten schneller und umfassender um sich griff als auf den Dörfern, aber letztlich geriet in der Phase des Ankommens auch die Vorstellung von der Metropole als Sehnsuchtsort aller Schwulen und Lesben ins Wanken. Eine Voraussetzung dafür war der Infrastrukturwandel, der den vormaligen Kontrast zwischen Stadt und Land vielerorts in einen fließenden Übergang verwandelte. Der Ausbau des Straßennetzes, die zunehmende Automobilisierung und das werktägliche Hin und Her der Pendler*innen beschleunigten Sub- und Periurbanisierungsprozesse.[62] Früher, so Herr Wisneck, sei Schwulsein in dem »500-Seelen-Kaff« Braitenrod »nicht möglich« gewesen. Aber seit der Ort zu einem urbanen »Ballungsraum« gehöre, sei die »Akzeptanz« enorm gewachsen. Auch Frau Gruberova denkt, dass sie und ihre Partnerinnen auf dem Land nie ausgegrenzt wurden, weil sie in den Einzugsgebieten größerer Städte lebten.

Zudem intensivierten das Fernsehen und später auch das Internet den Austausch zwischen Stadt und Land. Nicht zuletzt weil »Fernsehserien und Filme« den Menschen vor Augen führten, dass Lesben und Schwule »genau dieselben Schwierigkeiten« hätten »wie Heteroleute auch«, sagt Frau Jäger, gebe es »mittlerweile« auch »aufm Land« nicht mehr »Gerüchte [...] ohne Ende«, wenn zwei Frauen zusammen wohnen. Das Fernsehen strahlte die Akzeptanz sexueller Vielfalt also buchstäblich aufs Land aus und trug so zu einer Urbanisierung des Ruralen bei. Städtische Einstellungen diffundierten ins Ländliche.[63] Zudem erleichterte das Internet gleichgeschlechtlich begehrenden Menschen das Leben auf dem Land. Wo früher Telefongespräche gefährlich waren und Briefe postlagernd verschickt wurden, damit Familienmitglieder und Nachbar*innen nichts mitbekamen, da machte das Netz vieles leichter, schneller und günstiger. Für Frau Lippold spielt der Austausch mit anderen Lesben über einen E-Mail-Verteiler eine ausschlaggebende Rolle. Über dieses Online-Netzwerk organisieren die auf dem Land lebenden Frauen zahlreiche Aktivitäten.

So wurde der Topos vom homophoben Land immer mehr zu einer nostalgischen Vorstellung, der nur noch diejenigen anhingen, die nicht wahrhaben wollten, dass sexuelle Vielfalt mittlerweile auch auf dem Land zur Normalität geworden war. Dieses uneinsichtige Leugnen der Fortschrittlichkeit des Landes wird mittlerweile selbst im Fernsehen persifliert. Herr Gärtner glaubte früher, es gäbe außer ihm in der gesamten Gegend keine anderen männerbegehrenden Männer: »Ist wie hier, Little Britain, der einzige Schwule im Dorf.« In der von 2003 bis 2006 produzierten Comedy-Serie *Little Britain* stellt der schwule Dorfbewohner Daffyd Thomas die offenkundige Offenheit der walisischen Landbevölkerung beharrlich in Abrede und beklagt sich über eine Ausgrenzung, die er sich nur einbildet.

Aber die Übertragung von Emanzipationserfolgen machte den Unterschied von Stadt und Land nicht irrelevant. Interessanterweise betonen mehrere Erzählpersonen, dass Akzeptanz auf den Dörfern, wo noch jede*r jede*n kennt, etwas ganz anderes bedeutet als in der Großstadt. Als er und Rolf sich 2001 verpartnerten, war für Herrn Pohl »klar«, dass sie das nicht in der Stadt, sondern in Löchtesum tun würden: »Wo ich wohne, wo ich meine Steuern bezahle, wo ich geboren bin.« Beide waren »baff erstaunt«, wie viele Leute ihnen gratulierten, auch solche, mit denen sie sonst nur wenig zu tun hatten. Es war »wie bei einer normalen Hochzeit«. Das hätte es in der Stadt so nicht gegeben. Ähnlich überrascht klingt Frau Lehmann, wenn sie von ihrer Verpartnerung mit Edith erzählt. Das »halbe Dorf« sei uneingeladen erschienen, um mit ihnen zu feiern. Viele würden auf solche Überraschungen sicher gern verzichten, aber Herr Pohl und Frau Lehmann freuten sich über die unerwartete Aufmerksamkeit. Für sie gehört der intensivere Kontakt mit den Nachbar*innen zu den Vorteilen des Landlebens. Diese Nähe ermöglicht eine gelebte Akzeptanz, die sich in ihren Augen positiv abhebt von der indifferenten

Toleranz, mit der man Schwulen und Lesben in großen Städten oft begegnet.

Andere Gesprächspartner*innen geben Wohnorten, an denen man einander kennt, ebenfalls den Vorzug. Herrn Gärtners Tür ist nie verschlossen. Wenn eine Nachbarin ihm etwas vorbeibringt, während er nicht zu Hause ist, kann sie die Sachen einfach in der Küche abstellen: »In der Stadt« würde »es das ja nicht geben«. Wegen dieses Vertrauens findet auch Herr Wisneck, dass man als Schwuler auf dem Land »gemütlicher« lebe. Und Frau Gehring fühlt sich »in der Kleinstadt selbstsicherer als in 'ner großen Stadt«. Trotz der Annäherungen zwischen urbanen und ruralen Gegenden verschwanden also nicht alle Unterschiede. Das Dorf war zwar nicht mehr so wie früher, aber immer noch mehr als einfach ein etwas weiter vom Zentrum entfernter Teil der Stadt. Während die Einsicht um sich griff, dass gleichgeschlechtlich Liebende da wie dort auf Akzeptanz oder auf Ablehnung stoßen konnten, redeten Schwule und Lesben immer mehr von anderen Aspekten des Stadt- und des Landlebens. Die einen schätzten die ländliche Ruhe, die Naturnähe und den engen Kontakt mit den Nachbar*innen, die anderen die Lebendigkeit urbaner Szenen, das kulturelle Angebot und die Möglichkeit, fremde Menschen kennenzulernen. So entwickelte sich zwischen Großstädten und Dörfern ein Spektrum schwuler und lesbischer Lebensstile, zwischen denen die Einzelnen wählen konnten.

Herr Uhl wuchs auf dem Land auf und schätzt die Bodenständigkeit der dortigen Menschen im Unterschied zur pompösen Operettenhaftigkeit mancher Schwuler, die er in der Stadt kennenlernte. Mit dieser für ihn typisch urbanen Oberflächlichkeit konnte er sich nie anfreunden, aber dennoch zog er nach dem Abitur nach A., weil die »städtische Umgebung« ihm erlaubte, einen bestimmten »schwulen Lebensstil« zu verwirklichen: so »wie ich ihn für mich definiere«. Dabei ging es jedoch allein um individuelle Vorlieben. Er braucht die Nähe der politischen und der subkulturellen »Szene«, um seine Vorstellung vom Schwulsein leben zu können. Männerbegehrende Männer mit anderen Lebensentwürfen, so Herr Uhl, seien auf dem Land sicher besser aufgehoben. In diesem Sinn begannen in den 1980er-Jahren auch die Zeitschriften zwischen dem »Lebensstil« von »›Großstadtlesbe[n]‹« und dem von »›Provinzlesbe[n]‹« zu unterscheiden.[64] Erstere waren gegenüber Letzteren nicht mehr unbedingt im Vorteil. Es kam vielmehr darauf an, worauf die Einzelnen Wert legten und wie sie leben wollten.

Damit verlor die Flucht vom Land in die Stadt ihre frühere Bedeutung. Wie sich dieser Wandel vollzog, verdeutlicht die Lebensgeschichte des 1949 geborenen Herrn Melling. Von Anfang an fühlte er sich quasi ausweglos an das Dorf gekettet, in dem er zur Welt kam. In Hemmenden musste er sich den heteronormativen Erwartungen seiner Umgebung fügen. Sein Vater wollte, dass er den Familienbetrieb, eine Schlosserwerkstatt, übernahm und eine Familie gründete: »Die Richtung war vorgegeben, obwohl ich mich [...] in diesem Korsett so wohl nicht gefühlt habe.« Nur zeitweise konnte er diesem Gefängnis entkommen, um in der Stadt sein gleichgeschlechtliches Begehren zu erkunden. Als Jugendlicher besuchte er Verwandte in L., wo ihn der Anblick von US-Soldaten »elektrisiert[e]«. Diese Ausflüge waren jedoch gerahmt vom Überschreiten einer Schwelle – raus aus dem Dorf –, das fest mit der unvermeidlichen Rückkehr verkoppelt blieb. Genauso erzählt Herr Melling auch von seiner Abreise nach Kanada, wo er ab 1973 einen zweijährigen Auslandsaufenthalt verbrachte: »Als wir losgefahren sind mit 'm Auto, [...] guck [ich] zurück und seh das Dorf hinter mir so langsam wegrücken.« In diesem Moment habe er sich gedacht: »Wenn ich wieder zurückkomme, dann will ich sexuell erfahren sein.«

Zwei Jahre später lernte er auf der Rückreise in Manila tatsächlich einen Mann kennen, mit dem er im Hotel Sex hatte. Zuvor war er jedoch in Kanada seiner späteren Ehefrau begegnet. Er wich temporär vom heterosexuellen Lebensweg ab, ohne dessen Bahnen wirklich zu verlassen. Das Wegfahren aus dem Dorf zog die Rückkehr nach sich. Herr Melling übernahm zwar nicht die Werkstatt, aber er heiratete und hatte zusammen mit seiner Frau drei Söhne. Als Elektro-Ingenieur unternahm er viele Geschäftsreisen und besuchte dabei Schwulensaunen. Wieder genoss er gelegentliche Ferien vom ländlichen Ehe- und Familienalltag:

> das war richtig GEIL, ja, das war, das war schön. das war aber für mich wie so 'n, wie so 'n paradiesgarten, der mit der wirklichkeit nichts zu tun hat. ich geh da rein, die tür öffnet sich in das paradies, die schließt sich hinter mir, ich bin in 'ner ganz anderen welt [...]. hier kann ich alles machen, was, wo, wonach mir der, der SINN steht, die LUST steht. und ich verlass diesen paradiesgarten wieder, die tir-, tür schließt sich hinter mir, ich bin wieder in der normalen, in der realen WELT, und da hat so was keinen platz.

Er kontrastiert das schwule Paradies allerdings nicht mit der Hölle des Dorfes. Im Gegenteil, auf dem Land fand sein wirkliches Leben statt, fühlte er sich zu Hause. Dort lebte seine Familie und wuchsen seine Söhne wohlbehütet auf. Die fantastischen Saunen besuchte er nur der sexuellen Befriedigung wegen. So blieben die ländlich-familiären und die urban-schwulen Dimensionen seines Lebens streng voneinander getrennt.

Das änderte sich erst, als Herr Melling 1986 von seiner HIV-Infektion erfuhr. Zunächst dachte er, der Besuch beim Arzt würde nach dem gewohnten Muster eines temporären Ausflugs in die nun weniger paradiesischen Ecken der schwulen Welt ablaufen:

> ich hab dann das auto da aufn parkplatz gestellt, das weiß ich noch genau, dann hab ich den schlüssel ins schloss gedreht, damals waren noch nicht die fernbedienungen, ja, und dreh den rum, denk ich so, du, (.) nachher, in fünf minuten stehst du wieder hier und tust den schlüssel ins, ins schloss, äh, stecken, und dann machst du einen LUFTSPRUNG, das ist also (klatscht in die hände) die welt in ordnung und alles ist klar und so weiter. und diese zeit, die tust du jetzt einfach wie in trance, gehst da rein, lässt dir das ergebnis geben, kommst raus, schlüssel rum, bist im auto und HURRA, und fährst dann also BEGLÜCKT, wie der glücklichste mensch auf der welt, fährst du wieder heim.

Nach einer längeren Pause fügt er hinzu: »So war's nicht.« Mit der HIV-Infektion bricht Herrn Mellings bisheriger Lebensentwurf zusammen. Angesichts der wenigen Zeit, die ihm vielleicht nur noch blieb, schien es sinnlos, sich ab und zu Urlaub vom Alltag zu gönnen. Er begann, sein Familienleben auf dem Land mit seinem schwulen Leben in der Stadt zu verbinden. Er besuchte die Szene nicht mehr, um heimlich Sex zu haben, sondern um sich in einer Selbsthilfegruppe mit anderen seropositiven Männern über Ängste und Sorgen auszutauschen. Mit diesen Gesprächen in der Stadt und mit langen Spaziergängen im Wald gelang es ihm, seine Verzweiflung Schritt für Schritt zu bewältigen. Schließlich sprach er auch mit seinen Söhnen über sein Schwulsein und seine HIV-Infektion. Anfang der 2000er-Jahre fand er dann einen Freund, der ihn regelmäßig in Hemmenden besuchte. Dort wohnte er zusammen mit seiner Frau auch noch zum Zeitpunkt des Interviews, mittlerweile als ein schwuler Mann, der aus freien Stücken auf dem Land lebte, von wo aus er gelegentlich in die Stadt fuhr, um die Szene zu besuchen, und der danach gerne wieder aufs Dorf zurückkehrte.

Auch andere Erzählpersonen kombinieren die Annehmlichkeiten des Ruralen mit den Vorzügen des Urbanen. Einige verbringen ab und zu einen Abend oder ein Wochenende in der Stadt, andere optieren für eine Art Mittelweg zwischen Metropole und Dorf: den mittelstädtischen Lebensstil. Zwischen urbaner Hetze und ruraler Langeweile verbinden Mittelstädte die Vorzüge und vermeiden die Nachteile beider Welten. Seit den 1980er-Jahren haben sie daher auch für Schwule und Lesben an Attraktivität gewonnen.[65] Trotz seiner Begeisterung für den »Moloch« Berlin lebt Herr Zimmermann in A. mit seinen ungefähr 300 000 Einwohner*innen, wo das »Feld« ebenso nah sei wie die »Disco«. Und Frau Jäger gefällt es in E. besonders gut. Seit 1991 ist sie eine der damals knapp 150 000 Einwohner*innen. So wie viele andere entdeckte Herr Riedel gegen Ende seines aktiven Berufslebens die Vorzüge der nicht ganz so großen Stadt: Er könne »alle wichtigen Dinge« rasch erledigen und habe dann seine »Ruhe«. Und mit Homofeindlichkeit müsse er auch nicht rechnen. Es gebe einen »Buchhändler, der mit seinem Freund offen lebt«, und von ihm und seinem Partner wüssten auch alle, dass sie ein Paar sind. Probleme gebe es keine.

Schwule und Lesben flohen in der Phase des Ankommens also nicht mehr in die Metropolen, weil sie meinten, nur dort offen leben zu können. Stattdessen entschieden sich die Einzelnen je nach ihren Vorlieben für einen dörflichen, klein-, mittel- oder großstädtischen Lebensstil. Mit Blick auf das Spektrum zwischen urbanen und ländlichen Räumen kann man mithin ebenfalls von einer Pluralisierung oder Fragmentierung schwul-lesbischer Lebenswelten sprechen. Innerhalb dieses sich verbreiternden Feldes mussten die Akteur*innen die für sie passende Option wählen und am richtigen Ort ihren Lebensentwurf verwirklichen. Statt einem einzigen Ausweg standen nun viele Wege offen.

Schwule und lesbische Szenen diversifizierten sich in mehrerlei Hinsicht: zwischen öffentlicher Zurschaustellung gleichgeschlechtlicher Intimität und privater Zurückhaltung; zwischen Sex im Schlafzimmer und Sex im Park; zwischen Kneipen, in denen Schwule und Lesben unter sich blieben, und Lokalen mit einem gemischten Publikum; zwischen politischen und subkulturellen Szenen; zwischen autonomen und öffentlich geförderten Orten; zwischen der Bundesrepublik und dem Ausland; zwischen urbanen und ländlichen Umgebungen. Es gab immer mehr Möglichkeiten und die Entscheidungsspielräume der Einzelnen vergrößerten sich. Dadurch wuchs allerdings auch das Risiko, die falsche Wahl zu treffen und zu scheitern. Diejenigen, denen es trotz der Normalisierung der sexuellen Vielfalt nicht gelang, den eigenen Ansprüchen gerecht zu werden und als Schwule oder Lesben ihr Glück zu finden, konnten nicht mehr ohne Weiteres die homophobe Gesellschaft für ihr Schicksal verantwortlich machen. Vielleicht hatten sie selbst versagt, sich an einem bestimmten Punkt falsch entschieden, allzu voreilig eine Beziehung beendet, zu lange an einer Partnerin festgehalten, nicht genug auf ihre Gesundheit geachtet, Karrierechancen nicht genutzt und daher kein ausreichend hohes Einkommen zur Verfügung? Die neue Vielfalt schwuler und lesbischer Lebenswelten war auch eine Herausforderung.

DIE BEWÄLTIGUNG EMOTIONALER PROBLEME: ANGST VORM SCHEITERN?

Wie gestaltete sich unter den Bedingungen von Diversifizierung und Normalisierung das schwul-lesbische Gefühlsleben? Entwickelten sich neben der radikalen Offenheit nuancierte, weniger freimütige Arten, mit dem eigenen Fühlen umzugehen? Kam es gar zu einer Re-Privatisierung des gleichgeschlechtlichen Liebens, zu einem Rückzug aus der politischen Öffentlichkeit? Manche Kritiker*innen beklagen, dass in der Phase des Ankommens immer mehr Lesben und Schwule sich vom Kampf gegen hetero-sexistische Zwänge abwandten und es sich stattdessen im post-emanzipatorischen Innenraum ihrer Gefühle, ihres Vergnügens und ihrer Beziehungen gemütlich machten.[66] Andere Beobachter*innen begrüßen dagegen die gesellschaftliche Liberalisierung, die es selbstbewussten Schwulen und Lesben erlaubte, ihr Leben völlig angstfrei so zu gestalten, wie sie wollten.[67] Eine weitere Gruppe von Kommentator*innen bezweifelt diese Erfolgsgeschichte und betont die problematischen Effekte der Normalisierung und der Vorstellung von einem glücklichen schwulen und lesbischen Leben, das vermeintlich alle führen könnten, wenn sie sich nur genug anstrengten.[68] Dieser Erfolgsdruck nährte die Sorge, an den eigenen Ansprüchen zu scheitern, zu versagen. Zwischen Angstfreiheit und neuen Ängsten: Wie entwickelte sich das Gefühlsleben frauenliebender Frauen und männerliebender Männer in der Phase des Ankommens?

FÜHLEN LERNEN: THERAPEUTISIERUNGSPROZESSE

Am Postulat der emotionalen Offenheit hielt man auch in den 1980er-Jahren fest. Die Einzelnen sollten ihre Gefühle zeigen und ausführlich darüber sprechen. Sie lernten, ihre Angst vor Ablehnung und ihr gleichgeschlechtliches Begehren nicht mehr abzustellen, wegzuschlucken oder in sich hineinzufressen. Stattdessen begannen sie, freimütig über ihr Fühlen zu reden. Allerdings taten sie das weniger, indem sie ihre Wut in lautstarkem politischem Protest herausschrien. Vielmehr wollten sie im Alltag aufmerksamer mit den eigenen Gefühlen umgehen. Frau Gruberova sagt, »dass ich mich mehr trau, mich mehr zumute«. Sie versuchte also ihr eigenes Gefühlsleben bewusster zu gestalten und erwartete auch von denjenigen, denen sie ihr Fühlen »zumutete«, sich reflektiert damit auseinanderzusetzen. Sie wollte ihre Emotionen ernst nehmen, aber sich nicht von ihnen treiben lassen. Im Lauf der Zeit verschaffte sie sich so eine »gewisse Souveränität« im Umgang mit ihren Gefühlen. Inzwischen fürchte sie sich deutlich weniger als früher sowohl vor der Zurückweisung durch andere als auch vor dem eigenen unbändigen Fühlen. Sie erlebt es »intensiver«, kommt »besser« damit »zurecht«: »Das haut mich net mehr so um.«

Frau Gruberova geht es dabei auch, aber bei Weitem nicht nur um ihre Liebe zu Frauen. Ihr war generell daran gelegen, ihre emotionale Unsicherheit zu überwinden und souverän mit ihrer Angst, Scham, Freude, Trauer, Sehnsucht und Verzweiflung umzugehen, die sie in ihren Beziehungen, aber auch auf der Arbeit und in sämtlichen Bereichen ihres Alltags erlebte. Wie bei anderen Erzählpersonen folgte ihr Streben nach emotionaler Souveränität also nicht nur einem schwullesbischen, sondern einem breiteren gesellschaftlichen Trend: der Therapeutisierung.[69] Diese stellte den Einzelnen in Aussicht, mithilfe therapeutischen Wissens ihr Leben und ihr Fühlen besser in den Griff zu bekommen. So interessierten sich auch immer mehr Lesben und Schwule für paar-, gestalt- und verhaltenstherapeutische Ansätze, besuchten Selbsthilfegruppen und kauften eine wachsende Zahl schwul-lesbischer Ratgeberbücher.[70] Dieses Angebot sollte den Einzelnen helfen, die psychischen Folgen der Diskriminierung zu verarbeiten, aber auch ganz allgemein ihre Beziehungs- und anderweitigen Probleme zu bewältigen. Dass Schwule und Lesben sich dem Therapeutischen zuwandten, war nicht selbstverständlich. Psychiatrische, psychotherapeutische und psychoanalytische Expert*innen wollten Homosexuelle lange Zeit von ihrem vermeintlich fehlgeleiteten Begehren heilen. Erst in den 1980er-Jahren öffneten sich größere Teile des Sektors für Schwule und Lesben und entwickelten Angebote, die das gleichgeschlechtliche Begehren nicht pathologisierten, sondern akzeptierten oder sogar affirmierten.[71]

Von der zunehmenden Homofreundlichkeit des therapeutischen Feldes profitierte auch die 1952 geborene Frau Gruberova. Ende der 1970er-Jahre erlitt sie einen Zusammenbruch, nachdem eine Kollegin, in die sie verliebt war, sie empört zurückgewiesen hatte. Daraufhin verbrachte sie vier Monate in einer psychosomatischen Klinik. Dort konnte sie, dank der Hilfe des Personals, mit einer anderen Patientin ihr Frauenbegehren erstmals offen ausleben. Sie bekamen »sogar Zimmerschlüssel«, für den Fall, dass sie sich »mal zurückziehen wollten für Zärtlichkeiten oder auch Sex«. Nach dem Sex seien ihre körperlichen Beschwerden schlagartig verschwunden. Daraufhin habe ihr Therapeut gesagt, dass sie jetzt ja wisse, »wo sie's hinzieht«. Ein halbes Jahr später trennte sie sich von ihrem Mann. Ende der 1990er-Jahre entschloss sich auch die damals fast 50-jährige Frau Schneider während eines Aufenthalts in einer psychosomatischen Klinik, die eine »spezielle Abteilung für Lesben« hatte, ihren Mann zu verlassen. Ausschlaggebend für diese Entscheidung war der Silvesterabend, den sie zusammen mit Frau Gruberova in der Klinik verbrachte. Die beiden hatten einander ungefähr zwei Jahre vor Frau Schneiders Therapie kennengelernt und waren auch zum Zeitpunkt des Interviews noch ein Paar.

Allerdings stieß das gleichgeschlechtliche Begehren in einigen therapeutischen Settings nach wie vor auf Ablehnung. Der 1945 geborene Herr Ückert besuchte in den 1970er- und 1980er-Jahren neben schwulen Selbsterfahrungsgruppen auch Psychotherapie- und Kommunikations-Seminare für ein breiteres Publikum. Dabei stand er vor einem Dilemma. Wenn er sein Schwulsein nicht ansprach, verstieß er gegen das Gebot der Offenheit. Und wenn er sich outete, musste er mit homofeindlichen Reaktionen rechnen. Daher machten ihm gerade »sehr knuddelig[e] Übungen« Angst, bei denen er anderen männlichen Teilnehmern körperlich nahekommen sollte. Nach einer solchen Situation beschwerte sich sein Übungspartner: Es sei »eklig« gewesen, wie Herr Ückert ihn »angefasst« habe. Dieser fand die Berührung dagegen »völlig harmlos« und »in dem Setting überhaupt nichts Aufregendes«. Der Streit kulminierte in einer Ohrfeige, woraufhin Herr Ückert seinem Kontrahenten »zwischen die Eier« trat. Nachdem sein Männerbegehren auf diese Weise zum Thema geworden war, erzählten die »ganzen Heterotypen« in der Gruppe, wie »sie schon mal mit 'm Mann irgendwo was« gehabt hätten. So wollten sie ihr Mitgefühl zeigen und zugleich ihre Aufgeschlossenheit unter Beweis stellen. Und Herr Ückert saß daneben »wie der Depp«, als der scheinbar Einzige, der seine Sexualität nicht unverkrampft ausleben konnte.

In einem anderen Seminar drängte der Therapeut ihn, vor der Gruppe über sein »Problem« zu sprechen. Andernfalls würde er Herrn Ückert weitere Einzelsitzungen verweigern. Daraufhin rang dieser sich zur Offenheit durch: »Und dann hab ich erzählt, dass ich schwul bin. Und dann brach 'ne Welt für mich zusammen.« Diesen Kollaps Mitte der 1980er-Jahre schildert Herr Ückert als einen entscheidenden Wendepunkt in seinem Leben. In den daran anschließenden therapeutischen Einzelgesprächen begann er, seinen »hilflos[en]« Umgang mit dem eigenen Fühlen zu überwinden. Heute sei er in »Gefühlssachen« deutlich »entspannter« und könne ohne Schwierigkeiten »thematisieren [...], wie es mir jetzt geht dabei oder so«. Für manche war es also alles andere als leicht, ihr Gefühlsleben erfolgreich zu meistern und dem therapeutischen Anspruch folgend ihr Gefühlsmanagement zu optimieren.[72]

Auch Frau Gruberova beschreibt eine persönliche Krise als entscheidenden Auslöser für einen emotionalen Lernprozess. Anfang der

1990er-Jahre kam es in ihrer Beziehung mit Marion zu für sie unerträglichen Spannungen. Sie traute sich jedoch nicht, die Probleme anzusprechen und den Konflikt zu suchen. Erst nachdem sie geträumt hatte, dass ihr »Mund voll mit Glasscherben« sei, »sodass nichts mehr rein und auch nichts mehr raus ging«, wusste sie: »Jetzt musst du sprechen.« In der Paartherapie, die sie daraufhin mit Marion machte, und seither in zahlreichen Seminaren, vor allem zum Neuro-Linguistischen Programmieren, lernte sie, »bewusst« mit ihren Gefühlen umzugehen. Nur in der Konfrontation, durch Reflexion und Thematisierung wurde ihr Fühlen für sie handhabbar. Heute kann sie ihre Emotionen souveräner und »dem Anlass entsprechend« ausleben. Sie hat eine Balance gefunden zwischen Intensität und Gelassenheit, zwischen dem körperlichen Fühlen – »so hier in dem Brustbereich« – und der reflektierenden Wahrnehmung der eigenen Gefühle im »Kopf«.

Der emotionale Lernprozess zielte also nicht auf ein emphatisches Zulassen jeglichen Fühlens, sondern auf ein ausgewogenes Verhältnis zwischen Körper und Verstand, auf einen bedachten Umgang mit den eigenen Emotionen. So hat auch Frau Jansen in einer Psychotherapie Anfang der 2000er-Jahre gelernt, »'ne Distanz zu schaffen«. Früher hätte ihr Fühlen sie »beherrscht« und sei sie schnell »am Ende« gewesen. Heute lasse sie diese Gefühle »nicht mehr zu«. Es ging also nicht darum, die Gefühle zu befreien. Sie sollten vielmehr geordnet und bearbeitet werden. Hier zeigt sich kein getarntes Selbst, das sein eigentliches Fühlen hinter einer Fassade verbirgt, und auch kein authentisches Selbst, das seinen Gefühlen folgt, sondern ein regulierendes Selbst, das mittels Reflexion das Gefühlsleben organisiert.[73] In der Phase des Ausweichens versuchten die Einzelnen ihr Innenleben vor Eindringlingen zu schützen. In der Phase des Aufbrechens wollten sie provokativ zeigen, was in ihnen vor sich ging. In der Phase des Ankommens spielte die Grenze zwischen Innen und Außen dagegen keine Rolle mehr. Weder sollte sie gesichert noch überschritten werden. Das Emotionsmanagement beruhte vielmehr auf der Unterscheidung zwischen einem fühlenden und einem reflektierenden Teil des subjektiven Innenraums. Damit hob es den Gegensatz zwischen den beiden älteren Mustern auf, integrierte die Opposition von Gefühl und Beobachtung quasi in sich selbst.

Diese Vorstellung von der gekonnten Regulierung des eigenen Gefühlslebens prägte den Alltag vieler Schwuler und Lesben. Über ein Drittel meiner Gesprächspartner*innen setzte sich als Patient*innen, Seminarteilnehmer*innen oder Leser*innen intensiv mit therapeutischem Wissen auseinander. Die Konzepte und Fachbegriffe, die sie sich dabei aneigneten, bestimmen auch ihre Erzählungen, beispielsweise wenn die entwicklungspsychologisch versierte Pädagogin Frau Jansen emotionale Lernprozesse beschreibt oder wenn Frau Gruberova in der Terminologie des Neuro-Linguistischen Programmierens von einer »Referenzerfahrung« spricht. Wahrscheinlich waren viele nicht zuletzt deswegen dazu bereit, sich für die Studie über ihr Gefühlsleben befragen zu lassen, weil es ihnen aufgrund ihrer Vertrautheit mit therapeutischen Settings leichterfällt als anderen, über ihre eigenen Emotionen zu sprechen. So gesehen ist es weniger überraschend, dass über ein Drittel der Erzählpersonen im Lauf ihres Lebens entsprechende Kenntnisse erworben hatten.

Dass sich immer mehr Schwule und Lesben mit therapeutischem Wissen beschäftigten, belegen auch die Stimmen von Kritiker*innen, die sich über diesen Trend beklagten. Die »Psychowelle«, so hieß es, erschwere den »schwulen-politischen Kampf«, weil sie nicht nach gesellschaftlicher Veränderung, sondern allein danach strebe, das »Leben vieler Homosexueller glücklicher und entspannter zu machen«.[74] Statt in emanzipationsbewegten Zusammenhängen, wie noch bei der politisierbaren Wut der Protestierenden, kämen Gefühle nur noch in therapeutischen Settings zum Tragen. Die Einzelnen arbeiteten lieber an sich selbst als an der Überwindung der hetero-sexistischen Gesellschaftsordnung. Man warnte also vor einer Entpolitisierung des Emotionalen und der schwul-lesbischen Szene generell.

Historisch gesehen greift dieser Gegensatz zwischen emanzipatorischen und therapeutischen Anliegen deutlich zu kurz.[75] Der Kampf gegen die Pathologisierung des gleichgeschlechtlichen Begehrens und für die Akzeptanz des Schwul- und Lesbischseins auf den Feldern der Psychiatrie und der Psychologie hatte selbst eine politische Dimension. Gerade weil das Therapeutische immer mehr gesellschaftliche Bedeutung gewann, war es umso wichtiger, auch in dieser Arena für die Gleichberechtigung gleichgeschlechtlich liebender Menschen zu streiten. Zwar konzentrierte sich die Mehrzahl der psychotherapeutischen Ansätze auf vermeintlich individuelle Probleme, aber gleichzeitig behaupteten Theorien wie die vom Minderheitenstress, dass die Schwierigkeiten der Einzelnen letztlich aus der gesellschaftlichen Unterdrückung der Homosexualität resultierten.

Stigmatisierung macht krank, so das Argument. Deswegen war es auch aus therapeutischer Sicht unerlässlich, die hetero-sexistische Diskriminierung von Schwulen und Lesben zu bekämpfen.[76] Sogar der Anspruch, immer gekonnter mit den eigenen Gefühlen umzugehen, ließ sich als falsch verstandenes »Seelen-Fitnesstraining«, als eine Überforderung der Einzelnen in psychologischen Begriffen problematisieren.[77] Insofern sollte man nicht von einem Gegen-, sondern vielmehr von einem Ineinander von Therapeutisierung und Politisierung in der Phase des Ankommens sprechen. Selbst viele Aktivist*innen wollten sich nicht auf das Politische in einem allzu engen Sinn und die damit einhergehenden »nichts fruchtenden Grundsatzdiskussionen« beschränken. Sie wollten »[g]estrauchelte« Schwule und Lesben therapeutisch unterstützen und sich zugleich politisch für ihre Anliegen einsetzen.[78]

Dieses Navigieren zwischen emanzipatorischen Politiken und therapeutischen Ansätzen, das beide Seiten skeptisch betrachtet, prägt auch die Erzählung von Frau Voss. Sie distanziert sich von der aktivistischen Fokussierung auf den politischen Ernst ebenso wie vom therapeutischen Zwang zum Reden über Gefühle. Anfang der 1990er-Jahre war sie als ungefähr 30-Jährige nach der Trennung von ihrer Freundin sehr verzweifelt. Für diese Krise macht sie jedoch weder im emanzipatorischen Gestus die hetero-patriarchale Struktur der Gesellschaft verantwortlich, noch vertraute sie auf therapeutische Hilfe, um ihre persönlichen Probleme in den Griff zu bekommen. Stattdessen markiert in ihrer Erzählung ein tragikomischer Zufall den ausschlaggebenden Wendepunkt:

> dann hatte ich also auch gedacht, also mit dem leben, das lassen wir jetzt, (.) und [...] mir dann das skalpell geholt. [...] und dann dacht ich, das, irgendwie ist es aber auch blödsinn, (.) und dann hab ich das skalpell ausm bett geworfen und lag dann da noch herum, und dann dachte ich irgendwann, so, jetzt steh ich auf, und dann stand ich mit meinem fuß im skalpell, (.) hab ich fürchterlich geblutet und fürchterlich gelacht.

Dieses unvermittelte Umschlagen der Verzweiflung in Heiterkeit wird hier zum Auslöser eines Lernprozesses, in dessen Verlauf auch Frau Voss die Fähigkeit entwickelte, gelassener mit ihren Emotionen umzugehen. So oder so, ob mit oder ohne therapeutische Unterstützung, versuchten Lesben und Schwule, sich nicht mehr von ihren Emotionen überwältigen zu lassen, sondern ihr Gefühlsleben geschickt zu regulieren. Zwischen Aktivismus und Therapie eröffneten sich neue Wege zur Befreiung des gleichgeschlechtlichen Liebens.

DER STREIT UMS PAAR: EINENGUNG DES SCHWULEN UND LESBISCHEN SEXLEBENS?

Von der Befreiung des gleichgeschlechtlichen Begehrens war auch in den 1980er-Jahren nach wie vor viel die Rede. Moralische Zwänge und die Fesseln der Monogamie wollte man abschütteln. Dieses emanzipatorische Projekt schienen der Wunsch nach schwul-lesbischer Zweisamkeit und die Forderung nach der Homo-Ehe zu unterlaufen. Drohte der Rückzug ins partnerschaftliche Schlafzimmer den sex-radikalen Aufbruch der 1970er-Jahre zu verwerfen? Passten sich schwule und lesbische Paare immer mehr an heteronormative Vorgaben an, indem sie die Stabilität und die Exklusivität ihrer Zweierbeziehungen betonten?

Mit solchen Fragen wandten sich Kritiker*innen gegen die Hoffnung auf das private Liebesglück, die ihrer Meinung nach die Einzelnen von den eigentlichen Anliegen der Emanzipationsbewegungen ablenkte. Anstatt sich über die Diskriminierung Homosexueller zu empören und die Lust von heteronormativen Ketten zu befreien, machten es sich immer mehr Schwule und Lesben, so der Vorwurf, zusammen mit ihren Partner*innen in ihren geschmackvoll eingerichteten Wohnungen gemütlich.[79] Dieser Lebensentwurf hat also eine schlechte Presse. Deswegen lohnt es sich zu fragen, wie sich das schwule und lesbische Sex- und Beziehungsleben entwickelte.

In der Tat konstatiert der 1970 geborene Herr Uhl, dass für ihn und seine Altersgenossen »so 'ne etwas biedere oder exklusivere« Vorstellung von »Zweierbeziehung« eine größere Rolle spiele als für ältere Schwule, denen das »offensive Thematisieren« ihrer uneingeschränkten Lust am Herzen liege: »Mit wem hatte ich Sex, wann hatte ich Sex, wo hatte ich Sex und wie war der Sex.« Die »Schwulbewegten« mussten um »sexuelle Selbstbestimmung« kämpfen. Deswegen ist »freie Sexualität« ihnen wichtig. Seine Generation, so Herr Uhl, halte dagegen – nicht zuletzt aufgrund der Aids-Debatten – weniger von sexuellen Provokationen. Sie pflegen einen »schwulen Lifestyle«, »wo's weniger um den Sex an sich, sondern eher um das Drumherum geht«.

Dieser Bedeutungsverlust des Sexuellen trug mit dazu bei, dass gleich- und andersgeschlechtliche Intimitätspraktiken einander ähnlicher wurden. Männer wie der 1938 geborene Herr Kuhn und der 1949 geborene Herr Melling hatten das Küssen lange Zeit als eine Geste betrachtet, die allein heterosexuellen Paaren vorbehalten war. Beim schwulen Sex beschränkten sie sich deswegen auf Kontakte unterhalb der Gürtellinie. In den 1980er-Jahren wurde der Kuss dann aber zum festen Bestandteil des schwulen Intimitätsrepertoires, nicht zuletzt weil die HIV-Prävention ihn als »geil und safe« bewarb.[80] Solche Entwicklungen stellten immer mehr Ähnlichkeiten zwischen gleich- und andersgeschlechtlichen Paaren her, ohne dass alle Unterschiede verschwunden wären (vgl. Abbildung 14).

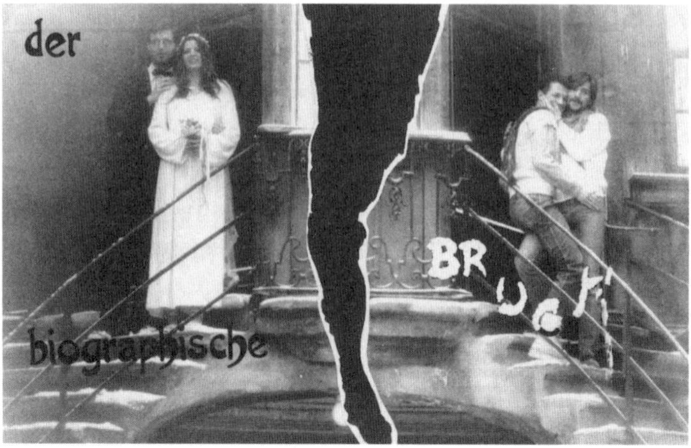

Abbildung 14: Zwei Paare derselben Medaille? Ohne weitere Angaben veröffentlichte Fotomontage, aus: *Rosa Flieder* (1982), 24, 12.

Unter Lesben gewann der Wunsch nach stabilen Partnerschaften ebenfalls an Bedeutung. Gerade für das Gefühlsleben der weiblichen Erzählpersonen wurden Paarbeziehungen immer wichtiger. Die Älteren sprechen über Liebe, Wut und Angst, wenn sie von Partnerschaften erzählen, aber ebenso oft wenn von Politik, Arbeit oder Familie die Rede ist. Die Jüngeren verbinden Gefühle dagegen enger mit ihren Zweierbeziehungen, während andere Bereiche ihres Alltags emotional für sie weniger relevant sind.[81] In diesem Sinn sagt die 1970 geborene Frau Jansen, sie habe intensive Gefühle vor allem mit ihren Partnerinnen erlebt. Dabei unterscheidet sie zudem sorgfältig zwischen Partner- und Freundschaften. Meine Frage, ob Claudia, mit der sie als Jugendliche eine Beziehung hatte, ihre »beste Freundin« gewesen sei, verneint Frau Jansen klar: »Nee, Claudia war die erste richtig große Liebe.« In der »Partnerschaft« gebe es »Leidenschaft, Liebe, Sexualität«, während solche Gefühle in einer »Freundschaft« nicht vorkämen.

Die 1943 geborene Frau Schmidt unterscheidet dagegen nicht scharf zwischen Freundinnen und Partnerinnen. So wie die meisten emanzipationsbewegten Lesben ihrer Generation spricht sie stattdessen davon, frauenbezogen zu leben: mit anderen Frauen zusammen arbeiten, politisch etwas bewegen, solidarisch sein, Frauen nahe sein, egal ob mit oder ohne Sex. Daher spielen Gefühle für Frau Schmidt in allen Bereichen ihres Alltags eine wichtige Rolle, nicht nur in ihren Paarbeziehungen. Sie ärgert sich darüber, dass Menschen skeptisch beäugt werden, wenn sie ihre Gefühle außerhalb ihrer Partnerschaften und ihres privaten Umfelds zeigen. Zusammen mit dem Stereotyp von den emotionalen Frauen und den rationalen Männern sorge diese Geringschätzung des Emotionalen im öffentlichen Raum dafür, dass Frauen nicht ernst genommen würden. Die Wut über derlei sexistische Vorurteile und die Liebe zu ihren Freundinnen und Mitstreiterinnen bestimmen Frau Schmidts Gefühlsleben. Das Sexuelle hat dagegen, anders als bei Frau Jansen, »nicht so 'n Stellenwert«. Dass es den »jungen Lesben« heute »so sehr auf Sexualität« ankommt, irritiert sie. Sie konstatiert also einen Bedeutungsgewinn des Sexuellen unter frauenliebenden Frauen, der mit einer zunehmenden Konzentration auf die Paarbeziehung einherging.

Im Zuge dieser Entwicklung distanzierten sich einige Gesprächspartnerinnen nicht nur vom feministischen Modell des frauenbezogenen Lebens, sondern auch vom uneindeutigen Muster der intimen Freundinnenschaft. Jahrzehntelang hatte Frau Schneider eine solche nach außen hin unverfängliche Beziehung mit ihrer besten Freundin Alma gepflegt, ohne dass die beiden sich als ein lesbisches Paar begriffen. Auf Almas 50. Geburtstag sagte ihre Mutter zu ihr und Frau Schneider: »Damals hab ich gedacht, ihr wärt lesbisch, aber da hab ich mich wohl geirrt.« Und Frau Schneider fügt hinzu: »Wir haben beide nichts dazu gesagt.« Ende der 1990er-Jahre begann sie jedoch, klar zwischen Freund- und Partnerschaft zu trennen. Sie hatte ihr Comingout und behandelte Alma fortan als eine Freundin, mit der sie, wie Frau Jansen sagen würde, weder Leidenschaft noch Liebe noch Sexualität teilte. Diese Gefühle waren nun Frau Gruberova vorbehalten, mit der Frau Schneider eine lesbische Partnerschaft einging. Seither steht diese Beziehung klar im Mittelpunkt ihres Sex- und Gefühlslebens.

Dass Paarbeziehungen wichtiger wurden, zeigt auch ein Blick in die lesbischen Zeitschriften. Dort plädierten verschiedene Autorinnen für Partnerschaften zwischen zwei selbstbewussten Lesben, die beide schon vor dem Kennenlernen wussten, dass sie mit einer anderen Frau zusammenleben wollten. Unklare Formen der Nähe zwischen zwei Frauen oder Beziehungen, in denen Frauen ihr gleichgeschlechtliches Begehren lediglich ausprobieren wollten, galt es zu vermeiden. Insbesondere »Lesben der nicht-offensiven Generation«, wie Frau Schneider, sollten nicht länger auf »den Zufall der richtigen Begegnung auf neutralem Boden« hoffen und so jede »halbwegs freundliche Begegnung mit einer Frau« zum heimlichen »Schauplatz weitergehender Träume« werden lassen. Stattdessen sollte »eine liebende Partnerschaft zwischen zwei Frauen« das Ziel sein.[82] Aber folgt aus dieser Konzentration auf das Paar tatsächlich, dass Lesben und Schwule sich in die Privatsphäre ihrer partnerschaftlichen Gefühle zurückzogen? Verlor ihr Sexleben an Radikalität, wurde es zahmer? Geboten neue Homo-Normen, Liebe und Begehren nur noch in festen Beziehungen zu empfinden und auszuleben?

Gegen diese Kritik am schwul-lesbischen Wunsch nach stabilen Partnerschaften lassen sich zwei Einwände formulieren. Zunächst einmal verzichteten diejenigen, die als Paar leben wollten, nicht unbedingt darauf, sich in der Öffentlichkeit politisch zu engagieren. Selbstverständlich konnten Partner*innen auch Aktivist*innen sein. Insofern kam es zu keiner Entpolitisierung, allenfalls die Ziele und die Strategien des emanzipatorischen Kampfes veränderten sich. Die sexuelle Freiheit wurde zu einem von mehreren Themen. Oder wie Herr Uhl es formuliert: Während die sexuelle Provokation für die Schwulenbewegten der 1970er-Jahre von herausragender Bedeutung war, kam es den Schwulen seiner Generation eher darauf an, »Veranstaltungen zum Weltaidstag« zu organisieren und »auf latente Homophobie«, aber auch auf »Rassismus« und andere Probleme »aufmerksam« zu machen. Eine weitere Form des Engagements wählten Frau Lehmann und ihre Partnerin. Die beiden begannen in den 1990er-Jahren, sich politisch zu engagieren, nicht obwohl, sondern gerade weil die

Rechte schwuler und lesbischer Paare ins Zentrum der Debatte rückten. Zusammen mit anderen Frauen und Männern streiten die Aktivismus-Neulinge seither für die Gleichstellung von homosexuellen Paaren. Der Fokus auf Partnerschaften führte also nicht zu einer Entpolitisierung, sondern zur Etablierung neuer politischer Strategien.

Zudem bedeutete die neue Wertschätzung des Paares nicht unbedingt, dass das schwul-lesbische Sexleben zahmer oder bürgerlicher wurde. Die Partner*innen orientierten sich in ihrem Verhalten ja schließlich nicht an der strikten Sexualmoral, die das Idealbild der heterosexuellen Ehe in den Nachkriegsdekaden bestimmt hatte. Vielmehr haben andersgeschlechtliche Beziehungsmodelle sich selbst radikal verändert und sich dabei auch von schwul-lesbischen Vorbildern leiten lassen. In puncto Gleichberechtigung kann man solche Entwicklungen beobachten, auch mit Blick auf serielle Monogamie, freie Liebe und Polyamorie.[83] Gelegentlich registrierten schwule und lesbische Zeitschriften diese Lockerungen und berichteten in exotisierender Manier aus der fremden Hetero-Welt, die auf unheimliche Weise doch vertraut zu sein schien.[84] Gleich- und andersgeschlechtliche Partnerschaftsvorstellungen näherten sich also einander an. Und auch deswegen war das Sexleben schwuler und lesbischer Paare weniger prüde, als es der Vorwurf der Verbürgerlichung nahelegt.

Dementsprechend ist es auch unsinnig, das Paar als eine neue Homo-Norm zu verteufeln, so als ob das gleichgeschlechtliche Begehren nur noch in festen und monogamen Zweierbeziehungen hätte ausgelebt werden dürfen. Neben der Partnerschaft gewann in den schwul-lesbischen Szenen der 1980er-Jahre ein zweites Ideal ebenso an Popularität: das ungebundene Single-Dasein. Dem Vergnügen mit häufig wechselnden Partner*innen redete man mindestens ebenso sehr das Wort wie dem Glück fester Beziehungen. Gerade schwule Männer wurden immer wieder zum Besuch von Klappen, Leder-Kneipen und anderen Orten animiert, wo die »spontane Sympathie über die Ereignisse der kommenden Minuten« entscheidet.[85] So gesehen war das Zusammensein, gleich ob fürs Leben oder nur für ein Viertelstündchen, das zentrale Gebot. Einsamkeit war der einzige Status, der wirklich mit einem Makel behaftet war.[86] Wer weder eine*n noch mehrere Partner*innen aufbieten konnte, war selbst schuld an seiner oder ihrer beschämenden Lage und galt rasch als unattraktiv oder bindungsunfähig oder beides.

Zwei Anforderungsprofile bestimmten also das schwul-lesbische Sex- und Beziehungsleben in der Phase des Ankommens: glückliche Partnerschaft mit einer und erfolgreiche Abenteuer mit vielen Personen. Die Einzelnen folgten weder einer vermeintlich strikten bürgerlichen Moral noch befreiten sie die Lust von sämtlichen Zwängen. Im Gegenteil: Kommerzielle Angebote gaben dem Leben der Singles ebenso wie dem der Paare einen bestimmten Rahmen vor, ob man Sexpartys besuchte, Dildos kaufte oder sich Handtuchsets fürs gemeinsame Badezimmer zulegte. Werbung, Ratgeber und Zeitschriften setzten ebenfalls Standards für das gute Leben als Paar oder als Single. Zwischen Flexibilität und Stabilität entstand so eine promiskmonogame Doppelnorm, die dazu führte, dass die Einzelnen immer mehr von sich selbst verlangten. Sie versuchten, sowohl ihr Sex- als auch ihr Beziehungsleben zu optimieren, und entsprachen dabei gerade deswegen bestimmten Vorgaben, weil sie sich – so wie alle anderen – frei entfalten wollten. Das Streben nach Individualität generierte einen enormen Konformitätsdruck. Egal ob sie als Singles oder in einer Beziehung lebten, alle wollten zeigen, dass sie den für sie richtigen Lebensentwurf gewählt hatten und glücklich waren. Und viele versuchten, die Vorteile einer Partnerschaft mit den Annehmlichkeiten eines abwechslungsreichen Sexlebens zu verbinden.

Daher war das Modell des schwulen und lesbischen Paars weit weniger unauflöslich mit dem Anspruch der Monogamie verknüpft, als man meinen könnte. Selbst die Befürworter*innen der Homo-Ehe warnten davor, sich den »Heteronormen« zu unterwerfen. Sie meinten damit vor allem die Idee von der »absolute[n] Treue«.[87] Laut Herrn Uhl schätzen die Schwulen seiner Generation das »etwas biedere« Format des Paares, aber er fügt hinzu, dass ihre Partnerschaften »wesentlich offener« seien, als es dieses »demonstrative Zusammenglucken« suggeriere. Zwischen Promiskuität und Monogamie eröffneten sich viele

Möglichkeiten, die feste Beziehung mit unverbindlichen Kontakten zu kombinieren. Die Einhegungen, die das Paar umgaben, waren durchlässig. Am deutlichsten zeigt das der Bedeutungsverlust der Eifersucht.

Während dieses Gefühl bei älteren Gesprächspartnern wie Herrn Schumann oder Herrn Kuhn eine wichtige Rolle spielt, distanzieren sich die Jüngeren von jeglicher Eifersüchtelei. Herr Uhl ist froh und stolz, weil er es im Lauf seines Lebens geschafft hat, sich von der »Eifersucht« und den damit verbundenen »Besitzansprüche[n]« zu lösen. Und Herr Franke besteht nur, wenn sie zusammen ausgehen, darauf, dass sich sein Freund keine anderen Männer anlacht. Sonst dürfe jeder »natürlich alles«, und wenn sein Freund ein »Sexdate« habe, »dann geht der da hin. Also das ist okay.« In den schwulen Zeitschriften wurde die Eifersucht ebenfalls als ein Problem betrachtet. Sie galt als Ausdruck einer verhängnisvollen christlichen Moral. Der »Wunsch nach sexuellen Beziehungen mit einer Drittperson«, hieß es, sei völlig normal, problematisch sei allein der »Besitzanspruch«, der sich diesem Wunsch verweigere.[88]

Wer bindungsfähig bleiben wollte, musste loslassen. Die »Partnerschaft für Fortgeschrittene«, hieß es 1984 im *Don*, überwand traditionelle »Treuevorstellungen«, so wie der Mann, der mit einem gewissen Michael in einer Fernbeziehung lebte. Er wusste von den »›Nebenmännern‹« seines Freundes und freute sich deswegen bei jedem Wiedersehen darüber, dass Michael keinen der anderen, sondern immer noch ihn liebte.[89] So gesehen festigten die Seitensprünge die Beziehung. In einem ähnlichen Sinn genießt Herr Gärtner den Gedanken an die Möglichkeit einer Affäre seines Partners, die »kleine« Eifersucht. Jedes Mal, wenn andere Männer seinen Mann »angucken und ihn toll finden«, wird sein Freund auch in seinen Augen attraktiver. Diese poröse oder nicht-hermetische Form der Zweisamkeit forderte die Einzelnen dazu auf, eine erfolgreiche Partnerschaft zu führen und zugleich sexuelle Erfahrungen mit anderen zu machen. Feste Beziehungen und unverbindliche Kontakte gingen Hand in Hand.

Unter Lesben wurde die Eifersucht dagegen weniger einhellig abgelehnt. Zwar mischte sich die Betonung der Partnerschaft hier ebenfalls mit dem Wunsch, das Frauenbegehren auch außerhalb von Zweierbeziehungen auszuleben. Sexpositive Aktivistinnen ermutigten Lesben, »Lust, Laster, Liebe und Leidenschaft oder Spaß, Sehnsucht, Sex und Sensationen« in allerlei Variationen zu genießen.[90] Manche empfahlen, das bürgerliche und hetero-patriarchale Modell des monogamen Paares in »Mehrfachbeziehungen« zu überwinden.[91] Aber die Forderung, das sexuelle Begehren von jeglichen Schranken zu befreien, war im lesbisch-feministischen Kontext immer umstritten. Denn mit Blick auf sexuelle Gewalt gegen Frauen hatte die Idee der entfesselten Lust auch etwas sehr Bedrohliches. Diese Kontroverse über die reizvollen und die gefährlichen Dimensionen des Sexuellen prägte auch die lesbische Debatte über die Vor- und Nachteile der Eifersucht.

Lesben müssten sich, so hieß es auf der einen Seite, von der »Heteroideologie der Liebe zwischen nur zwei Personen« mit ihren »großen Eifersuchtsscenen« befreien und stattdessen eine »freiere, offenere Umgangsform« miteinander und mit dem eigenen Frauenbegehren entwickeln.[92] Die andere Seite redete der Treue und der Monogamie das Wort. Den Vertreterinnen dieser Position galt die Kritik an den »›bürgerlichen Besitzansprüche[n]‹« als eine sexistische »Erpresserfloskel[] von ehedem«, mit der Männer Frauen gefügig machen wollten. Den Vorwurf, verklemmt zu sein, nur weil sie nicht in jede sexuelle Offerte einwilligten und nicht jedes Fremdgehen guthießen, wollten sich diese Aktivistinnen nicht länger gefallen lassen. Sie bezweifelten, dass alle Lesben die »schreckliche Eifersucht loswerden« wollten. Sie war für sie auch ein positiver Ausdruck der »Liebesheftigkeit«. Wenn die Eifersucht »zuende aufgeklärt[]« und verabschiedet würde, so die Befürchtung, wären emotionale »Katatonie« und »Kältestarre« unvermeidlich.[93]

Frauenliebende Frauen schätzten die Eifersucht mehr als männerliebende Männer. Das bestätigt ein Blick in die Interviews. Für ältere Gesprächspartnerinnen wie Frau Lippold ist dieses Gefühl ebenso wichtig wie für die fast 30 Jahre jüngere Frau König, die sich als »sehr eifersüchtig« beschreibt. Neben dem Kampf gegen die sexuelle Ausbeutung von Frauen und der daraus resultierenden Skepsis gegenüber einem allzu emphatischen Begriff von sexueller Freiheit können zwei weitere Überlegungen erklären, warum die Eifersucht Lesben mehr am Herzen lag als Schwulen. Ganz abgesehen von den emotionalen Schmerzen bargen Trennungen auch ein finanzielles Risiko, für Lesben noch mehr als für Schwule, die meist über ein besseres Einkommen verfügten. Wenn eine Beziehung scheiterte, fiel es den ehemaligen Partnerinnen nicht immer leicht, allein über die Runden zu kommen. Auch deswegen begrüßten Lesben es nicht unbedingt, wenn sich ihre Freundin für andere Frauen interessierte. Außerdem generierten feste Partnerschaften lesbische Sichtbarkeit. Schwule Männer profitierten in dieser Hinsicht von einer deutlich größeren und auffälligeren kommerziellen Szene, die sie auch alleine besuchen konnten. Frauen fiel es deutlich schwerer, als Lesben erkennbar zu werden, solange sie nicht oder sobald sie nicht mehr mit einer anderen Frau als Paar zusammenlebten. Deswegen war das Alleinsein aus lesbischer Perspektive nicht nur ein persönliches, sondern auch ein politisches Problem. Am besten, so meinten einige, sollte jede eine »Partnerin« finden und dann mit ihr eine »gute Dauerbeziehung« führen.[94]

Einmal mehr zeigt sich hier die politische Relevanz des Paares. Schwulen eröffnete die Betonung der Zweierbeziehung ebenfalls eine Erfolg versprechende Alternative zur Politik der sexuellen Provokation. Der Bedeutungsgewinn der Partnerschaft markierte also keine Entpolitisierung, sondern den Übergang zu einer Gefühlspolitik, die auf das Zusammenleben Wert legte, um öffentliche Sichtbarkeit zu generieren und Unterstützung zu mobilisieren. Das Sexleben der Einzelnen wurde dadurch nicht unbedingt zahmer und monogamer. Im Gegenteil: Zwischen der Flexibilität der Singles und der Stabilität der Paare, zwischen Schwulen und Lesben sowie zwischen gleich- und andersgeschlechtlich liebenden Menschen entwickelte sich ein Wettbewerb darum, wer die festeren Beziehungen führte, wer das erfolgreichere Sexleben hatte oder wem es am besten gelang, das eine mit dem anderen zu verbinden. Das private Glück zu finden geriet zu einer anspruchsvollen Aufgabe, bei der man jederzeit scheitern konnte. Die schwul-lesbische Gefühlswelt konnte unbehaglich sein.

SCHÜCHTERNHEIT UND DIE OPTIMIERUNG DES ANGSTMANAGEMENTS

Sich ständig um Verbesserungen bemühen, sich an den von anderen oder selbst formulierten Ansprüchen messen, dieses Ringen generierte zwiespältige Gefühlslagen. Neben der Frage, wie Lesben und Schwule sich gegen Diskriminierung wehren, wie sie sich weiter emanzipieren und noch mehr Anerkennung erstreiten könnten, standen sie auch vor der Aufgabe, in einem immer homofreundlicheren Umfeld glücklich zu werden. Gleichgeschlechtlich begehrende Menschen sollten ihre »eigene Homosexualität als Schicksal und Geschenk« begreifen, sodass ihr Leben »erfüllt« und von »Erfolg« gekrönt sein würde.[95] Wer bei diesem Versuch scheiterte, musste das als eigenes Versagen begreifen, den Fehler bei sich selbst suchen. In Zeiten der Normalisierung konnte man die Homophobie der Gesellschaft nicht mehr uneingeschränkt für den eigenen Misserfolg verantwortlich machen.[96]

Am deutlichsten zeigten sich die emotionalen Effekte dieses Optimierungsdrucks in der schwul-lesbischen Szene. Hier wurde bestimmt, was als erstrebenswert galt und wer sich im Wettbewerb um den Erfolg am besten schlug. Es ging darum, »konkurrenzfähig« zu sein und zu bleiben. Die Anstrengung durfte man sich allerdings nicht anmerken lassen. Krampfhaft versuchten viele, in der Szene »lockerer« und »entspannter« zu wirken. »Stress« war die unvermeidliche Folge.[97] Alle wollten, so erinnert sich Herr Pohl, »toll drauf« sein, »toll gekleidet« sein: »Jeder verdient noch mehr als der Nächste, jeder hat noch mehr als der andere.« Wegen dieses Wett- und Schaulaufens zog er sich schließlich aus der Szene zurück. Auch Herrn Helmlinger stresste die Subkultur in den 1980er-Jahren. Als er zusammen mit einem Freund, den er sehr attraktiv fand, ein schwules Lokal besuchte, dachte er sich beim Anblick der anderen Gäste: »Konkurrent, Konkurrent, Konkurrent, Konkurrent, ja, war völlig klar, zwei Drittel von den Leuten, die jetzt grad da sind, sind Konkurrenten.«

Diese Vielzahl von Gegnern nährte bei Herrn Helmlinger die Angst, dem Wettbewerb nicht gewachsen zu sein. Wegen seiner »Versagensgefühle« wagte er sich kaum noch in die Szene. Wenn er sich dann doch »reingetraut« hat, stand er da, »schlotternd vor Unsicherheit«, und markierte »nach außen hin natürlich den coolen Macker irgendwie«, weil er sich dachte: »Ich darf mir hier keine Schwäche geben.« Er konnte sich dem Leistungsdruck der Szene nicht entziehen, war kein über den Dingen stehender kritischer Beobachter. Er fühlte sich der Situation hilflos ausgeliefert. Was genau in den Bars vor sich ging, war dabei irrelevant. Denn das eigentliche Drama spielte sich in Herrn Helmlingers Gedanken ab. Anders als die Schwulen und Lesben in der Phase des Aufbruchs fürchtete er sich nicht vor von außen drohenden Gefahren. Ihn plagte eine innere, selbstbezügliche Angst vor seinem eigenen Versagen, vor dem Risiko, etwas falsch zu machen: »Was mach ich, wenn mich einer anschaut […], muss ich dann wegschauen, muss ich hinschauen, muss ich aufs Klo gehen, […] ich hatte wirklich keine Ahnung.« Weil er befürchtete, dass seine Ahnungslosigkeit offenbar werden könnte, sei er in der Szene immer »schweineschüchtern« gewesen, sagt Herr Helmlinger.

Ähnliche Ängste und Sorgen thematisierten auch die schwulen Zeitschriften. Von einer »sehr starken Unsicherheit« war dort die Rede, die so manchem »enorme Schwierigkeiten im sozialen und zwischenmenschlichen Bereich« bereite. Ein Leser bat unter dem Titel »Ich möchte doch nur glücklich sein« um Rat, weil er »zu schüchtern« sei und es ihm daher »wahnsinnig[]« schwerfalle, »Kontakt zu bekommen«. In ihrer Antwort kritisierte die Redaktion der *Du & Ich* die übersteigerten Ansprüche an die eigene Attraktivität und an die der potenziellen Partner, mit denen viele Schwule sich selbst und andere überforderten. Dem Ratsuchenden wurde empfohlen, in einer Selbsterfahrungsgruppe über seine Probleme zu sprechen und nach Lösungen zu suchen. Andere Beiträge stießen sich ebenfalls an den »Schönheitsidealen« der »Subkultur« und an dem dort üblichen »grausam[en]« Umgang miteinander. Unter der Überschrift »Dick und schwul« berichtete ein Autor von seinem »Minderwertigkeitskomplex«, der ihn daran hindere, sich in »Schwulenkreisen« unbefangen zu bewegen.[98]

Solche Schüchternheitsängste hingen eng mit der Sichtbarkeit und der Diversifizierung schwuler Szenen zusammen. In diesem für sie eigentlich günstigen Umfeld fürchteten die Einzelnen zu scheitern, trotz der vielen Möglichkeiten, die sich ihnen scheinbar allenthalben boten. Mut und Selbstsicherheit waren also nicht die einzigen Gefühlslagen, welche die zunehmende Akzeptanz der sexuellen Vielfalt bei den Akteur*innen auslöste. Die neue Normalität schuf neue Ängste. Anders als bei der schmiegsamen Vorsicht der Ausweichmanöver, die Strafen und Bloßstellungen vermeiden wollten, und anders als bei der emanzipatorischen Umarbeitung der Furcht vor Attacken in eine konfrontative Verteidigungsbereitschaft, gerieten hemmende Ängste in der Phase des Ankommens zu einem persönlichen Problem, zum Handicap beim Versuch, ein gelingendes schwules oder lesbisches Leben zu führen.

Die Prominenz der Angst vor dem eigenen Versagen bedeutet jedoch nicht, dass die Furcht vor homofeindlichen Angriffen gänzlich verschwunden wäre. Diese Sorge verlagerte sich vielmehr ebenfalls immer mehr in die Virtualität der eigenen Gedanken. In schüchtern-ängstlicher Manier befürchteten die Einzelnen schlimme Konsequenzen, wenn ihr gleichgeschlechtliches Begehren ruchbar würde, ohne die Toleranz ihres Umfelds je auf die Probe zu stellen. Frau Otte besuchte als junge Erwachsene nie die lesbische Szene, weil sie »Schiss« vor dem hatte, was nach ihrer Rückkehr von einem solchen Ausflug in ihrem Dorf, wie sie meinte, unweigerlich passieren würde. Dann hätte sie wohl »Fragen beantworten müssen«: »Was hast du gemacht? Warum bist du dann nach A. gefahren?« Und dabei, so befürchtete sie, hätte sie sich »hundertprozentig verplappert«. Und sie wusste, »dann gibt's Ärger«, obwohl sie nicht wusste, »wie dieser Ärger aussieht«.

Die angsteinflößende Situation ereignete sich lediglich in Frau Ottes Vorstellung. Und trotzdem oder gerade deswegen geschah: nichts. Weder besuchte sie ein lesbisches Lokal, noch verwandelte sich die latente Homofeindlichkeit ihrer Freund*innen und Nachbar*innen in offene Ausgrenzung. Was sie befürchtete, schwebte im Modus des Fraglichen und Konjunktivischen. Aber die Sorge darüber, was geschehen *könnte*, wenn sie bestimmte Dinge *täte*, reichte aus, um sie vom Ausleben ihres Frauenbegehrens abzuhalten. Sie habe zunehmend befürchtet, sagt Frau Otte, dass sie in ihren ängstlichen Gedanken irgendwann nur mehr um sich selbst kreisen und »da nicht mehr raus« kommen würde. Solche inneren Angstdramen, die sich in einem ereignislosen Zirkel der Hemmung bewegten, hielten Frau Otte später, nachdem sie zum Studium nach L. gezogen war und sich geoutet hatte, auch davon ab, auf lesbischen Partys »die Initiative« zu ergreifen und andere frauenliebende Frauen kennenzulernen. Wieder dachte sie die ganze Zeit darüber nach, was die anderen denken *könnten*, wenn sie dies oder das *täte*: »Mich kennen dann ja alle, die wissen ja immer alle, was ich gleich mache.« Daher sei sie bei ihren Erkundungen der Szene immer »sehr ängstlich und schüchtern« gewesen, habe vorgegeben, »die Coole« zu sein, sich »an den Rand gestellt« und aus sicherer Distanz das Geschehen »einfach mehr beobachtet«.

Die Schüchternheit, die Kontaktscheu, die Furcht davor, einen Fehler oder einen unvorteilhaften Eindruck zu machen, sowie der Versuch, diese zwiespältigen Gefühle hinter einer coolen Maske zu verstecken: Lesbische Kritikerinnen erklärten diese Hemmungen und diese Angst vor der eigenen Unzulänglichkeit ebenfalls mit der Szene-Konkurrenz und dem Optimierungsdruck, den die immer zahlreicher zirkulierenden Bilder vom gelingenden lesbischen Leben generierten.[99] Aber auch jenseits lesbischer und schwuler Arenen, auf Schulhöfen und Arbeitsmärkten wuchs in den 1980er-Jahren die Sorge, dem Wettbewerb nicht gewachsen zu sein, nicht nur dem um das perfekte Sex- und Beziehungsleben, sondern auch dem um eine erfolgreiche Karriere, die nicht zu finanziellem Misserfolg oder in die Armut führte.

Gerade die jüngeren Erzählpersonen thematisieren ein ganzes Spektrum von Sorgen: »Ich hatte Angst, meinen Job zu verlieren, […] ich hatte Angst, die Freundin zu verlieren, ich hatte Angst, im Alter kein Geld zu haben«, sagt die 1967 geborene Frau Gehring mit Blick auf die 2000er-Jahre. Auch Herr Albrecht hatte »Existenzängste, so finanzieller Natur«. Mitte der 1980er-Jahre galt er als 25-Jähriger nach dem Zivildienst und ohne Berufserfahrung beim Arbeitsamt »als schwer vermittelbar«, was nicht gerade sein »Selbstbewusstsein« stärkte.[100] Die Versagensängste ergaben sich also nicht nur aus dem Wettbewerb in der Szene und dem schwul-lesbischen Streben nach Perfektion. Vorurteile über Erwerbslose und der neoliberale Gedanke, dass alle ihren Erfolg oder ihren Misserfolg selbst in der Hand hätten, nährten bei vielen Menschen die Sorge, der ständigen Konkurrenz in allen Bereichen des Alltags nicht gewachsen zu sein.

Selbst beim Umgang mit diesen Sorgen ging es noch darum, wer das Problem besser und wer es weniger gekonnt meisterte. Die Furcht vor dem eigenen Scheitern sollte entweder überwunden oder zumindest produktiv gewendet werden. Es galt, mithilfe der Angst das eigene Verhalten so gut als möglich an die Erfordernisse der jeweiligen Situation anzupassen. Zahlreiche Ratgeber, Workshops und therapeutische Angebote versprachen, den Einzelnen bei dieser Arbeit an ihrer Unsicherheit zu helfen. Im Sinne eines perfektionierten Managements des Selbst sollte auch die eigene Ängstlichkeit optimal genutzt werden.[101] So konnte es den Einzelnen in »Schwulenbars« gelingen – auch und gerade in dem Wissen, dass dort die Konkurrenz im Zentrum steht –, »nett zu wirken« und nicht in die »Defensive« zu geraten. Wenn man mit der »Angst, abgewiesen zu werden«, so hieß es verheißungsvoll, richtig umgehe, könne man letztlich »überall, jederzeit und mit jedermann« flirten.[102]

Herr Albrecht fühlte sich früher sehr »unsicher[]», wenn er »in der Gruppe« etwas sagen musste. Durch Seminare »mit freiem Reden und so weiter« verschwand seine Zurückhaltung zwar nicht, aber er schafft es seither, sich sehr viel besser zu präsentieren und »irgendwas« zu reden. Auch Frau Fischer lernte durch ihre Auseinandersetzung mit verschiedenen Meditations-Techniken, die Angst, »verlassen zu werden«, positiv zu wenden. Seitdem versucht sie, »gleich hinzugucken«, wenn sie diese Furcht überkommt, und dann sagt sie sich: »Das schaffst du, und das hat dann ja auch 'nen Sinn für dich, und den wirst du, wenn du dich dafür öffnest, auch erleben, und dann wird das dich weiterbringen.« Zu anderen Mitteln griff Herr Schubert. Nachdem er in den 2000er-Jahren zweimal an Krebs erkrankt war, litt er unter »Panikattacken«. Nach der Einnahme von Psychopharmaka konnte er seine Ängste jedoch als ein behandelbares Phänomen begreifen. Seither hat er »gelernt«, seinen Sorgen »nicht so 'ne große Bedeutung zu geben«, sich nicht von ihnen überwältigen zu lassen, sondern sich trotzdem auch »zu freuen«, was ihm »heute sehr viel besser als früher« gelingt.

Herr Helmlinger hat seine Ängste und seine Schüchternheit heute ebenfalls »sozusagen anders im Griff«. Seit seiner Psychoanalyse Ende der 1990er-Jahre weiß er, dass er »das immer wieder aktiv angehen« soll. »Emotional« sei das »schon anstrengend, immer noch«, so »gegen [s]ich selber kämpfen« zu müssen. Aber gerade weil er das könne, lebe er mittlerweile »offen und sehr selbstverständlich« als schwuler Mann. Frau Otte lernte von ihrer Partnerin, mit der sie seit 1992 zusammen ist, Emotionen wie Wut und Angst zu zeigen und darüber zu sprechen. Einmal fuhr die Freundin mit ihr an einen menschenleeren Ort außerhalb der Stadt und ermutigte sie, ihre Gefühle herauszuschreien. Das kostete sie eine »wahnsinnige Überwindung«, aber dadurch habe sie gelernt, dass sie nichts zu befürchten hat, wenn sie ihre schwierigen Emotionen zeigt. Seither kann sie besser mit ihrem Zorn und ihrer Furcht umgehen.

Alle diese Erzählpersonen berichten von je besonderen Formen des Angstmanagements, das sie als eine permanente Herausforderung beschreiben. Immer wieder müssen sich die Einzelnen mit ihren eigenen Sorgen und Unsicherheiten auseinandersetzen, diese möglichst gekonnt bearbeiten. Anders als es die heroische Befreiungserzählung nahelegt, verschwanden zwiespältige Emotionen also auch in der Phase des Ankommens nicht aus dem Gefühlsleben gleichgeschlechtlich begehrender Menschen. Sie fürchteten sich anders und vor anderen Dingen als früher, aber Ängste hatten sie nach wie vor. Die Normalisierung führte ihnen die Möglichkeit eines glücklichen schwulen oder lesbischen Lebens vor Augen und belastete sie zugleich mit der Aufgabe, dieses Ziel zu erreichen. Diesen Optimierungsdruck und die sich daraus ergebenden Ängste vor dem eigenen Scheitern mussten die

Einzelnen erfolgreich meistern, um die in schwul-lesbischen und anderen Arenen formulierten Kriterien des Erfolgs zu erfüllen.

Zwischen Therapien und Selbsthilfegruppen, Partnerschaften und Single-Leben, Schüchternheit und Angstmanagement mussten Schwule und Lesben also immer fleißiger an der Verbesserung ihres Gefühlslebens arbeiten. Es wäre aber unsinnig, den Alltag gleichgeschlechtlich begehrender Menschen seit den 1980er-Jahren allein auf Normalisierung und Perfektionierungswettbewerb zu reduzieren. Nach wie vor waren frauenliebende Frauen und männerliebende Männer auch mit Stigmatisierung konfrontiert. Das zeigt vor allem die Aids-Debatte. Weiterhin kämpften Schwule und Lesben gegen Diskriminierung und für Gleichberechtigung. Der emanzipatorische Impetus trat auch dort zutage, wo das Optimierungsstreben kritisiert wurde. Von diesem Zwang, dem sie sich freiwillig unterwarfen, sollten sich Schwule und Lesben, so dachten manche Aktivist*innen, ebenfalls befreien, anstatt an ihren überhöhten Ansprüchen zu verzweifeln.[103]

Die einen beteiligten sich, die anderen kritisierten das Ringen um die Plätze auf der Sonnenseite des schwul-lesbischen Lebens. Daraus ergeben sich zwei unterschiedliche Lesarten der Unsicherheit. Als eine Schwäche, als Schüchternheit erscheint sie, wenn sie aus der Angst vor dem eigenen Scheitern entsteht, aus der Sorge, den Standards des schwulen und lesbischen Erfolgs nicht zu entsprechen. Als eine Stärke gerät sie stattdessen in den Blick, wenn Einzelne ganz bewusst auf den vermeintlichen Halt verzichten, den die gängigen Vorstellungen vom Erfolg bieten. Diese beiden Lesarten der Unsicherheit prallten in meinem Gespräch mit Frau Opitz aufeinander.

Ich nahm Frau Opitz als eine ängstliche Person wahr, unter anderem weil sie ihr Leben nicht als eine Erfolgsgeschichte erzählte, die in der Etablierung einer eindeutigen lesbischen Identität gipfelte. Sie begriff diese Nicht-Festlegung dagegen als Beweis ihrer persönlichen Stärke: Anders als die meisten Lesben könne sie sich kritisch von den gängigen Erwartungen distanzieren. Es sei nicht ihre Art, sagt sie, Vorgaben unhinterfragt hinzunehmen. Sie kann die Offenheit aushalten, die aus der ehrlichen Feststellung resultiert, dass sie heute nicht wisse, ob sie in einigen Jahren noch lesbisch sein oder doch lieber mit einem Mann zusammenleben werde. Damit verzichtet sie auf die Behauptung einer festen sexuellen Identität, die viele als eine wichtige Voraussetzung für ein gelingendes lesbisches Leben betrachten. Sie ist sich quasi ganz selbstbewusst unsicher über ihre Zukunft. In diesem Sinn konnten sich die Einzelnen in der Phase des Ankommens nicht nur von homofeindlicher Unterdrückung emanzipieren, sondern auch von den in schwulen und lesbischen Szenen formulierten Ansprüchen und den Ängsten, die sich daraus ergaben.

FÜNFTER O-TON: **FRAU SCHMIDT & HERR MEYER**

Mehrere Jahre hab ich alleine gelebt, ohne engere Beziehung. Dann lernte ich meine jetzige Lebensgefährtin kennen. Mit ihr leb ich mittlerweile 14 Jahre zusammen. Für mich ist ganz klar, mit ihr will ich leben. Ich hab sie auch ziemlich schnell meiner Familie vorgestellt. Für meine Mutter und meine Töchter war das nicht irgendwie was Besonderes. Umgekehrt war das anders. Die Mutter meiner Partnerin hat ganz diskriminierend reagiert. Als meine Freundin mich vorstellte: »Das ist jetzt meine Partnerin, mit der ich leben will und lebe«, da sagte die eine Schwester: »Die Familie nimmt zur Kenntnis.« Das war's dann. Und immer wenn wir ihre Mutter besucht haben, bekam ich diesen Schwiegersohn auf den Kaffeetisch serviert: »Der Klaus hat mich ja besucht, und der hat als Pfarrer ja 'ne gute Stellung in der Gesellschaft.« Und auf den konnte Mutter ja stolz sein. Ich als erwerbslose Lesbe war dagegen nicht willkommen. Ich fand das unmöglich! Und ich hab meine Partnerin aufgefordert, mit ihrer Mutter zu reden. Und dann hat sie sie aufgefordert, das sein zu lassen. Und dann ging das auch, unser Verhältnis war okay. Meine Partnerin war länger Familienfrau als ich, fast 30 Jahre, war mit einem Pastor verheiratet, auch eine spannende Geschichte. Deswegen ist Weihnachten eher belastend für sie gewesen, da musste sie eigentlich immer funktionieren und tun und machen. Für ihre Kinder ist das aber nach wie vor wichtig. Und dann gibt's oft Reibereien, Streit und Konflikt, auch zwischen mir und ihr, wo ich sag: Was ist das für 'n Fest?

Familie bedeutet mir, je älter ich werde, immer mehr. Familie ist aber auch meine Wahlverwandtschaft. Mit meiner Mutter kann ich leider nicht mehr so kommunizieren. Sie hat ein hohes Alter, und aufgrund von verschiedenen kleinen Schlaganfällen ist Kommunikation nicht mehr möglich. Und ich bin froh, dass ich meine Töchter hab.

Aus der Mutterfunktion bin ich raus. Ich geb ihnen manchmal einen Rat, vielleicht auch mal ungefragt, was so die Erziehung angeht. Und meine ältere Tochter verhält sich dann manchmal so abwehrend, wie ich mich damals verhalten hab, wenn meine Mutter irgendwas gesagt hat. Wie abhängig ich früher in der Ehe war, dass mir mein Haushaltsgeld zugeteilt wurde, können meine Töchter sich gar nicht mehr vorstellen. Ich erzähle das manchmal ganz vorsichtig, denn das ist ja ihr heiß geliebter Papa. Das ist auch okay. Ich hab nie versucht, da miese Meinung zu machen. Mein Enkelsohn kriegt jetzt 'n anderes Lebensmodell vorgelebt. Auch in Büchern. Diese Mama-Papa-Kind-Familie gibt's doch gar nicht mehr. Es gibt ja immer mehr Patchwork-Familien. Und der hat mal die Chance, wenn er für Männer fühlt: kann ich ja. Ich hatte die Chance nicht, hatte ja keine Vorbilder. Und beide Töchter haben auch so 'n bisschen was erzählt, wie ihre Kindheit mit einer lesbischen Mutter war. Das war für sie okay. Die Jüngere wurde gefragt, wie es für sie gewesen sei, zwei Mütter zu haben. Hat sie gesagt: »Ja, und? Wenn ich nach Hause kam, war immer eine da.«

Mit meiner jetzigen Lebenspartnerin war ich auch auf dem Standesamt. Ich halt eigentlich nichts von der Ehe. Wir haben das aus pragmatischen Gründen gemacht. Ich will sie beerben, wenn sie vor mir geht. Und sie soll mich beerben. Wegen der eingetragenen Partnerschaft muss ich nicht unbedingt bei ihr bleiben. Diese Abhängigkeit will ich nicht. Jede hat ihr Geld und ihr Konto, nicht so wie in der Ehezeit. Natürlich teilen wir die Miete und die Haushaltskosten. Und je älter ich werde, desto öfter sage ich mal: »Ich möchte jetzt gar nicht mit dir Hand in Hand, möchte gar nicht, dass andere mitkriegen, dass wir 'n Paar sind.« Aber ich find das ganz wichtig, dass Lesben und Schwule sich das Recht erkämpft haben, dass wir eine eingetragene Lebenspartnerschaft haben können, dass wir bei der Rente gleichgesetzt werden, wie die Heteros. Das find ich super. Wenn heute Christopher Street ist, dann ist da Halligalli angesagt, wie Karneval in Rio. Aber der letzte war wieder politischer. Das hat mir gut gefallen.

Heute ist das ja alles anders. Und das ist auch gut so, dass sich immer mehr Menschen im öffentlichen Leben zeigen. Es ist heutzutage nicht mehr so ein Tabuthema. Es ist schon irgendwie normaler geworden, also normal find ich irgendwo als Begriff blöd: Es ist selbstverständlicher geworden. Klingt besser. Damals hatte ich das Gefühl, ich muss mir das engagierter erkämpfen. Und wenn ich heute als Lesbe was will, zum Beispiel als Forscherin, dann kann ich das besser durchsetzen. Man traut sich nicht mehr zu sagen, dass das kein Thema sei. Als ich meine jetzige Lebensgefährtin kennenlernte, war ich schon raus aus der Szene. Aber an der Uni gibt es noch das Frauen-Lesben-Referat, und es werden immer noch Veranstaltungen ausschließlich für Lesben gemacht. Und es gibt dieses Genderstudium. Das hat sich etabliert. Und Professoren bieten das an oder trauen sich auch immer mehr, sich selber zu lieben. Also ich kenn zwei, wo es ganz klar ist, die haben 'ne Beziehung. Das waren meine Professorinnen vor 30 Jahren. Also ich denke, das Leben für jüngere Lesben ist heutzutage wesentlich einfacher.

Bis vor zwei Jahren habe ich auch noch gearbeitet. Hab auch Einzelfallhilfe gemacht. Das war sehr intensiv. Dann bin ich aber selber erkrankt an Krebs, Brustkrebs, und konnte vorzeitig in Ruhestand. Und das tut mir ganz gut. Meine Leute haben mich sehr unterstützt, haben gesagt: »Du gehst deinen Weg. Und wenn du keine Bestrahlungen mehr willst, dann ist das so.« Ich hab gemerkt, ich will das nicht. Und dann habe ich mich mit meiner Freundin beraten, und meine Partnerin hatte natürlich auch Angst und hat mich gebeten, das doch zu machen. Sag ich: »Du hast mich zu unterstützen oder lass mich.« Ich hab alles abgesetzt, aber immer mit guter Beratung. Es ist meine Gesundheit, mein Leben und mein Risiko. Das ist jetzt gut so.

Ich pflege nach wie vor meine Freundschaften. Eine meiner engsten Freundinnen habe ich damals gefragt, wie ich das als Mädchen gemacht habe: »Ich find dich so toll und sympathisch. Ich möchte gerne, dass du meine Freundin wirst.« Mit der bin ich jetzt immer noch befreundet. Das ist seit '92. Oder neulich hab ich auf dem Geburtstag einer anderen Freundin den Sohn der Frau getroffen, mit der ich die erste sexuelle Beziehung hatte. Ich sag: »Das ist ja spannend für mich. Ich hab dich kennengelernt, da warst du drei und hast dich in meinem Bad eingeschlossen. Wir mussten die Feuerwehr rufen.« Auch mit Männern bin ich inzwischen befreundet. Es gibt Lesben, die sagen: »Ich will keinen Kerl in meiner Nähe.« Das hat sich bei mir geändert. Bei der ehrenamtlichen Arbeit im Weltladen hab ich Stefan kennengelernt, 'n ganz sympathischer schwuler Typ, auch ein jüngerer, 'n bisschen älter vielleicht als Sie. Also meine Einstellung zu Männern hat sich geändert. Und Frauen oder Lesben gegenüber bin ich kritischer als noch vor 20 Jahren. Damals waren die für mich die Guten und die Lieben, und die Männer waren die Bösen.

Und wir haben auch Kontakt mit jüngeren Lesben. Die könnten vom Alter her unsere Töchter sein. Das find ich interessant, die so in ihrem Leben zu sehen. Da kommen auch manchmal so Erinnerungen: »Guck mal, das war für uns auch so damals.« Manchmal räum ich bei denen die Küche auf und sehe da ein Glas Rotwein. Dann sag ich zu meiner Freundin: »Das haben wir damals auch gebraucht zur Entspannung, nach so 'nem anstrengenden Arbeitsalltag.« Und ich suche jetzt auch den Austausch mit älteren Lesben. Ich bin in einem Verein, der heißt SAFIA, selbstbestimmt im Alter als Lesbe leben oder so ähnlich. Da kannst du erst hin, wenn du 40 bist. Und dann auch mit Patin, also du brauchst 'ne Fürsprecherin. Das ist jetzt ganz wichtig, damit da nicht rechte Lesben eintreten in den Verein.

Jetzt werde ich 65 und gucke: Was will ich eigentlich noch? Wie organisieren ältere Lesben ihr Leben zu zweit? Wie geht das, wenn eine krank wird? Dann auch so über die Vergangenheit nachdenken: Wie war das mit den Beziehungen? Wo schleichen sich alte Rollenstrukturen wieder ein? Ich denke, wir Lesben kopieren ganz schnell auch die andere Welt, in der wir waren, dieses heterosexuelle Muster, das ich nie wollte. Ich bin rausgegangen aus diesen Konventionen, das war für mich 'ne Befreiung. Diese Frauen-Lesben-Kreise, das war so faszinierend, anders, es war alles anders. Dass ich jetzt hier zum Gespräch bin, das passt alles irgendwie. Ich hab mich dafür entschieden, find das auch wichtig so als Zeitzeugin, was zu sagen.

Im Herbst 1989, zur Wende, bin ich zurück. Ich wohne in dem Haus, wo ich aufgewachsen bin. Ich hatte meine Stelle bei der Kirche. Dann gab es 2004 eine Reform, wo Fördergelder gestrichen wurden. Ich bin wider Willen gegangen worden, weil die Beratungsstelle nicht mehr da war. Ich war gerade 60 geworden. Und ich lebte mit meinen Eltern. Es gab diese wunderbare Szene, als ich ihnen vermittelte, dass ich HIV-positiv bin. »Es bleibt kaaner her«, sagte meine Mutter, es bleibt keiner hier. Ich mit dieser schweren Nachricht, und es löste sich auf wie Wolken, und die Sonne scheint durch, und es wird immer heller. Als meine Mutter dann zum Sterben kam, musste sie nur ein paar Wochen im Krankenhaus sein. Kurz nach Weihnachten 1997 kam sie heim, und am 5. Januar 1998 ist sie schon verstorben.

Mein Vater ist eineinhalb Nächte im Krankenhaus gewesen. Da ist er gestorben, mit 92 und einem halben Jahr. Wir haben nicht immer sehr glückliche, aber lebensprägende Aufs und Abs miteinander verlebt. Grad nachdem die Mutter lange verstorben war, gab es ganz viel unter die Gürtellinie. Ich hatte häufig Suizidgedanken, so arg war das. Mein Vater hat mich sehr geliebt. Den hab ich sehr geliebt. Weil der sich auch so toll noch entwickelt hat im Alter. Mein Vater hatte neben diesem Schreihals, neben diesen Dienereigenschaften auch 'ne sehr zärtliche Seite. Wie ich im Laufe des Lebens gemerkt hab, war er jemand, den man auch drücken konnte, wie die Mutter ihr Kind oder wie ein Freund seinen Freund oder 'ne Freundin, also schon emotional nah. Männer tun das eigentlich ja nicht. Aber bei ihm war es im hohen Alter sogar häufig, wenn er dann bisschen so verzweifelt war: »Ach, ich muss dich mal in den Arm nehmen.« Da war also ein Wandel. Ich hab dann auch gesagt, dass ich schwul bin. Aber mich zu fragen: »Wo hast du den kennengelernt? Wie geht das, ist das so ganz anders als bei Frauen?« Also da wäre der nie auf die Idee gekommen.

Ich wollte meinen Vater immer so behandeln, wie ich das für mich in Anspruch nehmen würde: als erwachsenen Partner. Auch das musste er lernen. Früher hatte er im Haus gebellt und nach draußen gebuckelt. Dadurch, dass ich ihn sehr akzeptiert habe und er sehr von mir animiert wurde, hat er noch ganz viel erlebt. Wir haben so Tagesfahrten mit dem Auto gemacht und immer mehr entdeckt, was mit diesem Mann noch alles ging. Ich hatte immer eine Tasche mit den Utensilien dabei: Pampers, Handtücher, Ersatzunterhosen, sogar 'n nasser Waschlappen. Wie 'ne Mama. Wenn's raus ging, waren seine Depressionen verflogen. Immer mehr Gelassenheit. Er, dem ja alles so peinlich war, konnte heiter werden. Sogar das mit dem Pinkeln wurde ein lustiges Thema: »Musst du?« »Nein.« »Aber bitte nicht zu spät.« Oder einmal zwickte das Bruchband. Mussten wir den ganzen Kladderadatsch runterziehen und neu anlegen. Sind wir irgendwo in den Tannenwald gefahren und Vater lag da auf der Kühlerhaube. Und der Vater sagte: »Gell, jetzt bräuchte man eigentlich einen Fotoapparat.« Da mussten wir so lachen. Diese Heiterkeit hat er früher nicht gehabt. Er öffnete sich immer mehr. Er merkte: »Auch wenn ich den manchmal furchtbar ärgere, bleibt er bei mir.« Und ich hab ihm vermittelt: »Bitte schön, bis hier und nicht weiter.« Das Hassliebeverhältnis mit dem Vater hat sich so zu einer wunderbaren Beziehung entwickelt. Als er 2005 verstarb, da hat mich das sehr getroffen.

Zwei, drei Jahre nachdem ich aus Gellenbronn weg war, hat mich dieser Richard besucht, der Bankmensch aus der schwulen Gruppe. Und ich frag ihn eher so nebenbei: »Was macht denn der Rüdiger?« »Der ist tot.« »Wie? Der ist tot?« »Ja, der ist an Aids gestorben.« So emotionslos. Und ich hatte plötzlich ganz viel Trauer in mir, dass so ein junger Mann stirbt. Der war erst Anfang 20. So ein pfiffiger Junge. Ich hab ihn dann später mal auf dem Friedhof besucht. Ich hab auch zufällig von einem früheren Kollegen gehört, dass Dieter Braun gestorben ist. Der war auch HIV-positiv. Ich hab schon gehadert: einfach solche Menschen wegzunehmen, ohne dass ich noch am Sarg stehen kann, ohne dass ich mich verabschieden konnte. Nachdem ich selber diese Botschaft vom Arzt hörte, meine HIV-Diagnose, ging ich zu 'ner befreundeten Ärztin. Die nahm mich erst mal in Arm. Und sie sagte fast hilflos: »Ach, Wolf-Peter, du hast noch lang Zeit.« Das Erste war: Scheiße. Und dann: Ach, du hast noch lange Zeit. Und da war auch so 'ne Solidarität.

1990 bekamen wir zwei Pfarrerinnen, die teilten sich die Pfarrstelle, und mit der einen bin ich allmählich ein bisschen gut bekannt geworden, bis auf den heutigen Tag. Wir sind wohl Freunde. Und die organisierten bei uns in Spertal eine Veranstaltung mit zwei Lesben und zwei Schwulen. Bin ich hin zur Pfarrerin und hab ihr gesagt: »Find ich ja total toll.« »Bleib mal besser daheim«, meinte sie, »du wohnst hier, die nicht. Du hast noch Möglichkeit genug.« Weise Frau. Was war? Sie entwickelten eine Gottesdienstform für Schwule und lesbische Frauen, hat die Kirche inzwischen auch veröffentlicht. Und in diesem Gottesdienst hatte ich einen Part zu lesen über König David: »Du warst mir Freude und Wonne. Du warst mir mehr, als Frauenliebe ist.« Zärtlicher, inniger geht's ja nicht. Ein klagender David, stellvertretend für Schwule und Lesben, die Freunde verlieren, die unterdrückt werden. Und diesen Part hatte ich, in der Dorfkirche, natürlich. Die Kirche war selten so voll. Und es gab persönliche Dankeschön von den Kirchgängern, die ehrlicherweise gerührt waren. Diese Pfarrerin tröstete mich auch in der Krebssituation. Und auch auf der Aidsstation in L. war ich nicht einsam und verlassen. Wer da alles kam! Wer mich auch in meiner Kur alles besuchte. Man kam aus Berlin, man kam von der Schwäbischen Alb. Glücksmomente, tiefe Dankbarkeit.

Ich habe keine Partnerschaft, aber einen Mantel von Freunden. Im letzten Oktober kannten Alfred und ich uns 40 Jahre. Das war mir wichtig. Wir wollten essen gehen. Am Abend vorher geht das Telefon: »Ich kann nicht kommen, bin erkältet.« Da ist in mir was zusammengebrochen. Du kennst den Mann, der ist 30, und jetzt ist er 71. Ich weiß noch, als ich ihm sagte, ich will die Fachhochschule besuchen. Da hat er gesagt: »Ach, wenn du anfängt zu studieren, dann geht das auseinander.« Er war halt unbeweglich. Jetzt erzählt er immer Krankengeschichten, Zipperlein rauf und runter. Er hatte auch mal einen Krebseingriff. Ich bin selbst krebskrank gewesen. Aber da muss ich doch nicht ständig drüber reden. Allmählich hat sich so 'ne Antipathie entwickelt. Und ich merke doch, dass da was Trauriges ist, nach 40 Jahren.

Ich besuche regelmäßig 'ne schwule 40-plus-Gruppe in Z. Das ist in einem Haus für Schwule, Lesben und Transgender. Das sind erst mal natürlich, wie ich auch, Männer über 40, die sexuell aktiv sind. Ich finde es toll, dass man das Ding denn auch beim Namen nennt. Einfach über sein neues oder zurückliegendes Verhalten nachdenkt. Wie geht man mit sich reduzierender Sexualität um? Heut guckt kaum noch jemand nach mir, nicht mehr so marktgerecht. Wie lebt man denn schwul, wenn man alt wird? Wie will ich leben? Es ist schade, dass es Leute gibt, die weder den CSD besuchen noch irgendwie sich outen. Ich hab schon große Schwierigkeiten, wenn Leute am CSD auf schwulen Karneval machen und dann wieder im Alltag verschwinden. Gleichwohl hat sich viel verändert. Ich bin nicht mehr einer von ganz wenigen, es gibt heute so viele, und man muss Solidarität organisieren. Dieses Kämpfen, das hat der CSD, auch in seiner Fröhlichkeit. Deswegen ist es mir sehr wichtig, im Zug mitzugehen, die schwule Fahne mitzuschleppen, wenn der Wind flattert, und Kinder laufen so gern da unten durch.

Manchmal jetzt mit meinem Alleinleben, wenn ich an diese Geschichten von früher denke, dem will ich mich nicht mehr so gerne stellen, weil ich dann so das Gefühl wie in diesem Film *Tod in Venedig* hab. Dieser alte Mensch da, der eigentlich wehmütig dem Jungen dauernd nachguckt. Und dann möchte ich mich dem noch nicht so hingeben, dass ich dieser Ältere bin. Auf der einen Seite 'ne nicht zustande gekommene Lebenspartnerschaft und auf der anderen Seite in der Rückwärtsreflexion auch ganz tolle Sachen. Mein Lebensglück ist, dass ich schwul bin. Nicht weil ich da anders bin, sondern wegen der Begegnungen. Und wenn man bei mir anruft, dann sagt der Anrufbeantworter: »Carpe diem, nutze den Tag, und bleiben Sie behütet.«

SCHLUSS
NEUE PERSPEKTIVEN AUF DIE ZEITGESCHICHTE DER HOMOSEXUALITÄTEN

Am 22. Juni 2017 hob der Deutsche Bundestag die zwischen 1945 und 1994 nach § 175 ergangenen Urteile auf. Rückwirkend wurde bestimmt, dass einvernehmlicher Sex zwischen Männern nie hätte strafbar sein dürfen. Die Justizopfer sollten Entschädigungen erhalten. Ohne Gegenstimmen passierte die Vorlage das Parlament. Abgeordnete aller Fraktionen würdigten das Leiden der zu Unrecht Verfolgten. Mit dieser Entscheidung, so scheint es, kam die Geschichte der Kriminalisierung gleichgeschlechtlich begehrender Menschen in Deutschland nach knapp 150 Jahren zu einem Ende – vielleicht gar: zu einem versöhnlichen. In der Woche darauf überstürzten sich dann die homosexualitätenpolitischen Entwicklungen. Infolge einer unbedachten (oder wohlüberlegten) Äußerung von Bundeskanzlerin Angela Merkel beschloss der Bundestag in seiner letzten Sitzung vor der Sommerpause mit einer deutlichen Mehrheit, die Ehe für gleichgeschlechtliche Paare zu öffnen. Damit wurden innerhalb weniger Tage zwei zentrale Forderungen der lesbisch-schwulen Bewegung erfüllt. Ist die Anerkennung sexueller Vielfalt nun also endgültig in der Mitte der bundesrepublikanischen Gesellschaft angekommen? Oder wäre es verfehlt, nach dem Applaudieren die Hände einfach in den Schoß zu legen?

Schwule und Lesben erringen Erfolge im Kampf um Gleichberechtigung und sind gleichzeitig nach wie vor mit Ausgrenzung konfrontiert. Dieser Widerspruch charakterisiert nicht nur die Lage von männerliebenden Männern und frauenliebenden Frauen in der Bundesrepublik von 2017. Bereits die 1980er-Jahre waren von solchen Ambivalenzen geprägt. Einiges war erreicht worden, manches lag im Argen. Aufgrund der Errungenschaften, die im Lauf der Zeit erstritten wurden, kann und muss die Geschichte der Homosexualitäten seit der Mitte des 20. Jahrhunderts als eine Geschichte der Emanzipation und der Befreiung erzählt werden, als eine Geschichte des Fortschritts. Zugleich ist es aber auch eine Geschichte der fortgesetzten Stigmatisierung. Wenn man den Blick von der großen politischen Bühne ab- und dem Alltags- und Gefühlsleben der Einzelnen zuwendet, sieht man keine Linie, die geradewegs vom Kerker unter Adenauer zur Entfesselung unter Merkel führt. Zudem konfrontiert die Normalisierung die Akteur*innen auch mit neuen Zwängen und Herausforderungen. Es wuchs die Sorge, beim Streben nach dem perfekten schwul-lesbischen Leben trotz der immer günstigeren Bedingungen am Ende doch zu scheitern.

GEFÜHLSGESCHICHTEN: VON DER SCHAM ZUM STOLZ, ODER VON ALTEN ZU NEUEN ÄNGSTEN?

Die Gleichzeitigkeit von Ausgrenzung, Befreiung und Optimierungsdruck widerlegt die These, dass die Scham über das gleichgeschlechtliche Begehren dem Stolz auf das eigene Schwul- oder Lesbischsein gewichen sei. Die tatsächlichen gefühlshistorischen Dynamiken waren komplizierter und widersprüchlicher als dieses Erfolgsnarrativ.[1] Die Emanzipationsbewegungen wollten nicht stolz, sondern selbstbewusst auftreten. Und viel wichtiger als die Scham war die Angst, die auch nach dem Aufbruch nicht aus dem Alltag männerbegehrender Männer und frauenbegehrender Frauen verschwand. Es gab keinen eindeutigen Übergang vom Verbergen der Homosexualität zum selbstsicheren Zeigen des gleichgeschlechtlichen Liebens. In der Phase des Ausweichens erlaubte gerade die schmiegsame Vorsicht es den Einzelnen, ihr gleichgeschlechtliches Begehren auszuleben. Und Ängste prägten das emotionale Repertoire von Schwulen und Lesben auch in den Phasen des Aufbrechens und des Ankommens. Lediglich wie und wovor sich die Einzelnen fürchteten und wie sie mit diesen Gefühlen umgingen, änderte sich. Zunächst wurde die Angst zur Grundlage für Verteidigungsbereitschaft, später trat die schüchterne Angst vor dem Scheitern an den selbst formulierten Erfolgsansprüchen in den Vordergrund.

Der Wandel der Gefühle war sowohl Effekt als auch Auslöser gesellschaftlicher Entwicklungen. Die Normalisierung der Homosexualitäten verhalf der ängstlichen Schüchternheit zu neuer Bedeutung. Und das verteidigungsbereite Angstskript ermöglichte Schwulen und Lesben ein offensiveres Auftreten. Später übersetzte es sich in eine Politik der Anti-Diskriminierung, die es den Einzelnen ermöglichte, sich auf juristischem Wege gegen ihre Ausgrenzung zur Wehr zu setzen. Auch der Übergang vom plötzlichen zum allmählichen Verlieben und das immer offenere Umgehen mit den eigenen Gefühlen hingen eng mit der Entstigmatisierung zusammen sowie mit der wachsenden medialen Sichtbarkeit von Schwulen und Lesben. Zugleich ermöglichten die neuen emotionalen Muster und Praktiken, vor allem die Betonung stabiler Zweierbeziehungen, dass politische Mehrheiten 2001 das Lebenspartnerschaftsgesetz und 2017 die Öffnung der Ehe durchsetzten. Gefühle haben also eine Geschichte, und zugleich machen sie Geschichte.

Im Alltag der Einzelnen zeigt sich das transformative Potenzial des Fühlens insbesondere dort, wo unklare, nicht eindeutig benennbare Empfindungen für Personen des gleichen Geschlechts die Entwicklung eines schwulen oder lesbischen Selbstbewusstseins auslösten. Die klar gegen bestimmte Missstände gerichtete Wut setzte ebenfalls weiterreichende Dynamiken in Gang. Sie motivierte schwulen- und lesbenbewegte Aktivist*innen, trotz ihrer Ängste provokativ in der Öffentlichkeit aufzutreten. Mittelfristig begegneten dank dieser Prozesse immer breitere Teile der Bevölkerung gleichgeschlechtlich liebenden Menschen mit Akzeptanz statt mit Ablehnung. Für die transdisziplinäre Debatte über Gefühle ist dies eine zentrale Einsicht: Wer der gesellschaftsverändernden Kraft des Fühlens auf die Spur kommen will, muss affekttheoretische mit sozial-konstruktionistischen Ansätzen kombinieren.

Weder das transgressive Potenzial eines unbestimmten Affekts wie des Hingezogen-Seins zu einem anderen Menschen noch die sozial geprägte Struktur klar benennbarer Emotionen wie der Wut über Diskriminierung können für sich allein genommen die Komplexität affektiv-emotionaler Dynamiken erschließen. Wer der empirischen Vielschichtigkeit des Fühlens gerecht werden will, muss daher unterschiedliche theoretische Ansätze miteinander verbinden. Nur wenn Gefühle als Phänomene in den Blick kommen, die die vermeintlichen Gegensätze zwischen Körper und Sprache, zwischen Natur und Kultur überbrücken, kann man ihre Relevanz für historische Prozesse in vollem Umfang ausloten. Die für die Phase des Ausweichens typische geistige Kultivierung der Gefühle lässt sich dadurch ebenso nachvollziehen wie die in der Phase des Aufbrechens vorherrschende Betonung des authentischen Empfindens oder das in der Phase des Ankommens angestrebte Management der Emotionen.

Trotz dieser verschiedenen Gefühlsbegriffe erzählen Gesprächspartner*innen unabhängig von Alter, Geschlecht und Bildungsstand sowohl von artikulierbaren Emotionen als auch von unkontrollierbaren Affekten. Das Empfinden ist zugleich natürlich und kulturell, es oszilliert permanent zwischen sozialen Prägungen und körperlicher Unmittelbarkeit. Auch deswegen verschwanden die Ängste nie gänzlich aus dem Gefühlsleben männerbegehrender Männer und frauenbegehrender Frauen. Insofern ist es gerade die emotionshistorische Perspektive, die den Blick öffnet für die entscheidende Erkenntnis, dass Stigmatisierung, Emanzipation und Normalisierung in spannungsreicher Gleichzeitigkeit das Leben gleichgeschlechtlich liebender Menschen prägten und prägen.

ERZÄHLTE GESCHICHTEN: SUBJEKTIVES, TYPISCHES UND ERINNERTES

Allein die biografischen Erzählungen, die die Gesprächspartner*innen dankenswerterweise mit uns teilten, machten es möglich, die Komplexität des Alltags- und Gefühlslebens von Schwulen und Lesben so sorgfältig und so anschaulich nachzuvollziehen. Anders als die ohnehin wenigen bisher veröffentlichten wissenschaftlichen Arbeiten zur deutschen Homosexualitätengeschichte konnte *anders fühlen* so nicht nur die diskursiven und politischen, sondern auch die subjektiven, auf den Erfahrungen einzelner Menschen in ihrer ganzen Breite beruhenden Dimensionen der queeren, schwul-lesbischen und homophilen Vergangenheit erkunden.

Die Analyse von Interviews bringt Spannungen und mitunter unauflösliche Widersprüche in den Blick, die der Betrachtung anderer, scheinbar konsistenterer Quellen allzu leicht entgehen. Wenn Herr Kuhn davon erzählt, wie er als 18-Jähriger in den 1950er-Jahren Sehnsucht hatte nach seinem Ausbilder, dann ist diese Erinnerung von vielfachen Brüchen durchzogen. In den homophilen Zeitschriften der Nachkriegsdekaden fanden sich dagegen viel eindeutigere Geschichten über die plötzliche Liebe zwischen jüngeren und älteren Männern. Deswegen muss die Interpretation der biografischen Erzählungen sehr genau darauf achten, was gesagt wird, wie es gesagt wird, wann die Sprechenden das Präsens oder das Präteritum verwenden, wo sie ins Stocken geraten, welche Worte ihnen nicht ganz so leicht über die Lippen kommen und wie sich die einzelnen Passagen zum Gesamtzusammenhang der Erzählung verhalten.

Und sie muss die dialogischen Interaktionen zwischen Interviewten und Interviewendem ernst nehmen. Der Autor und Historiker ist, besser: ich – ich bin kein außenstehender Beobachter, sondern selbst an der Geschichte beteiligt, die ich schreibe. Die Arbeit mit biografischen Erzählungen macht die Einsicht in diesen für jede historische Studie entscheidenden Umstand unausweichlich. Schließlich haben

Frau Schmidt, Herr Meyer und die 30 anderen nicht mit irgendeinem Mikrofon gesprochen, sondern mit mir. Mit meinem Nicken, meinem Stirnrunzeln, meinen vielleicht mitunter klugen, oft ahnungslosen und manchmal blöden Fragen habe ich den Fluss der Erinnerungen und Erzählungen mitgeprägt. Wäre Frau Schmidt davon ausgegangen, dass sie nicht mit einem schwulen Mann, sondern mit einer heterosexuellen Frau spricht, hätte sie ihre Geschichte wahrscheinlich anders erzählt. Nur Studien, die sich dieser Dynamik des Gesprächs detailliert zuwenden, schöpfen das Potenzial der *oral history* voll aus.

Die Interviews eröffnen aber auch über das Subjektive hinausreichende Einsichten. Das gilt vor allem für die typischen Diskrepanzen zwischen den Erzählweisen von Frauen und Männern. Die Gesprächspartnerinnen thematisieren immer wieder ihre sozio-ökonomische Benachteiligung in puncto Einkommen und Karrieremöglichkeiten. Und sie distanzieren sich explizit von Formen der Femininität, die sich dem hetero-patriarchalen Dominanzanspruch fügen. Die männlichen Erzählpersonen erwähnen dagegen nicht, inwiefern sie von der vorherrschenden Hierarchie der Geschlechter profitieren. Sie heben zwar hervor, dass sie als männerbegehrende Männer von der heteronormativen Gesellschaft ausgegrenzt werden. Aber sie sprechen nicht davon, dass sie als Männer in den Genuss der Privilegien hegemonialer Maskulinität kommen, wenn sie sich komplizenhaft an deren gängigen Erscheinungsformen orientieren.[2]

Neben solchen geschlechter- fallen auch generationenspezifische Muster des Erzählens ins Auge. Die jüngeren Gesprächspartner*innen reden einer nuancierten Form der Offenheit das Wort und distanzieren sich damit von der Betonung der sexuellen Alterität, die sie als typisch für die ältere, emanzipationsbewegte Generation von Schwulen und Lesben begreifen. Und die Geschichten der am Aufbruch beteiligten weiblichen Erzählpersonen sind von einem offenen, potenziell alle Frauen umfassenden Begriff des Lesbischseins geprägt. Diejenigen, für deren Biografie das Ankommen ausschlaggebend ist, betonen dagegen die sexuellen, exklusiv partnerschaftlichen Dimensionen des Frauenbegehrens. Allerdings sollte man diese Unterschiede nicht vorschnell verallgemeinern, keine generalisierte Typologie daraus formen. Es gab keine übergreifende Entwicklung, die alle in gleicher Weise mitgemacht hätten. Die Lebenswege der Einzelnen verliefen nicht immer im Einklang mit den historischen Phasen, sie folgten vielmehr ihrem je besonderen Rhythmus von Ausweichen, Aufbrechen und Ankommen.[3] Deswegen verteilen sich Stigmatisierung, Emanzipation und Normalisierung allenfalls ungefähr und der Tendenz nach auf bestimmte Perioden der bundesdeutschen Homosexualitätengeschichte.

Diese temporale Vielschichtigkeit des Erinnerns und des biografischen Erzählens ist wesentlich uneindeutig.[4] Mitunter prägen spätere Entwicklungen die Darstellung früherer Erlebnisse, projizieren die Gesprächspartner*innen ihr mittlerweile etabliertes schwules oder lesbisches Selbstverständnis auf Erfahrungen, die sie noch in der Phase des Ausweichens gemacht haben. Oder sie weigern sich, wie Frau Opitz, sich für die Vergangenheit und für die Zukunft auf eine unverrückbare Identität als frauenbegehrende Frau festzulegen. Auch in dieser temporalen Komplexität, in diesem Zeitknäuel des Erinnerten liegt eine Chance. Denn indem die Einzelnen beim Erzählen springen, die Richtung wechseln, verschieben, verzögern oder beschleunigen, verweisen sie auf allgemeinere Überlagerungen und Ungleichzeitigkeiten. So betrachtet, bietet die Analyse biografischer Erzählungen eine willkommene Gelegenheit, die These einer eindeutigen Entwicklung von der Stigmatisierung der 1960er-Jahre über die Emanzipation der 1970er-Jahre hin zur Normalisierung der 1980er-Jahre kritisch zu überprüfen.

DIE HOMOSEXUALITÄTEN-GESCHICHTE DER GEGENWART BEGINNT IN DEN 1980ER-JAHREN

Diese Kritik nährt Zweifel an der Erfolgsgeschichte der schwul-lesbischen Befreiung. Im Lauf der Zeit eröffneten sich für gleichgeschlechtlich liebenden Menschen nicht nur immer mehr Möglichkeiten, sondern es ergaben sich auch neue Probleme. Die Ängste verschwanden nicht. Das Ankommen blieb fraglich. Letztlich gilt es auch die Liberalisierungsthese als zentrales Paradigma der bundesrepublikanischen Geschichte insgesamt zu überdenken. Zwar gab es einen mit der Chiffre 1968 verbundenen Neuanfang und wichtige gesellschaftliche Veränderungen in den 1970er-Jahren. Aber reicht diese Zäsur zwischen bleierner Früh- und demokratischer Reifephase aus, um die Zeitgeschichte der Bundesrepublik zu begreifen? Verhalf die Rebellion gegen das Alte nicht vielmehr den Gegensätzen von Unterdrückung und Freiheit, von Autorität und Aufbegehren, von Stabilität und Bewegung ein letztes Mal zu voller Geltung, bevor sich ab den 1980er-Jahren eine komplexere politische Landschaft entfaltete? Der Klimawandel, die Digitalisierung, die kulturelle Vielfalt rückten ins Zentrum, und damit gesellschaftliche Dynamiken, die mit den bisher gängigen Begriffen nicht recht zu fassen sind.[5]

Auch die Zeitgeschichte der Homosexualitäten wird verzerrt, wenn man sie allein auf den Streit zwischen Repression und Emanzipation reduziert. Wenn man auf diesem Gegensatz beharrt, dann folgte auf die von Ausgrenzung und Verfolgung geprägten Nachkriegsdekaden der schwulen- und lesbenbewegte Aufbruch, der ab den 1980er-Jahren an Schubkraft verlor und von gegenläufigen, restriktiven Tendenzen abgelöst wurde – Stichwort Anpassung und Verbürgerlichung.[6] Diese Geschichte vom Auf und Ab verfehlt jedoch die Komplexität schwul-lesbischen Lebens um die Jahrtausendwende, das sich mitnichten in der Anbiederung an den vermeintlichen Mainstream erschöpft. Stattdessen gibt es Homo-Ehen und Sexpartys, Demos und Coming-out-Gruppen, Mobbing und Depressionen: Es ist genau diese

Gleichzeitigkeit von Normalisierung, Emanzipation und Stigmatisierung, die den heutigen Alltag gleichgeschlechtlich begehrender Menschen prägt. Deswegen kann ein queerer Aktivismus, der den gegenwärtigen Problemen angemessen begegnen will, nicht allein auf dem Widerstand gegen eine vermeintlich ununterbrochene heteronormative Unterdrückung beharren.

Und deswegen ist es so wichtig, die 1980er-Jahre nicht als einen Endpunkt, sondern als eine Zeit des Umbruchs zu begreifen. Nachdem sich die alte Dichotomie von Autorität und Aufbegehren in einem letzten Kampf zwischen beiden Seiten verausgabt hatte, wich sie einer neuen Dynamik, die nicht mehr Gegensätze organisierte, sondern ein Spektrum von Möglichkeiten entfaltete. So gesehen blieben die emanzipationsbewegten Protagonist*innen der 1970er-Jahre, die die Vorsicht ihrer homophilen Vorgänger*innen in ihr provokatives Gegenteil verkehrten, der Opposition zwischen Zeigen und Verbergen verhaftet.[7] Die nuancierte Offenheit erlaubt es jüngeren Schwulen und Lesben dagegen, sich je nach Situation für bestimmte Mischformen aus Sichtbarkeit und Unsichtbarkeit zu entscheiden. Auch das Verhältnis zwischen Stadt und Land entwickelte sich vom Kontrast hin zur Bandbreite. In den Nachkriegsdekaden war das Rurale im Gegensatz zum urbanen Moloch ein idyllischer Sehnsuchtsort. Der emanzipationsbewegte Topos von der Flucht in die Metropole als einzig gangbarem Ausweg stellte diese Unterscheidung auf den Kopf. Dörfer und Kleinstädte wurden zu Hochburgen der Homofeindlichkeit, die großen Städte dagegen zu Garanten für ein unbeschwertes Leben. In den 1980er-Jahren wichen diese Oppositionen dann einem breiten Spektrum urbaner, mittelstädtischer und ländlicher Lebensstile.

Mit Blick auf die Homo-Hetero-Differenz lässt sich ebenfalls eine solche Dynamik beobachten. In der Phase des Ausweichens betonte man, wie ähnlich gleich- und andersgeschlechtliches Lieben einander seien. Deswegen sei es unsinnig, die seltenere Form des Begehrens zu verpönen. Die emanzipationsbewegten Aktivist*innen des Aufbruchs wollten sich dagegen von der heterosexuellen Mehrheit absetzen und betonten ihre Andersartigkeit. In der Phase des Ankommens machten diese einander widersprechenden Strategien dann einer neuen Logik Platz. Homo- und heterosexuelle Identitäten verschwanden zwar nicht, aber sie verloren an Bedeutung, wurden von vielfältigen pan- und asexuellen sowie von non-binären geschlechtlichen Selbstentwürfen umrankt. So entstand ein buntes Feld von Distanzen und Resonanzen, auf dem der Kampf um die Hegemonie nach immer komplexeren Regeln ausgetragen wurde. Die Einzelnen konnten nun in vielerlei Richtungen Ähnlichkeiten und Unterschiede markieren.

Deswegen fand auch das englische Adjektiv *queer* immer mehr Verbreitung, das – ähnlich der Formel LSBTI* für lesbisch, schwul, bisexuell, transgender, intergeschlechtlich und anders – diverse, nicht-heteronormative sexuelle und geschlechtliche Identitäten unter einem Label versammelt. Menschen können also auch queer sein, ohne gleichgeschlechtlich zu begehren. Als Pluralisierung verstanden, führte diese Dynamik zu einem Mehr an Offenheit und an individuellen Wahlmöglichkeiten; als Fragmentierung begriffen, erhöhte sie die Unsicherheit darüber, wie und wo und wem gegenüber man den Wunsch nach Sex und Intimität zur Sprache bringen darf und möchte. Vielen schwulen, lesbischen und heterosexuellen Frauen und Männern fällt es schwer, mit dieser neuen Vielfalt und Unübersichtlichkeit umzugehen.

DIVERSIFIZIERUNG UND NORMALISIERUNG: GEGENWARTSGESCHICHTEN

Diese Herausforderungen, denen sich die Akteur*innen in der Phase des Ankommens zu stellen hatten und haben, sollte man nicht abtun, nach dem Motto: Da kommen die Leute schon drüber weg. Der Erwartungsdruck und die Schwierigkeiten, die Diversifizierung und Normalisierung generieren, müssen als politische Probleme benannt und adressiert werden. Respekt für sexuelle und geschlechtliche Vielfalt lässt sich nur entwickeln, wenn man über teils schon tiefe Gräben hinweg wieder ins Gespräch kommt: Lesben mit Transpersonen, Schwule mit

Asexuellen, Heteros mit Pansexuellen. Auch die psychische Belastung, die Sorge, an den eigenen Erfolgsansprüchen zu scheitern, ist kein individuelles, sondern ein gesellschaftliches Problem. Denn mit der Normalisierung der Homosexualitäten wächst der Druck auf die Einzelnen, unter den immer günstigeren Bedingungen ihr schwules oder lesbisches Glück zu maximieren. Für die Auseinandersetzung mit diesem Komplex muss eine geeignete politische Strategie noch gefunden werden. Gleichzeitig bleiben der emanzipatorische Aktivismus und die Taktik der Provokation entscheidend, insbesondere beim Protest von Gruppen, die nicht nur aufgrund ihrer sexuellen und geschlechtlichen Identität, sondern auch aufgrund ihrer Hautfarbe, ihrer Herkunft, ihrer Religion, ihrer Behinderung, ihrer Wohnungslosigkeit oder ihrer prekären finanziellen Lage, also intersektional, mit Ausgrenzung und Diskriminierung zu kämpfen haben.

Zwischen Emanzipation und Normalisierung liegen demnach nicht die sprichwörtlichen Welten, sondern entfaltet sich ein spannungsreiches Ineinander widersprüchlicher Strategien und Dynamiken. Vorsichtiges Verbergen, selbstbewusstes Provozieren und optimierendes Sich-Einfügen schließen einander nicht aus, sie ergänzen sich und können sich produktiv aneinander reiben. Je nach Situation entscheiden sich die Einzelnen für eine der Optionen oder kombinieren sie. Ihre Lebenswelten sind kompliziert, nicht konsistent. Deswegen wäre es unsinnig, sich ein für alle Mal auf eine Strategie festzulegen. Außerdem: Wer die Sorge, ertappt zu werden, kennt oder sich an sie erinnert, überschreitet die Grenzen des vermeintlich Akzeptablen umso kraftvoller. Wer im Protest Selbstbewusstsein entwickelt hat, kommt besser mit dem Druck der Optimierung zurecht. Und umgekehrt. Emanzipatorisches Aufbegehren und normalisierende Einbindung, Aufbruch und Ankommen, das ist ein Unterschied, aber kein Gegensatz.

Trotzdem werden im fast schon ritualisierten Streit und in gut eingeübten Vorwurfskaskaden immer wieder Kontraste herbeigeredet zwischen öffentlichem Protest und der Sehnsucht nach privatem Glück, zwischen politischen Bewegungen und kommerziellen Szenen sowie zwischen radikalem Aktivismus und bürgerrechtlichen Formen des Engagements.[8] So als ob man sich zwischen verschiedenen Hälften des schwul-lesbischen Spektrums entscheiden, sich auf eine Seite schlagen müsste. Diese Gegensätze gehen an der Wirklichkeit vorbei. Wenn schwul-lesbische und queere Aktivist*innen auf ihnen beharren, laufen sie Gefahr, die politische Orientierung zu verlieren, nicht mehr zwischen begrüßenswerten und gefährlichen Entwicklungen unterscheiden zu können. Mitunter gerät dann die Freude einiger über die Homo-Ehe zu einem größeren Problem als das alltägliche Mobbing, unter dem queere Jugendliche leiden. Dabei ist doch nicht die rechtliche Anerkennung schwuler und lesbischer Partnerschaften problematisch, sondern die übersteigerten Erwartungen an das partnerschaftliche Glück, die manche damit verknüpfen. Und damit muss man sich auf andere Weise auseinandersetzen als mit der Gewalt und der Ausgrenzung, denen LSBTI*-Personen auf Schulhöfen und anderswo nach wie vor ausgesetzt sind. Die heutige Situation unterscheidet sich fundamental von der in den 1970er-Jahren. Deswegen müssen auch die politischen Strategien anders, oder besser: vielfältiger sein.

Und ein Spektrum verschiedener Ansätze gibt es ja bereits: in eingetragenen Vereinen, Stiftungen, Wohngemeinschaften, Arbeitsgruppen innerhalb von Parteien, Forschungsprojekten, arbeitgeber- und arbeitnehmernahen Interessenvertretungen, spontanen Happenings, Beratungszentren sowie selbst organisierten Initiativen. Nicht nur die sexuellen und geschlechtlichen Identitäten sowie die Szenen, wo sich queeres Leben abspielt, haben sich im Lauf der letzten Jahrzehnte diversifiziert. Auch das aktivistische Feld hat sich breit aufgefächert, sodass unterschiedliche, aber sich nicht gegenseitig ausschließende Strategien in ihrem Wechselspiel wirksam werden können. Historisch gesehen erzielte gerade dieses Zusammenwirken verschiedener Ansätze, von emanzipatorischem Aufbegehren und normalisierender Einbindung, im Streit gegen die fortdauernde Stigmatisierung gleichgeschlechtlich begehrender und anderer queerer Menschen, die nachhaltigsten Effekte.

Denn diese Vielfalt der Strategien entspricht der Vielfalt der Problemlagen. Ältere und Jüngere; Schwule und Lesben; Wohlhabende und prekär Lebende; Sadomasochistinnen und Lederfetischisten; Menschen mit und ohne Behinderung; Stadt- und Landleute; Singles, Paare und polyamouröse Lebensgemeinschaften; Cis-Männer, Trans-Frauen und non-binäre Personen; queere Einheimische und Migrant*innen: Sie alle haben teils mit ähnlichen, teils mit unterschiedlichen Schwierigkeiten zu kämpfen. Sowohl in der Community als auch in der Öffentlichkeit verfolgen sie gemeinsame und zugleich je besondere Anliegen. Für manche geht es im Kampf gegen Repressionen ums schiere Überleben. Andere provozieren absichtlich, um gegen ihre Ausgrenzung anzugehen. Wieder andere entscheiden sich für die Taktik der nuancierten Offenheit. Und einige versuchen, sich nicht mit uneinlösbaren Erfolgsansprüchen zu überfordern. Schlichte Gegensätze wie radikal versus bürgerlich, queer versus angepasst, Widerstand versus Integration, Homo versus Hetero werden der Vielgestaltigkeit der diversen Situationen nicht gerecht.

Stattdessen gilt es mit Blick auf diese und andere Unterscheidungen auf Gleichberechtigung zu pochen, ohne die Differenzen zu leugnen. Im Gegenteil: Die Verschiedenheit sollte deutlich werden. Und wo es Konflikte gibt, müssen sie offen ausgetragen werden, allerdings ohne dass unüberwindbare Gräben entstehen, weder zwischen den verschiedenen Facetten des queeren Spektrums noch zwischen denen, die sich der gesellschaftlichen Mitte nahe wähnen, und denen, die sich an den Rändern wiederfinden. Je mehr Privilegien man selbst genießt, desto mehr kann man sich für Inklusion und die Partizipation aller anderen einsetzen. Dort, wo verschiedene Gruppen einander verstehen und füreinander eintreten, tun sich gangbare Wege auf. Es geht darum, Gesprächsfäden zu knüpfen, Solidarität zu schaffen, Allianzen zu schmieden und Strategien zu entwickeln, die der Komplexität der Gegenwart gewachsen sind. Neben all den anderen Einblicken, die die Erkundung des Alltags- und Gefühlslebens frauenliebender Frauen und männerliebender Männer seit den 1950er-Jahren eröffnet hat, ist das die wesentliche Erkenntnis: Auf dem Feld der sexuellen Vielfalt gilt es – auch nach der Öffnung der Ehe für alle im Sommer 2017 – gleichzeitig auszuweichen, aufzubrechen und anzukommen.

DANK

Dieses Buch entstand am Forschungsbereich Geschichte der Gefühle des Max-Planck-Instituts für Bildungsforschung. Dessen Direktorin Ute Frevert hat meine Arbeit mit viel Elan unterstützt, auch gegen Widerstände einer in Teilen noch sehr konservativen Zunft. Margrit Pernau ermutigte mich als Erste zu diesem Projekt. Jan Plamper, Monique Scheer, Bettina Hitzer, Philipp Nielsen, Anja Laukötter, Uffa Jensen, Anne Schmidt, Magdalena Beljan, Agnes Arndt, Pascal Eitler, Nina Verheyen, Rob Boddice, Imke Rajamani, Philipp von Hugo, Stephanie Olsen, Juliane Brauer und Soňa Mikulová haben als wundervolle Kolleg*innen meine Forschung mit Anregungen begleitet. Karin Bengtson hat die Kommunikation mit den Gesprächspartner*innen übernommen. Karola Rockmann hat mit unvergleichlicher Sorgfalt organisatorische Klippen umschifft. Erna Schiwietz und ihr Team haben die Tonaufnahmen minutiös transkribiert. Hilke Rusch, Luzi Malik, Julia Wigger, Roderyk Dorn, Theresa Stadermann und Maria Rutschke haben bei der Bearbeitung der Interviews Bravouröses geleistet. Bedanken möchte ich mich auch bei Georgette Dee, Jens Dobler, Dieter Haller, Erika M.Hoerning, Claus Nachtwey und den vielen anderen, die mit ihrem Rat dieses Buch bereichert haben. Am Goldsmiths Centre for Queer History, dem ersten seiner Art weltweit, konnte ich als vom DAAD nach London entsandter Fachlektor meine an der Freien Universität Berlin angenommene Habilitation zu diesem Buch umarbeiten. Den letzten Schliff erhielt es beim Carl Hanser Verlag, wo Annika Domainko das Projekt glänzend betreut hat. Mein herzlichster Dank gilt – immer – meinem Freund Franz, der mich ein ums andere Mal dorthin führt, wo ich mit geschlossenen Augen die Morgensonne spüren kann und die Wärme, die sie verspricht.

ANMERKUNGEN

EINLEITUNG
VERSCHLUNGENE PFADE

1 Dieter Schiefelbein: Wiederbeginn der juristischen Verfolgung homosexueller Männer in der Bundesrepublik Deutschland. Die Homosexuellen-Prozesse in Frankfurt am Main 1950/51, in: Zeitschrift für Sexualforschung 5 (1992), 1, 59–73. Daniel Speier: Die Frankfurter Homosexuellenprozesse zu Beginn der Ära Adenauer – eine chronologische Darstellung, in: Mitteilungen der Magnus-Hirschfeld-Gesellschaft 61/62 (2018), 47–72.

2 Vgl. http://stuckffo.de/mehr-ist-mehr-die-queer-party/ (12.09.2019).

3 Ulrich Herbert (Hg.): Wandlungsprozesse in Westdeutschland. Belastung, Integration, Liberalisierung 1945–1980, Göttingen: Wallstein, 2002.

4 Erving Goffman: Stigma. Über Techniken der Bewältigung beschädigter Identität, Frankfurt/Main: Suhrkamp, 1974 [1963], 16 und 95–100. Rüdiger Lautmann: Wie man Außenseiter draußen hält. Zur Kriminal- und Ordnungspolitik gegenüber homosexuellen Männern und Frauen, in: Kritische Justiz 12 (1979), 1, 1–21. Thorsten Benkel: Stigma, Sex und Subkultur. Zur soziologischen Beobachtung von Homosexualität, in: Jennifer Evans, Florian Mildenberger, Rüdiger Lautmann, Jakob Pastötter (Hg.): Was ist Homosexualität?, Hamburg: Männerschwarm, 2014, 391–427.

5 Zu den vielfältigen Übergängen zwischen Sichtbarkeit und Unsichtbarkeit vgl. Eve K. Sedgwick: Epistemology of the Closet, Berkeley: University of California Press, 1990.

6 Zu aktuellen Debatten vgl. Ernesto Laclau: Emanzipation und Differenz, Wien: Turia + Kant, 2013. Folke Brodersen, Für ein Streitgespräch – Deutungskampf schwuler Emanzipation, 2017, http://blog.feministische-studien.de/2017/01/fuer-ein-streitgespraech-deutungskampf-schwuler-emanzipation/ (19.09.2019). Mike Laufenberg: Utopisches Begehren. Vorrede zum Queer-Werden, in: jour fixe initiative berlin (Hg.): »Etwas fehlt«. Utopie, Kritik und Glücksversprechen, Münster: Edition Assemblage, 2013, 177–196.

7 Jürgen Link: Versuch über den Normalismus. Wie Normalität produziert wird, Opladen: Westdeutscher Verlag, 1997. Peter-Paul Bänziger und Julia Stegmann: Politisierungen und Normalisierungen. Sexualitätsgeschichte des zwanzigsten

Jahrhunderts im deutschsprachigen Raum, in: H-Soz-Kult (05.11.2010), http://hsozkult.geschichte.hu-berlin.de/forum/2010-11-001 (22.06.2017).

8 Michael Warner: The Trouble with Normal. Sex, Politics, and the Ethics of Queer Life, New York: The Free Press, 1999. Benno Gammerl: Ist frei sein normal? Männliche Homosexualitäten seit den 1960er Jahren zwischen Emanzipation und Normalisierung, in: Peter-Paul Bänziger u. a. (Hg.): Sexuelle Revolution? Zur Geschichte der Sexualität im deutschsprachigen Raum seit den 1960er Jahren, Bielefeld: transcript, 2015, 223–243.

9 Die Geschichte von Trans* in der Bundesrepublik unterscheidet sich von der der Homosexualitäten. Die Forschung dazu steht noch am Anfang. Vgl. Sabine Meyer (Hg.): Auf nach Casablanca? Lebensrealitäten transgeschlechtlicher Menschen zwischen 1945 und 1980, Berlin: LADS (Landesstelle für Gleichbehandlung – gegen Diskriminierung), 2018.

10 Zur Kritik an der Metronormativität der bisherigen Homosexualitätenforschung, also an ihrem Fokus auf die großen Städte vgl. u. a. Scott Herring: Another Country. Queer Anti-Urbanism, New York und London: New York University Press, 2010. Benno Gammerl: Jenseits der Metronormativität? Westdeutsche Lesben und Schwule zwischen Land und Stadt, in: Franz-Werner Kersting und Clemens Zimmermann (Hg.): Stadt-Land-Beziehungen im 20. Jahrhundert. Geschichts- und kulturwissenschaftliche Perspektiven, Paderborn: Schöningh, 2015, 155–175.

11 Zu räumlichen Perspektiven auf Geschichte und Gegenwart der Homosexualitäten gibt es eine Fülle von Forschungen, vgl. u. a. Kath Browne, Jason Lim und Gavon Brown (Hg.): Geographies of Sexualities. Theory, Practices and Politics, Farnham: Ashgate, 2009.

12 Der Begriff der Diversifizierung ähnelt in diesem Sinn dem Konzept des agonalen Pluralismus. Vgl. Antke Engel: Des-/Integration politisieren. Dissidente Sexualitäten und eine Politik des agonalen Pluralismus, in: María do Mar Castro Varela und Nikita Dhawan (Hg.): Soziale (Un)Gerechtigkeit. Kritische Perspektiven auf Diversity, Intersektionalität und Antidiskriminierung, Münster: LIT, 2011, 175–192.

13 Vgl. u. a. Oliver Radkolb und Friedrich Stadler (Hg.): Das Jahr 1968. Ereignis, Symbol, Chiffre, Göttingen: V&R unipress, 2010. Franz-Werner Kersting, Jürgen Reulecke und Hans-Ulrich Thamer (Hg.): Die zweite Gründung der Bundesrepublik. Generationswechsel und intellektuelle Wortergreifungen 1955–1975, Stuttgart: Steiner, 2010. Für homosexualitätenhistorische Varianten dieses Narrativs vgl. Volkmar Sigusch: Homosexuelle zwischen Verfolgung und Emanzipation. Essay, in: Aus Politik und Zeitgeschichte (2010), 15/16, 3–7. Clayton J. Whisnant: Male Homosexuality in West Germany. Between Persecution and Freedom, Basingstoke, New York: Palgrave Macmillan, 2012.

14 Vgl. Detlef Siegfried: Time Is on My Side. Konsum und Politik in der westdeutschen Jugendkultur der 60er Jahre, Göttingen: Wallstein, 2006. Roland

Roth und Dieter Rucht (Hg.): Die sozialen Bewegungen in Deutschland seit 1945. Ein Handbuch, Frankfurt/Main: Campus, 2008. Konrad H. Jarausch: Krise oder Aufbruch? Historische Annäherungen an die 1970er-Jahre, in: Zeithistorische Forschungen 3 (2006), 3, 334–341. Anselm Doering-Manteuffel und Lutz Raphael: Nach dem Boom. Perspektiven auf die Zeitgeschichte seit 1970, Göttingen: Vandenhoeck & Ruprecht, 2010 (2. Auflage).

15 Vgl. Dagmar Herzog: Sex after Fascism. Memory and Morality in Twentieth-Century Germany, Princeton: Princeton University Press, 2005.

16 Vgl. Ilona Bubeck (Hg.): Unser Stück vom Kuchen? Zehn Positionen gegen die Homo-Ehe, Berlin: Querverlag, 2000. Werner Hinzpeter: Schöne schwule Welt. Der Schlußverkauf einer Bewegung, Berlin: Querverlag, 1997.

17 Vgl. Angela Siebold: So nah und doch so fern? Die 1980er Jahre historisch erforschen, in: Aus Politik und Zeitgeschichte 65 (2015), 46, 3–8. Meik Woyke (Hg.): Wandel des Politischen. Die Bundesrepublik Deutschland während der 1980er Jahre, Bonn: Dietz, 2013. Andreas Wirsching: Abschied vom Provisorium. Geschichte der Bundesrepublik Deutschland 1982–1990, München: Deutsche Verlags-Anstalt 2006, 308–333.

18 Zur Geschichte der Homosexualitäten in der DDR vgl. u. a. Günter Grau: Strafrechtliche Verfolgung der Homosexualität in der DDR, in: LADS (Hg.): § 175. Rehabilitierung der nach 1945 verurteilten homosexuellen Männer, Berlin: 2012, 44–59. Rainer Herrn: Schwule Lebenswelten im Osten. Andere Orte, andere Biographien. Kommunikationsstrukturen, Gesellungsstile und Lebensweisen schwuler Männer in den neuen Bundesländern, Berlin: Deutsche AIDS-Hilfe, 1999. Maria Borowski: Parallelwelten. Lesbisch-schwules Leben in der frühen DDR, Berlin: Metropol, 2017. Maria Bühner: ›Beiträge für eine Chronik, die vielleicht einmal geschrieben wird‹. Perspektiven auf den Forschungsstand zu Lesben in der DDR, in: Das Übersehenwerden hat Geschichte. Lesben in der DDR und der Friedlichen Revolution, Halle: Heinrich-Böll-Stiftung Sachsen-Anhalt, 2015, 110–121.

19 Vgl. Benno Gammerl: Ist frei sein normal? Hubert C. Ehalt, Franz X. Eder und Suleika Mundschitz: Sex zwischen Befreiung und neuer Disziplinierung, Wien: Picus, 2016.

20 Zu ambivalenten, queeren Gefühlslagen vgl. auch Sian Ngai: Ugly Feelings, Cambridge: Harvard University Press, 2007.

21 Zu komplexen Zeitfiguren in der Homosexualitätengeschichte vgl. u. a. Heather Love: Feeling Backward. Loss and the Politics of Queer History, Cambridge: Harvard University Press, 2007.

22 Vgl. Reinhard Sieder: Erzählungen analysieren – Analysen erzählen. Narrativ-biographisches Interview, Textanalyse und Falldarstellung, in: Karl R. Wernhart und Werner Zips (Hg.): Ethnohistorie: Rekonstruktion und Kulturkritik, Wien: Promedia, 1998, 145–172. Gabriele Rosenthal: Erlebte und erzählte Lebensgeschichte. Gestalt und Struktur biographischer Selbstbeschreibungen, Frank-

furt/Main: Campus, 1995, 17 und 20. Alexandra Kofler: Erzählen über Liebe. Die Konstruktion von Identität in autobiografischen Interviews, Frankfurt/Main: Campus, 2012, 47.

23 Zur sozialkonstruktionistischen Betonung gesellschaftlicher Normen und sprachlicher Muster vgl. u. a. Barbara H. Rosenwein: Emotional Communities in the Early Middle Ages, Ithaca: Cornell University Press, 2006. Margrit Pernau: Feeling Communities. Introduction, in: Indian Economic and Social History Review 54 (2017), 1, 1–20. Zur affekttheoretischen Betonung der mehr oder weniger unvermittelten Kraft des Fühlens vgl. Brian Massumi: The Autonomy of Affect, in: Cultural Critique 31 (1995), 83–109. Deborah B. Gould: On Affect and Protest, in: Janet Staiger, Ann Cvetkovich und Ann Reynolds (Hg.): Political Emotions. New Agendas in Communication, London: Routledge, 2010, 18–44. Andere Ansätze konzentrieren sich stattdessen auf das Zusammenspiel von psychologischen Prozessen und körperlichen Praktiken, vgl. William M. Reddy: The Navigation of Feeling. A Framework for the History of Emotions, Cambridge: Cambridge University Press, 2001. Monique Scheer: Are Emotions a Kind of Practice (and Is That What Makes Them Have a History)? A Bourdieuan Approach to Understanding Emotion, in: History and Theory 51 (2012), 2, 193–220. Ute Frevert u. a. (Hg.): Learning How to Feel. Children's Literature and Emotional Socialization, 1870–1970, Oxford: Oxford University Press, 2014. Zu dieser Debatte vgl. Benno Gammerl und Bettina Hitzer: Wohin mit den Gefühlen? Vergangenheit und Zukunft des Emotional Turn in den Geschichtswissenschaften, in: Berliner Debatte Initial 24 (2013), 3, 31–40. Benno Gammerl, Jan S. Hutta und Monique Scheer: Feeling Differently. Approaches and their Politics, in: Emotion, Space and Society 25 (2017), 87–94.

24 foltro: Ist die Erotik unser tägliches Brot?, in: Der Weg 11 (1961), 10, 224 f., 225. Die Zeitschriften der 1960er-Jahre benutzten häufig lieber den Ausdruck ›Homophile‹ anstelle des in ihren Augen stigmatisierenden ›Homosexuelle‹.

25 Vgl. Pascal Eitler und Jens Elberfeld (Hg.): Zeitgeschichte des Selbst. Therapeutisierung – Politisierung – Emotionalisierung, Bielefeld: transcript, 2015. Bettina Hitzer: Die Therapeutisierung der Gefühle. Eine Geschichte aus dem 20. Jahrhundert, in: Der Mensch 42/43 (2011), 1/2, 17–20. Eva Illouz: Saving the Modern Soul. Therapy, Emotions, and the Culture of Self-Help, Berkely: California University Press, 2008. Maik Tändler: Das therapeutische Jahrzehnt. Der Psychoboom in den siebziger Jahren, Göttingen: Wallstein, 2016. Jens Elberfeld: Von der Befreiung des Individuums zum Management des Selbst. Die unheimliche Karriere von Therapie, Beratung und Coaching seit 1968, in: Recherche. Zeitung für Wissenschaft 3 (2010), 20 f., http://www.recherche-online.net/elberfeld-beratung-coaching.html (07.06.2017).

TEIL 1
NACHKRIEGSDEKADEN: AUSWEICHEN.

1 Vgl. dazu Klaus Berndl und Vera Kruber: Zur Statistik der Strafverfolgung homosexueller Männer in der SBZ und DDR bis 1959, in: Invertito 12 (2010), 58–124. Günter Grau: Sozialistische Moral und Homosexualität. Die Politik der SED und das Homosexuellenstrafrecht 1945 bis 1989 – ein Rückblick, in: Detlef Grumbach (Hg.): Die Linke und das Laster. Schwule Emanzipation und linke Vorurteile, Hamburg: MännerschwarmSkript, 1995, 85–141. Maria Borowski: Parallelwelten. Lesbisch-schwules Leben in der frühen DDR.

2 Vgl. dazu Andreas Pretzel (Hg.): NS-Opfer unter Vorbehalt. Homosexuelle Männer in Berlin nach 1945, Münster, Hamburg und London: LIT, 2002. Rainer Hoffschildt: 140 000 Verurteilungen nach ›§ 175‹, in: Invertito 4 (2002), 140–149. Dieter Schiefelbein: Wiederbeginn der juristischen Verfolgung homosexueller Männer in der Bundesrepublik Deutschland.

3 Entscheidung des Bundesverfassungsgerichts vom 10.05.1957, BVerfGE 6, 389.

4 Hans-Georg Stümke: Homosexuelle in Deutschland. Eine politische Geschichte, München: Beck, 1989, 134 f.

5 Entwurf eines Strafgesetzbuches vom 04.10.1962, E 1962, BT-Drs. IV/650. Vgl. auch Ron Steinke: ›Ein Mann, der mit einem anderen Mann …‹. Eine kurze Geschichte des § 175 in der BRD, in: Forum Recht 2 (2005), 60–63.

6 Zu den vergleichsweise milden Strafen, mit denen Menschen rechnen konnten, die Homosexuelle angriffen oder sogar ermordeten, vgl. Gottfried Lorenz und Ulf Bollmann: Liberales Hamburg? Homosexuellenverfolgung durch Polizei und Justiz nach 1945, Hamburg: Lambda, 2013.

7 Zum Volkswartbund vgl. u. a. Sybille Steinbacher: Wie der Sex nach Deutschland kam. Der Kampf um Sittlichkeit und Anstand in der frühen Bundesrepublik, München: Siedler, 2011. Joanna Gotzmann: Der Volkswartbund. Die Bischöfliche Arbeitsstelle für Fragen der Volkssittlichkeit im Kampf gegen Homosexuelle, in: Kristof Balser u. a. (Hg.): ›Himmel und Hölle‹. Das Leben der Kölner Homosexuellen 1945–1969, Köln: Emons, 1994, 169–183.

8 Der Weg 208 (1968), S. 203. *Der Weg* wurde zunächst vom Verlag Rolf Putziger in Hamburg und ab 1959 von Wolf H. F. Prien an verschiedenen Orten herausgegeben. Vgl. auch Volker Janssen (Hg.): Der Weg zu Freundschaft und Toleranz. Männliche Homosexualität in den 50er Jahren, Berlin: Rosa Winkel, 1984. Karl-Heinz Steinle: Der Kreis. Mitglieder, Künstler, Autoren, Berlin: Rosa Winkel, 1999. Clayton J. Whisnant: Male Homosexuality in West Germany. Bernhard Rosenkranz und Gottfried Lorenz: Hamburg auf anderen Wegen. Die Geschichte des schwulen Lebens in der Hansestadt, Hamburg: Lambda Edition, 2006, 80–88.

9 die runde: Die religiösen Wurzeln der sittlichen Verfemung des Homosexuellen, in: Der Weg 11 (1961), 1, 14–21, 14 u. 19–21. die runde war von 1950 bis

1969 eine Reutlinger Homosexuellenorganisation. Vgl. Karl-Heinz Steinle: Die Geschichte der Kameradschaft die runde, 1950 bis 1969, Berlin: Rosa Winkel, 1998.

10 Ein Beispiel für die Publikationen des Volkswartbunds ist Richard Gatzweiler: Der Kampf um den Paragraph 175 StGB geht weiter. Ein Situationsbericht, Köln-Klettenberg: Volkswartbund, 1957.

11 Vgl. u. a. Erich Fromm: Die Kunst des Liebens, Frankfurt/Main: Ullstein, 1956, 44. Vgl. auch Tim Dean und Christopher Lane: Homosexuality and Psychoanalysis. An Introduction, Chicago: Chicago University Press, 2001. J. Edgar Bauer: ›The Freak of Nature‹. On Erich Fromm's Vindication of Binomial Sexuality and the Potentials of the ›Homosexual Deviation‹, in: Journal of Homosexuality 64 (2017), 8, 1092–1124. Florian Mildenberger: Der Diskurs über männliche Homosexualität in der deutschen Medizin von 1880 bis heute, in: Sabine Müller, Dominik Groß, Jan Steinmetzer (Hg.): Normal – anders – krank? Akzeptanz, Stigmatisierung und Pathologisierung im Kontext der Medizin, Berlin: Medizinisch-wissenschaftliche Verlagsgesellschaft, 2008, 81–112. Moritz Liebeknecht: Wissen über Sex. Die Deutsche Gesellschaft für Sexualforschung im Spannungsfeld westdeutscher Wandlungsprozesse, Göttingen: Wallstein, 2020.

12 Jochen Fischer: Nicht Sex sondern Liebe. Eine Orientierungshilfe für junge Menschen, Hamburg: Furche-Verlag, 1966, 23.

13 foltro: Wie sich der kleine Moritz die Homosexualität vorstellt, in: Der Weg 11 (1961), 6, 148. Dieser Beitrag kritisiert Waltraut Kunkel: Richtige Erziehung. Ein Ratgeber für alle Eltern, Gütersloh: Bertelsmann, 1961.

14 Vgl. u. a. J. P. Reichmann: Der Homosexuelle als Karikatur und als wertgesteigerte Persönlichkeit, in: Der Weg 11 (1961), 11, 240–243.

15 N. N.: Psychagogische Betreuung, in: Der Weg 10 (1960), 5, 105–107, 105 und 107. J. P. Reichmann: Der Homosexuelle als Karikatur, 241. die runde: Die Strafbarkeit der Homosexualität aus unserer Sicht, 2. Teil, in: Der Weg 10 (1960), 9, 243–245, 243.

16 Helmut Schelsky: Soziologie der Sexualität. Über die Beziehungen zwischen Geschlecht, Moral und Gesellschaft, Reinbek: Rowohlt, 1955.

17 Erving Goffman: Stigma. Evelyn Hooker: A Preliminary Analysis of Group Behavior of Homosexuals, in: Journal of Psychology 42 (1956), 2, 217–225.

18 Evelyn Hooker: Eine Voruntersuchung homosexuellen Gruppenverhaltens, in: Der Weg 10 (1960), 4, 76–78 und 83 f., 77 und 83.

19 die runde: Die Strafbarkeit der Homosexualität aus unserer Sicht (Schluß), in: Der Weg 10 (1960), 10, 277–280, 279.

20 P. Gerhardt Dippel: Dichtersohn und eigenwüchsiger Künstler. Dem Gedächtnis des vor 10 Jahren verstorbenen Klaus Mann, in: Der Weg 10 (1960), 4, 72 f., 72 f. N. N.: Blutpakt unter Jünglingen, in: Der Weg 10 (1960), 7, 182–184, 182. N. N.: Ein Sittenskandal in Tirol. 20 Verhaftungen, in: Der Weg 11 (1961), 1, 24. Erwin

Nowak: ›Hätte ich Walter nicht mehr helfen können?‹, in: Du & Ich 1 (1969), 2, 26.

21 Die Rolle sozio-kultureller Prägungen betonen Ansätze, denen zufolge emotionale Standards den Körpern der Einzelnen durch Disziplinierung und Habitualisierung eingeschrieben werden. Vgl. dazu u. a. Peter N. Stearns und Carol Z. Stearns: Emotionology. Clarifying the History of Emotions and Emotional Standards, in: American Historical Review 90 (1985), 4, 813–836. Die Bewegungen des Körperlichen jenseits gesellschaftlicher Vorgaben betonen affekttheoretische Ansätze. Vgl. dazu u. a. Brian Massumi: The Autonomy of Affect.

22 Zur Komplexität des Verhältnisses vgl. u. a. Pascal Eitler und Monique Scheer: Emotionengeschichte als Körpergeschichte. Eine heuristische Perspektive auf religiöse Konversionen im 19. und 20. Jahrhundert, in: Geschichte und Gesellschaft 35 (2009), 2, 282–313. Clare Hemmings: Affective Solidarity. Feminist Reflexivity and Political Transformation, in: Feminist Theory 13 (2012), 2, 147–161.

23 Zur Selbst-Intransparenz des Subjekts vgl. William M. Reddy: The Navigation of Feeling. Zur Heterogenität gesellschaftlicher Gefühlsregeln vgl. Benno Gammerl: Emotional Styles. Concepts and Challenges, in: Rethinking History 16 (2012), 2, 161–175.

24 Vgl. dazu Folke Brodersen: Zum sozialpsychologischen Konzept internalisierter Homophobie. Eine Rekonstruktion ›integrierter Identität‹ als Emanzipationsvision, in: Open Gender Journal 2 (2018).

25 Als er sich mit ungefähr 20 Jahren die Nase »begradigen« ließ, so Herr Harrer, habe ihm »diese Operation unheimliche Selbstsicherheit gegeben«.

26 Marcel Gilson: Rezension zu ›Vergittertes Fenster‹, in: Der Weg 11 (1961), 3, 72 f., 73. Vgl. auch Marcel Gilson: Das Phänomen Jean Genet, in: Der Weg 11 (1961), 6, 141–144.

27 Vgl. u. a. Sandra Eder: Lesbian Pulps Revisited. Über die Beharrlichkeit des Geschlechts und das Scheitern von Konstruktionen, in: Ingrid Bauer, Christa Hämmerle und Gabriella Hauch (Hg.): Liebe und Widerstand. Ambivalenzen historischer Geschlechterbeziehungen, Wien: Böhlau, 2009, 209–228.

28 So formulierte es ein Artikel, der die Vorgehensweise der niederländischen Bewegung zur Nachahmung empfahl. Jack Argo: Rezension zu Bas Roodnat: Amsterdam is een beetje gek, in: Der Weg 10 (1960), 7, 173.

29 Rolf [Karl Meier]: Rezension zu Gerhard Pfahler: Wie sag ich's meinem Kinde?, in: Der Kreis 28 (1960), 12, 8.

30 foltro: Die Bundestagswahl und wir, in: Der Weg 11 (1961), 3, 68–70, 69.

31 N. N.: Der Entwurf eines Strafgesetzbuches, in: Der Weg 11 (1961), 1, 7 f.

32 Entwurf eines Strafgesetzbuches vom 04.10.1962, E 1962, BT-Drs. IV/650.

33 EW: Eine Lesbierin nimmt Stellung, in: Der Kreis 29 (1961), 3, 20.

34 die runde: Die Strafbarkeit der Homosexualität aus unserer Sicht (Schluß), in: Der Weg 10 (1960), 10, 277–280, 278 f.

35 Friedrich Everding: Hanns Henny Jahnn, in: Der Weg 10 (1960), 1, 19–22, 22. die runde: Die Strafbarkeit der Homosexualität aus unserer Sicht (Schluß), 277 f.
36 O. A.: Ein Theologe nimmt Stellung, in: Der Kreis 28 (1960), 4, 6 f.
37 Wolf H. F. Prien: Evangelische Akademie für Abschaffung des § 175, in: Der Weg 10 (1960), 12, 330 f.
38 In diesem Sinn argumentierte beispielsweise N. N.: Der Homo-Staat. Modell einer Utopie, in: Du & Ich 2 (1970), 7/8, 11 f.
39 Zu dieser Position Ostman von der Leyes vgl. Raimund Wolfert: Gegen Einsamkeit und ›Einsiedelei‹. Die Geschichte der Internationalen Homophilen Welt-Organisation (IHWO), Hamburg: Männerschwarm, 2009, 151 f.
40 Vgl. N. N.: Die Bremer Pfingsteingabe, in: Der Weg 11 (1961), 6, 133–138, 133 und 137. Zu Fritz Bauers Position in homopolitischen Fragen vgl. Werner Renz: Wider die Sittenwächter. Fritz Bauers Kritik am überkommenen Sexualstrafrecht der 1950er und 1960er Jahre, in: Jahrbuch Sexualitäten (2017), 70–93.
41 Vgl. u. a. Flor: Löbliche Ausnahme, in: Der Weg 10 (1960), 7, 181.
42 Vgl. Evelyn Hooker: Eine Voruntersuchung homosexuellen Gruppenverhaltens, in: Der Weg 10 (1960), 4, 76–78 und 83 f., 76 und 78.
43 Wolfgang E. Bredtschneider: Über das Vorurteil gegen die Homosexualität, in: Der Weg 11 (1961), 8, 188–194. André-Claude Desmon: Homoerot und Gesellschaft, übersetzt von H. M., übernommen aus ARCADIE Nr. 82, in: Der Weg 11 (1961), 9, 203–206.
44 die runde: Die Strafbarkeit der Homosexualität aus unserer Sicht (Schluß), in: Der Weg 10 (1960), 10, 277–280, 279.
45 Flor: Löbliche Ausnahme, in: Der Weg 10 (1960), 7, 181.
46 Vgl. u. a. upb: … und noch einmal Adolf Hitler, in: Du & Ich 1 (1969), 1, 45 f.
47 Hans Hagen: Nürnberg. Ein Kapitel des unveröffentlichten Romans ›Das Standbild Erinnerung‹, in: Der Weg 10 (1960), 9, 228–236, 235 f.
48 N. N.: Dr. Th. Bovet zur Gleichgekehrtheit, in: Der Weg 11 (1961), 11, 243–248, 244.
49 Rolf [Karl Meier]: Die Ethik der Freundesliebe, in: Der Kreis 29 (1961), 12, 2–7, 2.
50 Burkhardt Riechers: Freundschaft und Anständigkeit. Leitbilder im Selbstverständnis männlicher Homosexueller in der frühen Bundesrepublik, in: Invertito 1 (1999), 12–46.
51 Vgl. dazu Benno Gammerl: Schwule Gefühle? Homosexualität und emotionale Männlichkeiten zwischen 1960 und 1990 in Westdeutschland, in: Manuel Borutta und Nina Verheyen (Hg.): Die Präsenz der Gefühle. Männlichkeit und Emotion in der Moderne, Bielefeld: transcript, 2010, 255–278, 273 f.
52 die runde: Die Strafbarkeit der Homosexualität aus unserer Sicht, in: Der Weg 10 (1960), 8, 203–206, 205.
53 die runde: Die Strafbarkeit der Homosexualität aus unserer Sicht (Schluß), in: Der Weg 10 (1960), 10, 277–280, 277. Vgl. dazu auch E. W.: Vergleich von Homoerotik und lesbischer Liebe, in: Der Kreis 29 (1961), 10, 8 f.

54 J.P. Reichmann: Der Homosexuelle als Karikatur und als wertgesteigerte Persönlichkeit, in: Der Weg 11 (1961), 11, 240–243, 241. Vgl. auch Martin Dannecker: Der unstillbare Wunsch nach Anerkennung. Homosexuellenpolitik in den fünfziger und sechziger Jahren, in: Detlef Grumbach (Hg.): Was heißt hier schwul? Politik und Identitäten im Wandel, Hamburg: Männerschwarm, 1997, 27–44.

55 Vgl. u.a. David K. Johnson: Buying Gay. How Physique Entrepreneurs Sparked a Movement, New York: Columbia University Press, 2019.

56 Florian: Griechenland in Schwetzingen, in: Der Weg 10 (1960), 5, 103 f., 103 f.

57 André-Claude Desmon: Homoerot und Gesellschaft, in: Der Weg 11 (1961), 9, 203–206, 204 f.

58 J.P. Reichmann: Der Homosexuelle als Karikatur und als wertgesteigerte Persönlichkeit, in: Der Weg 11 (1961), 11, 240–243, 241.

59 Wolfgang Cordan: Days with Antonio, in: Der Kreis 28 (1960), 2, 29–36. Vgl. auch Benno Gammerl: Schwule Gefühle?

60 Vgl. u.a. Hans: Marokko ... diesmal anders gesehen, in: Der Kreis 33 (1965), 10, 13. gagedi: Der Gang in den Zitronenhain. Wilde Spiele an Kalabriens Küste, in: Der Weg 17 (1967), 194, 73 f. Vgl. auch Christopher Ewing: ›Color Him Black‹. Erotic Representations and the Politics of Race in West German Homosexual Magazines, 1949–1974, in: Sexuality & Culture 21 (2017), 382–403, 385 und 392 f.

61 Vgl. Peter Thilo: Kneipenszene am Lausitzer Platz, in: Jens Dobler (Hg.): Von anderen Ufern. Geschichte der Berliner Lesben und Schwulen in Kreuzberg und Friedrichshain, Berlin: Bruno Gmünder, 2003, 248–262. Kirsten Plötz: Weitgehend ignoriert. Lesbisches Leben in der frühen Bundesrepublik, in: Gabriele Dennert, Christiane Leidinger und Franziska Rauchut (Hg.): In Bewegung bleiben. 100 Jahre Politik, Kultur und Geschichte von Lesben, Berlin: Querverlag, 2007, 27–30. Christiane Leidinger: Lesbische Existenz 1945–1969, Berlin: LADS, 2015. Zu einer der wenigen Zeitschriften für frauenliebende Frauen aus den 1950er-Jahren vgl. Katharina Vogel: Wir Freundinnen. Eine Lesbenzeitung aus den 50er Jahren, in: Lesbenstich 4 (1983), 2, 29–33.

62 N.N.: Dr. Th. Bovet zur Gleichgekehrtheit, in: Der Weg 11 (1961), 11, 243–248, 245.

63 Vgl. Kirsten Plötz: Als fehle die bessere Hälfte. ›Alleinstehende‹ Frauen in der frühen BRD 1949–1969, Königstein/Taunus: Ulrike Helmer Verlag, 2005, 202 und 207.

64 Vgl. Michael Kandora: Homosexualität und Sittengesetz, in: Ulrich Herbert (Hg.): Wandlungsprozesse in Westdeutschland. Belastung, Integration, Liberalisierung 1945 bis 1980, Göttingen: Wallstein, 2002, 379–401. Christian Schäfer: ›Widernatürliche Unzucht‹ (§§ 175, 175a, 175b, 182 a.F. StGB). Reformdiskussion und Gesetzgebung seit 1945, Berlin: Berliner Wissenschafts-Verlag, 2006.

65 Vgl. dazu R.B.: Eine Minderheit, in: Der Kreis 28 (1960), 8, 2–5. Dieser Text be-

spricht das Buch *A Minority* des britischen Homosexualitätsforschers Gordon Westwood.

66 Benno Gammerl: Schwule Gefühle?

67 Vgl. Klingler: Die Katakombe reizt noch heute, in: Du & Ich 1 (1969), 2, 17. Susanne Regener: Vom Wohnzimmer auf die Straße. Zum Motiv der Maskerade in der Schwulenbewegung, in: Susanne Regener und Katrin Köppert (Hg.): privat/öffentlich. Mediale Selbstentwürfe von Homosexualität, Wien und Berlin: Turia + Kant, 2013, 41–70.

68 Vgl. dazu Benno Gammerl: Queer Romance? Romantische Liebe in den biographischen Erzählungen von westdeutschen Lesben und Schwulen, in: L'Homme 24 (2013), 1, 15–34.

69 Evelyn Hooker: Eine Voruntersuchung homosexuellen Gruppenverhaltens (Fortsetzung), in: Der Weg 10 (1960), 5, 108–110 und 115–117, 115.

70 Evelyn Hooker: Eine Voruntersuchung homosexuellen Gruppenverhaltens (Fortsetzung), 108 f. und 116.

71 Vgl. Christian Schäfer: ›Widernatürliche Unzucht‹, 200.

72 In der Transkription wird alles kleingeschrieben. Nur Betonungen werden durch Großbuchstaben markiert, Deeeehnungen durch Buchstabenwiederholungen. Kurze Pausen werden als (.), längere als (pause) notiert.

73 Zur »eigenartigen Musterung, die jeden Neuankömmling aus zahlreichen Augen trifft«, vgl. auch Jack Argo: Wenn Dich die bösen Buben locken … oder: In Hamburg sind die Nächte lang, in: Der Weg 13 (1963), 9/10, 694–697, 696.

74 Ina Kuckuc [Ilse Kokula]: Der Kampf gegen Unterdrückung, München: Verlag Frauenoffensive, 1975, 13.

75 Ingeborg Mojkin und Claudia: Bericht aus dem Sub. Das zweite Wohnzimmer, in: Courage 3 (1978), 5, 24 f.

76 Lesbengruppe im Frauenzentrum Düsseldorf: Remmidemmi im Sub, in: Lesbenstich 1 (1980), 1, 38.

77 Vgl. u. a. Marianne Blidon und France Guérin-Pace: Un rêve urbain? La diversité des parcours migratoires des gays, in: Sociologie 4 (2013), 2, 119–138. Michael Bochow: Schwules Leben in der Provinz. Zum Beispiel Niedersachsen, Berlin: Edition Sigma, 1998. Kath Weston: Get Thee to a Big City. Sexual Imaginary and the Great Gay Migration, in: GLQ. A Journal of Lesbian and Gay Studies 2 (1995), 3, 253–278.

78 André Gide: Bernardino, in: Der Weg 10 (1960), 6, 132–135, 132. Es handelt sich um einen der Erinnerungsskizze *Acquasanta* von 1938 entnommenen Text, der bereits 1950 auf Deutsch erschienen war.

79 Vgl. u. a. James F. Kearful: Die neuen Nazis, übersetzt von W. A., in: Der Weg 13 (1963), 11/12, 731–738.

80 Harry Stein: Der Cowboy, in: Der Weg 17 (1967), 191, 1.

81 foltro: Zwischen Abend und Morgen, in: Der Weg 11 (1961), 11, 236 f., 237.

82 Zur sexuell ambivalenten Figur des »village excentric« vgl. auch Colin Johnson:

Just Queer Folks. Gender and Sexuality in Rural America, Philadelphia: Temple University Press, 2013, 108–128.

83 Zur Orientierung auf dem Land lebender schwuler Männer an hegemonialen Männlichkeitsmustern vgl. Michael Bochow: Schwules Leben in der Provinz. Alexis Annes und Meredith Redlin: The Careful Balance of Gender and Sexuality. Rural Gay Men, the Heterosexual Matrix, and ›Effeminophobia‹, in: Journal of Homosexuality 59 (2012), 2, 256–288. Alexis Annes: Des ›gays‹ très ›hétéros‹ ou comment développer une identité masculine homosexuelle quand on a grandi à la campagne, in: Delphine Dulong, Christine Guionnet und Érik Neveu (Hg.): Boys Don't Cry! Les Coûts de la Masculinité, Rennes: Presse Universitaire de Rennes, 2012, 231–252.

84 N.N.: Rezension zu Victor Servatius: Costa Brava, Rotterdam: Enclave 1960, in: Der Weg 11 (1961), 9, 206. Das Pseudonym Servatius benutzte der niederländische Homophilen- und Pädosexuellen-Aktivist Frits Bernard.

85 Vgl. dazu auch: Udo J. Erlenhardt: Die schwule Sau, in: Du & Ich 2 (1970), 1, 4.

86 Entscheidung des Bundesverfassungsgerichts vom 10.05.1957, BVerfGE 6, 389, Satz 147. Vgl. auch Stephanie Hoffmann: ›Darüber spricht man nicht‹? Die öffentliche Diskussion über die Sexualmoral in den 50er Jahren im Spiegel der Frauenzeitschrift ›Constanze‹, in: Johanna Meyer-Lenz (Hg.): Die Ordnung des Paares ist unbehaglich. Irritationen am und im Geschlechterdiskurs nach 1945, Münster, Hamburg, London: LIT, 2000, 57–83, insbesondere 59 f.

87 Vgl. Sabine Puhlfürst: ›Mehr als bloße Schwärmerei‹. Die Darstellung von Liebesbeziehungen zwischen Mädchen/jungen Frauen im Spiegel der deutschsprachigen Frauenliteratur des 20. Jahrhunderts, Essen: Verlag Die Blaue Eule, 2002.

88 Frau Schneider und Frau Gruberova sind das einzige Paar, das ich in getrennten Gesprächen interviewt habe. Interessanterweise verschweigt Frau Gruberova dieses sexuelle Experiment.

89 die runde: Die religiösen Wurzeln der sittlichen Verfemung des Homosexuellen, in: Der Weg 11 (1961), 1, 14–21, 19 f.

90 Vgl. ao: Bluttat in Hamburg-Lockstedt. Man kann einen Homosexuellen nicht straflos töten!, in: Der Weg 13 (1963), 9, 692–694. Vgl. auch Gottfried Lorenz und Ulf Bollmann: Liberales Hamburg? In den USA wird auch heute noch über diese sogenannte *gay panic defense* diskutiert.

91 Henry Benrath [Albert Heinrich Rausch]: Sinn der Liebe, in: Der Weg 10 (1960), 1, 14. Bei diesem Text handelt es sich um eine Passage aus Henry Benraths 1914 erschienenem Prosa-Band *Südliche Reise*.

92 André-Claude Desmon: Homoerot und Gesellschaft, in: Der Weg 11 (1961), 9, 203–206, 203 f.

93 Benno Gammerl: Schwule Gefühle?

94 Zu ähnlichen Konflikten vgl. Celia Hughes: Negotiating Ungovernable Spaces Between the Personal and the Political. Oral History and the Left in Post-War Britain, in: Memory Studies 6 (2013), 1, 70–90, 80–82.

95 Zur Vermittlung zwischen Konstruktionismus und Affekttheorie vgl. u. a. Benno Gammerl, Jan S. Hutta und Monique Scheer: Feeling Differently.

96 Erster Brief vom 7. September 1970, zweiter Brief vom 14. September 1970 und neunter Brief vom 12. Oktober 1970. Herr Kuhn hat mir die Briefe während des Interviews gezeigt und mir erlaubt, diese zu fotografieren.

97 Steuermann: Herbstsommer, in: Der Weg 11 (1961), 1, 4–7, 5.

98 Steuermann: Herbstsommer, 4 f. Orplid meint hier in Anlehnung an Eduard Mörike und Ludwig Bauer ein paradiesisches Fantasieland.

99 Vgl. dazu Benno Gammerl: Erinnerte Liebe. Was kann eine Oral History zur Geschichte der Gefühle und der Homosexualitäten beitragen?, in: Geschichte und Gesellschaft 35 (2009), 2, 314–345.

100 Vgl. dazu auch Benno Gammerl: Erinnerte Liebe.

101 Rolf [Karl Meier]: Die Ethik der Freundesliebe, in: Der Kreis 29 (1961), 12, 2–7, 2.

102 O. Z.: Eine Antwort auf den Beitrag der Oktobernummer, in: Der Weg 11 (1961), 11, 248 f., 248.

103 foltro: Ist die Erotik unser tägliches Brot?, in: Der Weg 11 (1961), 10, 224 f., 225.

104 foltro: Ist die Erotik unser tägliches Brot?, 225.

105 Marcel Gilson: Noch eine Antwort, in: Der Weg 11 (1961), 12, 260 f.

106 N. N.: Dr. Th. Bovet zur Gleichgekehrtheit, in: Der Weg 11 (1961), 11, 243–248, 245.

107 foltro: Ist die Erotik unser tägliches Brot?, 225.

108 Friedrich Wilhelm Foerster: Lebensführung. Ein Buch für junge Menschen, Mainz: Mathias-Grünewald-Verlag, 1961, 147 und 174 f. Das Werk ist 1909 erstmals erschienen. An den hier zitierten Stellen entspricht die Ausgabe von 1961 der von 1924, vgl. Friedrich Wilhelm Foerster: Lebensführung, Erlenbach-Zürich, München und Leipzig: Rotapfel-Verlag, 1924.

109 Jochen Fischer: Nicht Sex sondern Liebe, 38 und 110.

110 János Plesch: Das Eheleben, in: Der Weg 10 (1960), 7, 164–167, 165.

111 N. N.: Die Dauerfreundschaft – statistisch gesehen, in: Der Kreis 31 (1963), 9, 10–13, 12.

112 Jean Cocteau: Über die Freundschaft, in: Der Weg 11 (1961), 9, 201 f., 201.

113 Vgl. 2 Sam 1,26: »deine Liebe ist mir wundersamer gewesen, als Frauenliebe ist«.

114 Vgl. Benno Gammerl: Schwule Gefühle?

115 N. N.: Hellas, ewig unsere Liebe. Fünf antike Epigramme, übertragen von Erich Lifka, in: Der Weg 10 (1960), 7, 167. Zu Lifka vgl. Manuela Bauer und Hannes Sulzenbacher: ›Mein Name ist Erich Lifka. In Moskau kennt man mich‹, in: Invertito 15 (2013), 169–196.

116 Friedrich Everding: Freundesliebe im alten Griechenland, in: Der Weg 10 (1960), 11, 302–309 und 339 f.

117 N. N.: Dr. Th. Bovet zur Gleichgekehrtheit, in: Der Weg 11 (1961), 11, 243–248, 244.

118 die runde: Die Strafbarkeit der Homosexualität aus unserer Sicht, in: Der Weg 10 (1960), 8, 203–206, 205.

119 Michael Heiberg: Homophile Partnerschaft, in: Don international 1 (1970), 5, 10.

120 János Plesch: Das Eheleben, in: Der Weg 10 (1960), 7, 164–167, 165.

121 Laut Kirsten Plötz hatten »Herzensfreundschaften« und die Figur der »Gefährtin« in den 1950er- und 1960er-Jahren eine ähnliche Bedeutung, vgl. Kirsten Plötz: Als fehle die bessere Hälfte, 202 und 207.

122 Vgl. u. a. Frank Niggemeier: Gay Pride. Schwules Selbstbewusstsein aus dem Village, in: Bernd Polster (Hg.): Westwind. Die Amerikanisierung Europas, Köln: Dumont 1995, 179–187, 182. Martin Lengwiler: In kleinen Schritten. Der Wandel von Männlichkeiten im 20. Jahrhundert, in: L'Homme 19 (2008), 2, 75–94. Lory Britt und David Heise: From Shame to Pride in Identitiy Politics, in: Sheldon Stryker, Timothy J. Owens und Robert W. White (Hg.): Self, Identity, and Social Movements, Minneapolis: University of Minnesota Press, 2000, 252–268.

123 Vgl. u. a. Sylka Scholz: Männlichkeit erzählen. Lebensgeschichtliche Identitätskonstruktionen ostdeutscher Männer, Münster: Westfälisches Dampfboot, 2004, 25.

124 Zur Kritik am *gay pride* als Telos der Homosexualitätengeschichte vgl. David M. Halperin und Valerie Traub: Beyond Gay Pride, in: David M. Halperin und Valerie Traub (Hg.): Gay Shame, Chicago: University of Chicago Press, 2009, 3–40. Eve K. Sedgwick: Touching Feeling. Affect, Pedagogy, Performativity, Durham: Duke University Press, 2003, 35–66. Christopher Nealon: Foundlings. Lesbian and Gay Historical Emotion Before Stonewall, Durham: Duke University Press, 2001, 13. Sally Munt: Queer Attachments. The Cultural Politics of Shame, Aldershot: Ashgate, 2007, 79–104. Heather Love: Feeling Backward, 1–30. Craig Griffiths: Sex, Shame and West German Gay Liberation, in: German History 34 (2016), 3, 445–467.

TEIL 2
1970ER-JAHRE: AUFBRECHEN!

1 Vgl. Paola Bacchetta: Dyketactics! Notes Towards an Un-silencing, in: Tommi Avicolli Mecca (Hg.): Smash the Church, Smash the State. The Early Years of Gay Liberation, San Francisco: City Lights Books, 2009, 218–231.

2 Superdykes, R: Barbara Hammer, USA 1975.

3 Women I Love, R: Barbara Hammer, USA 1978.

4 Multiple Orgasm, R: Barbara Hammer, USA 1976.

5 Double Strength, R: Barbara Hammer, USA 1978.

6 Vgl. dazu u. a. Andreas Pretzel und Volker Weiß: Rosa Radikale. Die Schwulen-

bewegung der 1970er Jahre, Hamburg: Männerschwarm, 2012. Susanna Jäger: Doppelaxt oder Regenbogen? Zur Genealogie lesbisch-feministischer Identität, Tübingen: edition diskord, 1998. Cristina Perincioli: Berlin wird feministisch. Das Beste, was von der 68er Bewegung blieb, Berlin: Querverlag, 2015. Patrick Henze: Schwule Emanzipation und ihre Konflikte. Zur westdeutschen Schwulenbewegung der 1970er Jahre, Berlin: Querverlag, 2019.

7 Michael Schwartz: ›Warum machen Sie sich für die Homos stark?‹ Homosexualität und Medienöffentlichkeit in der westdeutschen Reformzeit der 1960er und 1970er Jahre, in: Jahrbuch Sexualitäten 1 (2016), 51–93.

8 Vgl. u.a. Oliver Radkolb und Friedrich Stadler: Das Jahr 1968. Belinda Davis: Provokation als Emanzipation. 1968 und die Emotionen, in: Vorgänge 42 (2003), 4, 41–49.

9 Vgl. dazu u.a. Jens Dobler und Harald Rimmele: Schwulenbewegung, in: Roland Roth und Dieter Rucht (Hg.): Die sozialen Bewegungen in Deutschland seit 1945. Ein Handbuch, Frankfurt/Main: Campus, 2008, 541–556.

10 N.N.: Eine historische Stunde steht vor der Tür, in: Du & Ich 1 (1969), 1, 2. N.N.: chronik intern, in: Du & Ich 2 (1970), 2, 44. Die Kämpfe im Kaiserreich, der Weimarer Republik und der Nachkriegszeit gerieten kurz darauf weitgehend in Vergessenheit und rückten erst in den 1980er-Jahren wieder ins homopolitische Bewusstsein. Um 1970 herum kam eine ganze Reihe neuer schwuler Zeitschriften heraus: Die *Du & Ich* erschien ab 1969; *Sunny*, später *Don*, ab 1970. Ebenfalls wichtig waren *him*, später *him applaus*, ab 1970, sowie *unter uns*, später *Adam*, ab 1972.

11 Josef Israel Bengal: Homophile aller Länder vereinigt Euch, in: Du & Ich 2 (1970), 1, 22–26, 23.

12 Karl August Schrey: Köpfe sind rar!, in: Du & Ich 1 (1969), 1, 3.

13 Egon Manfred Strauss: Ein Wort des Herausgebers an die Leser, in: Du & Ich 2 (1970), 2, 2 f., 2.

14 Vgl. u.a. Christa: Forum für Psychoanalyse, in: Courage 2 (1977), 10, 14. N.N.: Homosexualität keine Krankheit, in: Don 10 (1979), 12, 10.

15 Vgl. u.a. Charles Silverstein: Wearing Two Hats. The Psychologist as Activist and Therapist, in: Journal of Gay & Lesbian Psychotherapy 11 (2007), 3/4, 9–35.

16 N.N.: Ein ›Patient‹ packt aus. In der Göttinger Nervenklinik behandelt man Homosexualität wie eine Infektionskrankheit, in: Du & Ich 2 (1970), 10, 36 f. und 51, 37. N.N.: Der Homo-Wunder-Doktor. Dr. Thomas ›heilt‹ Homos durch Handauflegen, in: Don 10 (1979), 7, 12–14. N.N.: Barbarische Methoden, in: Don 10 (1979), 11, 12. Jutta und Claudia: Interview, in: Lesbenstich 3 (1982), 1, 14–20.

17 Kurt Seelmann: Zwischen 15 und 19. Information über sexuelle und andere Fragen des Erwachsenwerdens, München und Basel: Ernst Reinhardt Verlag, 1971, 202. N.N.: Die Masters sahnen mit Homosex mächtig ab, in: Don 10 (1979), 8, 10 f.

18 Jens M.A. Reimer: Wie entsetzlich elend – wie krank! Die Volksmeinung der Christa Meves, in: Don 10 (1979), 10, 10 f. Der Artikel verweist zudem auf Parallelen zur Homosexuellenverfolgung im Nationalsozialismus und im Iran der islamischen Revolution. Zu Bryant vgl. auch Adelheid Zöfel: Der Kreuzzug gegen Homosexuelle in den USA, in: Courage 2 (1977), 9, 8–10.

19 Vgl. Clare Bielby: ›An jeder Straßenecke könnte praktisch ein Mannweib mit Schlagring, Lederkleidung und rauher Stimme auf ihn warten‹. Gewalt, Weiblichkeit und Sexualität in der Bundesrepublik der 1970er Jahre, in: Jahrbuch Sexualitäten, 2017, 95–116.

20 Der Spiegel 28 (1974), 36, Titelblatt.

21 Ann Savigny: Toleranz? Geile Neugier! Ann Savigny fragt: Wie tolerant ist eine Gesellschaft, die Lesbierinnen zum Show-Objekt macht?, in: Du & Ich 2 (1970), 10, 48–51, 50.

22 N.N.: Der Homo-Staat. Modell einer Utopie, in: Du & Ich 2 (1970), 7/8, 11 f., 12. Chris Buschar: Homosexualität besteht nicht!!!, in: Don 3 (1972), 2, 11.

23 N.N.: Wir sind Normal, in: Don 10 (1979), 2, 23–25, 23. Vgl. auch Jens M.A. Reimer und Stefan Troßbach: Die 15 ›Geständnisse‹, die nicht im Stern standen, in: Don 12 (1978), 12, 4 f.

24 Vgl. u.a. Jens M.A. Reimer: Wann gibt es endlich den HS-Stempel im Ausweis?, in: Don 10 (1979), 7, 3.

25 Jörn: SOS – SAS, in: Rosa Flieder (1980), 19/20, 55 f. Zum Konzept der repressiven Entsublimierung vgl. Reimut Reiche: Sexualität und Klassenkampf. Zur Abwehr repressiver Entsublimierung, Frankfurt/Main: Verlag Neue Kritik, 1968.

26 Redaktion: Nackt oder nicht nackt, das ist hier die Frage, in: Du & Ich 2 (1970), 7/8, ohne Paginierung.

27 N.N.: DHO-Neumann gegen Ausstrahlung des Praunheim Films, in: Don 4 (1973), 3, 13. K.R. Adam: Cruising oder verdammt, wo bleibt die Zärtlichkeit. Gedanken zu einem umstrittenen Film, in: Don 11 (1980), 11, 18–21.

28 *Jagdszenen aus Niederbayern* (R: Peter Fleischmann, BRD 1969) basiert auf einem Theaterstück von Martin Sperr aus dem Jahr 1965. *Die Konsequenz* (R: Wolfgang Petersen, BRD 1977) beruht auf dem autobiografischen Roman gleichen Titels von Alexander Ziegler und wurde direkt fürs Fernsehen produziert.

29 Am Tag nach diesem Fernsehabend traf Herrn Mellings Braut aus Kanada ein, die er vier Wochen später heiratete.

30 N.N.: Bestseller für Mädchen, in: Du & Ich 2 (1970), 12, 43. Madeleine Marti: Die Sehnsucht von Lesben nach dem Happy-end, in: Lesbenstich 8 (1987), 1, 5 f. Vgl. auch Sandra Eder: Lesbian Pulps Revisited. Der Klassiker dieses Genres ist Radclyffe Halls *The Well of Loneliness* von 1928. Vgl. dazu Vera: Quell der Einsamkeit, in: UKZ 1 (1975), 5, 9–11. Ulrike Janz: Ein alter Klassiker, zweifach besprochen, in: Lesbenstich 10 (1989), 1, 6 f.

31 Anna und Edith, R: Gerrit Neuhaus, BRD 1975. Vgl. Sigrid Fronius: Anna und Edith (ZDF, 1975), in: Courage 2 (1977), 3, 11.

32 Roman-Arnim Adler: Homosexuelles Negativbild. Über Praunheims »Armee der Liebenden«, in: Don 10 (1979), 10, 52. Der Film dokumentierte die US-amerikanische Schwulen- und Lesbenbewegung.

33 N.N.: Rosas kurioses Chaos. Lehrstück für German Gays??! »Armee der Liebenden« oder »Aufstand der Perversen«: Rosa von Praunheims Film und Buch erweitern den homosexuellen Horizont, in: Don 10 (1979), 8, 32–35, 33. N.N.: Wir sind Normal, in: Don 10 (1979), 2, 23–25, 23.

34 Vgl. Raimund Wolfert: Gegen Einsamkeit und ›Einsiedelei‹, 89–95 u. 127. Zu *Zärtlichkeit und Rebellion* (R: Eva Müthel, BRD 1973) und *Wir nehmen uns unser Recht* (R: Claus F. Siegfried, BRD 1974) vgl. Irmgard Dalinghaus, Gabriele Volmery und Anne-Rosse Groll: ›Wir nehmen uns unser Recht‹, in: Courage 3 (1978), 5, 26–31. Zu Konflikten bei der Produktion des Spielfilms *Weggehen um Anzukommen* (R: Alexandra von Grote, BRD 1981/82) vgl. Chris: Film Trauma, in: Lesbenstich 4 (1983), 1, 24–30.

35 Egon Manfred Strauss: Ein Wort des Herausgebers an die Leser, in: Du & Ich 2 (1970), 2, 2 f. Der Herausgeber der *Du & Ich* unterstrich, er engagiere sich für die »Homophilen«, weil er als »Halbjude« wisse, was es bedeutet, einer verfolgten Gruppe anzugehören.

36 *Rosa Flieder* erschien ab 1979 in Nürnberg, *AHA-Info* ab 1979 in West-Berlin, *glf-Journal*, später *rik*, ab 1979 in Köln, *Schwulst* ab 1980 in Stuttgart, *kellerjournal* ab 1980 in München und *Siegessäule* ab 1984 in West-Berlin. *UKZ* erschien ab 1975 in West-Berlin, *Lesbenpresse* von 1975 bis 1982 in einer Auflage von ungefähr 1500 Exemplaren ebenfalls in West-Berlin, *Lesbenstich* ab 1980, zunächst in Dortmund. Wichtig waren auch breitere feministische Zeitschriften wie *Courage*, 1976 bis 1984 in West-Berlin, und *Emma*, die ab 1977 in einer Auflage von ungefähr 200 000 Exemplaren in Köln erschien. Vgl. Franka Fieseler: Vernetzte Netze – vielfältige Foren. Zur Geschichte lesbisch-feministischer Zeitschriften in Deutschland, in: Lea Susemichel, Saskya Rudigier und Gabi Horak (Hg.): Feministische Medien. Öffentlichkeiten jenseits des Malestream, Königstein/Taunus: Ulrike Helmer, 2008, 134–150. Peter Rehberg und Bradley Boovy: Schwule Medien nach 1945, in: Florian Mildenberger u. a. (Hg.): Was ist Homosexualität? Forschungsgeschichte, gesellschaftliche Entwicklungen und Perspektiven, Hamburg: Männerschwarm 2014, 529–556.

37 Rita Mae Brown: Die Tennisspielerin, Reinbek bei Hamburg: Rowohlt, 1984. Der Roman über die Beziehung der Autorin zu Martina Navrátilová erschien 1983 als *Sudden Death*. Katherine V. Forest: Seltsamer Wein, übersetzt von Heidi Ballschmiede, Göttingen: Daphne Verlag, 1985. 1983 als *Curious Wine*.

38 Die *Bravo* erscheint seit 1956 als deutschsprachige Jugendzeitschrift.

39 N.N.: Dr. Korff schwenkt um, in: Don 10 (1979), 10, 14. Vgl. auch Erwin In het Panhuis: Aufklärung und Aufregung. 50 Jahre Schwule und Lesben in der BRAVO, Berlin: Archiv der Jugendkulturen, 2010.

40 Das *Stonewall* in der New Yorker Christopher Street ist eine von Schwulen,

Lesben, Bisexuellen und Transpersonen frequentierte Bar. Im Juni 1969 führte eine Razzia zum gewalttätigen Aufstand. Dieses Ereignis gilt – seit den späten 1970er-Jahren auch in Deutschland – als Geburtsstunde der radikalen LGBT-Protestkultur.

41 Vgl. u. a. Andreas Pretzel und Volker Weiß: Rosa Radikale, 80–90. Gabriele Dennert, Christiane Leidinger und Franziska Rauchut (Hg.): In Bewegung bleiben. 100 Jahre Politik, Kultur und Geschichte von Lesben, Berlin: Querverlag, 2007, 83–85.

42 Dieter S.: Konfrontation (Leserbrief), in: Du & Ich 2 (1970), 1, 3. Redaktion: Nackt oder nicht nackt, in: Du & Ich 2 (1970), 7/8, ohne Paginierung.

43 Matthias: Come Out!, in: Rosa Flieder (1982), 24, 13–15, 15.

44 Redaktion: Wir sind stärker als die F. D. P., in: Du & Ich 2 (1970), 3, ohne Paginierung.

45 N. N.: Schwule geben Redaktion einen Korb, in: Don 10 (1979), 1, 11. N. N.: Manch guter Fund im Untergrund, in: Du & Ich 1 (1969), 1, 46 f., 46. Zum US-amerikanischen »Untergrund« wurde auch die Factory von »Andy Warhole [sic!]« gerechnet. In diesen Kreisen, vermerkte die *Du & Ich* ungläubig und fasziniert, betreibe man sogar öffentlich »Homo-Sex«.

46 N. N.: So schamlos schwul sind die gar nicht. VSG – eine Homogruppe in München, in: Don 10 (1979), 5, 48 f., 48.

47 HAW: Tuntenstreit. Theoriediskussion der Homosexuellen Aktion Westberlin, Berlin: Verlag Rosa Winkel, 1975. Craig Griffiths: Konkurrierende Pfade der Emanzipation. Der Tuntenstreit (1973–75) und die Frage des ›respektablen Auftretens‹, in: Andreas Pretzel und Volker Weiß (Hg.): Rosa Radikale. Die Schwulenbewegung der 1970er Jahre, Hamburg: Männerschwarm, 2012, 141–159. Patrick Henze: Schwule Emanzipation und ihre Konflikte.

48 Zur Kritik vgl. H. S. B.: Nie wieder Homolulu, in: Don 10 (1979), 11, 6. Zu positiven Einschätzungen vgl. Andy Müller: ›Die Speerspitze der guten Laune‹. Andy Müller über Homolulu-Tunten, in: Don 10 (1979), 11, 54.

49 Walter Gutermuth: Homophiles nächtliches Unternehmen ›Stoßtrupp Homo-Kneipen‹ verhindert, in: Homolulu-Tageszeitung (28./29.07.1979), 5/6, https://web.archive.org/web/20040811191620/http://geocities.com/schwulencity/homolulu/Homolulu_5.html (12.06.2017). Der Artikel zitiert Thomas Grossmann von der Nationalen Arbeitsgemeinschaft Repression gegen Schwule (NARGS), einen Mit-Initiator des Homolulu-Treffens, der meinte, »Militanz« sei – anders als in den USA – »nicht die Stärke der Schwulen hierzulande«.

50 Jo Pattijn: Wie warm ist HOMOLULU?, in: Homolulu-Tageszeitung (28./29.07.1979), 5/6, https://web.archive.org/web/20040811191620/http://geocities.com/schwulencity/homolulu/Homolulu_5.html (04.08.2016). »Tunte, Lesbe, Ledermann,/Tanzen hier auf dem Vulkan«, hieß es in einem auf dem Treffen gedichteten Lied.

51 Elmar Kraushaar: Höhenflug und Absturz – Von Homolulu am Main nach

Bonn in die Beethoven-Halle, in: Andreas Pretzel und Volker Weiß (Hg.): Rosa Radikale. Die Schwulenbewegung der 1970er Jahre, Hamburg: Männerschwarm, 2012, 80–90.

52 Karl August Schrey: Offen bekennen ...durch ein persönliches Gespräch, in: Du & Ich 1 (1969), 2, 3 f., 4. Das Heft brachte auch großformatige Fotoporträts von Mitarbeitern, die sich mit Namen und Wohnorten ›offen bekannten‹.

53 N.N.: »Hab' ich das nötig, mich zu verstecken?« Männer, die um ihr wahres Ich kämpften, legen die Beichte ihres Lebens ab, in: Du & Ich 2 (1970), 9, 24 f. Vgl. auch N.N.: 10 Jahre danach. Historischer Rückblick auf die Entstehung und Auswirkungen des § 175 und was seit seiner ›Reform‹ 1969 geschah, in: Rosa Flieder (1979), 10, 21–28, 28.

54 Dieter M. Geismar: ... und haben Mann mit Mann Schande getrieben (Römer 1,27), in: Du & Ich 2 (1970), 3, 12–17, 12.

55 Das veranschaulicht die Fernseh-Diskussion, die der WDR 1972 nach dem Film *Nicht der Homosexuelle ist pervers* ausstrahlte. Gegen Ende der Sendung verließ der Moderator das Podium und setzte sich zu den schwulen und lesbischen Diskussionsteilnehmer*innen ins Publikum, um seine Solidarität zu demonstrieren.

56 Rolf Z.: Ist wärmer Leben Politik?, in: Rosa Flieder (1982), 25, 22 f., 23.

57 Martin Siems: Coming Out. 4. Teil: Wir müssen uns zeigen, in: Du & Ich 12 (1980), 10, 64 f., 65. Warum er »Juden« und »Frauen« ebenfalls zu den ›sichtbaren Minderheiten‹ rechnet, erklärt der Beitrag nicht.

58 N.N.: Die große Angst. Die Angst vorm Brechen, in: Rosa Flieder (1982), 24, 16–19. Vgl. auch Raphaela: Der kleine Eskimo. Ein Come-out, in: Lesbenstich 1 (1980), 4, 34 f. Zu Ratgebern vgl. Ilse Kokula: coming out – going pubic – kollektives coming out, in: UKZ (1982), 11, 18 – 20. Martin Siems: Coming Out. Hilfen zur homosexuellen Emanzipation, Hamburg: Rowohlt, 1980. Thomas Grossmann: Schwul – Na und?, Reinbek bei Hamburg: Rowohlt, 1981. Herr Ückert erwähnt das Buch von Siems, Herr Schubert das von Grossmann. Vgl. ferner Volker Woltersdorff: Coming out. Die Inszenierung schwuler Identitäten zwischen Auflehnung und Anpassung, Frankfurt/Main und New York: Campus, 2005.

59 Jo: Elterngruppen, in: Lesbenstich 2 (1981), 2, 8–10. Diese Einteilung folgt dem von Jeanne Cordova vorgeschlagenen Schema. Zum Coming-out gegenüber der Mutter vgl. auch Andrea: Und noch eine Muttergeschädigte Lesbe, in: Lesbenstich 2 (1981), 2, 11 f.

60 Aus Sorge, die Pseudonymisierung der Interviews könne sie nicht ausreichend schützen, erwähnt Frau Opitz nie die Namen ihrer Partnerinnen, sondern nummeriert diese stattdessen.

61 Frau Voss erinnert sich, dass diese Mitteilung damals weitgehend auf Wohlwollen stieß. Nur sie selbst sei »in Tränen aufgelöst gewesen«, weil sie »nicht wusste«, wie sie »ihm helfen soll«.

62 Die zentrale Chiffre für dieses unausgesprochene Übereinkommen ist die

mehrmals von Herrn Pohl benutzte Formel, es müsse ja jeder »selber wissen«, wie und mit wem er leben wolle.

63 Vgl. u. a. Kirsten Hohn: Die Bedeutung von Normen bei der Konstruktion lesbischer kollektiver Identitäten, in: Ulf Heidel, Stefan Micheler und Elisabeth Tuider (Hg.): Jenseits der Geschlechtergrenzen. Sexualitäten, Identitäten und Körper in Perspektiven von Queer Studies, Hamburg: Männerschwarm, 2001, 178–189. Detlef Grumbach (Hg.): Was heißt hier schwul? Politik und Identitäten im Wandel, Hamburg: Männerschwarm, 1997.

64 Vgl. u. a. Rosemarie: Come-out Blitzlicht, in: Lesbenstich 1 (1980), 1, 5. Katharina Birkenwald: ohne Titel, in: Lesbenstich 7 (1986), 3, 17. N. N.: Ein Phänomen der Identifikation, in: Don 12 (1981), 12, 50. Matthias: Come Out!, in: Rosa Flieder (1982), 24, 13–15.

65 Zur Trennung des Lesbischen Aktionszentrums (LAZ) von der Homosexuellen Aktion Westberlin (HAW) 1975 vgl. u. a. Gabriele Dennert, Christiane Leidinger und Franziska Rauchut: Lesben in Wut. Lesbenbewegung in der BRD der 70er Jahre, in: Dies. (Hg.): In Bewegung bleiben. 100 Jahre Politik, Kultur und Geschichte von Lesben, Berlin: Querverlag, 2007, 31–67, 47 f. Zur beiderseitigen Skepsis gegenüber einer Zusammenarbeit vgl. Manuela: Lesbianismus und Patriarchat, in: Lesbenstich 1 (1980), 2, 11. Brigitte: Autonomie, in: Lesbenstich 1 (1980), 2, 12. N. N.: Schwule Aktion Südwest gegründet, in: Rosa Flieder (1979), 12, 32–37, 36.

66 Zur oft schwierigen Position bisexueller Menschen im homosexuellen Kontext vgl. u. a. Eva Kemler, Martina Löw und Kim Ritter: Bisexualität als Überschuss sexueller Ordnung. Eine biografieanalytische Fallstudie zur sexuellen Selbstwerdung, in: Zeitschrift für Sexualforschung 25 (2012), 4, 314–338.

67 Zum schwulen Vorwurf, Bisexuellen fehle der Mut, zu ihrer Homosexualität zu stehen, vgl. u. a. Wolfgang Müller: Radikale Emanze, in: Don 10 (1979), 2, 4. Johann R. Braehler: »Bi-Partner – danke, nein!«, in: Don 10 (1979), 7, 20.

68 Vgl. u. a. Gisela Zies: Zu ›Nationalität Lesbisch‹ von Jill Johnston, in: Courage 2 (1977), 1, 44–47. Barbara B.: Lesben und ihre Identität, in: UKZ 6 (1980), 4, 10 f. Halina Bendkowski: Wenn quer nicht queer ist. Zum Lesben-Heterakonflikt, in: Gabriele Dennert, Christiane Leidinger und Franziska Rauchut (Hg.): In Bewegung bleiben. 100 Jahre Politik, Kultur und Geschichte von Lesben, Berlin: Querverlag, 2007, 83–85.

69 Vgl. u. a. Stefa Bienko: secret minds, in: UKZ 12 (1986), 1, 40. Wichtige Anstöße für diese Debatten kamen aus den USA. Vgl. Gayle Rubin: Thinking Sex. Notes for a Radical Theory of the Politics of Sexuality, in: Carole S. Vance (Hg.): Pleasure and Danger. Exploring Female Sexuality, Boston: Routledge and Kegan, 1984, 267–319.

70 Vgl. u. a. Magdalena Beljan: Rosa Zeiten? Eine Geschichte der Subjektivierung männlicher Homosexualität in den 1970er und 1980er Jahren der BRD, Bielefeld: transcript Verlag, 2014, 97–130.

71 Vgl. u. a. N. N.: ›Die Liebe zu Mutscha brachte mich hinter Gefängnismauern‹. Interview mit Alexander Ziegler, in: Du & Ich 2 (1970), 3, 6–10 und 44. N. N.: Tolerieren oder vergasen? Interview mit einem Pädophilen, in: Du & Ich 2 (1970), 12, 11–14. Vgl. ferner Jens Elberfeld: Von der Sünde zur Selbstbestimmung. Zum Diskurs ›kindlicher Sexualität‹ (Bundesrepublik Deutschland 1960–1990), in: Peter-Paul Bänzinger u. a. (Hg.): Sexuelle Revolution? Aktuelle Perspektiven auf die Sexualitätsgeschichte des deutschsprachigen Raumes seit den sechziger Jahren, Bielefeld: transcript, 2015, 247–283. Dagmar Herzog: Antifaschistische Körper. Studentenbewegung, sexuelle Revolution und antiautoritäre Kindererziehung, in: Klaus Naumann (Hg.): Nachkrieg in Deutschland, Hamburg: Hamburger Edition, 2001, 521–551. Christian Füller: Die Revolution missbraucht ihre Kinder. Sexuelle Gewalt in deutschen Protestbewegungen, München: Carl Hanser, 2015, 131–199. Zur nur kurzen Debatte über lesbische Pädosexualität vgl. Redaktion: Pädophilie. Straftat ohne Opfer?, in: Lesbenstich 1 (1980), 0, 29. Inge: Pädophilie-Kontroverse, in: Lesbenstich 1 (1980), 2, 34. Hier setzte sich rasch die Überzeugung durch, dass weibliche Lust nicht mit der »Ausübung von Herrschaft« einhergehen könne und Frauen deshalb keine Kinder begehrten. Alice Schwarzer: Wie frei macht Pädophilie? Interview mit Günter Amendt, Emma (1980), 4, 26–31, 29. Kritisch äußerte sich dazu Britta: An Alice Schwarzer, betrifft: Wie frei macht Pädophilie, in: Lesbenstich 1 (1980), 2, 33.

72 Transphobe Äußerungen finden sich auch bei Ulrich J. Franke: Homosexuelle … verpfuschte Weiber? – richtige Männer?, in: Du & Ich 2 (1970), 2, 7 f. Jens M. A. Reimer: Nein, meine Strapse trag ich nicht!, in: Don 10 (1979), 10, 3 f. Zur Debatte über Transpersonen im lesbischen Kontext vgl. Susanne Christina: [Ohne Titel], in: Lesbenstich 4 (1983), 3, 4 f. C. S.: Wendy Chapkis. Schönheitsgeheimnisse, Schönheitspolitik, in: Lesbenstich 7 (1986), 4, 8.

73 Vgl. u. a. Clare Bielby: ›An jeder Straßenecke‹. Gabriele Dennert, Christiane Leidinger und Franziska Rauchut: Lesben in Wut, 35 und 38 f.

74 Vgl. u. a. N. N.: LAZ Pfingsten '75, in: UKZ 1 (1975), 4, 24–26. N. N.: Lesbentreffen in Osnabrück an Pfingsten 1983, in: Lesbenstich 4 (1983), 3, 33 f. Laut dem Bericht nahmen an dem Treffen von 1983 ungefähr 900 Frauen teil.

75 Vgl. Lauren Berlant: The Female Complaint. The Unfinished Business of Sentimentality in American Culture, Durham: Duke University Press, 2008, viii-x, 5–8. Lauren Berlant: Cruel Optimism, Durham: Duke University Press, 2011. Lauren Berlant: The Subject of True Feeling. Pain, Privacy, and Politics, in: Wendy Brown und Jane Halley (Hg.): Left Legalism/Left Critique, Durham: Duke University Press, 2002, 105–133.

76 Vgl. Craig Griffiths: Gay Activism in Modell Deutschland, in: European Review of History 22 (2015), 1, 60–76, 68.

77 N. N.: Wie Homophile lieben, in: Du & Ich 2 (1970), 12, 23–25 und 28, 28.

78 Vgl. Werner Hinzpeter: Schöne schwule Welt. Benno Gammerl und Volker Woltersdorff: »Sie ham mir ein Gefühl geklaut …«. Queer-feministische Per-

spektiven auf Bewegungen zwischen Sex und Gefühl, in: Freiburger Zeitschrift für Geschlechterstudien 20 (2014), 2, 27–41.

79 Vgl. u. a. Ilona Bubeck: Unser Stück vom Kuchen? Michael Warner: The Trouble with Normal. Lauren Berlant und Michael Warner: Sex in Public, in: Critical Inquiry 24 (1998), 2, 547–566.

80 Dieter Bachnik: Szene Berlin, in: Du & Ich 13 (1981), 11, 18 f., 19. Der Artikel erwähnt das Café Lila und das Café Graefe.

81 N. N.: Lesbenzentrum in Bochum, in: Courage 3 (1978), 2, 50.

82 Vgl. N. N.: Nachrichten aus der Bewegung, in: Courage 1 (1976), 4, 51. N. N.: Scheiße aus der Bewegung, in: Lesbenstich 2 (1981), 4, 33. Hier gab es Überschneidungen mit der autonomen Hausbesetzer*innen-Szene. Vgl. N. N.: Hexenhaus-Kauf, in: Lesbenstich 4 (1983), 2, 34. Zu transnationalen Verbindungen mit lesbischen Hausbesetzerinnen in England, Wales und anderswo, die ein »autarkes Frauenland« aufbauen wollten vgl. N. N.: Internationales/Couragitäten, in: Courage 1 (1976), 3, 45.

83 Ingeborg Mojkin und Claudia: Bericht aus dem Sub. Das zweite Wohnzimmer, in: Courage 3 (1978), 5, 24 f.

84 Vgl. Lesbengruppe im Frauenzentrum Düsseldorf: Remmidemmi im Sub, in: Lesbenstich 1 (1980), 1, 38. Zur lesbischen »Partykultur« vgl. auch Petra Gehring: Die Stunde der Mänaden, in: Zeitschrift für Ideengeschichte 9 (2015), 4, 31–42.

85 Vgl. Walter Gutermuth: Homophiles nächtliches Unternehmen ›Stoßtrupp Homo-Kneipen‹ verhindert, in: Homolulu-Tageszeitung (28./29.07.1979), 5/6.

86 Wolfgang: Kommentar, in: Rosa Flieder (1979), 9, 43–45, 43. Vgl. auch Michael Specht und Hans-Georg Stümke: Zwischen Sex und Neurose. Glanz und Elend der schwulen Subkultur, in: Du & Ich 14 (1982), 7, 18–24.

87 Matthias: Die Seele muß gestreichelt werden, in: Rosa Flieder (1979), 11, 40 f., 40.

88 Rudi Finkler: Alternativ bis zur Bewusstlosigkeit, in: Du & Ich 13 (1981), 6, 16 f. Thomas Harig u. a.: Gegendarstellung, in: Du & Ich 13 (1981), 10, 20. Vgl. auch Rudi Finkler: Alternativ bis zur Sinnlosigkeit, in: Du & Ich 13 (1981), 10, 21.

89 Rudi Finkler: Alternativ bis zur Bewusstlosigkeit.

90 Stefan Troßbach: Le petit Café, in: Don 10 (1979), 2, 53.

91 Bei dem Bericht handelt es sich um Torsten D. Bülow: München, Berlin, Hamburg. Der Disco-Test, in: Du & Ich 21 (1989), 7, 14–16. Das Foto verwies im Inhaltverzeichnis der Ausgabe auf diesen Beitrag.

92 Josef Israel Bengal: Homophile aller Länder vereinigt Euch, in: Du & Ich 2 (1970), 1, 22–26, 26. Ähnlich argumentierte, mit Verweis auf Theodor Herzl, N. N.: Der Homo-Staat. Modell einer Utopie, in: Du & Ich 2 (1970), 7/8, 11 f.

93 Ann Savigny: Toleranz? Geile Neugier! Ann Savigny fragt: Wie tolerant ist eine Gesellschaft, die Lesbierinnen zum Show-Objekt macht?, in: Du & Ich 2 (1970), 10, 48–5, 49. Irmgard Dalinghaus, Gabriele Volmery und Anne-Rosse Groll:

›Wir nehmen uns unser Recht‹, in: Courage 3 (1978), 5, 26–31, 26. Vgl. auch Norbert Weissenhagen: Sind so die Homosexuellen 1972?, in: Don 3 (1972), 3, 36.

94 Gregor R.: Nicht nur Provinz-Probleme, in: Don 11 (1980), 5, 7. N.N.: Schwul in der Provinz. »Es gibt hier eben nur 'ne Dorfkneipe«, in: Du & Ich 15 (1983), 11–13, 11 u. 13. Vgl. auch N.N.: Das einsame Landleben (Leserbrief), in: Du & Ich 8 (1976), 4, 48. N.N.: 8750 Aschaffenburg/Main, in: Du & Ich 9 (1977), 11, 42. Nicht ganz so düster schildert das schwule Landleben Rudi Finkler: Zwei Freunde im Dorf. Schwul in der Provinz, in: Du & Ich 12 (1980), 12, 22 f.

95 Werner Moldensteiner: Bankbekanntschaft, in: Du & Ich 6 (1974), 6, 46 f. N.N.: Bahnhofsgespräche, oder Protokoll eines Samstagsabends, in: Du & Ich 6 (1974), 5, 8–10. John Peter Schaub: Münchner G'schichten, in: Du & Ich 2 (1970), 2, 31 f.

96 Rudi Finkler: Schwul in der Provinz, in: Du & Ich 12 (1980), 6, 64 f. Vgl. Ronald M. Schernikau: Kleinstadtnovelle, Berlin: Rotbuch, 1980.

97 Robert Mohl: Eine Begegnung in der Provinz. Die Kleinstadt ist kein Dschungel, in: Du & Ich 15 (1983), 1, 72–74, 72. Zu »Tamara«, dem »männl. Strip-Girl«, das »dem Nest« entkam und in Berlin neu anfing, vgl. Dieter M. Geismar: … und haben Mann mit Mann Schande getrieben (Römer 1,27), in: Du & Ich 2 (1970), 3, 12–17, 23 f.

98 Eva Maria Gläser: Die Kleinstadt zog mit mir um, in: Courage 3 (1978), 9, 12 f., 12. K.: Aus unserem Briefkasten, in: Lesbenstich 7 (1986), 2, 41. Vgl. auch Ilse Kokula: Lebenssituation und Gesellungsformen lesbischer Frauen in ländlichen Gebieten, in: Lesbenstich 2 (1981), 4, 34–36.

99 Billa: Lesben in der Provinz, in: Lesbenstich 1 (1980), 0, 28. Vgl. auch Dilph Birk: Tiefe Provinz, in: Lesbenstich 9 (1988), 4, 13.

100 Vgl. dazu den Abschnitt »Das Land als Idylle und die Stadt als Ziel?« im ersten Teil.

101 Norbert Weissenhagen: Erfreuliche Vielfalt, in: Don 4 (1973), 2, 13. Vgl. N.N.: Bewegung auf dem Land, in: Courage 2 (1977), 12, 51. N.N.: Auf die Dauer Lesbenpower – auch in Schleswig-Holstein, in: Courage 5 (1980), 9, 53. N.N.: Neues vom ›Rosa Frosch‹ (Verband der fränkisch-oberpfälzischen Schwulengruppen), in: Rosa Flieder (1980), 18, 4. N.N.: Kennwort. An wen kann man sich wenden?, in: Du & Ich 7 (1975), 7, 43.

102 Lilo Zager: Aus anderen Gruppen, in: UKZ 1 (1975), 10, 3 f.

103 Sabine Schafft: ohne Titel (Leserinnenbrief), in: Courage 1 (1976), 4, 58.

104 GN: Satire. Norimberga Provinzialis, in: Rosa Flieder (1979), 7, 4–6, 4. Wolfgang: Nord-Süd-Gefälle? Nein Danke!, in: Rosa Flieder (1979), 9, 67.

105 Vgl. N.N.: Schwule Aktion Südwest gegründet in: Rosa Flieder (1979), 12, 32–37. Klaus-Dieter Begemann: Schwule Emanzipation in der Provinz, in: Rosa Flieder (1982), 25, 21 f.

106 N.N.: Schwule Aktion Südwest gegründet, 32.

107 Vivian G. Weigert: Eher so was wie Konsumstreik. Leben in der Landkommune, in: Courage 3 (1978), 6, 29–32, 29.

108 Eva Hartard und Christiane Tutschner: Landlesbenleben – Let's talk about … die guten alten Zeiten in Altenbücken, in: Gabriele Dennert, Christiane Leidinger und Franziska Rauchut (Hg.): In Bewegung bleiben. 100 Jahre Politik, Kultur und Geschichte von Lesben, Berlin: Querverlag, 2007, 208 f., 208. Vgl. auch Lisa: Landlesbenprojekt? – Au – Ja!, in: Lesbenstich 4 (1982/83), 5, 8–14. Sven Reichardt: Authentizität und Gemeinschaft. Linksalternatives Leben in den siebziger und frühen achtziger Jahren, Frankfurt/Main: Suhrkamp, 2014, 459–497. Benno Gammerl: Raus aufs Land? Der Ausstieg der Landlesbenbewegung in den späten 1970er und frühen 1980er Jahren, in: Petra Terhoeven und Tobias Weidner (Hg.): Exit: Ausstieg und Verweigerungen in »offenen« Gesellschaften nach 1945, Göttingen: Wallstein, 2020, 239–261.

109 Zur ›Gefühlsstarre‹ der Nachkriegsdekaden vgl. Alexander Mitscherlich und Margarete Mitscherlich: Die Unfähigkeit zu trauern. Grundlagen kollektiven Verhaltens, München: Piper, 1967. Zur Kritik an dieser These vgl. Anna Parkinson: An Emotional State. The Politics of Emotion in Postwar West German Culture, Ann Arbor: University of Michigan Press, 2015.

110 Vgl. u. a. Steven Seidmann und Chet Meeks: Politik der Befreiung, Kulturen der Anpassung. Die Suche nach Authentizität in der amerikanischen Homosexuellenbewegung, in: Nicolas Pethes und Silke Schicktanz (Hg.): Sexualität als Experiment. Identität, Lust und Reproduktion zwischen Science und Fiction, Frankfurt/Main: Campus, 2008, 91–111.

111 Vgl. Jeff Goodwin, James M. Jasper und Francesca Polletta: Introduction. Why Emotions Matter, in: Jeff Goodwin, James M. Jasper und Francesca Polletta (Hg.): Passionate Politics. Emotions and Social Movements, Chicago: University of Chicago Press, 2001. Belinda Davis: Provokation als Emanzipation. Joachim C. Häberlen und Jake Smith: Struggling for Feelings. The Politics of Emotions in the Radical New Left in West Germany, c. 1968–84, in: Contemporary European History 23 (2014), 4, 615–637.

112 Rolf Z.: Ist wärmer Leben Politik?, in: Rosa Flieder (1982), 25, 22 f., 22.

113 Vgl. auch Benno Gammerl: Gefühlte Entfernungen, in: Ute Frevert u. a. (Hg.): Gefühlswissen. Eine lexikalische Spurensuche in der Moderne, Frankfurt/Main: Campus, 2011, 179–200, 190 und 197.

114 Vgl. Dagmar Herzog: Sex after Fascism.

115 N. N.: »Hab' ich das nötig, mich zu verstecken?«, in: Du & Ich 2 (1970), 9, 24 f., 25. Martin Siems: Coming Out. 3. Teil: Selbstunterdrückung, in: Du & Ich 12 (1980), 9, 62 f., 63. N. N.: Psycho-Test. Kennen Sie sich selbst?, in: Don 10 (1979), 7, 24 f. und 31. N. N.: Dr. Korff schwenkt um, in: Don 10 (1979), 10, 14.

116 Vgl. Belinda Davis: Provokation als Emanzipation. Frank Biess: Die Sensibilisierung des Subjekts. Angst und ›neue Subjektivität‹ in den 1970er Jahren, in: Werkstatt Geschichte 17 (2008), 49, 51–72, 53.

117 Zu emotionalen Strategien sozialer Bewegungen allgemein vgl. u. a. James M. Jasper: Emotions and Social Movements. Twenty Years of Theory and Research, in: Annual Review of Sociology 37 (2011), 285–303. Friederike Brühöfener: Politics of Emotions. Journalistic Reflections on the Emotionality of the West German Peace Movement, 1979–1984, in: German Politics & Society 33 (2015), 4, 97–111. Stefanie Pilzweger: Männlichkeit zwischen Gefühl und Revolution. Eine Emotionsgeschichte der bundesdeutschen 68er-Bewegung, Bielefeld: transcript, 2015.

118 Vgl. u. a. William Connolly: Neuropolitics. Thinking, Culture, Speed, Minneapolis: University of Minnesota Press, 2002. Ruth Leys: The Turn to Affect. A Critique, in: Critical Inquiry 37 (2011), 3, 434–472.

119 Guy Hocquenghem: Wir sind eine soziale Plage, in: Bernhard Dieckmann und François Pescatore (Hg.): Elemente einer homosexuellen Kritik, Berlin: Rosa Winkel, 1979, 121–142, 124.

120 N. N.: Buchbesprechung zu ›Sexueller Lustgewinn durch Onanie und andere Praktiken‹ von Rolf Preuß [Flensburg: Stephenson, 1972], in: Don 4 (1973), 9, 12. Fred Lippuner: Sexuelle Entspannung. Der einzige Weg zum Glück, in: Du & Ich 6 (1974), 12, 8–10.

121 N. N.: Rechnen Sie Ihren Sex-Quotient aus!, in: Don 10 (1979), 10, 20 f. und 52. N. N.: Wie sexy sind Sie wirklich?, in: Du & Ich 5 (1973), 10, 16 f.

122 N. N.: Wie verklemmt sind Sie?, in: Du & Ich 8 (1976), 2, 46 f. Vgl. auch N. N.: Sind Sie ein anspruchsvoller Sexpartner?, in: Du & Ich 10 (1978), 7, 12 f.

123 Heinrich Brückner: Denkst Du schon an Liebe? Fragen des Reifealters, dargestellt für junge Leser, Berlin (DDR): Kinderbuchverlag, 1976, 201. Reinert Hanswille: Liebe und Sexualität. Ein Buch für junge Menschen, München: Kösel Verlag, 1986, 79. Vgl. auch Lutz Sauerteig: ›Wie soll ich es nur anstellen, ohne etwas falsch zu machen?‹ Der Rat der Bravo in Sachen Sex in den sechziger und siebziger Jahren, in: Peter-Paul Bänzinger, Stefanie Duttweiler, Philipp Sarasin und Annika Wellmann (Hg.): Fragen Sie Dr. Sex! Ratgeberkommunikation und die mediale Konstruktion des Sexuellen, Frankfurt/Main: Suhrkamp, 2010, 123–158. Pascal Eitler: Die Produktivität der Pornographie. Visualisierung und Therapeutisierung der Sexualität nach 1968, in: Nicolas Pethes und Silke Schicktanz (Hg.): Sexualität als Experiment. Identität, Lust und Reproduktion zwischen Science und Fiction, Frankfurt/Main: Campus, 2008, 255–273.

124 Gershon Legman: zungenspiele. so machen sie ihren partner durch intime küsse glücklich, in: Don 3 (1972), 2, 43 f. Vgl. Gershon Legman: Intime Küsse. Oralgenitale Praktiken, Flensburg: Stephenson, 1970. Zu Beate Uhses »Spezialangebot für Homophile ›H 1‹« vgl. eine Werbeannonce in Du & Ich 2 (1970), 12, 28.

125 N. N.: Thema des Monats, in: Don 1 (1970), 5, 9. Dieter Müller-Geismar: Zum Thema Sexwelle, in: Du & Ich 3 (1971), 1, 8–10, 9.

126 Gerhard: Leserbrief, in: Rosa Flieder (1979), 12, 5.

127 Michael Specht und Hans-Georg Stümke: Zwischen Sex und Neurose, in: Du & Ich 14 (1982), 7, 18–24, 19 und 21.

128 Andreas und Richard: Yoga, in: Homolulu-Tageszeitung (25.07.1979), https://web.archive.org/web/20060615024610/http://geocities.com/schwulencity/homolulu/Homolulu_2.html (18.08.2017).

129 N.N.: Internationale Selbsthilfe, in: Courage 1 (1976), 0, 25. Zur ironischen Distanzierung vom sexuellen Kompetenz-Wettbewerb vgl. N.N.: Sind Sie eine gute Liebhaberin?, in: Lesbenstich 6 (1985), 3, 41.

130 Gudula L.: Lust am eigenen Leib, in: Courage 2 (1977), 6/7, 31 f., 32.

131 Judy Butler: Zur Sapphistrie-Debatte, in: Lesbenstich 3 (1982), 3, 23 f.

132 Vgl. u.a. Daniela und Elfriede: Betr.: Sapphistrie, in: Lesbenstich 3 (1982), 2, 18 f.

133 N.N.: Happy Homo. Wie wird man das? Die lügen wie gedruckt, in: Don 10 (1979), 1, 44–47, 44.

134 Dieter: Beobachtungen eines Newcomers, in: Rosa Flieder (1980), 17, 48–50, 48.

135 N.N.: Einige Thesen zur Sexualität, in: Rosa Flieder (1979), 9, 30–36, 35.

136 N.N.: Wie Homophile lieben, in: Du & Ich 2 (1970), 12, 23–25 und 28, 24. Matthias Frings: Die Moral und der Tod. Anmerkungen zur AIDS-Diskussion, in: Rosa Flieder (1983), 32, 8 f.

137 N.N.: Ist Klappensex was Böses?, in: Rosa Flieder (1981), 23, 46 f.

138 Hans Daniel: Eine feste Freundschaft hat viel für sich, in: Don 3 (1972), 6, 32 f., 33. N.N.: Gedanken über die Freundschaft, in: Don 4 (1973), 4, 24.

139 Kurt Seelmann: Zwischen 15 und 19, 22 und 215. Helena Flam: Soziologie der Emotionen. Eine Einführung, Konstanz: UVK Verlagsgesellschaft, 2002, 147. Vgl. auch Ulrich Beck und Elisabeth Beck-Gernsheim: Das ganz normale Chaos der Liebe, Frankfurt/Main: Suhrkamp, 1990. Hubert C. Ehalt, Franz X. Eder und Suleika Mundschitz: Sex zwischen Befreiung und neuer Disziplinierung, 25. Ingrid Bauer: 1968 ff. – Neuverhandlungen der Balance zwischen Liebe, Sexualität und Selbstverwirklichung. Befunde aus Paarkorrespondenzen von den ausgehenden 1960er bis in die frühen 1980er Jahre, in: Ingrid Bauer und Christa Hämmerle (Hg.): Liebe schreiben. Paarkorrespondenzen im Kontext des 19. und 20. Jahrhunderts, Göttingen: Vandenhoeck & Ruprecht, 2017, 231–289. Nina Verheyen: Der ausdiskutierte Orgasmus. Beziehungsgespräche als kommunikative Praxis in der Geschichte des Intimen seit den 1960er Jahren, in: Peter-Paul Bänziger u.a. (Hg.): Sexuelle Revolution? Zur Geschichte der Sexualität im deutschsprachigen Raum seit den 1960er Jahren, Bielefeld: transcript, 2015, 181–197.

140 Manche sprechen von einer Androgynisierung der Liebe, die »männliche Autonomie« mit »weibliche[r] Affektivität« verband. Vgl. Karl Lenz: Soziologie der Zweierbeziehung. Eine Einführung, Wiesbaden: Westdeutscher Verlag, 2003, 273. Francesca M. Cancian: The Feminization of Love, in: Signs 11 (1986), 4, 692–709.

141 Martin Siems: Coming Out, 101–103. Vgl. auch Jens Elberfeld: Subjekt/Beziehung. Patriarchat – Partnerschaft – Projekt. Psychowissen und Normalisierungspraktiken im Diskurs der Paartherapie (BRD 1960–1990), in: Maik Tändler und Uffa Jensen (Hg.): Das Selbst zwischen Anpassung und Befreiung. Psychowissen und Politik im 20. Jahrhundert, Göttingen: Wallstein, 2012, 85–114.

142 Sibylle: Liebesmühe, in: Courage 2 (1977), 10, 50 f., 50.

143 N. N.: Verloren und Gewonnen, in: Du & Ich 7 (1975), 2, 48–51, 51.

144 Die *Du & Ich* machte sich bereits 1970 über chancenlose Autoren lustig, die in der Manier eines »stümperhaft imitierte[n] André Gide« die »237. Version der Standardstory vom – ach so zarten – Knaben, der plötzlich ›in mein Leben trat‹«, anboten. Dieter M. Geismar: Wacht auf, Verklemmte dieser Erde!, in: Du & Ich 2 (1970), 4, ohne Paginierung. Zum Wandel von Plötzlichkeit zu Allmählichkeit vgl. Benno Gammerl: Erinnerte Liebe.

145 Wilfried R.: Stolz, in: Du & Ich 2 (1970), 1, 3. Trotz dieses Stolzes blieb der Nachname des Autors hier ungenannt.

146 N. N.: Rosas kurioses Chaos. Lehrstück für German Gays??!, in: Don 10 (1979), 8, 32–35, 33. Roman-Arnim Adler: Homosexuelles Negativbild. Über Praunheims »Armee der Liebenden«, in: Don 10 (1979), 10, 52. Eva: Wir brechen aus. Gay '80, in: Lesbenstich 1 (1980), 3, 35. Zur Kritik am linearen Erfolgsnarrativ vgl. ferner Lüder Tietz: Queer Pride? Zwischen Heteronormativitätskritik und Homonormativität, in: Bodo Niendel und Volker Weiß (Hg.): Queer zur Norm, Hamburg: Männerschwarm, 2012, 40–64.

147 Udo J. Erlenhardt: … ich habe Angst, in: Du & Ich 1 (1969), 2, 18. Vgl. auch Udo v. Sabock: Muß Lebensangst sein?, in: Don 3 (1972), 6, 9. Hannelore: Solidarität unter Frauen – ein Fremdwort, in: UKZ 8 (1982), 5, 28–30.

148 Vgl. u. a. N. N.: Die Angst ist unser schlimmster Feind, in: Courage 2 (1977), 4, 5. Sibylle Plogstedt: Die Gewalt in unseren Köpfen, in: Courage 3 (1978), 6, 7 f. Doris D. Joachim: … da krieg ich eine Sauwut …, in: UKZ 6 (1980), 9, 12–14. Zur Bedeutung der Angst für die Subjektkultur der 1970er-Jahre im Allgemeinen vgl. Frank Biess: Die Sensibilisierung des Subjekts.

149 N. N.: Die Angst ist unser schlimmster Feind. Vgl. auch Martha: Serie Selbstverteidigung, in: Courage 2 (1977), 4, 8 f. Aysche u. a.: Ich bin 63 und lerne Selbstverteidigung, in: Courage 2 (1977), 6/7, 18–20. Hanne Krieger: Karate, in: UKZ 12 (1986), 4, 12 f.

150 N. N.: Anti Angst Programm, in: Don 10 (1979), 4, 46–48, 46 f.

151 Oxners Hass richtete sich vor allem gegen die US-amerikanischen ›Besatzer‹ und andere ›Ausländer‹. Die Mordopfer waren William Schenck, Rufus Surles und Mohamed Ehap.

152 Bernd: Angst, in: Rosa Flieder (1982), 28, 7.

153 Jürgen: Angst essen schwules Bewusstsein auf, in: Rosa Flieder (1982), 28, 8.

TEIL 3
1980ER-JAHRE: ANKOMMEN?

1 Pride, R: Matthew Warchus, UK 2014. Vgl. auch Diarmaid Kelliher: Solidarity and Sexuality. Lesbians and Gays Support the Miners 1984–5, in: History Workshop Journal 77 (2014), 1, 240–262.

2 Zu diesem Antagonismus vgl. u. a. Stefan Mielchen: Wider die Norm. Die Lebensreformenpolitik des Bundesverbandes Homosexualität 1986–1997, in: Andreas Pretzel und Volker Weiß (Hg.): Zwischen Autonomie und Integration. Schwule Politik und Schwulenbewegung in den 1980er und 1990er Jahren, Hamburg: Männerschwarm, 2013, 118–135. Eduard Stapel: ›Schöne schwule Welt‹. Weltrevolution und/oder Bürgerrechte, in: Günter Grau (Hg.): Schwulsein 2000. Perspektiven im vereinigten Deutschland, Hamburg: Männerschwarm, 2000, 27–34. Marty Huber: Queering Gay Pride. Zwischen Assimilation und Widerstand, Wien: Zaglossus, 2013. Ilona Bubeck: Unser Stück vom Kuchen? Magdalena Beljan: Rosa Zeiten? Benno Gammerl: Ist frei sein normal?

3 Vgl. u. a. Peter-Paul Bänziger: Konstellationen und Koalitionen im Sprechen über Aids in den 1980er Jahren, in: Achim Landwehr (Hg.): Diskursiver Wandel, Göttingen: VS Verlag für Sozialwissenschaften, 2010, 31–51. Dieter Telge: Krise als Chance. Aids-Selbsthilfebewegungen in Wechselwirkung mit schwulen Emanzipationsbestrebungen, in: Andreas Pretzel und Volker Weiß (Hg.): Zwischen Autonomie und Integration, Hamburg: Männerschwarm, 2013, 153–160. Magdalena Beljan: Aids-Geschichte als Gefühlsgeschichte, in: Aus Politik und Zeitgeschichte 65 (2015), 46, 25–31. Ulrike Klöppel: Aids-Krise in Deutschland revisited. Zwischen Bio- und Affektpolitik, in: Gender 8 (2016), Sonderheft 3, 75–87. Sebastian Haus: Risky Sex – Risky Language. HIV/AIDS and the West German Gay Scene in the 1980s, in: Historical Social Research 41 (2016), 1, 111–134.

4 Vgl. Andreas Heilmann: Normalität auf Bewährung. Outings in der Politik und die Konstruktion homosexueller Männlichkeit, Bielefeld: transcript, 2011.

5 Vgl. Pascal Beucker und Frank Überall: Endstation Rücktritt. Warum deutsche Politiker einpacken, Bonn: Bouvier, 2011, 167–190.

6 Vgl. u. a. N. N.: Pro und Contra. Sollen Schwule heiraten?, in: Du & Ich 13 (1981), 12, 69. Roland Adler: Heiratswillige Homosexuelle, in: Don 14 (1983), 6, 5–7. N. N.: Sozialversicherung erkennt erstmals Lesbierinnenpaar an, in: Lesbenstich 4 (1983), 2, 34. N. N.: Lebensgemeinschaft verneint, in: Lesbenstich 5 (1984), 1, 20. H. W. W.: ›Kleine Ehe‹ für Schwule?, in: Du & Ich 21 (1990), 1, 12 f. Zu einem Vorschlag der SPD-Familienministerin Antje Huber von 1981, der die Möglichkeit einer eingeschränkten Anerkennung andeutete, vgl. Jörn: SOS – SAS, in: Rosa Flieder (1980), 19/20, 55 f. Zu einer Entscheidung des Bundesgerichtshofs von 1984, die unverheiratete hetero- und homosexuelle Paare einander im Mietrecht weitgehend gleichstellte, vgl. Caroline Preidel: Das zö-

gerliche Jawort zur Homo-Ehe, in: Christoph Knill u. a. (Hg.): Moralpolitik in Deutschland. Staatliche Regulierung gesellschaftlicher Wertekonflikte im historischen und internationalen Vergleich, Wiesbaden: VS Verlag für Sozialwissenschaften, 2015, 147–164, 148.

7 Vgl. Jörn: SOS – SAS, 55. Bernd: Gedanken eines aktiven Atheisten, in: Rosa Flieder (1979), 8, 9–12. N. N.: Scene-intern, in: Lesbenstich 8 (1986), 4, 1.

8 Vgl. Rüdiger Lautmann: The Pink Triangle. The Persecution of the Homosexual Male in Nazi Germany, in: Journal of Homosexuality 6 (1981), 1–2, 141–160. Claudia Schoppmann: Verbotene Verhältnisse. Frauenliebe 1938–1945, Berlin: Querverlag, 1999. Sébastien Tremblay: ›Ich konnte ihren Schmerz körperlich spüren.‹ Die Historisierung der NS-Verfolgung und die Wiederaneignung des Rosa Winkels in der westdeutschen Schwulenbewegung der 1970er Jahre, in: Invertito 21 (2019), 179–202.

9 Guido: Aus den Gruppen. München, in: Rosa Flieder (1982), 26, 29.

10 Vgl. u. a. N. N.: Bonn will mit schwulen Verfolgten nicht zu tun haben, in: Don 14 (1983), 8, 12. Vgl. ferner Corinna Tomberger: Homosexuellen-Geschichtsschreibung und Subkultur. Geschlechtertheoretische und heteronormativitätskritische Perspektiven, in: Michael Schwartz (Hg.): Homosexuelle im Nationalsozialismus, München: Oldenbourg, 2014, 19–26. Anna Hájková: Queere Geschichte und der Holocaust, in: Aus Politik und Zeitgeschichte (2018), 38 f., 42 – 47. Maria Bühner: Die Kontinuität des Schweigens. Das Gedenken der Ost-Berliner Gruppe Lesben in der Kirche in Ravensbrück, in: Österreichische Zeitschrift für Geschichtswissenschaften 29 (2018), 2, 111–131. Albert Knoll (Hg.): Der Rosa-Winkel-Gedenkstein: Die Erinnerung an die Homosexuellen im KZ Dachau, München: Forum Homosexualität München, 2015.

11 Vgl. Rainer Hoffmann und Daniela Klimke: Die gleichgeschlechtliche Lebenspartnerschaft als Bühnenstück in der politischen Arena, in: Soziale Welt 54 (2003), 2, 201–215, 207 f.

12 Zu Rücksicht und Flexibilität beim Zeigen der Homosexualität vgl. Maximilian Geißler und Andrea Przyklenk: Ich mach mir nichts aus Mädchen. Wenn Jungs schwul sind. Ein Ratgeber, München: Kösel 1998, 35–39 und 50. Zum weniger offensiven Zeigen seit den 1980er-Jahren vgl. Volker Woltersdorff: Coming out, 61.

13 Benjamin: Homosexualität und Kirche, in: Rosa Flieder (1979), 8, 29–39, 29.

14 Vgl. Andreas Kraß: Metrosexualität. Wie schwul ist der moderne Mann?, in: Jan Feddersen (Hg.): Eggeling – Dannecker – Herzog – Kraß. Vier Vorträge, Hamburg: Männerschwarmskript, 2008, 108–138. Von moderner als schwuler Maskulinität spricht Henning Bech: When Men Meet. Homosexuality and Modernity, Cambridge: Polity Press, 1997.

15 Vgl. u. a. Jonathan Ned Katz: The Invention of Heterosexuality, New York: Dutton, 1995, 86 f. und 185. Uli Streib (Hg.): Von nun an nannten sie sich Mütter. Lesben und Kinder, Berlin: Orlanda Frauenverlag, 1991. Yv E. Nay: Qu(e)er zum

Recht? Normalisierungsprozesse gleich- und trans*geschlechtlicher Elternschaft durch Recht, in: Fampra. Die Praxis des Familienrechts 14 (2013), 2, 366–394.

16 Michel Foucault: Der Wille zum Wissen. Sexualität und Wahrheit, vol. 1, Frankfurt/Main: Suhrkamp, 1983 [1976], 47.

17 Brigitte: Lesbisch sein und Mutter sein – unvereinbar?, in: Lesbenstich 1 (1980), 2, 35. Vgl. auch Claudia: Jede dritte Lesbe hat ein Kind, in: Courage 3 (1978), 6, 33–35.

18 Benno Gammerl: Queer Romance?

19 Gerd Büntzly: Schwule Väter. Neue Lebensformen?, in: Rosa Flieder (1986), 45, 13 f., 13 f.

20 Vgl. u.a. Judy Butler: Zur Sapphistrie-Debatte, in: Lesbenstich 3 (1982), 3, 23 f. Dieser Text wurde aus der *Emma* übernommen. N.N.: Feminismus und Sexualität, in: Lesbenstich 4 (1983), 1, 9–12. »Sapphistrie« war der Titel eines aus dem Amerikanischen übersetzten Buches, das Lesben BDSM näherbringen wollte. Vgl. Pat Califia: Sapphistrie. Das Buch der lesbischen Sexualität, Berlin: Orlanda-Frauenverlag, 1981. Die Abkürzung BDSM steht im Englischen für *Bondage & Discipline, Dominance & Submission, Sadism & Masochism*. Vgl. ferner Lisa Duggan und Nan D. Hunter: Sex Wars. Sexual Dissent and Political Culture, New York/London: Routledge, 1995. Irene Stoehr: PorNO-Kampagne und Frauenbewegung, in: Zeitschrift für Sexualforschung (1989), 3, 199–206.

21 N.N.: Einige Thesen zur Sexualität, in: Rosa Flieder (1979), 9, 30–36, 31. Vgl. ferner Maximilian Geißler und Andrea Przyklenk: Ich mach mir nichts aus Mädchen, 19–22. Eine weitere wichtige Differenzkategorie war das Alter. Vgl. u.a. N.N.: Schwuler Alpdruck: Alter. Wie ältere Homos in Stuttgart abgefertigt werden, in: Don 10 (1979), 8, 12 f. Hans: Schwule und Älterwerden. Abschreibung und Abgeschriebenwerden, in: Rosa Flieder (1984), 35, 34. Zur Kritik einer einheitlichen schwul-lesbischen Identität vgl. u.a. Arnd Hofmeister: Queer Politics. Jenseits der Identitätspolitik, in: Günter Grau (Hg.): Schwulsein 2000. Perspektiven im vereinigten Deutschland, Hamburg: Männerschwarm 2001, 86–96.

22 Vgl. Andreas Pretzel und Volker Weiß: Bewegung zwischen Autonomie und Integration, in: Andreas Pretzel und Volker Weiß (Hg.): Zwischen Autonomie und Integration. Schwule Politik und Schwulenbewegung in den 1980er und 1990er Jahren, Hamburg: Männerschwarm 2013, 9–20.

23 Erste offizielle Berichte über damals noch weitgehend rätselhafte Todesfälle unter schwulen Männern in den USA erschienen im Juni 1981.

24 Prominent war der *Spiegel*-Titel vom 6. Juni 1983: »Tödliche Seuche AIDS. Die rätselhafte Krankheit«.

25 Zu dieser Passage vgl. auch Benno Gammerl: Can you Feel your Research Results? How to Deal with and Gain Insights from Emotions Generated during Oral History Interviews, in: Helena Flam und Jochen Kleres (Hg.): Methods of Exploring Emotions, London: Routledge, 2015, 153–162.

26 Vgl. u. a. Dieter Jarzombek: Ein Gespenst geht um, in: Rosa Flieder (1983), 31, 14f. Zum Kießling-Skandal vgl. Andreas Wirsching: Abschied vom Provisorium, 60–65. Vgl. ferner Sebastian Haus: Risky Sex – Risky Language, 118. Michael Bochow: Hat Aids die soziale Situation schwuler Männer in Deutschland verändert? Entwicklungen in den 1980er und 1990er Jahren, in: Andreas Pretzel und Volker Weiß (Hg.): Zwischen Autonomie und Integration. Schwule Politik und Schwulenbewegung der 1980er und 1990er Jahre, Hamburg: Männerschwarm 2013, 161–170, 161.

27 Bernd Vielhaber: Mängel in der medizinischen Versorgung von Menschen mit HIV/AIDS, in: Andreas Salmen (Hg.): ACT UP. Feuer unterm Arsch. Die Aids-Aktionsgruppen in Deutschland und den USA, Berlin: Deutsche AIDS-Hilfe, 1991, 111–122, 111. Vgl. auch Sebastian Haunss: Kollektive Identität, soziale Bewegungen und Szenen, in: Forschungsjournal soziale Bewegungen 24 (2011), 4, 41–53, 48. Deborah B. Gould: Moving Politics. Emotion and ACT UP's Fight against AIDS, Chicago: Chicago University Press, 2009. Ulrike Klöppel: Aids-Krise in Deutschland revisited, 76 u. 79. Adrian Lehne: HIV/AIDS, Schwulenbewegung und Recht, in: History | Sexuality | Law (2018), https://hsl.hypotheses.org/480 (09.11.2020).

28 1985 waren in der Deutschen Aidshilfe rund 30 regionale Selbsthilfeinitiativen organisiert. Vgl. Magdalena Beljan: Aids-Geschichte als Gefühlsgeschichte, 28f.

29 N.N.: Aids, Promiskuität und Emanzipation, in: Du & Ich 19 (1987), 6, 7–12, 10.

30 Grammatisch gesehen spricht »jeden« nur Männer an. Zur Verbreiterung der Aids-Aufklärung vgl. u. a. Regina Brunnert und Finn Jagow: Macht und Homosexualitäten im Zeitalter von Aids. Aids als Knotenpunkt von Normalisierungen und Selbstnormalisierungen von Lesben und Schwulen, in: Ulf Heidel, Stefan Micheler und Elisabeth Tuider (Hg.): Jenseits der Geschlechtergrenzen. Sexualitäten, Identitäten und Körper in Perspektiven von Queer Studies, Hamburg: Männerschwarm, 2001, 190–205. Anja Laukötter: Nichts gelernt? Ein zeitgeschichtlicher Vergleich der Emotions- und Politikkultur bei AIDS/HIV und Covid-19, 28.04.2020, https://www.mpib-berlin.mpg.de/forschung/forschungsbereiche/geschichte-der-gefuehle/blog-feeling-news/nichts-gelernt (09.11.2020).

31 Vgl. Peter-Paul Bänziger: Vom Seuchen- zum Präventionskörper? Aids und Körperpolitik in der BRD und der Schweiz in den 1980er Jahren, in: Body Politics 2 (2017), 3, 179–214. Henning Tümmers: Aidspolitik. Bonn und der Umgang mit einer neuen Bedrohung, in: Archiv für Sozialgeschichte 52 (2012), 231–252. Sebastian Haus: Risky Sex – Risky Language, 127. Magdalena Beljan: Aids-Geschichte als Gefühlsgeschichte, 28. Wolfgang Theis: AIDS oder die teuer erkaufte Professionalisierung, in: Berlin Schwules Museum und Akademie der Künste (Hg.): Goodbye to Berlin? 100 Jahre Schwulenbewegung, Berlin: Rosa Winkel, 1997, 327–335.

32 Vgl. Peter Stuhlmüller: As time goes by … Von Elvis zu Eminem – und was das mit Aids zu tun hat, in: Deutsche Aids-Hilfe e. V. (Hg.): Aids im Wandel der Zeiten. Teil 2, Berlin: DAH 2004, 9–45, 29–31.

33 N. N.: Wie Homophile lieben, in: Du & Ich 2 (1970), 12, 23–25 und 28, 25. Cornelius Distel: Liebe auf'm Lokus, in: Don 4 (1973), 8, 19. N. N.: Pro und Contra. Müssen Klappen sein?, in: Du & Ich 13 (1981), 7, 55. N. N.: Widerwärtiger als ›soziallästig‹. Über das schwule Klappenunwesen, in: Don 14 (1983), 9, 6–8. N. N.: Anonym ist schick. Der neue Klappenkult, in: Don 14 (1983), 12, 23–26.

34 N. N.: Was ist Klappensexualität?, in: Rosa Flieder (1981), 23, 34–36, 36. N. N.: Ist Klappensex was Böses?, in: Rosa Flieder (1981), 23, 46 f., 46.

35 N. N.: Scheiße aus der Bewegung, in: Lesbenstich 2 (1981), 4, 33. Nelia und Astrid: Impressionen zum Sub, in: Lesbenstich 3 (1982), 2, 12. Gerda Bierwagen: Sublesbe – Bewegungslesbe, in: Lesbenstich 6 (1985), 2, 40. Myrine: Zum Thema Sublesbe, in: Lesbenstich 6 (1985), 2, 39.

36 Maria: Sind Lesben prüde?, in: Lesbenstich 2 (1981), 5, 20–25.

37 Vgl. u. a. C. S.: Audre Lorde. Zami, in: Lesbenstich 7 (1986), 3, 13. Catherine Gelbin: ohne Titel, in: Lesbenstich 7 (1986), 3, 14 f. Dieser Beitrag besprach die Diplomarbeit »Farbe bekennen« von May Opitz. N. N.: Frau Türkin Lesbe, in: Lesbenstich 1 (1980), 1, 19. Jessica Jacoby: Doppelidentität – jüdische Lesbe, lesbische Jüdin?, in: Lesbenstich 4 (1983), 1, 18–20. N. N.: Behinderte Homosexuelle, in: Don 10 (1979), 1, 13. Daniela v. Raffay: Krüppelfrauen …, in: Lesbenstich 6 (1985), 1, 6 f. Vgl. ferner Katharina Gerund: Sisterly (Inter)Actions. Audre Lorde and the Development of Afro-German Women's Communities, in: Gender Forum. An Internet Journal for Gender Studies (2008), 22, http://genderforum.org/black-womens-writing-revisited-issue-22-2008/ (21.06.2017). Christopher Ewing: Highly affected groups: Gay men and racial others in West Germany's AIDS epidemic, 1981–1992 in: Sexualities 23 (2020), 1–2, 201–223.

38 Dex Dexter: ›Minitel‹ machts möglich. Lust am Computer, in: Du & Ich 21 (1990), 8, 8 f.

39 Vgl. Ulrich Herbert: Wandlungsprozesse in Westdeutschland. Belastung, Integration, Liberalisierung 1945–1980. Anselm Doering-Manteuffel: Wie westlich sind die Deutschen? Amerikanisierung und Westernisierung im 20. Jahrhundert, Göttingen: Vandenhoeck & Ruprecht, 1999.

40 Vgl. Wolfgang: Kommentar. N. N.: Christopher-Street-Day in Berlin, in: Lesbenstich 3 (1982), 3, 32. Zu anderen Blicken auf die USA vgl. Alexander Ziegler: Bericht von den ›Gay-Power‹-Demonstrationen in New York, in: Du & Ich 2 (1970), 11, 23–25. N. N.: Neuer Homo-Stadtrat, in: Don 10 (1979), 3, 10.

41 N. N.: Rosas kurioses Chaos. Lehrstück für German Gays??!, in: Don 10 (1979), 8, 32–35, 33. Vgl. ferner Rainer H.: Leserbrief, in: Rosa Flieder (1979), 11, 15.

42 Vgl. u. a. I. K.: Blick über die Grenzen, in: UKZ 1 (1975), 9, 16 f. N. N.: ohne Titel, in: Lesbenstich 3 (1982), 2, 25. Neben den USA waren die Niederlande wichtig,

wo der *International Lesbian Information Service* (ILIS) residierte. Vgl. u. a. Ilse Kokula: Internationales Lesbierinnentreffen in Amsterdam vom 7. bis 9. März 75, in: UKZ 1 (1975), 4, 17–19. Jo: ILIS – conference 1980 amsterdam, in: Lesbenstich 2 (1981), 1, 33 f.

43 Vgl. George Chauncey: Why Marriage? The History Shaping Today's Debate Over Gay Equality, New York: Basic Books, 2004. Patrick Bahners: Marriage Can't Wait. Das Grundsatzurteil des Obersten Gerichtshofs der Vereinigten Staaten zur gleichgeschlechtlichen Ehe von 2015 und der Weg dorthin, in: Jahrbuch Sexualitäten (2017), 45–69.

44 Vgl. Michael O'Flaherty und John Fisher: Sexual Orientation, Gender Identity and International Human Rights Law. Contextualising the Yogyakarta Principles, in: Human Rights Law Review 8 (2008), 2, 207–248. Anne Thiemann: Sexuelle Selbstbestimmung und sexuelle Orientierung. Entwicklungen im Menschenrechtsschutz, in: Ulrike Busch (Hg.): Sexuelle und reproduktive Gesundheit und Rechte. Nationale und internationale Perspektiven, Baden-Baden: Nomos, 2010, 130–160. Zur IGA gehörten 1981 Gruppen in 25 Ländern auf vier Kontinenten. Vgl. N. N.: International Gay Association, in: Rosa Flieder (1981), 21/22, 59. N. N.: Amnesty International verurteilt Verfolgung Homosexueller, in: Don 10 (1979), 11, 26.

45 Udo J. Erlenhardt: Ich grüße Sie Herr Kollege Lambrias!, in: Du & Ich 2 (1970), 1, ohne Paginierung. Vgl. auch N. N.: Jagd auf Homos in Griechenland, in: Don 4 (1973), 6, 12. N. N.: 50 000 Homosexuelle im kubanischen KZ, in: Don 4 (1973), 6, 12. N. N.: Homos in der UdSSR, in: Don 10 (1979), 11, 10. Zur Hinrichtung eines Mannes in der Volksrepublik China vgl. N. N.: Todesurteil, in: Don 10 (1979), 1, 12. Zum Iran vgl. das Stern-Interview mit Khomeini in N. N.: Sie öden mich an, in: Don 10 (1979), 11, 12. Zu Osteuropa vgl. Auslandsgruppe der Homosexuelle Initiative (HOSI) Wien und Gudrun Hauer (Hg.): Rosa Liebe unterm roten Stern. Zur Lage der Lesben und Schwulen in Osteuropa, Hamburg: Libertäre Assoziation, 1984.

46 Vgl. u. a. Elizabeth A. Povinelli und George Chauncey: Thinking Sexuality Transnationally, in: GLQ: A Journal of Lesbian and Gay Studies 5 (1999), 4, 439–450. Katie King: ›There Are No Lesbians Here‹. Lesbianisms, Feminisms, and Global Gay Formations, in: Arnaldo Cruz-Malavé und Martin F. Manalansan IV (Hg.): Queer Globalizations. Citizenship and the Afterlife of Colonialism, New York: New York University Press, 2002, 33–45.

47 Vgl. H. R.: Morde an Homossexuellen (Leserbrief), in: Du & Ich 12 (1980), 5, 6. Bernd Simon: Respekt und Zumutung bei der Begegnung von Schwulen/Lesben und Muslimen, in: Aus Politik und Zeitgeschichte (2010), 15–16, 27–32. Jin Haritaworn: Women's Rights, Gay Rights and Anti-Muslim Racism in Europe. Introduction, in: European Journal of Women's Studies 19 (2012), 1, 73–80. MANEO e. V.: Gewalterfahrungen von schwulen und bisexuellen Jugendlichen und Männern in Deutschland. Ergebnisse der MANEO-Umfrage 2006/2007, Berlin

2007, 24. Zur Kritik an dieser Studie vgl. Agnes Böhmelt, Katrin M. Kämpf und Matthias Mergl: Alles so schön bunt hier …?! Rassifizierte Diskurspraxen und Weißsein in ›queeren‹ Zeiten, in: Dunja Brill und Gabriele Jähnert (Hg.): Diskurs_Feld Queer. Interdependenzen, Normierungen und (Sub)kultur. Zentrum für transdisziplinäre Geschlechterstudien Humboldt-Universität, Bulletin 36, Berlin, 2009, 5–24, 20.

48 Zum Konzept des Homonationalismus vgl. u. a. Jasbir K. Puar: Terrorist Assemblages. Homonationalism in Queer Times, Durham: Duke University Press, 2007. Joseph Massad: Re-Orienting Desire: The Gay International and the Arab World, in: Public Culture 14 (2002), 2, 361–385. Vassilis S. Tsianos: Homonationalismus und New Metropolitan Mainstream. Gentrifizierungsdynamiken zwischen sexuellen und postsäkularen Politiken der Zugehörigkeit, in: sub\urban 2 (2014), 3, 59–80.

49 Dieter M. Geismar: … und haben Mann mit Mann Schande getrieben (Römer 1,27), in: Du & Ich 2 (1970), 3, 12–17, 15 f.

50 N. N.: ›Nicht empfehlenswert!‹ Warum DON keine Reisetips mehr geben will – mit einer Ausnahme, in: Don 3 (1972), 8, 10.

51 N. F.: Leser schütten ihr Herz aus. Fachleute helfen, in: Don 3 (1972), 7, 11. N. N.: Tolle Tage in Kairo, in: Don 10 (1979), 1, 16. N. N.: Mögen Sie Thai Boys?, in: Don 13 (1982), 8, 44.

52 Vgl. u. a. Gabriel Garstig: Queens of the World? Oder: Die verdrängte Seite des schwulen Antiimperialismus, in: rosa 13 (1978), 9–13. Für diesen Hinweis danke ich Vojin Saša Vukadinović. Zum schwul-lesbischen Sextourismus vgl. auch Jasbir Puar: Circuits of Queer Mobility. Tourism, Travel, and Globalization, in: GLQ: A Journal of Lesbian and Gay Studies 8 (2002), 1/2, 101–137. Gregory Mitchell: TurboConsumers™ in Paradise. Tourism, Civil Rights, and Brazil's Gay Sex Industry, in: American Ethnologist 38 (2011), 4, 666–682.

53 Dazu mag auch der mitunter erhobene Vorwurf beigetragen haben, dass sich einige lesbisch-feministische Zeitschriften von der DDR finanzieren ließen. Vgl. den Brief der Courage- an die Emma-Redaktion, Die Courage-Frauen: In eigener Sache, in: Courage 2 (1977), 6–7, 2.

54 J. U.: Fragen an ›gewisse‹ Mitbürger, in: Du & Ich 2 (1970), 2, ohne Paginierung. Dieter M. Geismar: Erfurt, Kassel und wir, in: Du & Ich 2 (1970), 6, ohne Paginierung. Herbert Langemann: Lebensläufe, in: Don 10 (1979), 12, 44 f.

55 Manfred H. Preusse: Schwuler Alltag in der DDR. Nur nicht auffallen …, in: Du & Ich 16 (1984), 10, 12–15, 15.

56 schalom: Coming Out im Vakuum. Schwulbewegtes aus der DDR, in: Rosa Flieder (1984), 33, 42 f., 42. Zu dieser Initiative vgl. Kay Nellißen und Kristine Schmidt: Homosexuelle Interessengemeinschaft Berlin, in: Sonntags-Club (Hg.): Verzaubert in Nord-Ost, Berlin: Gmünder 2009, 178–185. Ferner Teresa Tammer: Die Ost-Berliner Schwulenbewegung und der Westen, in: Lernen aus der Geschichte (19.03.2014), http://lernen-aus-der-geschichte.de/Lernen-

und-Lehren/content/11668 (19.07.2017). Jochen Kleres: Gleiche Rechte im Sozialismus. Die Schwulen- und Lesbenbewegung der DDR, in: Forschungsjournal Neue Soziale Bewegungen 13 (2000), 4, 52–63.

57 Cathy: Lesben im anderen Teil der Stadt (Berlin), in: Lesbenstich 8 (1987), 1, 28 f., 28.

58 Cathy: Lesben im anderen Teil der Stadt (Berlin), 28.

59 Damals strich man den 1968 als Ersatz für den § 175 eingeführten § 151 aus dem StGB der DDR und schuf so ein einheitliches Schutzalter von 16 Jahren für gleich- wie andersgeschlechtliche Kontakte. Bei der Angleichung des westdeutschen an das ostdeutsche Strafrecht vollzog 1994 auch die BRD diesen Schritt.

60 N.N.: Aktuelles, in: Lesbenstich 6 (1985), 4, 25. Zur wohlwollenden Thematisierung von Homosexualität in der späten DDR vgl. auch Jürgen Lemke: Ganz normal anders. Auskünfte schwuler Männer, Berlin und Weimar: Aufbau-Verlag, 1989. Günter Grau (Hg.): Und diese Liebe auch. Theologische und sexualwissenschaftliche Einsichten zur Homosexualität, Berlin: Evangelische Verlagsanstalt, 1989. Ursula Hafranke: Ungestraft anders? Umfrage Homosexualität, Schwule, DDR, in: Das Magazin (1990), 2, 45–49. Stefanie Krautz: Lesbisches Engagement in Ost-Berlin 1978–1989, Marburg: Tectum, 2009, 18–22. Richard Gehling: Fremde im eigenen Land, München und Wien: Profil, 1993, 15.

61 Adelheid Zöfel: Der Kreuzzug gegen Homosexuelle in den USA, in: Courage 2 (1977), 9, 8–10, 8. N.N.: Rosas kurioses Chaos. Lehrstück für German Gays??!, in: Don 10 (1979), 8, 32–35, 34. N.N.: USA. Terror gegen Lesben, in: Lesbenstich 4 (1983/84), 5, 44. Zur Diskriminierung lesbischer Mütter im Sorgerecht vgl. N.N.: Mit und ohne Kommentar, in: Courage 2 (1977), 3, 4. Zum Scheitern eines Gesetzes gegen »sexuelle Diskriminierung« in New York vgl. N.N.: Acht Jahre erfolglos, in: Don 10 (1979), 2, 12.

62 Clemens Zimmermann: Die ›Suburbanisierung‹ als Konzept der Stadt-Land-Beziehungen im 20. Jahrhundert, in: Franz-Werner Kersting und Clemens Zimmermann (Hg.): Stadt-Land-Beziehungen im 20. Jahrhundert. Geschichts- und kulturwissenschaftliche Perspektiven, Paderborn: Schöningh, 2015, 55–68.

63 Vgl. u. a. Peter Dirksmeier: Urbanität als Habitus. Zur Sozialgeographie städtischen Lebens auf dem Land, Bielefeld: transcript, 2009.

64 Anni Birkmann: Provinz. Kein lesbisches Eldorado, in: Lesbenstich 5 (1984), 4, 3 f., 4. Vgl. auch N.N.: Was heißt hier lesbisch?, in: UKZ 12 (1986), 5, 20–23.

65 Lesbenreferat Münster: Provinzhauptstadt Münster, in: Lesbenstich 5 (1984), 4, 16. Münster hatte damals ungefähr 270 000 Einwohner*innen. Zur Attraktivität der Mittelstadt vgl. Brigitta Schmidt-Lauber (Hg.): Mittelstadt. Urbanes Leben jenseits der Metropole, Frankfurt/Main: Campus, 2010.

66 Werner Hinzpeter: Schöne schwule Welt. Ilona Bubeck: Unser Stück vom Kuchen? Marie-Luise Angerer: Vom Begehren nach dem Affekt, Zürich/Berlin: Diaphanes, 2007. Benno Gammerl und Volker Woltersdorff: »Sie ham mir ein Gefühl geklaut …«.

67 Vgl. u. a. Schwules Museum und Akademie der Künste (Berlin) (Hg.): Goodbye to Berlin? 100 Jahre Schwulenbewegung, Berlin: Rosa Winkel, 1997. Volkmar Sigusch: Homosexuelle zwischen Verfolgung und Emanzipation. Jeffrey Weeks: Sexuelle Gleichberechtigung. Gender, Sexualität und homosexuelle Emanzipation in Europa, Göttingen: Wallstein, 2014.

68 Vgl. u. a. Andreas Heilmann: Normalität auf Bewährung. Magdalena Beljan: Rosa Zeiten? Benno Gammerl: Ist frei sein normal?

69 Vgl. u. a. Maik Tändler: Das therapeutische Jahrzehnt. Sabine Maasen u. a. (Hg.): Das beratene Selbst. Zur Genealogie der Therapeutisierung in den »langen« Siebzigern, Bielefeld: transcript, 2011.

70 Vgl. u. a. Psycho-Selbsthilfe-Beratungsgruppe: Psycho-Selbsthilfe in München, in: Courage 2 (1977), 5, 49. Gudula Lorez: Getting Clear, in: Courage 2 (1977), 10, 36 f. Dieser Beitrag besprach das »Therapie-Handbuch für Frauen« von Anne Kent Rush. Gerhard: Jeder Homosexuelle ein ›denkbarer‹ Selbstmörder?, in: Rosa Flieder (1979), 12, 18 f. Doris D. Joachim: Selbsthilfe Therapie, in: UKZ 8 (1982), 12, 24. Dorothy I. Riddle: Lesben und Therapie, in: Lesbenstich 5 (1984), 1, 38–41.

71 Vgl. u. a. Kristine L. Falco: Lesbische Frauen. Lebenswelt. Beziehungen. Psychotherapie, Mainz: Matthias-Grünewald-Verlag, 1993. Thomas Symalla und Holger Walther: Systemische Beratung schwuler Paare, Heidelberg: Carl-Auer, 1997. Zu Einflüssen aus den USA vgl. ferner Christine Browning: Therapeutic Issues and Intervention Strategies with Young Adult Lesbian Clients. A Developmental Approach, in: Journal of Homosexuality 14 (1987), 1/2, 45–52. Carlton Cornett (Hg.): Affirmative Dynamic Psychotherapy with Gay Men, New York: Jason Aronson Press, 1993. In weiten Teilen blieb der therapeutische Sektor jedoch homophob. Vgl. u. a. Carola M.: Psychiatrie II. beobachten – beaufsichtigen – kontrollieren, in: Courage 3 (1978), 4, 43 f. Traude Bührmann: Heldinnenreise oder ist Bagwhan lesbisch? Stellungnahme I, in: Lesbenstich 7 (1986), 1, 5 f.

72 Zur therapeutischen Optimierung des Selbstmanagements vgl. u. a. Sabine Maasen: Norm, Normalität und Normalisierung sexualtherapeutisch orientierter Lebensführung, in: Peter-Paul Bänziger u. a. (Hg.): Fragen Sie Dr. Sex! Beratungskommunikation und die mediale Konstruktion des Sexuellen, Frankfurt/Main: Suhrkamp, 2010, 317–345. Jens Elberfeld: Von der Befreiung des Individuums.

73 Zur reflexiven Regulierung des Selbst vgl. u. a. Thomas Lemke, Susanne Krasmann und Ulrich Bröckling: Gouvernementalität, Neoliberalismus und Selbsttechnologien. Eine Einleitung, in: Ulrich Bröckling, Susanne Krasmann und Thomas Lemke (Hg.): Gouvernementalität der Gegenwart. Studien zur Ökonomisierung des Sozialen, Frankfurt/Main: Suhrkamp, 2000, 7–39. Maren Möhring: Die Regierung der Körper. ›Gouvernementalität‹ und ›Techniken des Selbst‹, in: Zeithistorische Forschungen 3 (2006), 2, 284–290.

74 Matthias: Come Out!, in: Rosa Flieder (1982), 24, 13–15, 13.

75 Zur Unterscheidung von emanzipatorischen und therapeutischen Ansätzen in den 1970er- und 1980er-Jahren vgl. u. a. Sabine Maasen: Norm, Normalität und Normalisierung. Jens Elberfeld: Von der Befreiung des Individuums.

76 Achim: Assoziationen? Bedürfnisse? Gedanken! Hoffnungen? Wunschträume zur politischen Arbeit (Thesen eines linken Mannes zum Thema Politik und Sinnlichkeit), in: Rosa Flieder (1979), 9, 64–66. Vgl. ferner Virginia R. Brooks: Minority stress and lesbian women, Lexington: Lexington Books, 1981. Ilan H. Meyer: Prejudice, social stress, and mental health in lesbian, gay, and bisexual populations: Conceptual issues and research evidence, in: Psychological Bulletin 129 (2003), 674–697.

77 Christel Dormagen: Grenzverletzungen der Seele oder des Körpers, in: Courage 5 (1980), 10, 29–31, 29. Vgl. auch Karl Beier: Satire? Die Selbsterfahrungsgruppe und ich …, in: Du & Ich 15 (1983), 8, 12 f.

78 Hans: Eine Projektion, in: Rosa Flieder (1983), 29, 12. Vgl. auch Psycho-Selbsthilfe-Beratungsgruppe: Psycho-Selbsthilfe in München, in: Courage 2 (1977), 5, 49.

79 Bernd: Gedanken eines aktiven Atheisten in: Rosa Flieder (1979), 8, 9–12, 11. Michael Warner: The Trouble with Normal. Anna Marie Smith: Wider die depolitisierenden Effekte des liberaldemokratischen Pluralismus. Die Rechte von Lesben und Schwulen jenseits der single-issue Politik, in: quaestio (Hg.): Queering Demokratie (Sexuelle Politiken), Berlin: Querverlag, 2000, 45–62. Vgl. auch Sabine Hark und Mike Laufenberg: Sexualität in der Krise. Heteronormativität im Neoliberalismus, in: Erna Appelt, Brigitte Aulenbacher und Angelika Wetterer (Hg.): Gesellschaft. Feministische Krisendiagnosen, Münster: Westfälisches Dampfboot, 2013, 227–245. Sara Ahmed: The Promise of Happiness, Durham: Duke University Press, 2010.

80 Deutsche AIDS-Hilfe: Küssen, in: Du & Ich 21 (1989), 11, 4.

81 Diese Feststellung beruht auf einer detaillierten Auswertung der Interviews mithilfe einer Software zur Analyse qualitativer Daten. Dabei wurde gezählt, an wie vielen Stellen sich der Code Gefühl mit anderen thematischen Codes überschneidet. Die älteren, in den 1940er-Jahren geborenen weiblichen Erzählpersonen sprechen in ungefähr einem Sechstel (16,0 %) der Passagen, in denen sie Gefühle thematisieren, zugleich von Beziehungen. Bei der mittleren, in den 1950er-Jahren geborenen Kohorte ist das in über einem Fünftel (21,5 %) der emotional relevanten Erzählabschnitte der Fall und bei den jüngeren, nach 1960 geborenen Gesprächspartnerinnen in deutlich über einem Viertel (28,5 %) der entsprechenden Passagen.

82 Ele und Frauke: Kennwort: Lesbe sucht Lesbe, in: Courage 6 (1983), 1, 52 f., 52. Elisabeth: Ältere Lesben – jüngere Lesben – Beziehungsstrukturen, in: Lesbenstich 8 (1987), 3, 4 f., 5. Vgl. auch Marion: Bedeutet sich verlieben, sich der anderen auszuliefern?, in: Lesbenstich 2 (1981), 1, 36.

83 Vgl. u. a. Silja Matthiesen: Wandel von Liebesbeziehungen und Sexualität, Gie-

ßen: Psychosozial-Verlag, 2000, 254–268. Sven Reichardt: Authentizität und Gemeinschaft, 649–698. Karoline Boehm: Praktiken der Polyamorie. Über offene Beziehungen, intime Netzwerke und den Wandel emotionaler Stile, Wien: Verlag des Instituts für Europäische Ethnologie, 2012.

84 Vgl. Jens Vabian: Von Swinger-Cubs und Pärchen-Partys. Über die heterosexuelle Promiskuität, in: Don 17 (1986), 5, 12 f.

85 Dieter Bachnik: Szene Berlin, in: Du & Ich 13 (1981), 11, 18 f., 19.

86 Vgl. Rudi Finkler: Schwule Jugendliche. Isolation – Coming Out – Erwachsenwerden, in: Du & Ich 13 (1981), 8, 22 f. Gudrun: Einsamkeit, in: UKZ 10 (1984), 9, 15. Torsten D. Bülow: Einsamkeit. Warum? Kein Mensch muss einsam sein, wenn er es wirklich nicht will, in: Du & Ich 17 (1985), 4, 20 f.

87 Jörn: SOS – SAS, in: Rosa Flieder (1980), 19/20, 55 f., 55. N. N.: Pro und Contra. Sollen Schwule heiraten?, in: Du & Ich 13 (1981), 12, 69. Vgl. auch Constance Ohms: Die Sehnsucht der Lesben und Schwulen nach Normalität, in: Ilona Bubeck (Hg.): Unser Stück vom Kuchen? Zehn Positionen gegen die Homo-Ehe, Berlin: Querverlag 2000, 23–41, 29 und 36.

88 N. N.: So alt wie die Menschheit. Eifersucht, in: Du & Ich 15 (1983), 7, 14 f.

89 N. N.: Risiko hat seinen Reiz – gemeinsam lieben, getrennt leben, in: Don 15 (1984), 3, 52 f.

90 Stefa Bienko: secret minds, in: UKZ 12 (1986), 1, 40.

91 Carmen: Dialog aus ›einer‹ Mehrfachbeziehung. Mehrfachbeziehungen – oder endlich meine Gefühle eingestehen, in: Courage 5 (1980), 1, 11. Vgl. auch Annette B.: Die glückliche Position der Frau in der Mitte einer Dreierbeziehung, in: UKZ 10 (1984), 9, 18–20.

92 Carmen: Dialog aus ›einer‹ Mehrfachbeziehung.

93 Christel Dormagen: Grenzverletzungen der Seele oder des Körpers, in: Courage 5 (1980), 10, 29–31, 29 f. Vgl. auch S. Z.: Ob das progressiv oder feministisch ist, interessiert mich nicht, in: Courage 5 (1980), 10, 27f, 28. Helga: Ein Fall von Liebe. Die Sache mit dem Vertrauen, in: UKZ 10 (1984), 12, 29 f.

94 Lesbenliteraturgruppe Bremen: Liebe per Inserat, in: Lesbenstich 4 (1983), 2, 4–10, 6 und 8.

95 N. N.: Homosexualität als Schicksal oder Geschenk?, in: Don 15 (1984), 2, 46 f., 46. Dieser Beitrag zitiert hier den Ratgeber Martin Siems: Coming Out. Vgl. auch N. N.: Erfolgreiche Frauen, in: Lesbenstich 5 (1984), 1, 16 f. Zur Kritik an der schwul-lesbischen Jagd nach dem Glück vgl. Ingeborg: Leserinnenbrief, in: Lesbenstich 1 (1980), 4, 4. Jens Vabian: Schwul und glücklich?, in: Don 17 (1986), 7, 3. Quentin Crisp: Wir sollten unsere Umgangsformen überprüfen, in: Du & Ich 17 (1985), 1, 13–15.

96 Vgl. u. a. Jasbir Puar: The Cost of Getting Better. Suicide, Sensation, Switchpoints, in: GLQ: A Journal of Lesbian and Gay Studies 18 (2012), 1, 149–158. Franz Xaver Eder: Kultur der Begierde. Eine Geschichte der Sexualität, München: Beck, 2002, 224.

97 Robert Mohl: Die Einsamkeit des Christian L. Anatomie eines Zustandes, in: Du & Ich 13 (1981), 1, 8–12, 11 f. Dorothy I. Riddle: Lesben und Therapie. II. Teil, übersetzt von A. Birkmann, in: Lesbenstich 4 (1983), 4, 31–34. Vgl. auch Chris: Im Kopfstand mit Eisbein, in: Lesbenstich 1 (1980), 1, 7–9. N. N.: Ex und hopp. Lust und Frust am ›Quickie‹, in: Don 15 (1984), 4, 17 f. Sabine B. Böhm: Die Traumfrau, Lesbenstich 7 (1986), 4, 11.

98 Thomas: Ich habe auch schon an Selbstmord gedacht, in: Du & Ich 14 (1982), 1, 75. Rainer: Ich möchte doch nur glücklich sein, in: Du & Ich 14 (1982), 9, 72 f. Ludwig G.: Dick und schwul. Eine Katastrophe, in: Du & Ich 16 (1984), 8, 48–51 und 60.

99 Vgl. u. a. Barbara: … Freundin, in: UKZ 6 (1980), 1, 9 f. Sima: z. B. Selbstbewußtsein, in: UKZ 6 (1980), 1, 8 f. kj: Der Händedruck, in: Lesbenstich 1 (1980), 3, 28.

100 Zur Frage, wie Armut und Arbeitslosigkeit es den Einzelnen erschwerten, Freund*innen und Partner*innen zu finden vgl. u. a. Thomas: Ich habe auch schon an Selbstmord gedacht in: Du & Ich 14 (1982), 1, 75. Waltraut Gramlich: Eifersucht (Leserinnenbrief), in: Courage 6 (1981), 2, 58.

101 Jens Elberfeld: Von der Befreiung des Individuums. Nach Elberfeld konzentrierten sich Therapien ab den 1980er-Jahren aufgrund von Normalisierung und Ökonomisierung nicht mehr auf die »Befreiung des Individuums« und immer mehr auf das Selbstmanagement.

102 Alan Sable u. a.: Wie mache ich Männer an?, in: Du & Ich 16 (1984), 1, 18–20. Der Beitrag präsentierte von Gudrun Steinmann ins Deutsche übertragene Auszüge aus Alan Sables *Cruise to Win* – »Anmachen und Gewinnen«.

103 Zum Oszillieren des Unbehagens am Erfolgswettbewerb zwischen Integration in die und Widerstand gegen die Optimierungsdynamik vgl. u. a. Sian Ngai: Ugly Feelings.

SCHLUSS
NEUE PERSPEKTIVEN AUF DIE ZEITGESCHICHTE DER HOMOSEXUALITÄTEN

1 Zur These vom Übergang von der Scham zum Stolz vgl. u. a. Martin Lengwiler: In kleinen Schritten. Lory Britt und David Heise: From Shame to Pride in Identitiy Politics. Zur Kritik an diesem Narrativ vgl. u. a. Lüder Tietz: Queer Pride? Craig Griffiths: Sex, Shame and West German Gay Liberation, 465. David M. Halperin und Valerie Traub (Hg.): Gay Shame, Chicago: University of Chicago Press, 2009.

2 Zum Konzept der hegemonialen Männlichkeit vgl. u. a. R. W. Connell und James W. Messerschmidt: Hegemonic Masculinity. Rethinking the Concept, in: Gender and Society 19 (2005), 6, 829–859. Bernhard Gotto und Elke Seefried (Hg.):

Männer mit ›Makel‹. Männlichkeiten und gesellschaftlicher Wandel in der frühen Bundesrepublik, Berlin: de Gruyter, 2017.

3 Zum komplexen Verhältnis zwischen historischen Perioden und biografischen Phasen vgl. auch Lutz Niethammer: Oral History in der deutschen Zeitgeschichte. Lutz Niethammer im Gespräch mit Veronika Settele und Paul Nolte, in: Geschichte und Gesellschaft 43 (2017), 1, 110–145, 129.

4 Vgl. dazu u. a. Nan Alamilla Boyd und Horacio N. Roque Ramirez: Introduction. Close Encounters. The Body and Knowledge in Queer Oral History, in: Nan Alamilla Boyd und Horacio N. Roque Ramirez (Hg.): Bodies of Evidence. The Practice of Queer Oral History, Oxford: Oxford University Press, 2012, 1–20.

5 Zur Neubewertung der 1980er-Jahre vgl. Angela Siebold: So nah und doch so fern? Meik Woyke: Wandel des Politischen. Andreas Wirsching: Abschied vom Provisorium, 308–333. Detlef Siegfried: Das Subversive retten. Eine Denkfigur der 1980er, in: Aus Politik und Zeitgeschichte 65 (2015), 46, 13–19.

6 Vgl. u. a. Andreas Pretzel und Volker Weiß (Hg.): Ohnmacht und Aufbegehren. Homosexuelle Männer in der frühen Bundesrepublik, Hamburg: Männerschwarm, 2010. Andreas Pretzel und Volker Weiß: Rosa Radikale. Andreas Pretzel und Volker Weiß (Hg.): Zwischen Autonomie und Integration. Schwule Politik und Schwulenbewegung in den 1980er und 1990er Jahren, Hamburg: Männerschwarm, 2013. Gabriele Dennert, Christiane Leidinger und Franziska Rauchut: In Bewegung bleiben.

7 Zum Argument, dass die Emanzipationsbewegungen der 1970er-Jahre zuvor gängige, homophile Muster umkehrten, vgl. die These der »reverse affirmation« bei Jonathan Ned Katz: The Invention of Heterosexuality, 174.

8 Vgl. u. a. Stefan Mielchen: Wider die Norm. Anna Marie Smith: Wider die depolitisierenden Effekte. Werner Hinzpeter: Schöne schwule Welt. Susanna Jäger: Doppelaxt oder Regenbogen?, 74. Vgl. auch Benno Gammerl und Volker Woltersdorff: »Sie ham mir ein Gefühl geklaut …«, 27–41.

QUELLEN

INTERVIEWS

Verweise auf die Seiten, auf denen von den jeweiligen Gesprächspartner*innen die Rede ist, finden sich im Register.

Herr Schumann (*1935)
Herr Kuhn (*1938)
Frau Schmidt (*1943)
Frau Lippold (*1943)
Herr Riedel (*1943)
Herr Weber (*1943)
Herr Meyer (*1944)
Herr Ückert (*1945)
Frau Fischer (*1947)
Herr Melling (*1949)
Frau Schneider (*1950)
Herr Harrer (*1951)
Frau Eitner (*1951)
Frau Gruberova (*1952)
Frau Lehmann (*1954)
Frau Opitz (*1955)
Frau Jäger (*1955)
Herr Pohl (*1956)
Herr Wisneck (*1957)
Herr Franke (*1958)
Herr Albrecht (*1960)
Frau Voss (*1962)
Herr Helmlinger (*1963)
Herr Gärtner (*1963)
Herr Schubert (*1965)
Herr Zimmermann (*1966)
Frau Gehring (*1967)
Frau Otte (*1967)
Frau Brehme (*1969)
Frau König (*1970)
Herr Uhl (*1970)
Frau Jansen (*1970)

ZEITSCHRIFTEN

Die Jahreszahlen verweisen auf die eingesehenen Jahrgänge.

Der Weg zu Freundschaft und Toleranz (1960–1970)
Der Kreis (1960–1967)
Du & Ich (1969–1990)
Don, auch *Sunny* und *Don international* (1970–1990)
Courage (1976–1984)
UKZ – unsere kleine zeitung (1975–1990)
Rosa Flieder (1979–1989)
Lesbenstich (1980–1990)

LITERATUR

Ahmed, Sara: The Promise of Happiness, Durham: Duke University Press, 2010.
Angerer, Marie-Luise: Vom Begehren nach dem Affekt, Zürich/Berlin: Diaphanes, 2007.
Annes, Alexis: Des ›gays‹ très ›hétéros‹ ou comment développer une identité masculine homosexuelle quand on a grandi à la campagne, in: Delphine Dulong, Christine Guionnet und Érik Neveu (Hg.): Boys Don't Cry! Les Coûts de la Masculinité, Rennes: Presse Universitaire de Rennes, 2012, 231–252.
Annes, Alexis und Meredith Redlin: The Careful Balance of Gender and Sexuality. Rural Gay Men, the Heterosexual Matrix, and ›Effeminophobia‹, in: Journal of Homosexuality 59 (2012), 2, 256–288.
Bacchetta, Paola: Dyketactics! Notes Towards an Un-silencing, in: Tommi Avicolli Mecca (Hg.): Smash the Church, Smash the State. The Early Years of Gay Liberation, San Francisco: City Lights Books, 2009, 218–231.
Bahners, Patrick: Marriage Can't Wait. Das Grundsatzurteil des Obersten Gerichtshofs der Vereinigten Staaten zur gleichgeschlechtlichen Ehe von 2015 und der Weg dorthin, in: Jahrbuch Sexualitäten (2017), 45–69.
Bänziger, Peter-Paul: Konstellationen und Koalitionen im Sprechen über Aids in den 1980er Jahren, in: Achim Landwehr (Hg.): Diskursiver Wandel, Göttingen: VS Verlag für Sozialwissenschaften, 2010, 31–51.
Bänziger, Peter-Paul: Vom Seuchen- zum Präventionskörper? Aids und Körperpolitik in der BRD und der Schweiz in den 1980er Jahren, in: Body Politics 2 (2017), 3, 179–214.
Bänziger, Peter-Paul und Julia Stegmann: Politisierungen und Normalisierungen. Sexualitätsgeschichte des zwanzigsten Jahrhunderts im deutschsprachigen Raum, in: H-Soz-Kult (05.11.2010).
Bauer, Ingrid: 1968 ff. – Neuverhandlungen der Balance zwischen Liebe, Sexualität und Selbstverwirklichung. Befunde aus Paarkorrespondenzen von den ausgehenden 1960er bis in die frühen 1980er Jahre, in: Ingrid Bauer und Christa Hämmerle (Hg.): Liebe schreiben. Paarkorrespondenzen im Kontext des 19. und 20. Jahrhunderts, Göttingen: Vandenhoeck & Ruprecht, 2017, 231–289.
Bauer, J. Edgar: ›The Freak of Nature‹. On Erich Fromm's Vindication of Binomial Sexuality and the Potentials of the ›Homosexual Deviation‹, in: Journal of Homosexuality 64 (2017), 8, 1092–1124.

Bauer, Manuela und Hannes Sulzenbacher: ›Mein Name ist Erich Lifka. In Moskau kennt man mich‹, in: Invertito 15 (2013), 169–196.

Bech, Henning: When Men Meet. Homosexuality and Modernity, Cambridge: Polity Press, 1997.

Beck, Ulrich und Elisabeth Beck-Gernsheim: Das ganz normale Chaos der Liebe, Frankfurt/Main: Suhrkamp, 1990.

Beljan, Magdalena: Rosa Zeiten? Eine Geschichte der Subjektivierung männlicher Homosexualität in den 1970er und 1980er Jahren der BRD, Bielefeld: transcript Verlag, 2014.

Beljan, Magdalena: Aids-Geschichte als Gefühlsgeschichte, in: Aus Politik und Zeitgeschichte 65 (2015), 46, 25–31.

Bendkowski, Halina: Wenn quer nicht queer ist. Zum Lesben-Heterakonflikt, in: Gabriele Dennert, Christiane Leidinger und Franziska Rauchut (Hg.): In Bewegung bleiben. 100 Jahre Politik, Kultur und Geschichte von Lesben, Berlin: Querverlag, 2007, 83–85.

Benkel, Thorsten: Stigma, Sex und Subkultur. Zur soziologischen Beobachtung von Homosexualität, in: Jennifer Evans, Florian Mildenberger, Rüdiger Lautmann, Jakob Pastötter (Hg.): Was ist Homosexualität?, Hamburg: Männerschwarm, 2014, 391–427.

Berlant, Lauren: The Subject of True Feeling. Pain, Privacy, and Politics, in: Wendy Brown und Jane Halley (Hg.): Left Legalism/Left Critique, Durham: Duke University Press, 2002, 105–133.

Berlant, Lauren: The Female Complaint. The Unfinished Business of Sentimentality in American Culture, Durham: Duke University Press, 2008.

Berlant, Lauren: Cruel Optimism, Durham: Duke University Press, 2011.

Berlant, Lauren und Michael Warner: Sex in Public, in: Critical Inquiry 24 (1998), 2, 547–566.

Berndl, Klaus und Vera Kruber: Zur Statistik der Strafverfolgung homosexueller Männer in der SBZ und DDR bis 1959, in: Invertito 12 (2010), 58–124.

Beucker, Pascal und Frank Überall: Endstation Rücktritt. Warum deutsche Politiker einpacken, Bonn: Bouvier, 2011.

Bielby, Clare: ›An jeder Straßenecke könnte praktisch ein Mannweib mit Schlagring, Lederkleidung und rauher Stimme auf ihn warten‹. Gewalt, Weiblichkeit und Sexualität in der Bundesrepublik der 1970er Jahre, in: Jahrbuch Sexualitäten (2017), 95–116.

Biess, Frank: Die Sensibilisierung des Subjekts. Angst und ›neue Subjektivität‹ in den 1970er Jahren, in: Werkstatt Geschichte 17 (2008), 49, 51–72.

Blidon, Marianne und France Guérin-Pace: Un rêve urbain? La diversité des parcours migratoires des gays, in: Sociologie 4 (2013), 2, 119–138.

Bochow, Michael: Schwules Leben in der Provinz. Zum Beispiel Niedersachsen, Berlin: Edition Sigma, 1998.

Bochow, Michael: Hat Aids die soziale Situation schwuler Männer in Deutschland verändert? Entwicklungen in den 1980er und 1990er Jahren, in: Andreas Pretzel und Volker Weiß (Hg.): Zwischen Autonomie und Integration. Schwule Politik und Schwulenbewegung der 1980er und 1990er Jahre, Hamburg: Männerschwarm, 2013, 161–170.

Boehm, Karoline: Praktiken der Polyamorie. Über offene Beziehungen, intime Netzwerke und den Wandel emotionaler Stile, Wien: Verlag des Instituts für Europäische Ethnologie, 2012.

Böhmelt, Agnes, Katrin M. Kämpf und Matthias Mergl: Alles so schön bunt hier …?! Rassifizierte Diskurspraxen und Weißsein in ›queeren‹ Zeiten, in: Dunja Brill und Gabriele Jähnert (Hg.): Diskurs_Feld Queer. Interdependenzen, Normierungen und (Sub)kultur. Zentrum für transdisziplinäre Geschlechterstudien Humboldt-Universität, Bulletin 36, Berlin, 2009, 5–24.

Borowski, Maria: Parallelwelten. Lesbisch-schwules Leben in der frühen DDR, Berlin: Metropol, 2017.

Boyd, Nan Alamilla und Horacio N. Roque Ramirez: Introduction. Close Encounters. The Body and Knowledge in Queer Oral History, in: Nan Alamilla Boyd und Horacio N. Roque Ramirez (Hg.): Bodies of Evidence. The Practice of Queer Oral History, Oxford: Oxford University Press, 2012, 1–20.

Britt, Lory und David Heise: From Shame to Pride in Identity Politics, in: Sheldon Stryker, Timothy J. Owens und Robert W. White (Hg.): Self, Identity, and Social Movements, Minneapolis: University of Minnesota Press, 2000, 252–268.

Brodersen, Folke: Zum sozialpsychologischen Konzept internalisierter Homophobie. Eine Rekonstruktion ›integrierter Identität‹ als Emanzipationsvision, in: Open Gender Journal 2 (2018). doi:https://doi.org/1017169/ogj.2018.23.

Brooks, Virginia R.: Minority stress and lesbian women, Lexington: Lexington Books, 1981.

Brown, Rita Mae: Die Tennisspielerin, Reinbek bei Hamburg: Rowohlt, 1984.

Browne, Kath, Jason Lim und Gavon Brown (Hg.): Geographies of Sexualities. Theory, Practices and Politics, Farnham: Ashgate, 2009.

Browning, Christine: Therapeutic Issues and Intervention Strategies with Young Adult Lesbian Clients. A Developmental Approach, in: Journal of Homosexuality 14 (1987), 1/2, 45–52.

Brückner, Heinrich: Denkst Du schon an Liebe? Fragen des Reifealters, dargestellt für junge Leser, Berlin (DDR): Kinderbuchverlag, 1976.

Brühöfener, Friederike: Politics of Emotions. Journalistic Reflections on the Emotionality of the West German Peace Movement, 1979–1984, in: German Politics & Society 33 (2015), 4, 97–111.

Brunnert, Regina und Finn Jagow: Macht und Homosexualitäten im Zeitalter von Aids. Aids als Knotenpunkt von Normalisierungen und Selbstnormalisierungen von Lesben und Schwulen, in: Ulf Heidel, Stefan Micheler und Elisabeth Tuider (Hg.): Jenseits der Geschlechtergrenzen. Sexualitäten, Identitäten und Körper

in Perspektiven von Queer Studies, Hamburg: Männerschwarm, 2001, 190–205.
Bubeck, Ilona (Hg.): Unser Stück vom Kuchen? Zehn Positionen gegen die Homo-Ehe, Berlin: Querverlag, 2000.
Bühner, Maria: ›Beiträge für eine Chronik, die vielleicht einmal geschrieben wird‹. Perspektiven auf den Forschungsstand zu Lesben in der DDR, in: Das Übersehenwerden hat Geschichte. Lesben in der DDR und der Friedlichen Revolution, Halle: Heinrich-Böll-Stiftung Sachsen-Anhalt, 2015, 110–121.
Bühner, Maria: Die Kontinuität des Schweigens. Das Gedenken der Ost-Berliner Gruppe Lesben in der Kirche in Ravensbrück, in: Österreichische Zeitschrift für Geschichtswissenschaften 29 (2018), 2, 111–131.
Califia, Pat: Sapphistrie. Das Buch der lesbischen Sexualität, Berlin: Orlanda-Frauenverlag, 1981.
Cancian, Francesca M.: The Feminization of Love, in: Signs 11 (1986), 4, 692–709.
Chauncey, George: Why Marriage? The History Shaping Today's Debate Over Gay Equality, New York: Basic Books, 2004.
Connell, R. W. und James W. Messerschmidt: Hegemonic Masculinity. Rethinking the Concept, in: Gender and Society 19 (2005), 6, 829–859.
Connolly, William: Neuropolitics. Thinking, Culture, Speed, Minneapolis: University of Minnesota Press, 2002.
Cornett, Carlton (Hg.): Affirmative Dynamic Psychotherapy with Gay Men, New York: Jason Aronson Press, 1993.
Dannecker, Martin: Der unstillbare Wunsch nach Anerkennung. Homosexuellenpolitik in den fünziger und sechziger Jahren, in: Detlef Grumbach (Hg.): Was heißt hier schwul? Politik und Identitäten im Wandel, Hamburg: Männerschwarm, 1997, 27–44.
Davis, Belinda: Provokation als Emanzipation. 1968 und die Emotionen, in: Vorgänge 42 (2003), 4, 41–49.
Dean, Tim und Christopher Lane: Homosexuality and Psychoanalysis. An Introduction, Chicago: Chicago University Press, 2001.
Dennert, Gabriele, Christiane Leidinger und Franziska Rauchut (Hg.): In Bewegung bleiben. 100 Jahre Politik, Kultur und Geschichte von Lesben, Berlin: Querverlag, 2007.
Dennert, Gabriele, Christiane Leidinger und Franziska Rauchut: Lesben in Wut. Lesbenbewegung in der BRD der 70er Jahre, in: Dies. (Hg.): In Bewegung bleiben. 100 Jahre Politik, Kultur und Geschichte von Lesben, Berlin: Querverlag, 2007, 31–67.
Dirksmeier, Peter: Urbanität als Habitus. Zur Sozialgeographie städtischen Lebens auf dem Land, Bielefeld: transcript, 2009.
Dobler, Jens und Harald Rimmele: Schwulenbewegung, in: Roland Roth und Dieter Rucht (Hg.): Die sozialen Bewegungen in Deutschland seit 1945. Ein Handbuch, Frankfurt/Main: Campus, 2008, 541–556.

Doering-Manteuffel, Anselm: Wie westlich sind die Deutschen? Amerikanisierung und Westernisierung im 20. Jahrhundert, Göttingen: Vandenhoeck & Ruprecht, 1999.
Doering-Manteuffel, Anselm und Lutz Raphael: Nach dem Boom. Perspektiven auf die Zeitgeschichte seit 1970, Göttingen: Vandenhoeck & Ruprecht, 2010 (2. Auflage).
Duggan, Lisa und Nan D. Hunter: Sex Wars. Sexual Dissent and Political Culture, New York/London: Routledge, 1995.
Eder, Franz Xaver: Kultur der Begierde. Eine Geschichte der Sexualität, München: Beck, 2002.
Eder, Sandra: Lesbian Pulps Revisited. Über die Beharrlichkeit des Geschlechts und das Scheitern von Konstruktionen, in: Ingrid Bauer, Christa Hämmerle und Gabriella Hauch (Hg.): Liebe und Widerstand. Ambivalenzen historischer Geschlechterbeziehungen, Wien: Böhlau, 2009, 209–228.
Ehalt, Hubert C., Franz X. Eder und Suleika Mundschitz: Sex zwischen Befreiung und neuer Disziplinierung, Wien: Picus, 2016.
Eitler, Pascal: Die Produktivität der Pornographie. Visualisierung und Therapeutisierung der Sexualität nach 1968, in: Nicolas Pethes und Silke Schicktanz (Hg.): Sexualität als Experiment. Identität, Lust und Reproduktion zwischen Science und Fiction, Frankfurt/Main: Campus, 2008, 255–273.
Eitler, Pascal und Jens Elberfeld (Hg.): Zeitgeschichte des Selbst. Therapeutisierung – Politisierung – Emotionalisierung, Bielefeld: transcript, 2015.
Eitler, Pascal und Monique Scheer: Emotionengeschichte als Körpergeschichte. Eine heuristische Perspektive auf religiöse Konversionen im 19. und 20. Jahrhundert, in: Geschichte und Gesellschaft 35 (2009), 2, 282–313.
Elberfeld, Jens: Von der Befreiung des Individuums zum Management des Selbst. Die unheimliche Karriere von Therapie, Beratung und Coaching seit 1968, in: Recherche. Zeitung für Wissenschaft 3 (2010), 20 f.
Elberfeld, Jens: Subjekt/Beziehung. Patriarchat – Partnerschaft – Projekt. Psychowissen und Normalisierungspraktiken im Diskurs der Paartherapie (BRD 1960–1990), in: Maik Tändler und Uffa Jensen (Hg.): Das Selbst zwischen Anpassung und Befreiung. Psychowissen und Politik im 20. Jahrhundert, Göttingen: Wallstein, 2012, 85–114.
Elberfeld, Jens: Von der Sünde zur Selbstbestimmung. Zum Diskurs ›kindlicher Sexualität‹ (Bundesrepublik Deutschland 1960–1990), in: Peter-Paul Bänzinger, Magdalena Beljan, Franz X. Eder und Pascal Eitler (Hg.): Sexuelle Revolution? Aktuelle Perspektiven auf die Sexualitätsgeschichte des deutschsprachigen Raumes seit den sechziger Jahren, Bielefeld: transcript, 2015, 247–283.
Engel, Antke: Des-/Integration politisieren. Dissidente Sexualitäten und eine Politik des agonalen Pluralismus, in: María do Mar Castro Varela und Nikita Dhawan (Hg.): Soziale (Un)Gerechtigkeit. Kritische Perspektiven auf Diversity, Intersektionalität und Antidiskriminierung, Münster: LIT, 2011, 175–192.

Ewing, Christopher: ›Color Him Black‹. Erotic Representations and the Politics of Race in West German Homosexual Magazines, 1949–1974, in: Sexuality & Culture 21 (2017), 382–403.
Ewing, Christopher: Highly affected groups: Gay men and racial others in West Germany's AIDS epidemic, 1981–1992, in: Sexualities 23 (2020), 1–2, 201–223.
Falco, Kristine L.: Lesbische Frauen. Lebenswelt. Beziehungen. Psychotherapie, Mainz: Matthias-Grünewald-Verlag, 1993.
Fieseler, Franka: Vernetzte Netze – vielfältige Foren. Zur Geschichte lesbisch-feministischer Zeitschriften in Deutschland, in: Lea Susemichel, Saskya Rudigier und Gabi Horak (Hg.): Feministische Medien. Öffentlichkeiten jenseits des Malestream, Königstein/Taunus: Ulrike Helmer, 2008, 134–150.
Fischer, Jochen: Nicht Sex sondern Liebe. Eine Orientierungshilfe für junge Menschen, Hamburg: Furche-Verlag, 1966.
Flam, Helena: Soziologie der Emotionen. Eine Einführung, Konstanz: UVK Verlagsgesellschaft, 2002.
Foerster, Friedrich Wilhelm: Lebensführung, Erlenbach-Zürich, München und Leipzig: Rotapfel-Verlag, 1924.
Foerster, Friedrich Wilhelm: Lebensführung. Ein Buch für junge Menschen, Mainz: Matthias-Grünewald-Verlag, 1961.
Forest, Katherine V.: Seltsamer Wein, übersetzt von Heidi Ballschmiede, Göttingen: Daphne Verlag, 1985.
Foucault, Michel: Der Wille zum Wissen. Sexualität und Wahrheit, Frankfurt/Main: Suhrkamp, 1983 [1976].
Frevert, Ute, Pascal Eitler, Stephanie Olsen, Uffa Jensen, Margrit Pernau, Daniel Brückenhaus, Magdalena Beljan, Benno Gammerl, Anja Lautkötter, Bettina Hitzer, Jan Plamper, Juliane Brauer und Joachim C. Häberlen (Hg.): Learning How to Feel. Children's Literature and Emotional Socialization, 1870–1970, Oxford: Oxford University Press, 2014.
Fromm, Erich: Die Kunst des Liebens, Frankfurt/Main: Ullstein, 1956.
Füller, Christian: Die Revolution missbraucht ihre Kinder. Sexuelle Gewalt in deutschen Protestbewegungen, München: Carl Hanser, 2015.
Gammerl, Benno: Erinnerte Liebe. Was kann eine Oral History zur Geschichte der Gefühle und der Homosexualitäten beitragen?, in: Geschichte und Gesellschaft 35 (2009), 2, 314–345.
Gammerl, Benno: Schwule Gefühle? Homosexualität und emotionale Männlichkeiten zwischen 1960 und 1990 in Westdeutschland, in: Manuel Borutta und Nina Verheyen (Hg.): Die Präsenz der Gefühle. Männlichkeit und Emotion in der Moderne, Bielefeld: transcript, 2010, 255–278.
Gammerl, Benno: Gefühlte Entfernungen, in: Ute Frevert, Christian Bailey, Pascal Eitler, Benno Gammerl, Bettina Hitzer, Margrit Pernau, Monique Scheer, Anne Schmidt und Nina Verheyen (Hg.): Gefühlswissen. Eine lexikalische Spurensuche in der Moderne, Frankfurt/Main: Campus, 2011, 179–200.

Gammerl, Benno: Emotional Styles. Concepts and Challenges, in: Rethinking History 16 (2012), 2, 161–175.
Gammerl, Benno: Queer Romance? Romantische Liebe in den biographischen Erzählungen von westdeutschen Lesben und Schwulen, in: L'Homme 24 (2013), 1, 15–34.
Gammerl, Benno: Can you Feel your Research Results? How to Deal with and Gain Insights from Emotions Generated during Oral History Interviews, in: Helena Flam und Jochen Kleres (Hg.): Methods of Exploring Emotions, London: Routledge, 2015, 153–162.
Gammerl, Benno: Ist frei sein normal? Männliche Homosexualitäten seit den 1960er Jahren zwischen Emanzipation und Normalisierung, in: Peter-Paul Bänziger, Magdalena Beljan, Franz X. Eder und Pascal Eitler (Hg.): Sexuelle Revolution? Zur Geschichte der Sexualität im deutschsprachigen Raum seit den 1960er Jahren, Bielefeld: transcript, 2015, 223–243.
Gammerl, Benno: Jenseits der Metronormativität? Westdeutsche Lesben und Schwule zwischen Land und Stadt, in: Franz-Werner Kersting und Clemens Zimmermann (Hg.): Stadt-Land-Beziehungen im 20. Jahrhundert. Geschichts- und kulturwissenschaftliche Perspektiven, Paderborn: Schöningh, 2015, 155–175.
Gammerl, Benno: Raus aufs Land? Der Ausstieg der Landlesbenbewegung in den späten 1970er und frühen 1980er Jahren, in: Petra Terhoeven und Tobias Weidner (Hg.): Exit: Ausstieg und Verweigerungen in »offenen« Gesellschaften nach 1945, Göttingen: Wallstein, 2020, 239–261.
Gammerl, Benno und Bettina Hitzer: Wohin mit den Gefühlen? Vergangenheit und Zukunft des Emotional Turn in den Geschichtswissenschaften, in: Berliner Debatte Initial 24 (2013), 3, 31–40.
Gammerl, Benno, Jan S. Hutta und Monique Scheer: Feeling Differently. Approaches and their Politics, in: Emotion, Space and Society 25 (2017), 87–94.
Gammerl, Benno und Volker Woltersdorff: »Sie ham mir ein Gefühl geklaut …«. Queer-feministische Perspektiven auf Bewegungen zwischen Sex und Gefühl, in: Freiburger Zeitschrift für Geschlechterstudien 20 (2014), 2, 27–41.
Gatzweiler, Richard: Der Kampf um den Paragraph 175 StGB geht weiter. Ein Situationsbericht, Köln-Klettenberg: Volkswartbund, 1957.
Gehling, Richard: Fremde im eigenen Land, München und Wien: Profil, 1993.
Gehring, Petra: Die Stunde der Mänaden, in: Zeitschrift für Ideengeschichte 9 (2015), 4, 31–42.
Geißler, Maximilian und Andrea Przyklenk: Ich mach mir nichts aus Mädchen. Wenn Jungs schwul sind. Ein Ratgeber, München: Kösel, 1998.
Gerund, Katharina: Sisterly (Inter)Actions. Audre Lorde and the Development of Afro-German Women's Communities, in: Gender Forum. An Internet Journal for Gender Studies (2008), 22.
Goffman, Erving: Stigma. Über Techniken der Bewältigung beschädigter Identität, Frankfurt/Main: Suhrkamp, 1974 [1963].

Goodwin, Jeff, James M. Jasper und Francesca Polletta: Introduction. Why Emotions Matter, in: Jeff Goodwin, James M. Jasper und Francesca Polletta (Hg.): Passionate Politics. Emotions and Social Movements, Chicago: University of Chicago Press, 2001.

Gotto, Bernhard und Elke Seefried (Hg.): Männer mit ›Makel‹. Männlichkeiten und gesellschaftlicher Wandel in der frühen Bundesrepublik, Berlin: de Gruyter, 2017.

Gotzmann, Joanna: Der Volkswartbund. Die Bischöfliche Arbeitsstelle für Fragen der Volkssittlichkeit im Kampf gegen Homosexuelle, in: Kristof Balser, Mario Kramp, Jürgen Müller und Joanna Gotzmann (Hg.): ›Himmel und Hölle‹. Das Leben der Kölner Homosexuellen 1945–1969, Köln: Emons, 1994, 169–183.

Gould, Deborah B.: Moving Politics. Emotion and ACT UP's Fight against AIDS, Chicago: Chicago University Press, 2009.

Gould, Deborah B.: On Affect and Protest, in: Janet Staiger, Ann Cvetkovich und Ann Reynolds (Hg.): Political Emotions. New Agendas in Communication, London: Routledge, 2010, 18–44.

Grau, Günter (Hg.): Und diese Liebe auch. Theologische und sexualwissenschaftliche Einsichten zur Homosexualität, Berlin: Evangelische Verlagsanstalt, 1989.

Grau, Günter: Sozialistische Moral und Homosexualität. Die Politik der SED und das Homosexuellenstrafrecht 1945 bis 1989 – ein Rückblick, in: Detlef Grumbach (Hg.): Die Linke und das Laster. Schwule Emanzipation und linke Vorurteile, Hamburg: MännerschwarmSkript, 1995, 85–141.

Grau, Günter: Strafrechtliche Verfolgung der Homosexualität in der DDR, in: LADS, Landesstelle für Gleichbehandlung – gegen Diskriminierung (Hg.): § 175. Rehabilitierung der nach 1945 verurteilten homosexuellen Männer, Berlin, 2012, 44–59.

Griffiths, Craig: Konkurrierende Pfade der Emanzipation. Der Tuntenstreit (1973–75) und die Frage des ›respektablen Auftretens‹, in: Andreas Pretzel und Volker Weiß (Hg.): Rosa Radikale. Die Schwulenbewegung der 1970er Jahre, Hamburg: Männerschwarm, 2012, 141–159.

Griffiths, Craig: Gay Activism in Modell Deutschland, in: European Review of History 22 (2015), 1, 60–76.

Griffiths, Craig: Sex, Shame and West German Gay Liberation, in: German History 34 (2016), 3, 445–467.

Grossmann, Thomas: Schwul – Na und?, Reinbek bei Hamburg: Rowohlt, 1981.

Grumbach, Detlef (Hg.): Was heißt hier schwul? Politik und Identitäten im Wandel, Hamburg: Männerschwarm, 1997.

Häberlen, Joachim C. und Jake Smith: Struggling for Feelings. The Politics of Emotions in the Radical New Left in West Germany, c. 1968–84, in: Contemporary European History 23 (2014), 4, 615–637.

Hájková, Anna: Queere Geschichte und der Holocaust, in: Aus Politik und Zeitgeschichte (2018), 38–39, 42–47.

Halperin, David M. und Valerie Traub: Beyond Gay Pride, in: David M. Halperin und Valerie Traub (Hg.): Gay Shame, Chicago: University of Chicago Press, 2009, 3–40.
Halperin, David M. und Valerie Traub (Hg.): Gay Shame, Chicago: University of Chicago Press, 2009.
Hanswille, Reinert: Liebe und Sexualität. Ein Buch für junge Menschen, München: Kösel Verlag, 1986.
Haritaworn, Jin: Women's Rights, Gay Rights and Anti-Muslim Racism in Europe. Introduction, in: European Journal of Women's Studies 19 (2012), 1, 73–80.
Hark, Sabine und Mike Laufenberg: Sexualität in der Krise. Heteronormativität im Neoliberalismus, in: Erna Appelt, Brigitte Aulenbacher und Angelika Wetterer (Hg.): Gesellschaft. Feministische Krisendiagnosen, Münster: Westfälisches Dampfboot, 2013, 227–245.
Hartard, Eva und Christiane Tutschner: Landlesbenleben – Let's talk about … die guten alten Zeiten in Altenbücken, in: Gabriele Dennert, Christiane Leidinger und Franziska Rauchut (Hg.): In Bewegung bleiben. 100 Jahre Politik, Kultur und Geschichte von Lesben, Berlin: Querverlag, 2007, 208 f.
Hauer, Auslandsgruppe der Homosexuelle Initiative (HOSI) Wien und Gudrun (Hg.): Rosa Liebe unterm roten Stern. Zur Lage der Lesben und Schwulen in Osteuropa, Hamburg: Libertäre Assoziation, 1984.
Haunss, Sebastian: Kollektive Identität, soziale Bewegungen und Szenen, in: Forschungsjournal soziale Bewegungen 24 (2011), 4, 41–53.
Haus, Sebastian: Risky Sex – Risky Language. HIV/AIDS and the West German Gay Scene in the 1980s, in: Historical Social Research 41 (2016), 1, 111–134.
HAW: Tuntenstreit. Theoriediskussion der Homosexuellen Aktion Westberlin, Berlin: Verlag Rosa Winkel, 1975.
Heilmann, Andreas: Normalität auf Bewährung. Outings in der Politik und die Konstruktion homosexueller Männlichkeit, Bielefeld: transcript, 2011.
Hemmings, Clare: Affective Solidarity. Feminist Reflexivity and Political Transformation, in: Feminist Theory 13 (2012), 2, 147–161.
Henze, Patrick: Schwule Emanzipation und ihre Konflikte. Zur westdeutschen Schwulenbewegung der 1970er Jahre, Berlin: Querverlag, 2019.
Herbert, Ulrich (Hg.): Wandlungsprozesse in Westdeutschland. Belastung, Integration, Liberalisierung 1945–1980, Göttingen: Wallstein, 2002.
Herring, Scott: Another Country. Queer Anti-Urbanism, New York und London: New York University Press, 2010.
Herrn, Rainer: Schwule Lebenswelten im Osten. Andere Orte, andere Biographien. Kommunikationsstrukturen, Gesellungsstile und Lebensweisen schwuler Männer in den neuen Bundesländern, Berlin: Deutsche AIDS-Hilfe, 1999.
Herzog, Dagmar: Antifaschistische Körper. Studentenbewegung, sexuelle Revolution und antiautoritäre Kindererziehung, in: Klaus Naumann (Hg.): Nachkrieg in Deutschland, Hamburg: Hamburger Edition, 2001, 521–551.

Herzog, Dagmar: Sex after Fascism. Memory and Morality in Twentieth-Century Germany, Princeton: Princeton University Press, 2005.
Hinzpeter, Werner: Schöne schwule Welt. Der Schlußverkauf einer Bewegung, Berlin: Querverlag, 1997.
Hitzer, Bettina: Die Therapeutisierung der Gefühle. Eine Geschichte aus dem 20. Jahrhundert, in: Der Mensch 42/43 (2011), 1/2, 17–20.
Hocquenghem, Guy: Wir sind eine soziale Plage, in: Bernhard Dieckmann und François Pescatore (Hg.): Elemente einer homosexuellen Kritik, Berlin: Rosa Winkel, 1979, 121–142.
Hoffmann, Rainer und Daniela Klimke: Die gleichgeschlechtliche Lebenspartnerschaft als Bühnenstück in der politischen Arena, in: Soziale Welt 54 (2003), 2, 201–215.
Hoffmann, Stephanie: ›Darüber spricht man nicht‹? Die öffentliche Diskussion über die Sexualmoral in den 50er Jahren im Spiegel der Frauenzeitschrift ›Constanze‹, in: Johanna Meyer-Lenz (Hg.): Die Ordnung des Paares ist unbehaglich. Irritationen am und im Geschlechterdiskurs nach 1945, Geschlecht – Kultur – Gesellschaft, Münster, Hamburg, London: LIT, 2000, 57–83.
Hoffschildt, Rainer: 140 000 Verurteilungen nach »§ 175«, in: Invertito 4 (2002), 140–149.
Hofmeister, Arnd: Queer Politics. Jenseits der Identitätspolitik, in: Günter Grau (Hg.): Schwulsein 2000. Hamburg: Männerschwarm, 2001, 86–96.
Hohn, Kirsten: Die Bedeutung von Normen bei der Konstruktion lesbischer kollektiver Identitäten, in: Ulf Heidel, Stefan Micheler und Elisabeth Tuider (Hg.): Jenseits der Geschlechtergrenzen. Sexualitäten, Identitäten und Körper in Perspektiven von Queer Studies, Hamburg: Männerschwarm, 2001, 178–189.
Hooker, Evelyn: A Preliminary Analysis of Group Behavior of Homosexuals, in: Journal of Psychology 42 (1956), 2, 217–225.
Huber, Marty: Queering Gay Pride. Zwischen Assimilation und Widerstand, Wien: Zaglossus, 2013.
Hughes, Celia: Negotiating Ungovernable Spaces Between the Personal and the Political. Oral History and the Left in Post-War Britain, in: Memory Studies 6 (2013), 1, 70–90.
Illouz, Eva: Saving the Modern Soul. Therapy, Emotions, and the Culture of Self-Help, Berkely: California University Press, 2008.
Jäger, Susanna: Doppelaxt oder Regenbogen? Zur Genealogie lesbisch-feministischer Identität, Tübingen: edition diskord, 1998.
Janssen, Volker (Hg.): Der Weg zu Freundschaft und Toleranz. Männliche Homosexualität in den 50er Jahren, Berlin: Rosa Winkel, 1984.
Jarausch, Konrad H.: Krise oder Aufbruch? Historische Annäherungen an die 1970er-Jahre, in: Zeithistorische Forschungen 3 (2006), 3, 334–341.
Jasper, James M.: Emotions and Social Movements. Twenty Years of Theory and Research, in: Annual Review of Sociology 37 (2011), 285–303.

Johnson, Colin: Just Queer Folks. Gender and Sexuality in Rural America, Philadelphia: Temple University Press, 2013.
Johnson, David K.: Buying Gay. How Physique Entrepreneurs Sparked a Movement, New York: Columbia University Press, 2019.
Kandora, Michael: Homosexualität und Sittengesetz, in: Ulrich Herbert (Hg.): Wandlungsprozesse in Westdeutschland. Belastung, Integration, Liberalisierung 1945 bis 1980, Göttingen: Wallstein, 2002, 379–401.
Katz, Jonathan Ned: The Invention of Heterosexuality, New York: Dutton, 1995.
Kelliher, Diarmaid: Solidarity and Sexuality. Lesbians and Gays Support the Miners 1984–5, in: History Workshop Journal 77 (2014), 1, 240–262.
Kemler, Eva, Martina Löw und Kim Ritter: Bisexualität als Überschuss sexueller Ordnung. Eine biografieanalytische Fallstudie zur sexuellen Selbstwerdung, in: Zeitschrift für Sexualforschung 25 (2012), 4, 314–338.
Kersting, Franz-Werner, Jürgen Reulecke und Hans-Ulrich Thamer (Hg.): Die zweite Gründung der Bundesrepublik. Generationswechsel und intellektuelle Wortergreifungen 1955–1975, Stuttgart: Steiner, 2010.
King, Katie: ›There Are No Lesbians Here‹. Lesbianisms, Feminisms, and Global Gay Formations, in: Arnaldo Cruz-Malavé und Martin F. Manalansan IV (Hg.): Queer Globalizations. Citizenship and the Afterlife of Colonialism, New York: New York University Press, 2002, 33–45.
Kleres, Jochen: Gleiche Rechte im Sozialismus. Die Schwulen- und Lesbenbewegung der DDR, in: Forschungsjournal Neue Soziale Bewegungen 13 (2000), 4, 52–63.
Klöppel, Ulrike: Aids-Krise in Deutschland revisited. Zwischen Bio- und Affektpolitik, in: Gender 8 (2016), Sonderheft 3, 75–87.
Knoll, Albert (Hg.): Der Rosa-Winkel-Gedenkstein: Die Erinnerung an die Homosexuellen im KZ Dachau, München: Forum Homosexualität München, 2015.
Kofler, Alexandra: Erzählen über Liebe. Die Konstruktion von Identität in autobiografischen Interviews, Frankfurt/Main: Campus, 2012.
Kraß, Andreas: Metrosexualität. Wie schwul ist der moderne Mann?, in: Jan Feddersen (Hg.): Eggeling – Dannecker – Herzog – Kraß. Vier Vorträge, Hamburg: Männerschwarmskript, 2008, 108–138.
Kraushaar, Elmar: Höhenflug und Absturz – Von Homolulu am Main nach Bonn in die Beethoven-Halle, in: Andreas Pretzel und Volker Weiß (Hg.): Rosa Radikale. Die Schwulenbewegung der 1970er Jahre, Hamburg: Männerschwarm, 2012, 80–90.
Krautz, Stefanie: Lesbisches Engagement in Ost-Berlin 1978–1989, Marburg: Tectum, 2009.
Kuckuc, Ina [Ilse Kokula]: Der Kampf gegen Unterdrückung, München: Verlag Frauenoffensive, 1975.
Kunkel, Waltraut: Richtige Erziehung. Ein Ratgeber für alle Eltern, Gütersloh: Bertelsmann, 1961.

Laclau, Ernesto: Emanzipation und Differenz, Wien: Turia + Kant, 2013.
Laufenberg, Mike: Utopisches Begehren. Vorrede zum Queer-Werden, in: jour fixe initiative berlin (Hg.): »Etwas fehlt«. Utopie, Kritik und Glücksversprechen, Münster: Edition Assemblage, 2013, 177–196.
Laukötter, Anja: Nichts gelernt? Ein zeitgeschichtlicher Vergleich der Emotions- und Politikkultur bei AIDS/HIV und Covid-19, 28.04.2020, https://www.mpib-berlin.mpg.de/forschung/forschungsbereiche/geschichte-der-gefuehle/blog-feeling-news/nichts-gelernt (09.11.2020).
Lautmann, Rüdiger: Wie man Außenseiter draußen hält. Zur Kriminal- und Ordnungspolitik gegenüber homosexuellen Männern und Frauen, in: Kritische Justiz 12 (1979), 1, 1–21.
Lautmann, Rüdiger: The Pink Triangle. The Persecution of the Homosexual Male in Nazi Germany, in: Journal of Homosexuality 6 (1981), 1–2, 141–160.
Legman, Gershon: Intime Küsse. Oralgenitale Praktiken, Flensburg: Stephenson, 1970.
Lehne, Adrian: HIV/AIDS, Schwulenbewegung und Recht, in: History | Sexuality | Law (2018), https://hsl.hypotheses.org/480 (09.11.2020).
Leidinger, Christiane: Lesbische Existenz 1945–1969, Berlin: LADS, 2015.
Lemke, Jürgen: Ganz normal anders. Auskünfte schwuler Männer, Berlin und Weimar: Aufbau-Verlag, 1989.
Lemke, Thomas, Susanne Krasmann und Ulrich Bröckling: Gouvernementalität, Neoliberalismus und Selbsttechnologien. Eine Einleitung, in: Ulrich Bröckling, Susanne Krasmann und Thomas Lemke (Hg.): Gouvernementalität der Gegenwart. Studien zur Ökonomisierung des Sozialen, Frankfurt/Main: Suhrkamp, 2000, 7–39.
Lengwiler, Martin: In kleinen Schritten. Der Wandel von Männlichkeiten im 20. Jahrhundert, in: L'Homme 19 (2008), 2, 75–94.
Lenz, Karl: Soziologie der Zweierbeziehung. Eine Einführung, Wiesbaden: Westdeutscher Verlag, 2003.
Leys, Ruth: The Turn to Affect. A Critique, in: Critical Inquiry 37 (2011), 3, 434–472.
Liebeknecht, Moritz: Wissen über Sex. Die Deutsche Gesellschaft für Sexualforschung im Spannungsfeld westdeutscher Wandlungsprozesse, Göttingen: Wallstein, 2020.
Link, Jürgen: Versuch über den Normalismus. Wie Normalität produziert wird, Opladen: Westdeutscher Verlag, 1997.
Lorenz, Gottfried und Ulf Bollmann: Liberales Hamburg? Homosexuellenverfolgung durch Polizei und Justiz nach 1945, Hamburg: Lambda, 2013.
Love, Heather: Feeling Backward. Loss and the Politics of Queer History, Cambridge: Harvard University Press, 2007.
Maasen, Sabine: Norm, Normalität und Normalisierung sexualtherapeutisch orientierter Lebensführung, in: Peter-Paul Bänziger, Stefanie Duttweiler, Philipp

Sarasin und Annika Wellmann (Hg.): Fragen Sie Dr. Sex! Beratungskommunikation und die mediale Konstruktion des Sexuellen, Frankfurt/Main: Suhrkamp, 2010, 317–345.

Maasen, Sabine, Jens Elberfeld, Pascal Eitler und Maik Tändler (Hg.): Das beratene Selbst. Zur Genealogie der Therapeutisierung in den »langen« Siebzigern, Bielefeld: transcript, 2011.

MANEO e. V.: Gewalterfahrungen von schwulen und bisexuellen Jugendlichen und Männern in Deutschland. Ergebnisse der MANEO-Umfrage 2006/2007, Berlin, 2007.

Massad, Joseph: Re-Orienting Desire: The Gay International and the Arab World, in: Public Culture 14 (2002), 2, 361–385.

Massumi, Brian: The Autonomy of Affect, in: Cultural Critique 31 (1995), 83–109.

Matthiesen, Silja: Wandel von Liebesbeziehungen und Sexualität, Gießen: Psychosozial-Verlag, 2000.

Meyer, Ilan H.: Prejudice, social stress, and mental health in lesbian, gay, and bisexual populations: Conceptual issues and research evidence, in: Psychological Bulletin 129 (2003), 674–697.

Meyer, Sabine (Hg.): Auf nach Casablanca? Lebensrealitäten transgeschlechtlicher Menschen zwischen 1945 und 1980, Berlin: LADS, 2018.

Mielchen, Stefan: Wider die Norm. Die Lebensreformenpolitik des Bundesverbandes Homosexualität 1986–1997, in: Andreas Pretzel und Volker Weiß (Hg.): Zwischen Autonomie und Integration. Schwule Politik und Schwulenbewegung in den 1980er und 1990er Jahren, Hamburg: Männerschwarm, 2013, 118–135.

Mildenberger, Florian: Der Diskurs über männliche Homosexualität in der deutschen Medizin von 1880 bis heute, in: Sabine Müller, Dominik Groß und Jan Steinmetzer (Hg.): Normal – anders – krank? Akzeptanz, Stigmatisierung und Pathologisierung im Kontext der Medizin, Berlin: Medizinisch-wissenschaftliche Verlagsgesellschaft, 2008, 81–112.

Mitchell, Gregory: TurboConsumers™ in Paradise. Tourism, Civil Rights, and Brazil's Gay Sex Industry, in: American Ethnologist 38 (2011), 4, 666–682.

Mitscherlich, Alexander und Margarete Mitscherlich: Die Unfähigkeit zu trauern. Grundlagen kollektiven Verhaltens, München: Piper, 1967.

Möhring, Maren: Die Regierung der Körper. ›Gouvernementalität‹ und ›Techniken des Selbst‹, in: Zeithistorische Forschungen 3 (2006), 2, 284–290.

Munt, Sally: Queer Attachments. The Cultural Politics of Shame, Aldershot: Ashgate, 2007.

Nay, Yv E.: Qu(e)er zum Recht? Normalisierungsprozesse gleich- und trans*geschlechtlicher Elternschaft durch Recht, in: Fampra. Die Praxis des Familienrechts 14 (2013), 2, 366–394.

Nealon, Christopher: Foundlings. Lesbian and Gay Historical Emotion Before Stonewall, Durham: Duke University Press, 2001.

Nellißen, Kay und Kristine Schmidt: Homosexuelle Interessengemeinschaft Berlin,

in: Sonntags-Club (Hg.): Verzaubert in Nord-Ost, Berlin: Gmünder 2009, 178–185.
Ngai, Sian: Ugly Feelings, Cambridge: Harvard University Press, 2007.
Niethammer, Lutz: Oral History in der deutschen Zeitgeschichte. Lutz Niethammer im Gespräch mit Veronika Settele und Paul Nolte, in: Geschichte und Gesellschaft 43 (2017), 1, 110–145.
Niggemeier, Frank: Gay Pride. Schwules Selbstbewusstsein aus dem Village, in: Bernd Polster (Hg.): Westwind. Die Amerikanisierung Europas, Köln: Dumont, 1995, 179–187.
O'Flaherty, Michael und John Fisher: Sexual Orientation, Gender Identity and International Human Rights Law. Contextualising the Yogyakarta Principles, in: Human Rights Law Review 8 (2008), 2, 207–248.
Ohms, Constance: Die Sehnsucht der Lesben und Schwulen nach Normalität, in: Ilona Bubeck (Hg.): Unser Stück vom Kuchen? Zehn Positionen gegen die Homo-Ehe, Berlin: Querverlag, 2000, 23–41.
Panhuis, Erwin In het: Aufklärung und Aufregung. 50 Jahre Schwule und Lesben in der BRAVO, Berlin: Archiv der Jugendkulturen, 2010.
Parkinson, Anna: An Emotional State. The Politics of Emotion in Postwar West German Culture, Ann Arbor: University of Michigan Press, 2015.
Perincioli, Cristina: Berlin wird feministisch. Das Beste, was von der 68er Bewegung blieb, Berlin: Querverlag, 2015.
Pernau, Margrit: Feeling Communities. Introduction, in: Indian Economic and Social History Review 54 (2017), 1, 1–20.
Pilzweger, Stefanie: Männlichkeit zwischen Gefühl und Revolution. Eine Emotionsgeschichte der bundesdeutschen 68er-Bewegung, Bielefeld: transcript, 2015.
Plötz, Kirsten: Als fehle die bessere Hälfte. ›Alleinstehende‹ Frauen in der frühen BRD 1949–1969, Königstein/Taunus: Ulrike Helmer Verlag, 2005.
Plötz, Kirsten: Weitgehend ignoriert. Lesbisches Leben in der frühen Bundesrepublik, in: Gabriele Dennert, Christiane Leidinger und Franziska Rauchut (Hg.): In Bewegung bleiben. 100 Jahre Politik, Kultur und Geschichte von Lesben, Berlin: Querverlag, 2007, 27–30.
Povinelli, Elizabeth A. und George Chauncey: Thinking Sexuality Transnationally, in: GLQ: A Journal of Lesbian and Gay Studies 5 (1999), 4, 439–450.
Preidel, Caroline: Das zögerliche Jawort zur Homo-Ehe, in: Christoph Knill, Stephan Heichel, Caroline Preidel und Kerstin Nebel (Hg.): Moralpolitik in Deutschland. Staatliche Regulierung gesellschaftlicher Wertekonflikte im historischen und internationalen Vergleich, Wiesbaden: VS Verlag für Sozialwissenschaften, 2015, 147–164.
Pretzel, Andreas (Hg.): NS-Opfer unter Vorbehalt. Homosexuelle Männer in Berlin nach 1945, Münster, Hamburg und London: LIT, 2002.
Pretzel, Andreas und Volker Weiß (Hg.): Ohnmacht und Aufbegehren. Homosexuelle Männer in der frühen Bundesrepublik, Hamburg: Männerschwarm, 2010.

Pretzel, Andreas und Volker Weiß: Rosa Radikale. Die Schwulenbewegung der 1970er Jahre, Hamburg: Männerschwarm, 2012.
Pretzel, Andreas und Volker Weiß: Bewegung zwischen Autonomie und Integration, in: Andreas Pretzel und Volker Weiß (Hg.): Zwischen Autonomie und Integration. Schwule Politik und Schwulenbewegung in den 1980er und 1990er Jahren, Hamburg: Männerschwarm, 2013, 9–20.
Pretzel, Andreas und Volker Weiß (Hg.): Zwischen Autonomie und Integration. Schwule Politik und Schwulenbewegung in den 1980er und 1990er Jahren, Hamburg: Männerschwarm, 2013.
Puar, Jasbir: Circuits of Queer Mobility. Tourism, Travel, and Globalization, in: GLQ: A Journal of Lesbian and Gay Studies 8 (2002), 1/2, 101–137.
Puar, Jasbir: The Cost of Getting Better. Suicide, Sensation, Switchpoints, in: GLQ: A Journal of Lesbian and Gay Studies 18 (2012), 1, 149–158.
Puar, Jasbir K.: Terrorist Assemblages. Homonationalism in Queer Times, Durham: Duke University Press, 2007.
Puhlfürst, Sabine: ›Mehr als bloße Schwärmerei‹. Die Darstellung von Liebesbeziehungen zwischen Mädchen/jungen Frauen im Spiegel der deutschsprachigen Frauenliteratur des 20. Jahrhunderts, Essen: Verlag Die Blaue Eule, 2002.
Radkolb, Oliver und Friedrich Stadler (Hg.): Das Jahr 1968. Ereignis, Symbol, Chiffre, Göttingen: V&R unipress, 2010.
Reddy, William M.: The Navigation of Feeling. A Framework for the History of Emotions, Cambridge: Cambridge University Press, 2001.
Regener, Susanne: Vom Wohnzimmer auf die Straße. Zum Motiv der Maskerade in der Schwulenbewegung, in: Susanne Regener und Katrin Köppert (Hg.): privat/öffentlich. Mediale Selbstentwürfe von Homosexualität, Wien und Berlin: Turia + Kant, 2013, 41–70.
Rehberg, Peter und Bradley Boovy: Schwule Medien nach 1945, in: Florian Mildenberger, Jennifer Evans, Rüdiger Lautmann und Jakob Pastötter (Hg.): Was ist Homosexualität? Forschungsgeschichte, gesellschaftliche Entwicklungen und Perspektiven, Hamburg: Männerschwarm 2014, 529–556.
Reichardt, Sven: Authentizität und Gemeinschaft. Linksalternatives Leben in den siebziger und frühen achtziger Jahren, Frankfurt/Main: Suhrkamp, 2014.
Reiche, Reimut: Sexualität und Klassenkampf. Zur Abwehr repressiver Entsublimierung, Frankfurt/Main: Verlag Neue Kritik, 1968.
Renz, Werner: Wider die Sittenwächter. Fritz Bauers Kritik am überkommenen Sexualstrafrecht der 1950er und 1960er Jahre, in: Jahrbuch Sexualitäten (2017), 70–93.
Riechers, Burkhardt: Freundschaft und Anständigkeit. Leitbilder im Selbstverständnis männlicher Homosexueller in der frühen Bundesrepublik, in: Invertito 1 (1999), 12–46.
Rosenkranz, Bernhard und Gottfried Lorenz: Hamburg auf anderen Wegen. Die Geschichte des schwulen Lebens in der Hansestadt, Hamburg: Lambda Edition, 2006.

Rosenthal, Gabriele: Erlebte und erzählte Lebensgeschichte. Gestalt und Struktur biographischer Selbstbeschreibungen, Frankfurt/Main: Campus, 1995.
Rosenwein, Barbara H.: Emotional Communities in the Early Middle Ages, Ithaca: Cornell University Press, 2006.
Roth, Roland und Dieter Rucht (Hg.): Die sozialen Bewegungen in Deutschland seit 1945. Ein Handbuch, Frankfurt/Main: Campus, 2008.
Rubin, Gayle: Thinking Sex. Notes for a Radical Theory of the Politics of Sexuality, in: Carole S. Vance (Hg.): Pleasure and Danger. Exploring Female Sexuality, Boston: Routledge and Kegan, 1984, 267–319.
Sauerteig, Lutz: ›Wie soll ich es nur anstellen, ohne etwas falsch zu machen?‹ Der Rat der Bravo in Sachen Sex in den sechziger und siebziger Jahren, in: Peter-Paul Bänzinger, Stefanie Duttweiler, Philipp Sarasin und Annika Wellmann (Hg.): Fragen Sie Dr. Sex! Ratgeberkommunikation und die mediale Konstruktion des Sexuellen, Frankfurt/Main: Suhrkamp, 2010, 123–158.
Schäfer, Christian: ›Widernatürliche Unzucht‹ (§§ 175, 175a, 175b, 182 a. F. StGB). Reformdiskussion und Gesetzgebung seit 1945, Berlin: Berliner Wissenschafts-Verlag, 2006.
Scheer, Monique: Are Emotions a Kind of Practice (and Is That What Makes Them Have a History)? A Bourdieuan Approach to Understanding Emotion, in: History and Theory 51 (2012), 2, 193–220.
Schelsky, Helmut: Soziologie der Sexualität. Über die Beziehungen zwischen Geschlecht, Moral und Gesellschaft, Reinbek: Rowohlt, 1955.
Schernikau, Ronald M.: Kleinstadtnovelle, Berlin: Rotbuch, 1980.
Schiefelbein, Dieter: Wiederbeginn der juristischen Verfolgung homosexueller Männer in der Bundesrepublik Deutschland. Die Homosexuellen-Prozesse in Frankfurt am Main 1950/51, in: Zeitschrift für Sexualforschung 5 (1992), 1, 59–73.
Schmidt-Lauber, Brigitta (Hg.): Mittelstadt. Urbanes Leben jenseits der Metropole, Frankfurt/Main: Campus, 2010.
Scholz, Sylka: Männlichkeit erzählen. Lebensgeschichtliche Identitätskonstruktionen ostdeutscher Männer, Münster: Westfälisches Dampfboot, 2004.
Schoppmann, Claudia: Verbotene Verhältnisse. Frauenliebe 1938–1945, Berlin: Querverlag, 1999.
Schwartz, Michael: ›Warum machen Sie sich für die Homos stark?‹ Homosexualität und Medienöffentlichkeit in der westdeutschen Reformzeit der 1960er und 1970er Jahre, in: Jahrbuch Sexualitäten 1 (2016), 51–93.
Schwules Museum und Akademie der Künste (Berlin) (Hg.): Goodbye to Berlin? 100 Jahre Schwulenbewegung, Berlin: Rosa Winkel, 1997.
Sedgwick, Eve K.: Epistemology of the Closet, Berkeley: University of California Press, 1990.
Sedgwick, Eve K.: Touching Feeling. Affect, Pedagogy, Performativity, Durham: Duke University Press, 2003.

Seelmann, Kurt: Zwischen 15 und 19. Information über sexuelle und andere Fragen des Erwachsenwerdens, München und Basel: Ernst Reinhardt Verlag, 1971.
Seidmann, Steven und Chet Meeks: Politik der Befreiung, Kulturen der Anpassung. Die Suche nach Authentizität in der amerikanischen Homosexuellenbewegung, in: Nicolas Pethes und Silke Schicktanz (Hg.): Sexualität als Experiment. Identität, Lust und Reproduktion zwischen Science und Fiction, Frankfurt/Main: Campus, 2008, 91–111.
Siebold, Angela: So nah und doch so fern? Die 1980er Jahre historisch erforschen, in: Aus Politik und Zeitgeschichte 65 (2015), 46, 3–8.
Sieder, Reinhard: Erzählungen analysieren – Analysen erzählen. Narrativ-biographisches Interview, Textanalyse und Falldarstellung, in: Karl R. Wernhart und Werner Zips (Hg.): Ethnohistorie: Rekonstruktion und Kulturkritik, Wien: Promedia, 1998, 145–172.
Siegfried, Detlef: Time Is on My Side. Konsum und Politik in der westdeutschen Jugendkultur der 60er Jahre, Göttingen: Wallstein, 2006.
Siegfried, Detlef: Das Subversive retten. Eine Denkfigur der 1980er, in: Aus Politik und Zeitgeschichte 65 (2015), 46, 13–19.
Siems, Martin: Coming Out. Hilfen zur homosexuellen Emanzipation, Hamburg: Rowohlt, 1980.
Sigusch, Volkmar: Homosexuelle zwischen Verfolgung und Emanzipation. Essay, in: Aus Politik und Zeitgeschichte (2010), 15/16, 3–7.
Silverstein, Charles: Wearing Two Hats. The Psychologist as Activist and Therapist, in: Journal of Gay & Lesbian Psychotherapy 11 (2007), 3/4, 9–35.
Simon, Bernd: Respekt und Zumutung bei der Begegnung von Schwulen/Lesben und Muslimen, in: Aus Politik und Zeitgeschichte (2010), 15–16, 27–32.
Smith, Anna Marie: Wider die depolitisierenden Effekte des liberaldemokratischen Pluralismus. Die Rechte von Lesben und Schwulen jenseits der single-issue Politik, in: quaestio (Hg.): Queering Demokratie (Sexuelle Politiken), Berlin: Querverlag, 2000, 45–62.
Speier, Daniel: Die Frankfurter Homosexuellenprozesse zu Beginn der Ära Adenauer – eine chronologische Darstellung, in: Mitteilungen der Magnus-Hirschfeld-Gesellschaft 61/62 (2018), 47–72.
Stapel, Eduard: ›Schöne schwule Welt‹. Weltrevolution und/oder Bürgerrechte, in: Günter Grau (Hg.): Schwulsein 2000. Perspektiven im vereinigten Deutschland, Hamburg: Männerschwarm, 2000, 27–34.
Stearns, Peter N. und Carol Z. Stearns: Emotionology. Clarifying the History of Emotions and Emotional Standards, in: American Historical Review 90 (1985), 4, 813–836.
Steinbacher, Sybille: Wie der Sex nach Deutschland kam. Der Kampf um Sittlichkeit und Anstand in der frühen Bundesrepublik, München: Siedler, 2011.
Steinke, Ron: »Ein Mann, der mit einem anderen Mann …«. Eine kurze Geschichte des § 175 in der BRD, in: Forum Recht 2 (2005), 60–63.

Steinle, Karl-Heinz: Die Geschichte der Kameradschaft die runde, 1950 bis 1969, Berlin: Rosa Winkel, 1998.
Steinle, Karl-Heinz: Der Kreis. Mitglieder, Künstler, Autoren, Berlin: Rosa Winkel, 1999.
Stoehr, Irene: PorNO-Kampagne und Frauenbewegung, in: Zeitschrift für Sexualforschung (1989), 3, 199–206.
Streib, Uli (Hg.): Von nun an nannten sie sich Mütter. Lesben und Kinder, Berlin: Orlanda Frauenverlag, 1991.
Stuhlmüller, Peter: As time goes by … Von Elvis zu Eminem – und was das mit Aids zu tun hat, in: Deutsche Aids-Hilfe e.V. (Hg.): Aids im Wandel der Zeiten. Teil 2, Berlin: DAH, 2004, 9–45.
Stümke, Hans-Georg: Homosexuelle in Deutschland. Eine politische Geschichte, München: Beck, 1989.
Symalla, Thomas und Holger Walther: Systemische Beratung schwuler Paare, Heidelberg: Carl-Auer, 1997.
Tammer, Teresa: Die Ost-Berliner Schwulenbewegung und der Westen, in: Lernen aus der Geschichte (19. März 2014).
Tändler, Maik: Das therapeutische Jahrzehnt. Der Psychoboom in den siebziger Jahren, Göttingen: Wallstein, 2016.
Telge, Dieter: Krise als Chance. Aids-Selbsthilfebewegungen in Wechselwirkung mit schwulen Emanzipationsbestrebungen, in: Andreas Pretzel und Volker Weiß (Hg.): Zwischen Autonomie und Integration, Hamburg: Männerschwarm, 2013, 153–160.
Theis, Wolfgang: AIDS oder die teuer erkaufte Professionalisierung, in: Berlin Schwules Museum und Akademie der Künste (Hg.): Goodbye to Berlin? 100 Jahre Schwulenbewegung, Berlin: Rosa Winkel, 1997, 327–335.
Thiemann, Anne: Sexuelle Selbstbestimmung und sexuelle Orientierung. Entwicklungen im Menschenrechtsschutz, in: Ulrike Busch (Hg.): Sexuelle und reproduktive Gesundheit und Rechte. Nationale und internationale Perspektiven, Baden-Baden: Nomos, 2010, 130–160.
Thilo, Peter: Kneipenszene am Lausitzer Platz, in: Jens Dobler (Hg.): Von anderen Ufern. Geschichte der Berliner Lesben und Schwulen in Kreuzberg und Friedrichshain, Berlin: Bruno Gmünder, 2003, 248–262.
Tietz, Lüder: Queer Pride? Zwischen Heteronormativitätskritik und Homonormativität, in: Bodo Niendel und Volker Weiß (Hg.): Queer zur Norm, Hamburg: Männerschwarm, 2012, 40–64.
Tomberger, Corinna: Homosexuellen-Geschichtsschreibung und Subkultur. Geschlechtertheoretische und heteronormativitätskritische Perspektiven, in: Michael Schwartz (Hg.): Homosexuelle im Nationalsozialismus, München: Oldenbourg, 2014, 19–26.
Tremblay, Sébastien: »Ich konnte ihren Schmerz körperlich spüren.« Die Historisierung der NS-Verfolgung und die Wiederaneignung des Rosa Winkels in der

westdeutschen Schwulenbewegung der 1970er Jahre, in: Invertito 21 (2019), 179–202.
Tsianos, Vassilis S.: Homonationalismus und New Metropolitan Mainstream. Gentrifizierungsdynamiken zwischen sexuellen und postsäkularen Politiken der Zugehörigkeit, in: sub\urban 2 (2014), 3, 59–80.
Tümmers, Henning: Aidspolitik. Bonn und der Umgang mit einer neuen Bedrohung, in: Archiv für Sozialgeschichte 52 (2012), 231–252.
Verheyen, Nina: Der ausdiskutierte Orgasmus. Beziehungsgespräche als kommunikative Praxis in der Geschichte des Intimen seit den 1960er Jahren, in: Peter-Paul Bänziger, Magdalena Beljan, Franz X. Eder und Pascal Eitler (Hg.): Sexuelle Revolution? Zur Geschichte der Sexualität im deutschsprachigen Raum seit den 1960er Jahren, Bielefeld: transcript, 2015, 181–197.
Vielhaber, Bernd: Mängel in der medizinischen Versorgung von Menschen mit HIV/AIDS, in: Andreas Salmen (Hg.): ACT UP. Feuer unterm Arsch. Die Aids-Aktionsgruppen in Deutschland und den USA, Berlin: Deutsche AIDS-Hilfe, 1991, 111–122.
Warner, Michael: The Trouble with Normal. Sex, Politics, and the Ethics of Queer Life, New York: The Free Press, 1999.
Weeks, Jeffrey: Sexuelle Gleichberechtigung. Gender, Sexualität und homosexuelle Emanzipation in Europa, Göttingen: Wallstein, 2014.
Weston, Kath: Get Thee to a Big City. Sexual Imaginary and the Great Gay Migration, in: GLQ: A Journal of Lesbian and Gay Studies 2 (1995), 3, 253–278.
Whisnant, Clayton J.: Male Homosexuality in West Germany. Between Persecution and Freedom, Basingstoke, New York: Palgrave Macmillan, 2012.
Wirsching, Andreas: Abschied vom Provisorium. Geschichte der Bundesrepublik Deutschland 1982–1990, München: Deutsche Verlags-Anstalt, 2006.
Wolfert, Raimund: Gegen Einsamkeit und ›Einsiedelei‹. Die Geschichte der Internationalen Homophilen Welt-Organisation (IHWO), Hamburg: Männerschwarm, 2009.
Woltersdorff, Volker: Coming out. Die Inszenierung schwuler Identitäten zwischen Auflehnung und Anpassung, Frankfurt/Main und New York: Campus, 2005.
Woyke, Meik (Hg.): Wandel des Politischen. Die Bundesrepublik Deutschland während der 1980er Jahre, Bonn: Dietz, 2013.
Zimmermann, Clemens: Die ›Suburbanisierung‹ als Konzept der Stadt-Land-Beziehungen im 20. Jahrhundert, in: Franz-Werner Kersting und Clemens Zimmermann (Hg.): Stadt-Land-Beziehungen im 20. Jahrhundert. Geschichts- und kulturwissenschaftliche Perspektiven, Paderborn: Schöningh, 2015, 55–68.

REGISTER